Monica Kristensen • Amundsens letzte Reise

Monica Kristensen

# Amundsens letzte Reise

Aus dem Norwegischen
von Christel Hildebrandt

btb

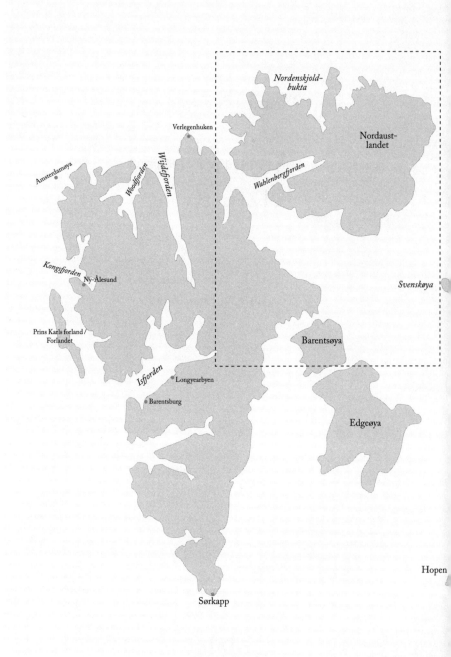

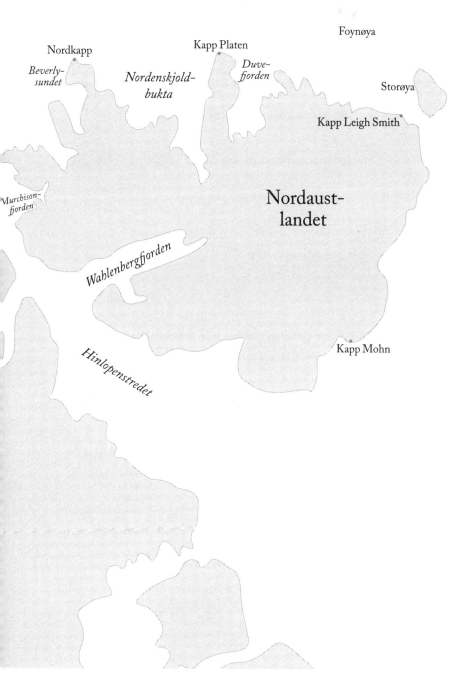

Die norwegische Originalausgabe erschien 2017
unter dem Titel »Amundsens siste reise«
bei Forlaget Press, Oslo

Sollte diese Publikation Links auf Webseiten Dritter enthalten,
so übernehmen wir für deren Inhalte keine Haftung,
da wir uns diese nicht zu eigen machen, sondern lediglich auf
deren Stand zum Zeitpunkt der Erstveröffentlichung verweisen.

 Dieses Buch ist auch als E-Book erhältlich.

Die Autorin wurde unterstützt von Det faglitterære fond.

Dieses Buch wurde auf *PEFC*-zertifiziertes Papier gedruckt.

1. Auflage
Copyright © 2017 by Monica Kristensen
Published by agreement with Copenhagen
Literary Agency ApS. Kopenhagen
Copyright © der deutschsprachigen Ausgabe 2019
by btb Verlag in der Verlagsgruppe Random House GmbH,
Neumarkter Straße 28, 81673 München
Covergestaltung: semper smile, München
Coverillustration: © Óscar Cerdán Grande
Satz: Uhl + Massopust, Aalen
Druck und Einband: GGP Media GmbH, Pößneck
Printed in Germany
ISBN 978-3-442-75782-4

www.btb-verlag.de
www.facebook.com/btbverlag

# Inhalt

| | | |
|---|---|---|
| PROLOG | Tromsø, 18. Juni 1928 ................ | 9 |
| KAPITEL 1 | Abreise von Kings Bay ................ | 21 |
| KAPITEL 2 | Die Havarie ........................ | 33 |
| KAPITEL 3 | Der Held am Nachmittag ............. | 49 |
| KAPITEL 4 | Besorgniserregende Nachricht .......... | 69 |
| KAPITEL 5 | Das Zeltlager auf dem Eis ............. | 82 |
| KAPITEL 6 | Gedemütigt ........................ | 95 |
| KAPITEL 7 | Die Suche auf Spitzbergen ............. | 111 |
| KAPITEL 8 | Der Passagier ...................... | 127 |
| KAPITEL 9 | Neue Helden ....................... | 138 |
| KAPITEL 10 | Verzweiflung ....................... | 154 |
| KAPITEL 11 | Kontakt ........................... | 166 |
| KAPITEL 12 | Die Falle .......................... | 180 |
| KAPITEL 13 | Latham 47 ......................... | 192 |
| KAPITEL 14 | Reichweite ......................... | 208 |
| KAPITEL 15 | Richtung Norden .................... | 219 |
| KAPITEL 16 | Spitzbergen, 18. Juni 1928 ............. | 234 |

| KAPITEL 17 | Nichts gehört | 249 |
| KAPITEL 18 | Nichts gesehen | 263 |
| KAPITEL 19 | Die dritte Fehlentscheidung | 275 |
| KAPITEL 20 | Die »Krassin« | 293 |
| KAPITEL 21 | Gerettet | 306 |
| KAPITEL 22 | Gerüchte und Hoffnung | 322 |
| KAPITEL 23 | Das Schicksal der Ballongruppe | 342 |
| KAPITEL 24 | Verschwunden, für tot erklärt | 360 |
| KAPITEL 25 | Wrackreste | 372 |
| KAPITEL 26 | Ein Mysterium im Nordpolarmeer | 387 |
| KAPITEL 27 | Die vielen Gesichter der Trauer | 408 |
| KAPITEL 28 | Die vierte Dimension der Suche | 422 |
| EPILOG | Das Lager am Kap Platen | 437 |

Danksagung .................................... 445

Zentrale Namen ................................ 448

Anmerkungen .................................. 453

Bibliografie ..................................... 461

## PROLOG

## Tromsø, 18. Juni 1928

Das Zimmer lag still im Halbdunkel, trotz des grellen, klaren Tageslichts draußen vor den Fenstern. Das Haus, eine prächtige, dreistöckige Villa im Schweizer Stil, lag zentral an der Storgata, die die Stadt Tromsø durchquerte. Hier hatten der weltberühmte Polarforscher Roald Amundsen und der norwegische Pilot Leif Dietrichson frühmorgens am Montag, dem 18. Juni 1928, Zuflucht gesucht. Auf dem Kai wie auch vor dem Haus, dessen Erdgeschoss vollständig von der Apotheke Nordstjernen eingenommen wurde, hatten sich nach und nach Menschengruppen eingefunden, die aufgeregt miteinander diskutierten. Der alte Polarheld war endlich in der Stadt eingetroffen.

Das französische Flugboot Latham 47-II war kurz nach sechs Uhr morgens auf dem Tromsøsund gelandet. Das Flugzeug wurde am Ostufer der Bucht vertäut, beim Lager der Vestlandske Petroleumskompani, und die Besatzung, vier Franzosen und zwei Norweger, wurden in einem Ruderboot an Land gebracht. Gleichzeitig kam ein Wachmann, der von der Gemeinde Tromsø eingestellt worden war, an Bord. Er sollte auf dem Flugboot bleiben, solange die Mannschaft sich in der Stadt ausruhte.

Beide Chefpiloten, René Guilbaud und Leif Dietrichson, waren berühmte Männer in ihrem Metier, bekannt für ihre Pionierleistungen und ihre Tüchtigkeit. Aber trotzdem war es Roald Amundsens Anwesenheit, die die Begeisterung unter den Menschen weckte und die Schlagzeilen in den Zeitungen beherrschte. Der Fußweg vom Kai, wo sie an Land gegangen waren, bis hoch ins Zentrum von Tromsø war nicht lang, doch selbst in diesen frühen Morgenstunden hatten sich bereits Menschen entlang der Straßen eingefunden, um zumindest einen kurzen Blick auf den berühmten Polarfahrer zu erhaschen.

Roald Amundsen war diese Begeisterung gewohnt, derartige Aufmerksamkeit war seit mehr als zwanzig Jahren Teil seines Lebens. Er lächelte freundlich, versuchte so schnell wie möglich sein Ziel zu erreichen, blieb nicht stehen, um etwaige Fragen zu beantworten. Am Tag zuvor hatte er sich in Bergen interviewen lassen, das musste genügen. In Tromsø war die Zeit knapp, und er wollte nicht gestört werden. Das genaue Ziel der nächsten Etappe seines Flugs Richtung Norden stand noch nicht endgültig fest. Wichtige Entscheidungen mussten getroffen werden.

Aber nicht alle konnten einfach ignoriert werden. Zumindest Helmer Hanssen nicht, Roald Amundsens alter Freund und Teilnehmer an drei seiner größten Expeditionen. Nach mehreren Streitigkeiten zwischen ihnen auf der sieben Jahre dauernden »Maud«-Expedition im Nordpolarmeer hatte es sich gezeigt, dass die früher so enge Freundschaft nur schwer wieder zu kitten war. Jetzt war Helmer Hanssen gekommen, um Roald Amundsen in Tromsø willkommen zu heißen. Ein versöhnlicher, schöner Zug, wie viele meinten. Was Amundsen selbst dachte, war unmöglich zu erkennen. Er blieb stehen und begrüßte den ehemaligen Freund, wechselte einige Worte mit ihm. Doch der Besitzer des stattlichen Hauses in der Storgata, Fritz Gottlieb Zapffe, sorgte entschlossen dafür, dass der Polarfahrer und Leif Dietrichson ins sichere Hausinnere gelangten. Helmer Hanssen wurde nicht eingeladen, ihnen zu folgen.

Die vier Franzosen wurden im alten, ehrwürdigen Grand Hotel einquartiert, nur zwei Häuser von Zapffes Villa entfernt. Dort legten sie sich für ein paar Stunden schlafen. Der Flug von Caudebec in Frankreich war lang gewesen. Das Wetter über der Nordsee hatte sich als schwierig erwiesen, mit Sturm und Hagelschauern auf weiten Teilen der Strecke. In Bergen waren sie zwischengelandet, um Amundsen und Dietrichson an Bord zu nehmen. Kein Mitglied der Besatzung hatte auf dem Weiterflug nach Tromsø viel geschlafen. Und die nächste Strecke nach Spitzbergen sollte eine neue, weitaus größere Herausforderung werden. Von den Franzosen hatte keiner Erfahrungen mit arktischen Verhältnissen. Ihre Erfolge mit der Latham hatten sich weiter im Süden, über dem Mittelmeer, abgespielt.

Zapffe und Amundsen saßen allein im Wohnzimmer und sprachen vertraulich miteinander. Ab und zu wurden sie von Dietrichson unterbrochen, der mit den neuesten Nachrichten hereinplatzte und mit entsprechenden Antworten wieder davoneilte. Er war in Kontakt mit dem Geofysisk Institutt gewesen und berichtete von ungünstigen Wetterverhältnissen, die sich möglicherweise im Laufe des Tages bessern könnten. Amundsen hatte bereits gefrühstückt und ein Bad genommen, schlafen wollte er jedoch nicht. Es sah so aus, als grübelte er über einem Problem, wie abwesend antwortete er auf einen ganzen Schwall von Fragen Dietrichsons.

Die internationale Suche nach dem italienischen Luftschiff »Italia«, das auf seinem Rückweg vom Nordpol verschwunden war, schien zur größten Rettungsaktion zu werden, die jemals in dieser Region stattgefunden hatte. Die Latham war im letzten Moment zur Suche dazugestoßen, aber es war diese Expedition, an die die Menschen in Norwegen die größten

Hoffnungen knüpften. Wenn jemand die Mannschaft des italienischen Luftschiffs finden und retten konnte, dann Roald Amundsen.

Ferne Geräusche waren von der Straße her zu hören. Es schien, als stehe die Zeit still. Aber irgendwo im Haus schlug eine Uhr zur halben Stunde, leise und dunkel.

Der Apotheker machte sich Sorgen. Er hätte seinen verschlossenen Gast so gern mit ein paar freundlichen Worten aufgemuntert. Natürlich freute er sich für Roald Amundsen, dass dieser endlich auf dem Weg nach Spitzbergen war, um nach dem italienischen Luftschiff zu suchen. Aber was konnte Zapffe sagen, das den Polarfahrer nicht in irgendeiner Weise irritieren oder verärgern würde? Am besten, er hielt sich an praktische Details. Ausrüstung und Treibstoff, die an Bord der Latham gebracht werden sollten, Proviant, der verstaut werden musste. Die Maschine war schwer gewesen, als sie in Bergen aufbrach. Von Tromsø aus würde sie aufgrund des zusätzlichen Flugzeugbenzins, das Dietrichson mit an Bord nehmen wollte, noch schwerer sein.

Fritz Zapffe kannte nur zu gut Roald Amundsens fast unmögliche Forderung nach Loyalität. Im Laufe der Jahre hatte er mitansehen müssen, wie viele der Freunde und Kollegen des alten Polarforschers beiseitegeschoben wurden. Ihm selbst war es gelungen, mehr als fünfundzwanzig Jahre lang Amundsens Freund und Vertrauter zu sein.

1901 war ein junger, unerfahrener Polarfahrer nach Tromsø gekommen, um ein eigenes Schiff zu kaufen und auszurüsten, mit dem er die Nordwestpassage durchfahren wollte. Gerüchte schwirrten durch die Hafenstadt am Europäischen Nordmeer. Und da Fritz Zapffe damals auch als Korrespondent für das Morgenbladet arbeitete, ging er hinunter zum Kai, um den jungen Mann zu treffen. Hier erfuhr er, dass Roald Amundsen auf der Suche nach einem geeigneten Fahrzeug für seine Expedition war. Der Apotheker war ein bekannter Mann in der Stadt und verfügte über viele Kontakte. Er konnte ihm mehrere Polarschiffe empfehlen, die sich der junge Polarforscher daraufhin anschaute.

Die Wahl fiel auf eine alte, heruntergekommene Yacht, die Amundsen schließlich sehr günstig von dem Polarmeerskipper Hans Christian Johannesen[1] kaufte. Die »Gjøa« war ein ehemaliger Fischkutter mit unerwartet bescheidenen Dimensionen für eine so strapaziöse und langwierige Fahrt. Das Schiff war 70 Fuß lang und 20 Fuß breit, mit einer Ladekapazität von 45 Nettotonnen, gebaut 1872 auf der Rosendal Bootswerft. Dann gab Amundsen der Tromsø Skipsverft den Auftrag, das Schiff umzubauen und zu verstärken. Diese erste Begegnung mit dem drei Jahre älteren Apotheker Zapffe wurde der Beginn einer lebenslangen Freundschaft.

Roald Amundsen, der auf Wunsch seiner Eltern zuerst ein Medizinstudium begonnen hatte, hatte bereits seit Teenagerjahren ein Leben als Entdecker und Forscher geplant und sich darauf vorbereitet. Es war für ihn ganz selbstverständlich gewesen, Rat und Unterstützung bei dem elf Jahre älteren Fridtjof Nansen zu suchen, der nach seiner Expedition mit dem fast ebenso berühmten Polarschiff »Fram« über das Nordpolarmeer bereits als weltberühmter Polarforscher angesehen wurde. Die Beziehung zwischen Amundsen und Nansen glich eher der zwischen Lehrling und Meister. Nansens Hilfe vor der Abreise mit der »Gjøa« 1903 war notwendig gewesen, damit die Expedition überhaupt hatte starten können. Während der Vorbereitungen hatte Amundsen hohe Schulden aufgenommen, und nur Nansens Einfluss war es zu verdanken, dass die Gläubiger nicht das Polarschiff als Pfand beschlagnahmten.

Nach dieser ersten geglückten Fahrt durch die Nordwestpassage war Zapffe stets im Hintergrund dabei gewesen – als vertrauter Freund, als eifriger Sammler von Geld und kostenlosen Produkten für die Expeditionen, als Planer, Materialverwalter und munterer Mittelpunkt unter den Teilnehmern. Mehr als jeder andere, vielleicht mit Ausnahme von Oscar Wisting, hatte Zapffe Roald Amundsen unterstützt – die ganzen langen Jahre voller Entbehrungen, Enttäuschungen und Widerstand – die nur unterbrochen wurden von kurzen Perioden mit Feiern und Anerkennung nach jeder geglückten Aufgabe.

Peter Wessel Zapffe, der Sohn des Apothekers, der 1928 neunundzwanzig Jahre alt war und sein Leben lang die unerschütterliche Bewunderung seines Vaters für Roald Amundsen miterlebt hatte, schrieb später in einem Essay, dass es zu Beginn des zwanzigsten Jahrhunderts vier große Möglichkeiten für Entdeckungen von geographischer Bedeutung in den Polargebieten gab: Die Nordwestpassage, der Südpol, die Nordostpassage und der Nordpol.[2] Zwanzig Jahre später, 1920, hatte Roald Amundsen als erster Polarforscher drei von ihnen erreicht. Nur der Nordpol fehlte, auch wenn Amundsen in den meisten Zusammenhängen immer wieder betonte, dass es ihm in erster Linie um die Erforschung und Kartierung des Inneren des Nordpolarmeeres ging. Fridtjof Nansens Unterstützung war weiterhin äußerst wichtig für ihn.

Die Zeiten der heroischen Expeditionen mit Fellkleidung, Hundegespannen und langen Jahren der Entbehrungen, Erfrierungen und Leiden waren vorüber. Roald Amundsen ergriff die Möglichkeiten, die sich ihm boten. 1925 führte er zusammen mit einer Mannschaft von fünf Teilnehmern, darunter auch Leif Dietrichson, einen Flug mit zwei Dornier Wal-Flugzeugen von Ny-Ålesund auf Spitzbergen in den Norden durch. Das Ziel war der Nordpol: Sie landeten jedoch auf 88 Grad nördlicher Breite. Ein neuer Rekord, aber eben nicht der Pol selbst. 1926 erreichte Amundsen endlich sein persönliches Ziel. Auch dieses Mal war er der Erste. Das italienische Luftschiff »Norge«, gelenkt von dem Konstrukteur selbst, Umberto Nobile, erreichte am 12. Mai 1926 um 02.20 Uhr den Polarpunkt.

An diesem Vormittag in Tromsø war es fünfundzwanzig Jahre her, seit Amundsens erste Expedition mit der »Gjøa« mitten in der Nacht vom Kai in Oslo abgelegt hatte. Doch die beiden Freunde redeten nicht viel über dieses Jubiläum. Sie gingen auch nicht die Details der bevorstehenden Expedition mit der Latham durch, bis auf ein paar vorsichtige Fragen von Zapffe, die größtenteils unbeantwortet blieben. All die Jahre hindurch, seit sie sich kennengelernt hatten, bei allen privaten Besuchen und öffentlichen Veranstaltungen, auf allen Expeditionen, an denen der Apotheker Zapffe als Amundsens vertraulicher Mitarbeiter teilgenommen hatte, konnte dieser sich an keine Situation erinnern, in der er den alten Freund so unnahbar und fern erlebt hatte.[3]

Ole Andreas Krogness, der Leiter des Geofysisk Institutt, wurde angerufen, weil Amundsen den neuesten Wetterbericht für die Strecke von Tromsø bis zur Bjørnøya haben wollte.[4] Neue meteorologische Daten wurden routinemäßig von den Eismeerstationen auf Spitzbergen dreimal täglich telegraphiert – um sieben Uhr morgens, um ein Uhr mittags und um sieben Uhr abends. Bezüglich der »Italia«-Expedition war zwischen den Italienern und dem Institut vereinbart worden, dass die Daten von diversen Stationen entlang der Finnmarkküste und rund um das Nordpolarmeer häufiger eingeholt wurden und dass darüber hinaus für die Gebiete rund um Spitzbergen besondere Warnungen ausgearbeitet wurden. Dieser Dienst blieb weiter aktuell, nachdem das Luftschiff irgendwo auf dem Meereseis abgestürzt war, wahrscheinlich nordöstlich der arktischen Inseln.

Vielleicht würde es Amundsen und Dietrichson nützen, mit eigenen Augen die frisch gezeichneten Wetterkarten mit den Prognosen über die Wetterentwicklung zwischen Tromsø und Spitzbergen anzuschauen. Aber das Geofysik Institutt lag im Kirkeveien 60, weit oben am Prestvannet, direkt neben dem alten Friedhof. Der Fußweg dort hinauf war lang und steil. Zunächst einmal mussten sie sich mit den Telefonanrufen begnügen. Krogness konnte berichten, dass seit mehreren Tagen in den Meeresbereichen, die die Latham durchfliegen sollte, Sturm herrschte. Doch jetzt sah es aus, als würde der Wind abflauen. An der Bjørnøya riet herrschte Nebel, doch weiter nördlich waren die Wetterverhältnisse gut, mit ruhigem, klarem Wetter. Der Aufbruch von Tromsø wurde voller Optimismus auf einen Zeitpunkt mitten am Tag festgesetzt.

Zapffes Anruf um viertel nach elf brachte jedoch keine weiteren Informationen, die Grund zur Hoffnung auf einen so frühen Start hätten geben können. Das Institut hatte Nachricht bekommen, dass sich in der Framstraße ein Tiefdruckgebiet entwickelte, wahrscheinlich hatten sie es von der Wetterstation in der Myggbukta auf Ost-Grönland erfahren. Institutsleiter Krogness riet daher dazu, lieber die nächste Hauptmeldung um 13 Uhr abzuwarten.

Doch nicht nur über das Telefon wurden den Bewohnern der Villa in der Storgata 42 Informationen zugetragen. Tromsø brodelte vor Gerüchten. Die Stadt war voll mit Journalisten, die engen Kontakt mit ihren Büros überall im Land hielten. Aus Vadsø war die Nachricht gekommen, dass der italienische Pilot Umberto Maddalena und seine Besatzung an Bord einer Savoia-Marchetti S.55 bereit zum Start seien, um direkt nach Ny-Ålesund zu fliegen. Kaum hatte diese Nachricht Roald Amundsen erreicht, da musste sie schon korrigiert werden – Maddalena hatte bereits am Tag zuvor einen Versuch unternommen, war aber aufgrund des Nebels über Bjørnøya umgekehrt. An diesem Montag war er um Viertel vor zwölf abgehoben. Man ging davon aus, dass er Ny-Ålesund am gleichen Abend erreichen würde. Außerdem war ein zweites italienisches Flugboot unterwegs auf dem Weg von Luleå in Schweden nach Vadsø, um von dort aus zur letzten Etappe nach Spitzbergen aufzubrechen.

Draußen im Tromsøsund lag das gut ausgerüstete zivile Verkehrsflugzeug »Uppland«, eine dreimotorige Junkers G24, gelenkt von dem erfahrenen schwedischen Chefpiloten Viktor Nilsson. Daneben in der Bucht lag die »Turku«, eine finnische Junkers 13, die von dem ebenso erfahrenen Gunnar Lihr geflogen wurde. Die beiden Chefpiloten hatten die Information an die Presse und an das Geofysisk Institutt ausgegeben, dass sie aus Sicherheitsgründen gern zusammen mit der Latham hinüber nach Ny-Ålesund fliegen wollten. Aber es hatte sich als schwierig erwiesen, Kontakt zu Amundsen aufzunehmen, der sich in der Villa von Fritz Zapffe geradezu verschanzt hatte.

Zapffe schien es, als hätte Roald Amundsen eine Entscheidung getroffen, die er den beiden konkurrierenden Piloten und auch der Presse nicht mitteilen wollte. Er und sein Freund sprachen nicht über Details des bevorstehenden Flugs nach Spitzbergen, aber es war allgemein bekannt, dass dem Flugzeug, das die Strecke von der norwegischen Küste nach Spitzbergen zurücklegte, die Ehre zuteilwerden würde, das als Erstes geschafft zu haben. Eine neue Polartrophäe war für denjenigen in Reichweite, der bereits so viele fantastische Ziele sowohl in der Arktis als auch in der Antarktis erreicht hatte.

Kurz nach ein Uhr gab das Geofysisk Institutt auf der Basis der letzten Wettermeldungen grünes Licht. Wenn die Latham an diesem Tag Richtung Norden fliegen wollte, dann müssten sie so schnell wie möglich starten. Von Westen her war ein Unwetter zu erwarten. Der Abflug wurde auf vierzehn Uhr festgelegt. Es war Zeit für den Abschied. Und dennoch zögerte Amundsen, als er in Zapffes gemütlichem Wohnzimmer saß. Den Kopf gesenkt, das Gesicht zerfurcht vor Müdigkeit. So saß er da und spielte mit einem alten Feuerzeug. Es schien, als läge ein Schatten über ihm, so beschrieb der Freund es viele Jahre später.[5]

Amundsen brach sein Schweigen und meinte, Zapffe hätte ihn doch sicher nicht so bald wieder in Tromsø erwartet, oder? Es war ja noch gar nicht so lange her, dass die beiden miteinander gesprochen hatten. Nur ein paar Wochen zuvor war der Apotheker in dem Haus in Svartskog zu Besuch gewesen. Dort hatte er ein wunderschönes Geschenk bekommen, ein Gemälde mit einem Motiv der Südpoleisschranke. Frau Zapffe hatte einen hübschen japanischen Schmuckkasten bekommen. Als Erinnerungsstück, wie der Polarforscher erklärt hatte. Und jetzt saß er hier in der Villa des Apothekers. Doch dieses Mal fiel es beiden schwer, den sonst üblichen vertraulichen Ton miteinander zu finden.

Nein, Zapffe musste zugeben, dass er nicht erwartet hatte, seinen Freund so kurz nach seiner eigenen Oslo-Reise wiederzusehen. Außerdem hatten sie ja eine Reise nach Spitzbergen später im Sommer geplant. Amundsen erwiderte etwas in der Richtung, dass das Schicksal es nun einmal anders gewollt habe. Niemand könne wissen, wann die beiden sich das nächste Mal sähen. Dabei war der Polarforscher sehr ernst.

Zapffe konnte nicht an sich halten, er musst einfach fragen: War Amundsen zufrieden mit dem Flugzeug? War es tauglich für den Auftrag? Amundsen zögerte eine Weile. Doch, die Latham hatte sich auf dem Flug von Bergen nach Tromsø als solide erwiesen, aber am liebsten hätte er doch eine Dornier Wal, die er schon von früher kannte. Er musste seinen alten Freund nicht extra an die Expedition mit der Wal N24 und der Wal N25 erinnern, mit Dietrichson, Riiser-Larsen, Omdal, dem deutschen Mechaniker Feucht und dem Amerikaner Ellsworth als Mannschaft. Es lag erst drei Jahre zurück, dass sie ganz dramatisch auf dem Meereseis bei 88 Grad Nord hatten landen müssen. Der Apotheker war selbst als Materialverwalter in Kings Bay dabei gewesen, besorgt war er in der Bergwerksstadt herumgelaufen und hatte die drei Wochen dort gewartet, bis Amundsen und seine Mannschaft endlich zurückgekommen waren.

Zapffe war dem französischen Flugboot gegenüber skeptisch, nicht zuletzt aufgrund der provisorischen Reparatur eines Schwimmers, die in Bergen vorgenommen worden war. Doch davon erwähnte er Amundsen gegenüber nichts. Wozu hätte das auch dienen sollen? Amundsen konnte das Flugzeug besser beurteilen als er selbst, und er würde ja wohl von der Reparatur wissen. Der Polarfahrer hatte sowieso keine andere Wahl, als weiter nach Spitzbergen zu reisen. Er konnte den Flug der Latham nicht hier in Tromsø enden lassen. Eine derartige Entscheidung war so gut wie undenkbar. Welchen Grund für einen derartig dramatischen Entschluss hätte Amundsen vorbringen können? Was würden die Leute denken, was würden die Zeitungen schreiben?

Zapffe fragte vorsichtig: Was sollte laut Amundsens Planen hier in Tromsø an Bord der Latham gebracht werden außer Flugbenzin und Öl? Alles, worum Nobile gebeten hatte, antwortete der Polarforscher kurz. Dann wechselte er das Thema – sprach erneut von alten Erinnerungen – über den

Frühling im Nordpolarmeer, das himmlische Licht über dem Eis. Ein langer Monolog voller Sehnsucht. Und jetzt sollte er wieder dort hinaufkommen. Doch der Freund wunderte sich und war besorgt über die Wehmut, über das verschlossene Gesicht des Polarreisenden.

Wieder wurde es still zwischen ihnen. Schließlich brach Amundsen das lange Schweigen, indem er bemerkte, dass das Feuerzeug, mit dem er die ganze Zeit gespielt hatte, kaputtgegangen sei. Wahrscheinlich stimmte etwas mit dem Zündstein nicht. Zapffe bot ihm eilfertig an, es zu reparieren. Das werde nicht lange dauern. Dann bekomme er es so gut wie neu zurück, bevor er hinunter zum Hafen gehe, wo die Latham startklar lag.

Amundsen hob den Kopf und schaute den Freund an. Eine Reparatur sei nicht nötig, erwiderte er. Zapffe könne das Feuerzeug als eine Erinnerung an diese letzte Expedition behalten. Er selbst habe keine Verwendung mehr dafür.[6]

# KAPITEL I

## Die Abreise von Kings Bay

Es war kurz vor fünf Uhr morgens am Mittwoch, dem 23. Mai 1928. Die Sonne stand bereits hoch am Himmel über den Bergen auf der anderen Seite des Kongsfjord. Das Licht sickerte durch den Nebeldunst und warf Silberflecken auf das Meerwasser. Die Brandung hob und senkte sich mit Eisschollen auf dem Rücken. Es schien, als atmete der Fjord selbst ganz ruhig.

Nach einer langen durchwachten Nacht voller Spannung, Unsicherheit und schnellen Entscheidungen war das Luftschiff »Italia« endlich klar zum Ablegen. Der katholische Priester Gian Franceschi, der Sondergesandte des Papstes, stand auf dem hartgefrorenen Boden im Hangar in Kings Bay und segnete die Expedition zum Nordpol. Sicherheitshalber sprach er außerdem ein Gebet für die Entdecker und bat um eine sichere Heimkehr. Anschließend packten die mehr als fünfzig Männer der Hilfsmannschaften, bestehend aus italienischen Expeditionsteilnehmern und angeheuerten Bergarbeitern, die Taue und zogen das Luftschiff aus dem Hangar – ganz langsam, damit sich der Ballonstoff nicht irgendwo festhakte und aufgerissen wurde. Die Italiener riefen wieder und wieder »evviva l'Italia« und »evviva Nobile«, immer und immer wieder, es klang etwas schwach, aber schließlich waren die Männer die ganze Nacht wach gewesen und jetzt sichtlich erschöpft.

Die norwegischen Bergarbeiter sagten nicht viel. Die meisten von ihnen hatten Ähnliches schon häufiger mitgemacht. Im Laufe der mehr als zwei Wochen, die vergangen waren, seit das Luftschiff in Kings Bay angekommen war, war es bereits zweimal herausgezogen worden – zuerst für einen missglückten Flug nach Osten, der nach nur wenigen Stunden unterbrochen wurde, später für die neunundsechzig Stunden andauernde Expedition, während der die so gut wie unbekannte Inselgruppe »Nikolaus-II-Land«,* östlich vom Franz-Josef-Land, kartiert werden sollte.

Die Bewohner von Ny-Ålesund hatten sich bereits an die hektischen Vorbereitungen gewöhnt. Vor jedem Aufbruch gab es die gleiche geschäftige Unruhe, die ganze Nacht hindurch waren eifrige Aktivitäten zu beobachten. Der Expeditionsleiter, General Nobile, lief mit dem Messingmegaphon herum und erteilte seine Befehle. Der Zeitpunkt der Abreise wurde aufgrund der unsicheren Wetterlage immer wieder verschoben. Es gab Diskussionen, was als Ausrüstung mitgeführt werden sollte, und nicht zuletzt auch darüber, wer das Glück haben sollte, an der Expedition teilnehmen zu dürfen. Man fiel sich in die Arme, es wurde geküsst und mit Champagner auf das Abenteuer angestoßen.

Für die spektakulärste und das größte Interesse weckende Unternehmung, den Flug direkt zum Nordpol, waren die Vorbereitungen fast exakt genauso wie für die beiden vorherigen Expeditionen durchgeführt worden. Aber dieses Mal war die Auswahl der Mannschaft mit deutlich größerer Spannung beobachtet worden. Der Journalist und Gebirgsjäger Francesco Tomaselli musste seinen Platz dem achtundzwanzigjährigen Ugo Lago von *Il Popolo d'Italia* überlassen. Die Zeitung war 1914 von Mussolini gegründet worden, sie galt als das Hauptorgan der faschistischen Partei. Nobile selbst war kein Faschist, aber es wäre für ihn problematisch gewesen,

---

* Der heutige Name lautet Sewernaja Semlja (Das nördliche Land).

Lago einen Platz bei dem ehrenvollsten der geplanten Flüge zu verweigern. Dagegen hatte Nobile keinerlei diesbezügliche Bedenken, den Abgesandten des Papstes, Gian Franceschi, gegen den tschechischen Forscher František Běhounek auszutauschen. Die allerletzte Veränderung der Mannschaftsaufstellung fand statt, nachdem mehrere Tonnen Benzin wieder aus dem Luftschiff entladen worden waren. Der Nautiker und Marineoffizier Alfredo Viglieri, schlank, schmal und der Jüngste an Bord, wurde zu seiner großen Freude im letzten Moment angemustert.

Über einen Teil der Last des Luftschiffs gab es keine Diskussion: Da dieses Mal der Nordpol das Ziel war, wurde ein zwei Meter langes und über hundert Kilo schweres Eichenkreuz in die Navigationsgondel gehievt. Das Kreuz war vom Papst gesegnet worden und sollte direkt über dem Polpunkt heruntergelassen werden.

Kurz vor fünf Uhr war das Luftschiff endlich aus dem Hangar gezogen worden und schwebte einige Meter über dem schneebedeckten Boden. Die Hilfsmannschaften ließen das letzte Schleppseil los und sahen zu, wie der zigarrenförmige, mehr als hundert Meter lange und fast zwanzig Meter hohe Ballon sich langsam hob. Der hintere Motor, mit Vincenzo Pomella in der Kabine, wurde gestartet und sorgte für den Auftrieb wie auch für die gelenkte Fahrt. Kurz darauf wurden auch die beiden Seitenmotoren angeworfen. Die Helfer winkten den Expeditionsteilnehmern zu, die aus den schmalen Fenstern in der Gondel hinunterschauten. Bald waren sie nicht mehr zu erkennen. Die »Italia« segelte über den Kongsfjord. Ihre Konturen wurden zu einem Schatten, einer Luftspiegelung zwischen den Nebelschleiern. Noch ganz nah und doch schon weit entfernt. Wie eine Fata Morgana.

Nur wenige der Kings-Bay-Bewohner hatten dieser frühen Abreise beigewohnt. Viele von ihnen hatten einen anstrengenden Job in den Kohlegruben. Sie warteten lieber auf die Feier bei der Rückkehr. Die Bergwerksstadt Ny-Ålesund war in diesem Frühjahr schon fast unverantwortlich voll. Der Kohleabbau lief auf vollen Touren. Drei Schichten wurden sowohl in der Agnesgrube als auch in der neuen Estergrube gefahren. Beide Schächte führten tief hinein in den Berg, und mehrere Male hatte die Arbeit wegen Unfällen gestoppt werden müssen. Im Jahr zuvor hatte es Explosionen und eindringendes Wasser von den Gletschern über den Schächten gegeben. 260 Personen (darunter 16 Frauen und 5 Kinder) waren in der Stadt einquartiert worden. Neben der eigenen Belegschaft des Bergwerksunternehmens wohnten hier norwegische und ausländische Pressevertreter, Filmleute, Gebirgsjäger und die Männer vom Luftschiff, die es noch geschafft hatten, einen Schlafplatz für sich zu ergattern. Es fehlte nicht viel, dann hätten die Menschen in Schichten schlafen müssen.

An Bord des italienischen Expeditionsschiffes »Città di Milano«, das draußen im Kongsfjord lag, war es auch voll. Hier wohnten 220 Seeleute und Marineoffiziere, dazu Männer der Luftschiffmannschaft, die auch noch Platz gefunden hatten. Auch hier war es nötig gewesen, jeweils zwei Männer in einer Kabine unterzubringen, die eigentlich nur für eine Person berechnet war. Die Forscher Malmgren und Běhounek wohnten auch auf dem Schiff. Zur großen Enttäuschung des tschechischen Forschers wurde ihm und Malmgren nicht eine gemeinsame Kabine zugewiesen. Denn die beiden Forscher waren im Laufe ihres Aufenthalts gute Freunde geworden.

Natürlich machte sich der Bergwerksleiter Bertel Sherdahl Sorgen wegen der schwierigen Unterbringungslage, aber die Nordpolexpeditionen bedeuteten gern gesehene Zusatzeinnahmen für das Unternehmen, das sich in Privatbesitz befand und seit der Gründung vor zwölf Jahren immer am Rande des Konkurses schwebte. Damit die Rechnung aufging, hatte der norwegische Staat den Ertrag für den Kohleverkauf des kommenden Jahres vorgeschossen. Politisch gesehen wäre es ein Problem, sollten sich die Gruben in Kings Bay als unrentabel herausstellen. Schließlich war es erst acht Jahre her, dass Spitzbergen durch Unterzeichnung des Spitzbergenvertrags ein Teil des Königreichs Norwegen geworden war. Es hätte schon merkwürdig ausgesehen, wenn die norwegische Regierung zunächst die Inselgruppe übernahm, um dann eine Bergwerksgesellschaft nach der anderen Konkurs gehen zu lassen. Eine Möglichkeit, die in den Regierungsräumen auf dem Festland diskutiert wurde, bestand darin, dass der Staat einen Teil der Aktien sowohl von der Store Norske Spitsbergen Kulkompani A/S in Longyearbyen als auch von der Kings Bay Kull Compani A/S in Ny-Ålesund übernahm. Aber bis jetzt waren es der legendäre Gründer der Gesellschaft Petter Brandal und Investoren aus Ålesund, denen die großen Areale auf der Brøggerhalvøya gehörten.

Mitte Mai war das Polarschiff »Mina« von Green Harbour am Isfjord mit einem norwegischen Journalisten, Odd Arnesen vom Aftenposten, einem amerikanischen Kameramann von der Paramount, John Dored, und einem neuen Funker an Bord nach Kings Bay gekommen. Andere Polarschiffe legten am Kai an und verschwanden wieder. Das Polarschiff »Hobby« unter dem Kapitän Ingvald Isachsen und dem erfahrenen Eislotsen John Næss waren aus Tromsø gekommen und hatten die in Norwegen produzierte Ummantelung des Luftschiffhangars geliefert. Die restliche Ausrüstung der italienischen Expedition wurde mit der »Città di Milano« herbeigebracht. Riesige Mengen an Ladung mussten am Kai gelöscht und weiter zum Luftschiffhangar hinaufbefördert werden – unter anderem 4500 keramische Gasflaschen mit Wasserstoff, Reserveteile für die drei Maybachmotoren des Luftschiffs und Kisten voller Proviant, bestehend aus Schokolade, Keksen, Butter und Pemmikan, einer nahrhaften Mischung aus Dörrfleisch und Fett. Die italienischen Seeleute hatten einen alten Ford-Trecker mit Schneeketten leihen können, blieben aber dennoch häufig in den Schneewehen stecken. Sie mühten sich Tag und Nacht ab, die gesamte Ladung hinauf in den Hangar zu bringen.

Die Seeleute auf den norwegischen Polarschiffen beobachteten neugierig die italienische Expedition und ruderten mit kleinen Booten an den Kai, um die Aktivitäten mit eigenen Augen sehen zu können. Sowohl der einzige Laden in Kings Bay als auch der Souvenirladen der Wohlfahrt war Tag und Nacht geöffnet, mehr oder weniger offiziell. Es wurden Benzin, gebunkerte Kohle und Frischwasser verkauft. Auch Tabak und Schnaps wurde in beide Richtungen gehandelt, obwohl diese Waren in Ny-Ålesund streng rationiert waren. Die Bergarbeiter hatten eine wöchentliche Ration von einer halben Flasche Branntwein, die sie gern tauschten, wenn ihnen etwas gefiel.

Jedes Wochenende wurden Zusammenkünfte in der Bergbausiedlung arrangiert. Auf den Eisenbahnschienen keuchten die kleinen, mit Kohle betriebenen Lokomotiven, die Kohlenwaggons quietschten und ratterten laut auf dem Weg zum Berg und wieder zurück. Schwarzer Kohlenstaub wehte überall und bedeckte den Schnee mit einer fettigen Haut bis weit hinaus aufs Fjordeis. In den Schächten wurde Tag und Nacht mit Dynamit gearbeitet. Die Kantinen waren ununterbrochen geöffnet, damit die Kumpel vor und nach der Schicht etwas zu essen bekamen. Der neue Kohlenleichter »Ingeren« von der Reederei Jacob Kjøde in Bergen wurde vom Festland erwartet, mit Proviant und vielerlei Ausrüstung für den Abbau. Die Mannschaften der ersten Lastschiffe des Jahres sollten einer alten Tradition folgend besonders herzlich in Ny-Ålesund willkommen geheißen werden.

In diesem Frühling war das Fjordeis dicht und nur schwer zu durchfahren gewesen. Vor der Ankunft der »Città di Milano« vor einigen Wochen waren die Leute aus den Ester- und Sofiegruben unten gewesen und hatten geholfen, eine mehrere hundert Meter lange Fahrrinne durchs Eis bis zum Kai zu sprengen. Kapitän Giuseppe Romagna Manoia war dafür äußerst dankbar. Er schien sich ein wenig vor dem Meereseis zu fürchten, wozu er auch allen Grund hatte. Mit norwegischen Augen gesehen war der alte Kabelleger aus Mailand kaum das passende Fahrzeug für polare Verhältnisse.

Nach der graziösen, fast geisterhaften Abreise der »Italia« standen die Zuschauer noch eine Weile neben dem Andockmast in dem schmutzigen Schnee. Falls Pater Franceschi enttäuscht darüber war, dass er nicht hatte mitkommen dürfen, so zeigte er es zumindest nicht. Professor Amedeo Nobile, der Bruder des Generals, verriet seine Gefühle ebenfalls nicht. Es war nie die Rede davon gewesen, dass er an einer der Reisen mit dem Luftschiff teilnehmen sollte. Er war als Meteorologe bei der Expedition dabei und sollte über Funk die Männer auf dem Luftschiff sowohl über die Beobachtungen der Eismeerstationen informieren als auch über Wetterprognosen und Ratschläge, die er vom Geofysisk Institutt in Tromsø erhielt.

Der Arzt während der Wintersaison in Kings Bay, Harald Sæther, wandte sich an Odd Arnesen: »Sagen Sie, glauben Sie eigentlich, dass wir die ›Italia‹ und die Besatzung jemals wiedersehen werden? Wissen Sie, ich habe so ein Gefühl, als hätten wir sie heute das letzte Mal gesehen.«[7]

Er bekam keine Antwort, aber der eine oder andere der Bewohner stutzte schon. Harald Sæther war der geborene Polarbewohner, er liebte die Jagd und das Leben im Freien, war die Überwinterung und schwierige Lebensbedingungen gewohnt. Niemand hätte ihn als abergläubisch eingeschätzt. Außerdem hatte die »Italia« bereits zwei herausfordernde Flüge hinter sich. Beide Male waren die Italiener mit Geschichten über Schäden an der Ballonhülle und den Motoren zurückgekehrt. Und das hatten sie mit einem gewissen Stolz darüber erzählt, dass die Nautiker und die Mannschaft diese Gefahren so souverän gemeistert hatten und sie sicher zurück nach Ny-Ålesund gekommen waren.

Langsam ebbte das Gespräch unter den Zuschauern ab. Es gab nichts mehr zu sagen, und die meisten gingen fort, um sich schlafen zu legen. Die Journalisten und Kameraleute erwarteten im Laufe der ersten Stunden keine größeren Neuigkeiten von der »Italia«. Man rechnete damit, dass es einen Tag oder mehr dauern würde, bis die Expedition den Nordpol erreichte. Nach einer Weile war die gesamte Bergwerkssiedlung zur Ruhe gekommen. Die aus der Ferne zu hörenden Routinen der Nachtschicht in den Ester- und Sofiegruben waren das einzige Zeichen menschlicher Aktivität.

Die blau gestrichene Telegraphenstation auf dem Fahnenmasthügel im Uferbereich war in Privatbesitz der Kings Bay Kull Compani. Die Lage der Station hatte im Frühjahr einen sonderbaren Unfall verursacht. Nachdem der Funker das letzte meteorologische Telegramm des Tages an das Geofysisk Institutt in Tromsø verschickt hatte, die sogenannte »Abendsendung«, wollte er von der Station zur Messe gehen. Im

Laufe der kurzen Zeit, die er sich in der Station aufgehalten hatte, war draußen ein heftiger Schneesturm aufgekommen. Auf dem Weg zurück verlor er die Orientierung, verlief sich zwischen den Häusern und kam nur wenige hundert Meter von der Siedlung entfernt ums Leben. Jetzt war es der neu angekommene Ludvig Saltnes, der den Funkverkehr übernommen hatte. Zu jeder Tages- und Nachtzeit konnte man ihn auf dem Kiesweg zur Station hinauf oder auf dem Weg hinunter zur Arbeiterkantine beobachten, dicht gefolgt von einem halbblinden schwarzen Hund, der sich ihm angeschlossen hatte.

Direktor Sherdahl hatte angewiesen, dass die Funkstation mit dem Signalton »tuj« für die Kommunikation der Gesellschaft reserviert sein sollte. Die Italiener und die Presseleute mussten die Funkstation an Bord der »Città di Milano« benutzen, was einige Schwierigkeiten mit sich brachte. Meistens lag das Schiff nicht am Kai, und die Journalisten und Filmleute mussten mit Beibooten hinausgebracht werden. An der Schiffswand war ein selbst gebauter Fahrstuhl angebracht, bestehend aus einer Holzplatte, die an einem Kran hing. Die Leute wurden mit dieser selbst gefertigten Konstruktion, die sonst benutzt wurde, um Ausrüstung und Waren zu löschen, an Deck gehievt. Wohlbehalten an Bord angekommen, mussten sie mit unterschiedlichsten Arbeitsbedingungen zurechtkommen, je nach Lust und Laune des Kapitäns Romagna Manoia. Meistens war er empört über die Zeitungsschlagzeilen, die ihm übersetzt worden waren, unter anderem auch über norwegische Artikel, in denen das fehlende Wissen der italienischen Seeleute die arktischen Verhältnisse betreffend kommentiert wurde. Seine Stimmung funktionierte wie eine Art Zensur. Die Journalisten waren abhängig von seinem guten Willen, sowohl beim Versenden von Telegrammen via Bordfunk als auch, um das Neueste von der »Italia« zu erfahren.

Am 23. Mai 1928 war es den ganzen Tag über ruhig gewesen in Ny-Ålesund. Es passierte kaum etwas, und es wurden auch noch keine bedeutenden Neuigkeiten von der Expedition erwartet. Eine Meldung vom Luftschiff am Nachmittag berichtete von einem scharfen nordöstlichen Wind, der die Breitseite der »Italia« getroffen hatte, als sie über der Amsterdaminsel an Spitzbergens nordwestlicher Spitze den Kurs um über neunzig Grad geändert hatten, um weiter über Grönland zu fliegen. Ein paar Stunden später kam die Nachricht, dass die Wetterverhältnisse sich gebessert hatten. Das Luftschiff flog erneut in ruhigerem Wetter und änderte den Kurs am 24. Längengrad auf Nord. Die Spannung in der Bergwerkssiedlung wuchs. Die Journalisten und Kameraleute erhielten ungeduldige Aufforderungen von ihren jeweiligen Redakteuren und schickten entschuldigende Telegramme zurück. Es würde immer noch mehrere Stunden dauern, bis die »Italia« den Polpunkt erreicht hätte.

Odd Arnesen, der Journalist von der Aftenposten, galt in Ny-Ålesund als ein alter Hase, denn er hatte schon diverse Male die Bergwerksstadt besucht. Ihm war etwas Sonderbares aufgefallen. Die ersten Funksprüche von der »Italia« waren verschlüsselt, bis auf den ersten Satz. Und noch sonderbarer: Der Funker an Bord der »Città« kannte die Verschlüsselung nicht. An den Tischen in der Betriebsmesse, wo die meisten Presseleute aßen, wurde eifrig spekuliert und diskutiert. Hatte Nobile beschlossen, dass die Nachricht über seine Ankunft am Nordpol zuerst an Mussolini gehen sollte, um dann anschließend in Rom bekannt gemacht zu werden? Der Verdacht erhärtete sich, und das Verhältnis zwischen Kapitän Romagna Manoia und den Journalisten wurde immer schlechter, je weiter sich das Luftschiff dem Nordpol näherte. Der italienische Marineoffizier war es gewohnt, dass ihm gehorcht wurde. Er hatte nicht besonders viel Erfahrung mit der Presse, und das ständige Nachfragen der Journalisten gefiel ihm überhaupt nicht. Er war angespannt und wollte nicht mit aufdringlichen Fragen belästigt werden.

Die geplante Ankunft über dem Nordpol sollte ungefähr um Mitternacht stattfinden. An Bord des Expeditionsschiffes »Città« stand Amedeo, der Bruder des Generals, draußen an Deck in dem eiskalten Wind zusammen mit Pater Franceschi, den Journalisten Tomaselli und Arnesen und dem amerikanischen Kameramann Dored. Sie standen dicht beieinander vor der offenen Tür zu der kleinen Funkkabine. Drinnen drängten sich die italienischen Offiziere. Alle warteten auf die Bestätigung, dass das Luftschiff sein Ziel erreicht hatte.

Kurz nach Mitternacht wurde Kapitän Romagna Manoia geweckt. Er schlurfte im Schlafrock, mit Pantoffeln an den Füßen, übers Deck. Nach nur wenigen Sekunden kam er wieder aus der Funkkabine heraus und schrie wütend, dass die Station der Bergwerksgesellschaft den italienischen Funker mit ihren Sendungen störe. Danach hieß es für die blau gefrorenen Journalisten lange Zeit nur abwarten, trotz der hektischen Aktivitäten in der Funkkabine. Schließlich wurde Tomaselli ins Warme gelassen. Erst gegen drei Uhr kam er wieder aufs Deck hinaus und bestätigte offiziell alle Bekanntmachungen. Die »Italia« war zwanzig Minuten nach Mitternacht über dem Nordpol angekommen und anschließend zwei Stunden lang um den Polpunkt gekreist. Der Jubel hallte aus dem Funkraum und verbreitete sich wie eine Welle unter den Seeleuten der »Città di Milano«

Das Telegramm vom Sender an Bord der »Italia« war direkt an Mussolini geschickt worden, außerdem an den italienischen König und selbstverständlich auch an den Papst. Außerdem hatte Nobile ein Telegramm an seine Frau Carlotta geschickt und über einen privaten Funksender in Rom eine Antwort von ihr erhalten. Und schließlich hatte Kapitän Romagna Manoia die Erlaubnis erteilt, dass die sensationelle Neuigkeit auch den Journalisten in Ny-Ålesund bekannt gegeben werden dürfe. Aber inzwischen war es bereits nach drei Uhr nachts – zu spät für Odd Arnesen, eine persönliche Augenzeugenschilderung des Triumphs und der Freude der Italiener zu schreiben, so dass die Zeitung diese für die Welt bedeutende Neuigkeit von ihm persönlich hätte erfahren können.

In Ny-Ålesund wurde am 24. Mai den ganzen Vormittag über gejubelt und gefeiert. Mit Recht waren die Italiener stolz und glücklich, die Norweger gönnten ihnen den Triumph. Die Seeleute von der »Città« arbeiteten mit neuem Eifer und stauten Gasflaschen und Ausrüstung, um alles für die Rückkehr des Luftschiffs bereit zu machen, das am folgenden Tag erwartet wurde. Doch mitten am Tag erhielt Kapitän Romagna Manoia ein Telegramm von der »Italia«, das Gegenwind meldete, Nebel und äußerst schwierige Witterungsverhältnisse.

Im Laufe des Nachmittags wurde klar, dass dieses Unwetter im Norden es dem Luftschiff auch schwer machte, seine genaue Position zu bestimmen. Der Funker an Bord der »Città« wurde wiederholte Male gebeten, Navigationssignale auszusenden. Auch in Ny-Ålesund hatte sich das Wetter verschlechtert, Schneetreiben und Wind aus Südost waren aufgekommen. Wenn die Verhältnisse sich nicht besserten, würde es für das Luftschiff schwer werden, in dem Bergwerksort zu landen.

## KAPITEL 2

# Die Havarie

Es war der achtunddreißig Jahre alte Marineoffizier Adalberto Mariano, der am Ruder stand, als das Luftschiff »Italia« von Kings Bay aufbrach. Der General selbst, Umberto Nobile, hatte seinen Platz an der offenen Tür zur Gondel eingenommen. Er winkte verhalten den Gestalten auf dem Schnee unter sich zu. Dann waren sie nicht mehr zu sehen, er schloss die Tür und setzte sich an den Navigationstisch.

Die Teilnehmer kamen langsam zur Ruhe. Jeder Mann hatte seinen Posten gefunden. Das Geräusch der drei Maybach-Motoren ließ die Streben in einem leisen, regelmäßigen Dur vibrieren. Nobile gab mit ruhiger Stimme Anweisungen, wie der Kurs justiert werden sollte. Die Instrumente wurden abgelesen, die Informationen darüber den Nautikern vermittelt, die die Seitenruder und Höhenruder bedienten. Das Luftschiff stieg in die notwendige Höhe, um die Gebirge auf der anderen Seite des Kongsfjords zu überqueren. Die Bebauung in Ny-Ålesund – der Hangar und die Andockpfähle, das Gewimmel der Hilfsmannschaften –, alles wurde immer kleiner, bis das letzte Lebenszeichen, das sie in der weißen Ödnis hinter sich erkennen konnten, nur noch die schwarze Rauchsäule aus dem Kraftwerk der Estergrube war.

Die Navigationsgondel, die vorn unter dem Luftschiff hing, war der einzige gemeinsame Aufenthaltsraum für die sechzehn Männer an Bord, viel zu klein, als dass alle sich gleichzeitig darin hätten aufhalten können. Sie sah aus wie eine kleine, weiß gestrichene Kajüte, konstruiert aus Spanholz, Holzstreben, Aluminiumrohren und Stahldraht, und war überzogen mit dicht gewebtem, dickem Baumwollstoff. Alles, was nicht zwingend für die Funktion des Luftschiffs notwendig war, hatte herausgenommen werden sollen, dennoch hatte Nobile eine ganze Menge an Ausrüstung und Proviant auf dem Boden und entlang der Wände verstauen lassen.

Hier hatten auch die drei Forscher auf dem Flug zum Nordpol ihren Platz gefunden. Alle hatten sich einen Arbeitsplatz in der engen Gondel gesucht und ihre Apparate aufgestellt. Schon lange bevor das Luftschiff den Kongsfjord verließ, hatten sie mit ihren Messungen begonnen. Mitten im Raum hatte der italienische Physiker Aldo Pontremoli von der Universität Mailand die großen Kisten mit den Instrumenten platziert, die den Magnetismus in der Atmosphäre maßen. Der Tscheche František Běhounek von der Universität Prag hatte seine Instrumente auf die Streben montiert, die entlang der einen Wand verliefen. Die Anordnungen waren im Vorfeld sehr genau ausgetestet worden, doch Pontremoli faltete seinen langen, dünnen Körper auf dem Boden zusammen, die Beine gekreuzt, und belegte so einen viel zu großen Teil des bescheidenen Platzes. Trotzdem kam es Běhounek nicht in den Sinn, sich zu beklagen. Er war dafür viel zu glücklich, dabei zu sein, und arbeitete unermüdlich. Bisher hatte noch niemand die elektrischen Spannungen in der Atmosphäre über den Gebieten, über denen das Luftschiff jetzt schwebte, vermessen und kartiert. Diese Messungen waren einzigartig und wertvoll.[8]

Der dritte Forscher, Dozent Finn Malmgren von der Universität Uppsala, hatte seine meteorologischen Instrumente überall dort in der Gondel verteilt, wo sie am einfachsten von den Nautikern abgelesen werden konnten. Thermometer, Barometer, Messgeräte für die Windgeschwindigkeit und die

Luftfeuchtigkeit, all das waren Instrumente, die notwendige Daten lieferten, um das Luftschiff in einer fein abgestimmten Balance zwischen Schwerkraft und Auftrieb schweben zu lassen. Der schwedische Dozent war nicht nur als Forscher an Bord. Er war der Meteorologe der Expedition und außerdem der einzige Teilnehmer mit praktischer Erfahrung, was von größter Wichtigkeit sein könnte, sollte das Luftschiff auf dem Eis notlanden müssen – er war Nobiles polares Alibi und sein engster Ratgeber. Der Schwede war vor einigen Jahren zusammen mit Roald Amundsen auf der »Maud«-Expedition gewesen und außerdem vor zwei Jahren einer der Teilnehmer der Reise an Bord des Luftschiffs »Norge« – bei dessen Fahrt von Kings Bay über den Nordpol und weiter quer über das Nordpolarmeer nach Alaska. Die Italiener sahen in Malmgren einen äußerst erfahrenen Mann.

Nobile hatte Ugo Lago angewiesen, sich zusammen mit den Täklern und Maschinisten oben in der Ballonhülle aufzuhalten. Natürlich ohne Erfolg. Es war keine Überraschung, dass der Journalist freien Blick haben wollte, die Fahrt über die weiten Eisflächen und das Meer mit eigenen Augen verfolgen wollte. Er kletterte die Leiter in der Gondel hinunter und fand einen passenden Platz an einem der Fenster. Von hier aus notierte er ununterbrochen alles, was er sah.

In einer kleinen Kabüse ganz vorn in der Gondel saß der Funker Giuseppe Biagi zusammengekauert vor seinen Instrumenten und drehte geduldig die Regler des Empfängers und des Senders. Seine wichtigste Aufgabe bestand darin, die Navigationssignale der »Città di Milano« aufzufangen und ansonsten Kontakt mit der Außenwelt zu halten. Außerdem schickte er diverse Telegramme und antwortete auf einen ganzen Schwall von Telegrammen, deren Anzahl stieg, je näher das Luftschiff dem Pol kam. Die Funkanlage war ein Geschenk der Marconi-Fabrik und funktionierte zu Biagis Freude optimal.

Der mittlere Raum in der Gondel war der größte, eingerichtet wie die Brücke eines Schiffs. Hier befanden sich alle Navigationsinstrumente und der Maschinentelegraph, der in die drei kleinen Motorkabinen achtern signalisierte, welche Operationen die Maschinisten mit den Motoren ausführen sollten. Die hinterste Kabine war mitten unter dem Kiel befestigt. In ihr saß der blonde Mechaniker Vincenzo Pomella, ein stiller, geduldiger Mann. Seine Arbeit war die schwerste, denn dieser Motor wurde so gut wie die ganze Zeit, die sie in der Luft waren, am Laufen gehalten. Die Seitenmotoren wurden nur bei Beschleunigung benutzt oder um das Luftschiff zu drehen und zu wenden. Für den Motor backbord war der Maschinist Attilio Caratti verantwortlich. Der Motor steuerbord war bemannt mit dem blonden, blauäugigen Ettore Arduino aus Verona, der Maschinist, dem Nobile am meisten vertraute.

Die drei Maschinisten hatten alle bereits an der »Norge«-Expedition teilgenommen. Ebenso wie der neununddreißigjährige leitende Techniker Natale Cecioni. Mit schwerem Schritt bewegte er sich unruhig im Luftschiff hin und her, stets mit Sorgenfalten auf der Stirn. Der Takler Renato Alessandrini hatte auch an dem Flug mit der »Norge« teilgenommen und gehörte zu den Italienern, die Roald Amundsen am meisten geschätzt hatte. Wie ein Zirkusartist kletterte er zwischen Streben und Drähten hin und her, mal draußen direkt auf der Hülle, mal drinnen zwischen den Gasballons, hielt nach Schäden Ausschau, reparierte und korrigierte. Eines der größten Probleme während der »Norge«-Reise war die Vereisung der Ballonhülle während des letzten Teils der Expedition gewesen, als das Luftschiff sich der Küste von Alaska genähert hatte. Nach dieser

Erfahrung wurde der Stoff, der die Gaszellen auf der »Italia« bedeckte, verstärkt. Trotzdem überprüfte Alessandrini ununterbrochen die Hülle, suchte nach winzigen Löchern und Rissen. Seiner Auffassung nach musste das Luftschiff kontinuierlich gewartet werden.

Von der großen Gondel gab es keinen direkten Zugang zu den engen Motorkabinen. Die Maschinisten mussten in dem Ballon hochklettern, sich dann zwischen unzähligen Streben, Seilen und Stahldrähten entlang der Hauptleitschnur nach hinten hangeln. Anschließend mussten sie durch Öffnungen in die äußere Ballonhülle krabbeln und in freier Luft auf schmalen Metallleitern balancieren, die zu den Motorkabinen führten. Der Abstand zwischen der großen Gondel hinten und den Kabinen war so knapp, dass die Steuermänner sich aus den kreisrunden Fenstern hinausbeugen und den Männern hinten die Befehle zurufen konnten, aber normalerweise wurde der mechanische Telegraph benutzt, um Missverständnisse zu vermeiden. Ein Hebel auf einem halbmondförmigen Instrument wurde von links nach rechts geschoben – halbe Fahrt voraus, volle Fahrt voraus, Motor stopp. Die Positionen wurden mechanisch durch kräftige Stahldrähte auf die Indikatorschreiber in den Motorkabinen übertragen. Im Ballon selbst befand sich deshalb ein Netz von Metallstreben, Rohren und Kabeln in alle Richtungen.

Die Ruder, die die Bewegungen des Luftschiffs lenkten und justierten, nahmen besonders viel Platz in der Navigationsgondel ein. Das Seitenruder war dort platziert, wo sich das Ruder eines auf dem Meer fahrenden Schiffes normalerweise befand, vorn und quer zur Längsrichtung der Gondel. Der Steuermann selbst konnte nicht nach vorn sehen, denn dort saß Biagi und verfolgte die Funksignale. Deshalb musste der Steuermann zu jeder Zeit auf die Befehle des Kapitäns vertrauen. Was normalerweise kein Problem war, weil ein Luftschiff nicht wie ein Flugzeug manövriert wird, sondern eher wie ein Schiff. Der Führer des Luftschiffs stand am Ausguck und gab den Nautikern und Steuermännern die Befehle. Der große Elevator – das Rad, das den Auftrieb oder das Absinken des Luftschiffs lenkte – war mächtig und schwer und mitten in der Gondel platziert, parallel zur Längsrichtung. Der Steuermann, der den Elevator lenkte, sollte den Neigungswinkel des Luftschiffs mit den Füßen spüren.

Nur selten ließen die atmosphärischen Bedingungen es zu, das Luftschiff präzise zu steuern. Und in der Regel war das auch nicht nötig. Die wenigen Hangars und Andockpfähle, die es auf der Welt gab, befanden sich immer auf großen offenen Ebenen. Die Landung wurde mit Hilfe langer Seile ausgeführt, die auf den Boden geworfen wurden, um dort von der zahlreichen Hilfsmannschaft entgegengenommen zu werden. Hier in der Eisödnis gab es keine sicheren Landeplätze, aber unter günstigen Wetterverhältnissen konnte sich ein Luftschiff lange Zeit ruhig schwebend über einem bestimmten Gebiet halten.

Die »Italia« hatte nicht direkt Kurs auf den Nordpol genommen. Während der ersten Stunden ihres Flugs folgte sie der Küstenlinie von Westspitzbergen. Bei der Amsterdaminsel wurde der Kurs auf die nordöstliche Spitze von Grönland geändert. Jetzt näherten sie sich unerforschtem Gebiet, wie Nobile es im Vorfeld geplant hatte, als er die Route festlegte. Der Nebel kam und ging rund um die »Italia«. Weiße Schleier hüllten das Luftschiff ein, öffneten sich ab und zu und ließen immer wieder den blauen Himmel und blendend hellen Sonnenschein durchblitzen. Die drei Forscher arbeiteten schweigend, jeder mit seinen wissenschaftlichen Experimenten beschäftigt. Malmgren bewegte sich hin und her, las die Instrumente ab und notierte in winzig kleiner Schrift auf der Karte die wenigen meteorologischen Daten, die er in Funktelegrammen vom Geofysisk Institutt in Tromsø erhielt. Die Nautiker studierten die Karten, lasen den Sextanten ab, versuchten eine zuverlässige Sonnenhöhe zu errechnen. Vier Kompasse, alle korrigiert bezüglich der magnetischen Verzerrung bei hohen Breitengraden, waren so platziert, dass die Steuermänner sie leicht lesen konnten. Hinten in der Gondel saß Nobile mit Karte und Notizen vor sich ausgebreitet. Die Stunden vergingen.

Nahe der nordöstlichen Spitze von Grönland konnte die Position endlich aufgrund einfacher Landmarken auf den Karten bestimmt werden. Doch nicht alles stimmte überein. Das mystische Crocker Land, eine große Insel mit Gebirgsketten, die von dem amerikanischen Entdecker Robert Peary 1906 nordwestlich von Grönland entdeckt worden war, war nirgends zu sehen. Dahingegen wurden die geographischen Funde, die von der »Norge« vor zwei Jahren gemacht worden waren, bestätigt. Crocker Land existierte nicht. Auf dieser Position gab es nur Meer und Seeeis.

Das Luftschiff wendete und nahm entlang dem 20. Längengrad Kurs Richtung Norden, ungefähr in der Mitte zwischen Pearys alter Route und jener, der das Luftschiff »Norge« vor zwei Jahren gefolgt war. Wieder schwebte das Luftschiff über unbekanntem Gebiet. Die Expeditionsteilnehmer beobachteten gespannt die eisbedeckte Fläche unter sich. Würden sie das Glück haben, in diesem gewaltigen Meeresgebiet neues Land zu entdecken? Und wenn es nur eine kleine Insel wäre. In der Gondel wurden die Männer langsam schläfrig. Fast zwanzig Stunden waren seit ihrer Abreise von Kings Bay vergangen, und die meisten waren außerdem die Nacht zuvor auch wach gewesen. Der Journalist Lago, der sich gern nützlich machen wollte, servierte Brote, die in Ny-Ålesund geschmiert worden waren. Das Wasser in den Thermoskannen war zu Eis gefroren und musste unter der Kleidung aufgetaut werden.

Zwischen Spitzbergen und Kap Bridgman bewegte sich die »Italia« mit einer Durchschnittsgeschwindigkeit von 61 Kilometer in der Stunde und hatte zwei Motoren laufen. Als das Luftschiff den Kurs Richtung Nordpol änderte, wurde der Seitenwind achtern zu einem kräftigen Rückenwind. Die Navigation war bisher nach angenommenem Kurs und geschätzter Geschwindigkeit vorgenommen worden, was alles andere als genau war. Aber für Nobile war es entscheidend, genau sagen zu können, wann sie sich über dem Pol befanden. Es wäre peinlich, sollte sich herausstellen, dass sie trotz allem nicht auf neunzig Grad Nord gewesen waren, sondern nur in seiner Nähe. Sobald sich über ihnen klarer Himmel zeigte, versuchte Adalberto Mariano mit Hilfe des Sextanten den Sonnenstand und die Sonnenhöhe abzulesen. Und endlich, nach langem Warten mit unerträglicher Spannung, zwölf Minuten nach Mitternacht am 24. Mai, konnte er den italienischen Triumph verkünden: Das Luftschiff befand sich über dem Nordpol, so exakt, wie es nur möglich war.

Das war ein großer, ehrwürdiger Moment für die sechzehn Teilnehmer. Alle in der Navigationsgondel waren gerührt und umarmten einander immer und immer wieder. Es wurde auf den Expeditionsleiter angestoßen, der die Leistung vollbracht hatte, mit einem in Italien konstruierten Luftschiff den Nordpol zweimal zu überfliegen. Malmgren gratulierte ihm von Herzen, machte ihn aber darauf aufmerksam, dass es sieben Mann an Bord gab, die mit einem Luftschiff schon früher am Polarpunkt gewesen waren. Neben Nobile und Malmgren selbst hatten der Takler Alessandrini, die Maschinisten Cecioni, Caratti, Pomella und der leitende Maschinist Arduino alle bereits an der Expedition mit der »Norge« teilgenommen. Der Takler und die vier Maschinisten wurden aus dem Ballon in die Gondel geholt, und es wurde auf ihre doppelte Leistung angestoßen.

Biagi hing verbissen über dem Funksender und schickte Telegramme an Benito Mussolini, an Papst Pius XI. und den italienischen König Viktor Emanuel III. Das Erreichen ihres Ziels wurde auf förmliche Weise dadurch besiegelt, dass die italienische Nationalhymne gesungen wurde. Nobile beugte sich aus der offenen Tür und ließ die italienische Flagge, befestigt an dem Holzkreuz, das der Papst gesegnet hatte, aufs Eis hinunter. Die faschistische Hymne »Giovinezza« und das Volkslied »Die Glocken von St. Giusto« wurden auf einem kleinen Grammophon abgespielt, das nur zu diesem Zweck mitgenommen worden war.

Vor der Expedition hatte Nobile wiederholte Male abgestritten, dass der Nordpolarpunkt das eigentliche Ziel seiner Reise sei. Die geplanten fünf Unternehmungen mit Kings Bay als Ausgangspunkt hatten als Ziel, unbekanntes Fahrwasser zu erforschen und zu kartieren und nicht zuletzt wertvolle wissenschaftliche Messungen auszuführen. Nobile hatte besonders das große, riskante Experiment hervorgehoben, bei dem drei Teilnehmer sich am Pol aufs Eis herablassen wollten, und zwar mit einer Art Aufzug, den er selbst konstruiert hatte. Er hatte gegenüber den politischen Führern in Italien, den verschiedenen Forschungsinstitutionen, die ihm ökonomische wie auch moralische Unterstützung gegeben hatten, und nicht zuletzt der skeptischen Presse gegenüber viel davon gesprochen. 1928 war die Meerestiefe direkt am Nordpol unbekannt. Nobile und die Forscher hatten sich deshalb eine elegante Lösung für eine derartige Messung ausgedacht. Sicher unten auf dem Eis angekommen, wollten sie ein neu konstruiertes Grazer Echolot benutzen, das die Schallgeschwindigkeit im Salzwasser maß und damit die Meerestiefe berechnen konnte. Wenn die Zeit es zuließ, sollten auch noch andere Messungen vorgenommen werden. Ausrüstung und Proviant für das Experiment lagerten im hinteren Teil der Gondel.

Doch im Laufe der Zeit, in der das Luftschiff um den Nordpol gekreist und alle Zeremonien durchgeführt worden waren, hatte der Wind deutlich an Stärke zugenommen. Aus Sicherheitsgründen beschloss Nobile, auf die spektakuläre Landung auf dem Eis zu verzichten. Die drei Forscher waren enttäuscht und verärgert, besonders der Tscheche Běhounek, der damit auch den Plan aufgeben musste, die atmosphärische Elektrizität unten auf der Meeresoberfläche zu messen.

Es war an der Zeit, den Nordpol zu verlassen, aber Nobile hatte sich noch nicht für einen Kurs entschieden. Der konnte quer über das Nordpolarmeer bis zur Küste Alaskas führen, so wie Amundsen es vor zwei Jahren mit dem Schwesterschiff »Norge« gemacht hatte. Doch diese Route war alles andere als problemlos gewesen – besonders die letzte Stunde mit Sturm und dichtem Schneetreiben, bevor die »Norge« auf dem Meereseis vor der Inuitsiedlung Teller landen konnte. Es hätte nicht viel gefehlt, und sie wären aufs Eis abgestürzt.

Sie könnten aber auch hoffen, dass das Luftschiff im Gegenwind zurück nach Ny-Ålesund flog. Finn Malmgren argumentierte beharrlich für diese Alternative. Selbst als die Nautiker das Luftschiff nur unter großen Schwierigkeiten ein paar hundert Meter über dem Eis in unrunde Kreise um den Polarpunkt zwangen, wollte Malmgren sich nicht eingestehen, wie schwierig die Heimreise zurück nach Kings Bay werden könnte. Er bat Nobile inständig, doch nach Ny-Ålesund zurückzukehren, und ging davon aus, dass die Wetterbedingungen weiter südlich besser werden würden.

Nobile zweifelte, doch schließlich folgte er Malmgrens Rat. Schließlich war der schwedische Forscher Dozent an dem meteorologischen Institut in Uppsala und der Einzige an Bord der »Italia«, der über umfangreiche Erfahrungen mit den polaren Verhältnissen verfügte. Außerdem stand Malmgren kontinuierlich in Kontakt mit Amedeo Nobile in Kings Bay und durch diesen mit dem Geofysisk Institutt in Tromsø. Malmgren hatte eine große Menge an meteorologischen Beobachtungen und Meldungen in Telegrammform von dort erhalten, auf denen seine Wettervorhersage basierte.

Um 02.20 Uhr am 24. Mai stieg das Luftschiff ungefähr auf tausend Meter Höhe und verließ den Nordpol. Der Kurs wurde entlang dem 24. Längengrad Richtung Süden gelegt. Die Männer waren inzwischen seit mehr als dreißig Stunden auf den Beinen. Pontremoli beendete seine Messungen und ging hinauf in die Ballonhülle zu einem Schlafplatz auf der Gangway über dem Kiel. Dort hatte sich auch der Journalist Ugo Lago eingefunden, um ein paar Stunden auszuruhen. Die beiden Männer fanden kaum Platz für ihre Fellschlafsäcke, obwohl Pontremoli lang und dünn war und Ugo Lago ein kleiner Mann. Viel Schlaf fanden sie nicht. Immer wieder wurden sie von dem Takler und den Mechanikern gestört, die auf ihrem Weg entlang der Metallleiter über die Schlafenden steigen mussten.

Kurz nachdem sie den Nordpol verlassen hatten, fuhr die »Italia« in dichten Nebel und kräftigen Gegenwind hinein. Malmgren versicherte Nobile, dass der Nebel sich weiter südlich lichten werde. Doch er irrte sich. Vielmehr wurden die

Verhältnisse schlechter. Turbulenzen zerrten am Luftschiff, der Nebel gefror auf der äußeren Ballonschicht zu Eis. Um Treibstoff zu sparen, beschloss Nobile, dass nur zwei der drei Motoren benutzt werden sollten. Bei ruhigem Wetter konnte die »Italia« auf bis zu 100 Stundenkilometer kommen. Jetzt erreichten sie gerade mal die Hälfte.

Die Stunden vergingen. In der Gondel war es eiskalt. Die Männer trugen zwar Polarkleidung, sie froren aber dennoch. Nobile hatte eine ungefähre Position ausgerechnet, basierend auf dem angenommenen Kurs und der schwankenden Geschwindigkeit des Luftschiffs, und er meinte, sie befänden sich nordöstlich der Insel Moffen. Was hieße, dass sie sich der Küste von Spitzbergen näherten. Doch Běhounek hatte die Kompasse und Berichte stets im Auge behalten und korrigierte die Angabe um mehr als dreißig Grad.

Der leitende Techniker Cecioni hatte das Elevatorsteuer von Felice Trojani übernommen, damit der junge Italiener ein paar Stunden Schlaf auf dem Boden der Gondel finden konnte. Er warf kurze, ängstliche Blicke auf die Instrumente, die Temperatur, Windstärke und Luftdruck außerhalb des Luftschiffs anzeigten. Viele Faktoren konnten die Tragkraft der Ballons beeinflussen: gestiegene Temperatur aufgrund der Erwärmung durch den Sonnenschein, Tau, Regen oder die Vereisung der Gummitücher, Gaslecks von unentdeckten Rissen und Löchern. Im Laufe der letzten halben Stunde hatte er Probleme gehabt, das Luftschiff stabil zu halten. Aber das Schlimmste dabei: Er wusste nicht, warum.

Zwei Stunden später kam es zum ersten kritischen Ereignis: Das Luftschiff befand sich nur ein paar hundert Meter über dem Eis, als die Elevatorkontrolle sich in einer Position verhakte, die die Nase der »Italia« nach unten zeigen ließ. Sie standen kurz vor dem Absturz. Nobile gab den Befehl, augenblicklich alle Maschinen zu stoppen. Das gab dem Luftschiff mehr Auftrieb. Zur Erleichterung aller stieg das Luftschiff schnell über die Wolken hinauf in den Sonnenschein. Nach einer Weile taute die Wärme der Sonnenstrahlen das Eis, das sich auf die Ballonhülle gelegt hatte. Eine halbe Stunde später wurden die beiden Motoren erneut gestartet, und die »Italia« sank auf eine Höhe von ungefähr 300 Meter über dem Eis.

Es dauerte nicht lange, da entdeckte Cecioni, dass die »Italia« sich erneut mit einem Winkel von 8 Grad nach achtern neigte. Verbissen kämpfte er mit dem Elevator. Finn Malmgren hatte wieder das Seitenruder übernommen. Das sonst so runde, gemütliche Gesicht des schwedischen Forschers war nun vor Sorgen verzerrt. Die letzten Stunden waren von einem Kampf gegen die Naturgewalten geprägt gewesen und mit dem Luftschiff, das sich wie ein durchgegangenes Pferd aufbäumte und in unvorhersehbaren Bewegungen wieder neigte. Außerdem wurde er von nagenden Zweifeln geplagt: Hatte er die falsche Route für den Heimweg ausgesucht?

Trotz des Motorenbrummens und des Geräusches vom Eis, das gegen die Ballonhülle schlug, gab Nobile seine Befehle weiterhin mit ruhiger Stimme. Nach mehr als vierzig Stunden war die Mannschaft zwar erschöpft, aber trotz allem näherten sie sich der Nordküste von Spitzbergen. Nobile gab den Befehl an die Motorgondeln, das Luftschiff mit Hilfe der drei kräftigen Maybach-Maschinen wieder höher nach oben zu zwingen. Pomella und Caratti steigerten daraufhin die Umdrehungszahl, während der dritte Maschinist, Ciocca, die Gefahr von vorher erkannt und genau das getan hatte.

Es waren die letzten Minuten, bevor die Katastrophe eintraf. Das Meereseis näherte sich dem Luftschiff mit immer größerer Geschwindigkeit. Details wurden immer deutlicher sichtbar – hohe Packeisbarrieren, große Formationen von zusammengedrückten Eisblöcken, schwarze Spalten mit offenem Wasser. Das große Luftschiff sank durch Nebel und Schnee mehr als einen halben Meter pro Sekunde. Der Takler Allessandrini bekam den Auftrag, alle Ventile an den hinteren Gaszellen zu kontrollieren, um festzustellen, ob sich eines von ihnen festgehakt hatte oder in offener Stellung festgefroren war.

Nachdem er alle notwendigen Befehle gegeben hatte, blieb Nobile mitten in der Gondel stehen. Würden die angewiesenen Aktionen greifen? Stieg das Luftschiff? Die Instrumente sagten etwas anderes. Cecioni am Elevator erklärte mit erzwungener Ruhe in der Stimme: »Das Schiff ist schwer!« Das war der schlimmste Bescheid, den die Mannschaft eines Luftschiffes erhalten konnte. Der »Italia« gelang es nicht mehr, eine gewisse Höhe über dem Eis zu halten. Nobile nahm sich nicht die Zeit, den Telegraphen zu benutzen. Er zwängte den Oberkörper aus dem hinteren Gondelfenster und rief den Maschinisten zu, sie sollten alle drei Maschinen anhalten. Bei einem Zusammenstoß mit dem Eis, der jetzt unumgänglich erschien, bestand die größte Gefahr in einem Brand des Ballons.

Eine letzte Verzweiflungstat wurde versucht, um die Havarie abzuwenden: Vorn in der Gondel stand eine Kiste mit ungefähr zweihundert Kilo Ballastketten. Cecioni stürzte sich auf die Kiste, kämpfte verzweifelt darum, die Ketten von den Seilen zu befreien, mit denen sie an Ort und Stelle gehalten wurden. Běhounek kam ihm zu Hilfe. Doch es nützte nichts, die Taue waren festgefroren und ließen sich nicht lösen.

Biagi, der während des gesamten dramatischen Kampfes um das Luftschiff nicht von seinem Platz am Funkgerät gewichen war, schickte die letzte Meldung von der »Italia« an die »Città di Milano«. Die Uhr zeigte 20.27, am Freitag, dem 25. Mai.

Die Katastrophe war nicht mehr abzuwenden. Ein Zusammenstoß des Luftschiffs mit dem Eis war unvermeidbar. Alle in der Gondel spannten die Muskeln an und versuchten sich zu wappnen. Trotzdem kam die Kollision wie ein Schock, plötzlich und mit brutaler Gewalt. Die Männer wurden zu Boden geschleudert. Die Gondel unter dem Ballon wurde über das Eis geschleift. Mit großer Wucht schlug sie gegen eine Eisbarriere, wurde zur Seite geschoben und von der Kraft in den gespannten Streben, die sie am Ballon selbst festhielten, in Stücke gerissen. Der Lärm des Zusammenstoßes war gewaltig, ein Inferno von Geräuschen, Schlägen von Metall und Holz gegen das Eis, schrille und knirschende Geräusche. Es war unerträglich. Die Männer wurden von dem Rollen seekrank, sie wurden in ihrer kleinen Welt, die sie noch vor wenigen Augenblicken als ihre sichere Zufluchtsstätte angesehen hatten, hin und her geworfen, gestoßen und gedrückt.

Große Risse zeigten sich im Gondelboden. Blind vor Angst entschieden sich einige Männer zu springen. Niemand wusste, wer, niemand zählte, wie viele wie schwarze Saatkörner aus einer Schote auf dem Eis zerstreut lagen. Die Gondel wurde vom Kiel unter dem Ballon losgerissen und zerschmetterte auf dem Eis.[9]

Plötzlich war es still. Langsam hob das Luftschiff sich, befreit von dem Gewicht der Männer und der Ausrüstung in der Gondel. Běhounek lag halb begraben unter dem Schnee und mühte sich ab, freizukommen. Wie eine Halluzination sah er die Ballonhülle nur wenige Meter über sich schweben. Er sah die gigantischen Buchstaben ITALIA auf dem Stoff unwirklich nahe. Draußen auf der Metallleiter, die zur Motorkabine backbord führte, konnte er die Gestalt des Chefmaschinisten Ettore Arduino erkennen. Das Letzte, was er von ihm sah, war das von Panik verzerrte Gesicht und die weit aufgerissenen Augen.[10]

Der große Ballon stieg ohne jede Steuerung und verschwand übers Eis. Sechs Männer waren immer noch an Bord und mussten hilflos diese unkontrollierte Fahrt mitmachen.

# KAPITEL 3

# Der Held am Nachmittag

Am Donnerstag, dem 24. Mai 1928, befand sich Roald Amundsen vormittags daheim in seiner Villa »Uranienborg«, einem prächtigen Gebäude im Schweizer Stil in Svartskog etwas außerhalb von Oslo. Er lief im Haus herum und räumte nach dem festlichen Frühstück auf, das er soeben zu Ehren der beiden Piloten Hubert Wilkins und Carl Eielson gegeben hatte, die erst vor wenigen Tagen einen mehr als zwanzig Stunden langen Flug von Point Barrow in Alaska über das Polarmeer nach Spitzbergen absolviert hatten. Der 3600 Kilometer lange Flug mit dem Prototyp einer Lockheed Vega hatte in der gesamten westlichen Welt für große Aufmerksamkeit gesorgt. Die beiden Piloten wurden überall, wo sie hinkamen, mit Empfängen, Medaillen und Ruhm gefeiert.

Der vierzig Jahre alte Hubert Wilkins war ursprünglich in Australien geboren und hatte in seiner Jugend eine Ausbildung als Fotograf gemacht. Als er nach England zog und sich nach einer Weile für eine Karriere als Polarforscher entschied, sollte sich zeigen, dass seine Fähigkeiten als Fotograf einen wertvollen Bonus darstellten. Sein Copilot, Carl Ben Eielson, war Amerikaner norwegischer Abstammung. Seine Familie stammte aus dem Hallingdal.

Manche mochten sich über die enorme Aufmerksamkeit und Begeisterung wundern, mit der Wilkins' und Eielsons Flug aufgenommen wurde. Als Polarexpedition hatten sie nur einige geographische Beobachtungen und Fotos mitgebracht, die meisten aus bereits bekannten und besuchten Gebieten. Wahrscheinlich muss man die begeisterte Begrüßung vor dem Hintergrund der fast hysterischen Bewunderung sehen, die Langstreckenpiloten nach Charles Lindberghs 33 Stunden und 5800 Kilometer langem Alleinflug über den Atlantik am 20. Mai 1927 zuteil geworden war. Der 25 Jahre alte Lindbergh hatte an dem Bau des Flugzeugs »The Spirit of St. Louis« nach dem Modell der kleinen Ryan Postflugzeuge selbst mit seinen Ideen mitgewirkt, die Ende des neunzehnten Jahrhunderts in den USA üblich gewesen waren. Lindberghs Flugzeug war ein verschlankter, einmotoriger Eindecker mit der offiziellen Bezeichnung Ryan NYP (New York nach Paris).

Nach diesem Erfolg wollten alle Meeresgebiete überqueren, Rekorde aufstellen oder Expeditionen in unbekannte Gebiete unternehmen. Wilkins und Eielson waren nicht die Einzigen, die einen Flug über das nördliche Polarmeer geplant hatten, aber sie waren die Ersten, die diesen Plan auch verwirklichten. Am Freitag, dem 18. Mai 1928, feierte Aftenposten die beiden Piloten mit Fotos, die fast die gesamte Titelseite der Zeitung einnahmen. Der Grund für diese besondere Präsentation, die auch noch an den folgenden Tagen stattfand, mag in Wilkins' qualitativ hochwertigen Fotos vom Flug und ihrem Aufenthalt auf Spitzbergen gelegen haben, von denen sich die Zeitung eine größere Auflage erhoffte, wenn sie in angemessener Größe zu ihrem Recht kämen. Außerdem war Odd Arnesen, der Korrespondent der Aftenposten, der einzige Journalist gewesen, der bereits am 15. Mai mit dem Polarschiff »Minna« in Green Harbour gelandet war. Und somit hatte sich die Aftenposten das Exklusivrecht für die ersten Interviews mit den beiden Piloten gesichert.

Roald Amundsen hatte sich auch eine Art Exklusivrecht für die Feier der neuen Polarhelden gesichert. Einigen Mitgliedern des Vorstands des neu gegründeten Norsk Aeroklubbs, dessen Präsident kein Geringerer als Amundsen selbst war, war es gelungen, den Zug von Trondheim, in dem Wilkins und Eielson als Passagiere mitfuhren, im Bahnhof von Hakadal kurz vor Oslo zu stoppen. Dort waren sie zugestiegen, hatten mit den Piloten gesprochen und sie zu einem Frühstück im Haus des berühmten Mannes eingeladen.

Obwohl die Einladungen sehr kurzfristig ausgestellt worden sein mussten, war die Liste der Frühstücksgäste doch beeindruckend. Ganz oben in der Hierarchie stand der neu ernannte Minister im Verteidigungsministerium, Torgeir Anderssen-Rysst. Der einflussreiche amerikanische Botschafter Laurits Selmer Swenson stand ihm in nicht viel nach. Ansonsten umfasste die Liste Redakteure und Besitzer norwegischer Zeitungen, hochrangige Militärangehörige, mehrere Botschafter, Kaufleute, einflussreiche Bürger – und nicht zuletzt Roald Amundsens engste Verwandte und Freunde. Oscar Wisting von der Südpolexpedition war zur Stelle, treu an der Seite seines alten Freundes. Fritz Zapffe und Frau waren extra von Tromsø nach Svartskog gekommen, um an dem Frühstück teilzunehmen. Der Polarfahrer und Pilot Tryggve Gran war dort, Hjalmar Riiser-Larsen, Leif Dietrichson, Emil Horgen und Christian Doxrud, sie alle waren zur Stelle – insgesamt mehr als dreißig Gäste sollten bewirtet werden.

In Anbetracht des guten Wetters und nicht zuletzt aus Platzgründen war die Tafel draußen im Garten unter den blühenden Apfelbäumen gedeckt worden. Später wurde Kaffee und Sahnetorte mit dekorierter Marzipanhülle serviert, eigenhändig gebacken von Amundsen und Wisting. Die beiden Ehrengäste hatten allerdings nur wenig Zeit. Einige Reden mit herzlichen Lobesworten waren jedoch nicht zu umgehen, bevor die Landauer mit einer Auswahl an Gästen zurück nach Oslo fuhren. Minister Swenson hatte Wilkins und Eielson zum Lunch in die amerikanische Botschaft nur eine Stunde nach dem Besuch bei Amundsen eingeladen.

Viele der anderen Gäste verließen die Villa auf dem Lande gleich nach den Polarpiloten. Hjalmar Riiser-Larsen musste zurück nach Horten, wo er momentan an der Marinens Flyvebaatfabrikk stationiert war, Leif Dietrichson bereitete eine Reise in die USA mit Den norske Amerikalinjen in nur wenigen Tagen vor. Aber derjenige unter den Gästen, der es wohl am eiligsten hatte, nach Oslo zurückzukommen, das war der Redakteur Rolf Thommessen von Tidens Tegn – Roald Amundsens früherer enger Geschäftspartner in der Norsk Luftseiladsforening. Inzwischen waren die beiden keine Freunde mehr.

Als der Norsk Aeroklubb Anfang Mai 1928 ins Leben gerufen wurde, war einer der Gründe dafür, und das offizielle Ziel des Clubs, das Fliegen ganz allgemein zu verbreiten und populär zu machen. 1928 gab es bereits mehrere Flugrouten, um Passagiere und die Post in Norwegen zu befördern. Sogar nach Harwich in England ging ein wöchentlicher Flug von Horten aus. Nun ging es darum, die Leute dazu zu bringen, das neue Transportangebot zu nutzen, damit sich die Flüge auch lohnten.

Die Norsk Luftseiladsforening, neunzehn Jahre früher gegründet, hatte andere Ziele gehabt, es war eine Pionierleistung gewesen, um die internationale technische Entwicklung aller Typen von Flugzeugen und Luftschiffen auch nach Norwegen zu bringen. Was in einem so hohen Maße gelungen war, dass sowohl das norwegische Heer als auch die norwegische Marine im Laufe der letzten Jahre ihre eigenen Flugzeugfabriken errichtet hatten, in Kjeller beziehungsweise in Horten.

Roald Amundsens Piloten während seiner letzten drei Polarreisen waren immer Marineangehörige gewesen. Der neununddreißigjährige Tryggve Gran, Offizier und Pilot im norwegischen Heer, hatte Ende Mai allerdings die Hoffnung auf eine eigene Polarexpedition noch nicht aufgegeben. Er hatte eigene polare Erfahrungen vorzuweisen, unter anderem als erst Einundzwanzigjähriger die Teilnahme als Skilehrer bei der Südpolexpedition des Engländers Robert Falcon Scott.

Die Norsk Luftseiladsforening hatte all die Jahre über Roald Amundsens Anstrengungen unterstützt, mit Flugzeugen die Polargebiete zu erforschen, von den ersten Experimenten mit kleinen, drachenähnlichen Konstruktionen 1909, über die missglückten Versuche, mittels der »Maud«-Expedition das Polarmeer zu kartieren, bis hin zu den beiden großen Expeditionen, die teilweise von dem Amerikaner Lincoln Ellsworth finanziert wurden, die jedoch gleichzeitig bedeutende finanzielle und praktische Unterstützung von der Norsk Luftseiladsforening erhalten hatten.

Die letzten Jahre der »Maud«-Expedition waren geprägt gewesen von wachsender Ungeduld und Unlust dem gesamten Projekt gegenüber. Eigentlich war es ja Fridtjof Nansens alter Traum gewesen, das Polarmeer von einem Schiff aus zu erkunden, das mit dem Eis über den Polarpunkt getrieben wurde. Leider trieb das Eis nicht konstant quer über diese großen Entfernungen. Unter anderem lag es an der Corioliskraft und der Rotation des Planeten um seine eigene Achse, dass der Eistrieb um den Polpunkt herum lief, modifiziert von Meeresströmungen und wechselnden Windrichtungen. Es wäre der reine Zufall gewesen, wenn die »Maud« direkt über den Nordpol getrieben worden wäre.

Für die Expedition waren zwei, vielleicht drei Jahre geplant gewesen. Als sich die vierte Wintersaison näherte, war das Geld aufgebraucht. Roald Amundsen musste sich verschulden, um den Lohn der Mannschaft, den Proviant und die Ausrüstung zu bezahlen. Die folgenden zwei Jahre reiste Roald Amundsen auf mehr oder weniger inoffiziellen Betteltouren durch Europa und die USA. Selbst Fridtjof Nansen musste Amundsens Loyalität gegenüber seinen Versprechen würdigen, die er ihm im Winter 1909 gegeben hatte, als er die »Fram« hatte leihen dürfen.

1924 war Amundsens Geduld zu Ende. Er war mit der »Maud« durch die Nordostpassage gefahren, würde aber wahrscheinlich niemals die letzte der vier großen Polartrophäen gewinnen – den Nordpol. Doch gerade als es am finstersten aussah, trat wie durch ein Wunder ein neuer Sponsor auf die Bühne: Lincoln Ellsworth stammte aus einer wohlhabenden Familie in Chicago und war ein amerikanischer Entdecker am Beginn seiner Karriere als Polarfahrer. Er bot an, Amundsens nächste Expedition zu finanzieren, möglichst zum Nordpol, aber unter der Bedingung, dass er selbst dabei sein dürfte und eine offizielle Stellung bekäme.

Ein Held ist niemals größer als seine letzte erfolgreiche Tat und nimmt jede finanzielle Unterstützung an, die er für seine nächste Expedition bekommen kann. Amundsen akzeptierte das Angebot. Mit der Amundsen-Ellsworth-Nordpolexpedition 1925 gab es einen neuen Typ von Polfahrt in Amundsens langer Karriere. Während seiner drei früheren Erkundungsfahrten mit der »Gjøa«, der »Fram« und der »Maud« hatte er auf die gründliche Vorbereitung und seine Kenntnisse hinsichtlich der Polgebiete vertraut, die er im Laufe der vielen Jahre gesammelt hatte. Dieses Mal konnte er in technischer Hinsicht nur wenig beitragen. Er war kein Flugexperte, auch wenn er als Erster in Norwegen im Sommer 1914 eine private

Fluglizenz bekommen hatte. Aber er war immer noch der Expeditionsleiter, konnte unterschiedliche Ansichten zusammenbringen und Entscheidungen ohne Rücksicht auf die privaten Ambitionen der Teilnehmer treffen.

Als Mannschaft der beiden Dornier Wal-Flugboote mit den Registrierungsnummern N24 und N25 auf den Listen der Luftseiladsforeningen heuerte Amundsen einige der tüchtigsten und anerkanntesten norwegischen Piloten an – Hjalmar Riiser-Larsen, Leif Dietrichson und Oscar Omdal. Sie alle waren Marinepiloten und gehörten zu einer ehrgeizigen Elite mit persönlichen Motiven und Zielen. Vernünftigerweise wurde außerdem der deutsche Mechaniker Karl Feucht von der Dornier-Fabrik in der Schweiz ins Team mit aufgenommen. Zwei der Expeditionsteilnehmer hatten ein wenig technische Erfahrung, die ihren Platz in den Flugzeugen rechtfertigte, Lincoln Ellsworth war von Leif Dietrichson in Flugnavigation unterwiesen worden, und Roald Amundsen war der selbstverständliche Expeditionsleiter. Für diese Aufgabe hatte er auf jeden Fall genug Erfahrungen und die passenden persönlichen Eigenschaften.

Ny-Ålesund wurde als Ausgangspunkt der Expedition bestimmt, und außerdem war noch Fritz Zapffe als Materialverwalter mit in der Crew. Die Teilnehmer waren während ihres Aufenthaltes im Haus der Bergwerksgesellschaft Kings Bay einquartiert, ein Freundschaftsdienst, der sehr hilfreich war. Während einer der täglichen Zusammenkünfte nach dem Essen breitete Riiser-Larsen eifrig seine eigenen Ideen darüber aus, dass die nächste Expedition zum Nordpol lieber mit einem Luftschiff statt mit einem Flugzeug ausgeführt werden sollte. Keiner der Anwesenden hat später in seinen Tagebuchnotizen erklärt, warum man zu diesem Zeitpunkt – also noch bevor die Expedition mit den Dornier Wal-Flugbooten überhaupt gestartet war – bereits die Logistik des nächsten Vorstoßes diskutierte.

Es kann nicht besonders schwierig gewesen sein zu berechnen, wie groß die Reichweite der beiden deutschen Flugboote mit den eingebauten Extrabenzintanks und einer mehr oder weniger bereits feststehenden Last sein würde. Das Ergebnis war abhängig von den Wetterverhältnissen und nicht zuletzt von der Präzision der Navigation, die Route durfte nicht zu sehr hin und her pendeln und sich dadurch verlängern. Aber war den erfahrenen Piloten der Flugzeuge wirklich nicht klar, dass die Möglichkeit bestand, dass sie vielleicht den Nordpol gar nicht erreichen würden und anschließend nicht nach Ny-Ålesund zurückkehren könnten? Oder hatten sie einen Plan B?

Nach der spektakulären Rückkehr von einem ungewissen Schicksal wurden die Probleme, die Position der Flugzeuge zu bestimmen, als Grund für deren Landung auf 88 Grad Nord angegeben – auch wenn Amundsen sich später immer stärker auf diese Expedition bezog, wenn er dafür warb, den nächsten Vorstoß zum Nordpol mit einem Luftschiff zu unternehmen.

Der Konkurrenzkampf um Plätze bei der Expedition und den damit verbundenen Ruhm war bei der Amundsen-Ellsworth-Expedition bis 88 Grad Nord nicht so stark gewesen, weil die Aufgaben auf zwei Flugzeuge verteilt worden war. Doch schon vor und auch noch während der Expedition mit dem Luftschiff »Norge« brach die Diskussion zwischen den einzelnen Teilnehmern aus, die bereits im Vorwege ihren Platz und ihren offiziellen Arbeitstitel als eine Selbstverständlichkeit ansahen.

Die Reise mit zwei Dornier Wal-Flugzeugen war logistisch eine relativ einfache Aufgabe gewesen im Vergleich mit der gewaltigen Herausforderung, als die sich eine Luftschiffexpedition zum Nordpol erweisen sollte. Allein das Luftschiff zum Startpunkt zu bekommen, als der erneut Ny-Ålesund ausgewählt wurde, war 1926 eine Leistung ohne Beispiel. Roald Amundsen hatte mit vollem Recht ein italienisches Luftschiff ausgewählt, relativ klein im Verhältnis zu den kolossalen deutschen Zeppelinen, einfacher zu lenken und deutlich schneller auszurüsten. Aber es lag weder an den Finanzen noch an der Konstruktion oder der Wahl der Logistik in Ny-Ålesund, dass Streit zwischen den Leitern und den Teilnehmern entstand.

Rolf Thommessen hatte durchgesetzt, dass die Luftseiladsforeningen wesentlich zur Investition beitragen sollte, wie sie es bereits bei der Amundsen-Ellsworth-Expedition getan hatte. Der Verein übernahm unter anderem die Kosten für einen gigantischen gezimmerten Hangar und einen hohen Andockpfahl aus Eisen, die beide in Ny-Ålesund errichtet werden sollten. Dafür würde der Verein nach beendeter Expedition das Luftschiff übernehmen dürfen. Lincoln Ellsworth hatte auch dieses Mal eine große Geldsumme beigesteuert, die für den Kauf des Luftschiffes und dessen Ausrüstung gedacht war. Als Gegenleistung bekam er den Platz des Steuermanns für die Reise, was Leif Dietrichson als so ungerecht ansah, dass er sich nach verbissenen Verhandlungen mit Roald Amundsen als Teilnehmer zurückzog. Ein weiterer Konflikt drehte sich darum, wer die Ehre haben sollte, Kapitän und Chefpilot zu sein. Der italienische Konstrukteur des Schiffes war eigentlich ganz natürlich die passende Person für diesen Job, aber sollte dann Umberto Nobile sich als Zweiter Kommandant der Expedition betrachten oder wäre es besser, wenn Riiser-Larsen diesen Titel bekam?

Selbst über den Namen der Expedition und das Exklusivrecht, nach ihrem geglückten Ende über die Reise zu schreiben, wurde gestritten. Im Namen der Luftseiladsforeningen setzte sich Rolf Thommessen durch und unterzeichnete mehrere Verträge mit Nobile, von denen Amundsen hinterher meinte, er hätte sie niemals gutgeheißen. Doch der früher so souveräne »Chef« – Amundsens Spitzname während der Südpolexpedition – unterzeichnete zumindest einen der Verträge, ohne zu zögern. Dabei ging es darum, im Voraus festzulegen, wie mit Konflikten oder unterschiedlichen Meinungen während des Flugs umgegangen werden sollte (nämlich durch eine Abstimmung unter den vier Leitern, Amundsen, Ellsworth, Nobile und Riiser-Larsen) und wie der offizielle Name lauten sollte (Amundsen-Ellsworth-Nobile Transpolare Flygning). Das geschah in letzter Sekunde. Der Vertrag wurde am 28. März 1926 im Hotel Bristol unterzeichnet. Roald Amundsen muss vollkommen verzweifelt gewesen sein. Eine Polarexpedition, die von einer Gruppe geleitet wird, ist ein riskantes Unterfangen.

Die Rivalitäten und Diskussionen setzten sich während des gesamten Flugs von Ny-Ålesund nach Alaska fort – was nicht unerwartet kam bei einer so vagen Beschreibung der Führungshierarchie. Dennoch war die Expedition ein Erfolg, und es gab andere Gründe, die jener verbitterten Feindschaft zugrundelagen, die zwischen Roald Amundsen und Umberto Nobile entstand. Der norwegische Polarforscher hatte den italienischen Ingenieur noch nie leiden können, und wieder waren es finanzielle Rücksichtnahmen, die Roald Amundsen die Laune verdarben.

Nach den Investitionen in Amundsens zwei Polarexpeditionen war es nicht sonderlich überraschend, dass in der Luftseiladsforeningen 1928 interne Streitigkeiten entstanden waren. Nicht alle Vereinsmitglieder, weder in der Leitung noch unter den einfachen Mitgliedern, waren der Meinung, dass es richtig gewesen sei, dass der Verein sich so umfassend hinter die beiden Expeditionen stellte. Vielleicht war es auch nicht wirklich überraschend, dass die Luftseiladsforeningen versuchte, ein wenig Geld zu verdienen, indem sie die beiden teuren Konstruktionen, die sie für Umberto Nobiles Expedition hatte anfertigen lassen – den Andockpfahl und den Hangar in Ny-Ålesund –, vermieteten, schließlich gehörte beides dem Verein. Und viele andere Möglichkeiten, etwas von den Investitionen zurückzubekommen, gab es ja nicht. Im Februar 1928 wurde diese Sache durch die Presse öffentlich.

Gleichzeitig mit der Veröffentlichung dieser Neuigkeiten berichtete die Aftenposten von einer gerichtlichen Schlichtung zwischen Amundsen und der Luftseiladsforeningen, die Verträge bezüglich seines und Ellsworths Polflug 1925 betreffend.[11] Die Schlichtung betraf die Verteilung der Einkünfte nach den Vortragstourneen beider Expeditionsleiter. Ellsworths Familie war reich, aber Amundsen brauchte jede Krone, um alte Schulden bezahlen zu können. Seine finanziellen Verpflichtungen waren in dem betreffenden Jahr enorm, er stand kurz vor dem Ruin. Der norwegische Botschafter in Argentinien, Herman Gade, ein Freund aus Kindertagen, hatte Amundsen seine »Uranienborg« abgekauft und ihn damit im letzten Moment vor einem demütigenden Konkurs bewahrt.

An jenem schönen Frühlingstag Ende Mai, als Amundsen so gastfreundlich Wilkins und Eielson zum Frühstück empfing, gehörte das Haus immer noch ihm. Immer noch war er eine international berühmte Person, um die man nicht herumkam, wenn neue Polarhelden gefeiert wurden. Nachdem die meisten der Gäste abgereist waren, stand Amundsen, ein schlanker, weißhaariger Mann mittlerer Größe mit zerfurchtem Gesicht und einem müden Zug in den graublauen Augen, in dem großen Wintergarten und schaute über den Bunnefjord, vor dem der Fotograf Anders Beer Wilse so viele ikonische Bilder von ihm gemacht hatte – gekleidet in Pelzkleidung und auf Skiern vor einem unscharfen Hintergrund aus Eis und Schnee. Hierher waren schon andere prominente Gäste auf dem Seeweg gekommen, die stolzen Schiffe »Fram« und »Maud« hatten vor jeder Expedition hier draußen auf Reede gelegen, Seeflugzeuge waren erst an diesem Morgen über den Garten geflogen und hatten Blumen abgeworfen. Dieses Mal waren die Blumen nicht für ihn gedacht gewesen, sondern für die beiden Piloten Wilkins und Eielson.

Es gab noch etwas anderes, das ihn bedrückte, das aber zum Glück keinen Schatten auf das festliche Frühstück geworfen hatte. An diesem Tag hatte die Aftenposten eine Schlagzeile über drei Spalten drucken lassen: Nobile hatte das geschafft, was weder Amundsen noch viele andere Polarforscher für möglich gehalten hatten: Das Schwesterschiff der »Norge«, die »Italia«, hatte um ein Uhr nachts den Nordpol erreicht. Sie war jetzt auf dem Weg zurück nach Ny-Ålesund. In wenigen Tagen musste Amundsen möglicherweise jenen Mann empfangen und beglückwünschen, der ihn in seinen Augen verraten und im Stich gelassen hatte.

Mehrere Male hatte er bereits öffentlich verlauten lassen, dass Umberto Nobile ein Expeditionsleiter mit so gut wie keinerlei polarer Erfahrung war und ohne die Fähigkeit oder die Demut, sich diese lebenswichtigen Kenntnisse anzueignen. Nobile hatte auf diese Beleidigung geantwortet, indem er behauptete, Amundsen habe zum Flug mit der »Norge« zum Pol so gut wie gar nichts beigetragen, sondern nur wie ein Passagier ganz hinten in der Führergondel gesessen. In den zwei Jahren, die seit dieser Expedition vergangen waren, hatten die beiden Männer lange, verbitterte Beschreibungen der Fähigkeiten des anderen verbreitet – Nobile im National

Geographic Magazine, Amundsen in der New York Times und in seiner Autobiografie.

Amundsen begriff nicht, wie sehr ihm dieser entwürdigende Streit schadete, aber trotz allem muss er von all dem, was hinter seinem Rücken geredet wurde, etwas mitbekommen haben. Es gelang ihm, sich all den Zeitungsberichten gegenüber, die von dem unaufhaltsamen Fortschritt der »Italia« berichteten, neutral zu verhalten. Er hatte seine Verbitterung darüber hinuntergeschluckt, dass zentrale norwegische Polarforscher diesem italienischen Emporkömmling Ratschläge und sogar Hilfe anboten. Vorneweg der junge Forscher Adolf Hoel, der wahrscheinlich hoffte, selbst bei dem Flug über das Polarmeer dabei sein zu können. Da war es schon besser, wenn Fridtjof Nansen und Otto Sverdrup sich für Gespräche zur Verfügung stellten, in denen sie den italienischen Expeditionsleiter hinsichtlich norwegischer Ausrüstung berieten. Nansen und Sverdrup gaben ja sowieso dem ersten Besten gute Ratschläge.

Wirklich bitter erschien es ihm, dass Hjalmar Riiser-Larsen sich als wohlgesonnener Unterstützer der neuen Luftschiffexpedition hatte abbilden und interviewen lassen. Sein Vertrauter und langjähriger enger Freund hatte begonnen, eigene Wege zu gehen und seine persönlichen Ambitionen zu verfolgen. Nicht ein einziges Mal war Riiser-Larsen in diesem Frühjahr in Svartskog zu Besuch gewesen. Und hatte Amundsen vergessen, dass er selbst, als er nach der schockierend harten Landung neben dem havarierten Wrack der »Norge« auf dem Meereseis stand, erklärt hatte, dieses sei seine letzte Polarexpedition gewesen? Jetzt müssten jüngere Kräfte übernehmen. Er hatte sich selbst in Rente geschickt. Aber es war natürlich selbstverständlich: Wenn er gebraucht wurde, war er bereit. Polarhelden gelingt es nicht, sich vollkommen zurückzuziehen.

Wahrscheinlich war es eine Art Trost, dass der dänische Polarforscher Peter Freuchen bei Nobiles Besuch in Kopenhagen, wo dieser Rat bei Knud Rasmussen suchte, erklärte, er habe kein Vertrauen in die wissenschaftlichen Qualifikationen des Italieners. Freuchen sagte ganz offen, er sei der Meinung, Nobile wäre theatralisch.[12] Vielleicht hatte sich Amundsen dadurch ermuntert gefühlt, in einem Interview mit Stockholms Dagblad offen zu sagen, was er dachte. Das Interesse der schwedischen Zeitungen für die Nobile-Expedition war geweckt worden, als sie erfuhren, dass der Dozent Finn Malmgren von der Universität in Uppsala schließlich zugesagt hatte, an der »Italia«-Expedition teilzunehmen. Die Zeitung fragte Amundsen: War Nobile der richtige Mann, eine neue Expedition zum Nordpol zu leiten? Glaubte Amundsen, dass es norwegische Teilnehmer an der Expedition geben werde? Amundsen antwortete dem Journalisten kurz und knapp, dass Nobiles Äußerungen über frühere Kollegen von der »Norge«-Reise für alle Norweger abschreckend sein müssten, die möglicherweise ein derartiges Angebot erhielten.[13]

Harte, unversöhnliche Worte. Sie wurden in der Morgenausgabe vom 15. Februar in Aftenposten wiedergegeben. Amundsens Wut war im Laufe der zwei Jahre, die seit der »Norge«-Reise vergangen waren, nicht geringer geworden. Eine Eigenschaft, die er sich niemals zu eigen machte, war die Fähigkeit zu verzeihen. Offensichtlich begriff er nicht, dass er nicht als Held dastand, sondern als rachsüchtiger Rivale.

Aber möglicherweise hatte er immer noch ein wenig Einfluss. An der Expedition des General Nobile zum Nordpol nahm kein Norweger teil.

In diesen Tagen saß Amundsen meistens im Haus und schaute hinaus. Unten auf dem Anleger stand das Badehaus und verfiel. Er hatte kein Geld, einen Tischler anzuheuern, um es instand zu setzen. Aber der Garten war schön grün, und die Apfelbäume standen in Blüte. Betty Andersson, die so treu für ihn gesorgt hatte, zuerst als Kindermädchen und später als Haushälterin, war vor mehr als zwei Jahren gestorben. Eine Stütze in seinem Leben war verschwunden. Das idyllische kleine Häuschen, das er ihr im Garten hatte bauen lassen, stand jetzt leer da mit blinden Fensterscheiben. Inzwischen war er sein eigener Herr geworden, kochte sich das Essen und kümmerte sich selbst um das Haus. Dabei folgte er den Routinen, die er sich im Laufe all der Jahre an Bord der »Gjøa«, der »Fram« und der »Maud« angewöhnt hatte. Ship shape. Es sollte zu sehen sein, dass hier ein Mann der Ordnung lebte.

Jetzt kehrte wieder Ruhe in das Haus ein, das zurückgezogen in seiner eigenen Stille dastand. Amundsen war endlich wieder allein, nur die engsten und liebsten seiner Freunde – Wisting, Zapffe und Frau, der Neffe Gustav – waren noch dort. Amundsen hatte dankend die Einladung zu dem eleganten Bankett abgelehnt, das am selben Abend im Grand Hotel zu Ehren der beiden Polarpiloten gegeben werden sollte. Er zog ein einfacheres Essen daheim mit den Freunden vor. Eine Haushaltshilfe hatte er nicht an seiner Seite, doch Wisting würde ihm schon beim Servieren zur Seite stehen.

Im Umgang mit Frauen war Amundsen zwar stets reserviert, aber nicht enthaltsam gewesen. Seine persönlichen Beziehungen hatten jedoch immer im Schatten der spektakulären Expeditionen gestanden, die den größten Teil seiner Aufmerksamkeit in Anspruch nahmen. An diesem Tag dachte er viel an die Frau, die er während der »Maud«-Expedition in Nome getroffen hatte, Bess Magids. Sie waren sich das erste Mal am 22. Juni 1922 begegnet, an Bord des Passagierdampfers »Victoria« auf dem Weg von Seattle nach Nome in Alaska. Sie war erst 24 Jahre alt, aber bereits seit 8 Jahren mit dem deutlich älteren Kaufmann Sam Magids verheiratet. Eine verheiratete Abenteurerin. Schnell in ihren Entschlüssen, voller Energie. Eine kleine Gestalt mit schwarzem, kurzgeschnittenem Haar und schokoladenbraunen Augen. Die Begegnung mit dem berühmten Polarforscher hatte sicher zunächst größeren Eindruck auf sie gemacht als umgekehrt. Zu diesem Zeitpunkt war er noch hoffnungslos verliebt in eine andere verheiratete Frau, Elisabeth (Kiss) Bennett, nach der er sogar die Flugzeuge der »Maud«-Expedition getauft hatte.

Vier Jahre später war Bess Magids bereit, sich in eine unsichere Beziehung zu stürzen, den Ehemann zu verlassen und mit viel Hoffnung im Gepäck nach Norwegen zu kommen.[14] Sie hatte vor zwei Jahren zu Weihnachten Svartskog besucht und wurde jetzt in drei Wochen an Bord der DS »Stavangerfjord« in Norwegen zurückerwartet.[15] Würde sie dann auf einen Pensionisten treffen?

Die großen Anstrengungen, immer wieder eine Möglichkeit zu finden, die endlosen Schulden zu bezahlen, hatten Roald Amundsen vor der Zeit altern lassen. Und was schlimmer war: Er hatte sich bei der »Maud«-Expedition schmerzhafte chronische Schäden zugezogen – eine Kohlenstoffmonoxidvergiftung in der Hütte bei Point Barrow, der Eisbärenangriff und der aufgerissene Rücken, als er ohne sich vorzusehen in der Dunkelheit vom Schiffsdeck die Leiter hinunter aufs Meereseis geklettert war. Doch das behielt er möglichst für sich. Ein Polarheld durfte keine Zeichen von Krankheit oder Schwäche zeigen.

Außerdem – waren nicht inzwischen alle Trophäen heimgeholt worden? Die Nordwestpassage, der Südpol, die Nordostpassage und schließlich – der Nordpol. Eine neue Zeit mit einer anderen Art von Helden hatte die alten Methoden der

Polarentdeckungen beiseitegeschoben und ließ sie veraltet aussehen. Mannesmut und Ausdauer waren nicht mehr so wichtig, wenn das gesamte Nordpolarmeer innerhalb weniger Tage durchkreuzt werden konnte, das hatte er selbst bewiesen. Die alten Kapuzenbilder in der viel zu warmen Fellkleidung erschienen inzwischen museal und albern. Und wenn man ehrlich sein wollte, dann waren die meisten davon ja sowieso in Fotoateliers gemacht worden.

Aber es war nicht so einfach, sich mit der Rolle des pensionierten Helden abzufinden. Sollte er, der doch immer noch so viel an Erfahrung und Ratschlägen beitragen konnte, darauf reduziert werden, als Modell für seine eigene Statue zu dienen? Sollte er sich damit abfinden, dass niemand mehr Bedarf für ihn hatte? Roald Amundsen fühlte sich von den vielen offiziellen Aufträgen leer und ausgehöhlt. Die engste Familie und seine Freunde hatten im Laufe des letzten Jahres bemerkt, dass der Polarheld oft deprimiert wirkte, sich verbittert äußerte und misstrauisch selbst seinen alten, treuen Freunden gegenüber erschien.

Frühmorgens an jenem 25. Mai war Amundsen wieder an Ort und Stelle, um seine Pflicht als regierender Polarheld zu erfüllen. Begleitet von Leutnant Eielson inspizierte er seine eigene Ausrüstung von der Südpolexpedition im Skimuseum: Zelt, Skier, Schlafsäcke, Kleidung, ein ausgestopfter Hund. Alles verstaubt und alt. Leutnant Eielson vermachte dem Museum einen kleinen Sack mit persönlichen Utensilien von seinem Flug entlang der kanadischen Küste. In den Schränken auf der »Uranienborg« hatte Amundsen jede Menge ähnlicher Dinge liegen, die er eigentlich wegwerfen wollte. Trotzdem applaudierte er mit respektvoller Miene. Was hätte er auch sonst tun können? Am Abend hielt er eine vorbereitete Rede mit Lichtbildern in dem großen Saal des Colosseums. Die Veranstaltung wurde organisiert von der Geografisk Selskap. Natürlich lobte er die beiden Piloten, und der Vortrag wurde mit viel Applaus bedacht.

Am darauffolgenden Samstag, dem 26. Mai, war Roald Amundsen erneut zu sehen, dieses Mal bei einem oppulenten Lunch im Restaurant Dronningen. Otto Sverdrup war auch zugegen. Nur die größten der alten Eroberer waren gut genug für Wilkins und Eielson, die nach mehreren Tagen des Feierns ziemlich erschöpft sein mussten. Es mangelte nicht an prominenten Gästen bei diesem Empfang; Major Tryggve Gran war es gelungen, auf der Gästeliste der meisten der Festivitäten zu stehen, der amerikanische Botschafter Laurits Swenson und der norwegische Botschafter in Argentinien, Herman Gade, waren ebenfalls anwesend. Eielsons norwegische Verwandtschaft war von ihrem Hof oben unter dem Hallingskarvet nach Oslo gekommen.

Als Gastgeber fungierte der Chefredakteur von Aftenposten, Frøis Frøisland. Während des Essens kam einer der Kellner mit ernster Miene zu ihm. Der Redakteur wurde gebeten, persönlich ans Telefon zu kommen, wo ihm ein Telegramm vom Korrespondenten der Zeitung in Ny-Ålesund, dem Journalisten Odd Arnesen, vorgelesen wurde. Die Gäste, die in seiner Nähe saßen, schauten einander an. Es musste etwas Ernstes passiert sein, wenn Frøisland während des feierlichen Lunchs mitten bei den Reden herausgeholt wurde. Und es stellte sich heraus, dass der Inhalt des Telegramms in der Tat dramatisch war. Das Luftschiff »Italia« war auf dem Rückweg vom Nordpol als vermisst gemeldet worden. Das Expeditionsschiff »Città di Milano« machte sich bereit, Richtung Norden zu fahren, um den Italienern zu Hilfe zu kommen.

Leise wurde an den Tischen spekuliert. Vorsichtig wandte

man sich an den Redakteur. Hatte er Informationen darüber erhalten, was mit den Italienern geschehen war? Es ging ihnen doch hoffentlich gut? Doch Frøisland verfügte über keine weiteren Informationen außer denen von Odd Arnesen. Man hatte den Funkkontakt mit dem Luftschiff verloren und wusste nicht, wo es sich befand.

Noch einmal wurde Frøisland ans Telefon gerufen. Dieses Mal war es der Verteidigungsminister Andressen-Rysst, der berichten konnte, dass die norwegische Regierung von dem italienischen Gesandten in Norwegen, Graf Carlo Senni, aufgefordert worden war zu helfen. Könnte Roald Amundsen deshalb bitte gefragt werden, ob es ihm möglich wäre, noch an diesem Nachmittag ins Büro des Verteidigungsministers zu kommen, um eine Bergungsexpedition zu planen? Wäre es außerdem Otto Sverdrup möglich, an dieser Besprechung teilzunehmen? Hjalmar Riiser-Larsen war zu diesem Zeitpunkt in Horten, aber bereits per Telefon informiert worden.

Stille breitete sich zwischen den festlich gedeckten Tischen aus. Alle versuchten zu hören, was gesagt wurde.

»Right away«, antwortete Amundsen, vielleicht weil so viele englischsprachige Gäste vor Ort waren. »Antworten Sie, dass ich sofort bereit bin«, fuhr er dann mit seiner ungewöhnlich hohen Stimme auf Norwegisch fort.

Otto Sverdrup, ein Mann von wenigen Worten, fügte leiser hinzu: »Dito.«

Amundsen richtete sich auf seinem Stuhl auf. Der lang ersehnte Ruf war eingetroffen. Und der Auftrag wahrlich eines Polarhelden würdig. Er war von höchster Stelle gebeten worden, in den Norden zu fahren, um einen Mann zu retten, von dem alle wussten, dass es sein Feind war – eine äußerst edle Aufgabe. Er würde nicht als Tourist reisen, wie er es Fritz Zapffe vorgeschlagen hatte, als die beiden davon sprachen,

Ny-Ålesund später im Jahr zu besuchen. Er sollte in den Norden als Leiter einer großen nationalen Expedition aufbrechen. Ausnahmsweise musste er nicht um die Finanzierung betteln, sein Unternehmen nicht rechtfertigen. Aber das Beste daran: Er konnte noch einmal zurück aufs Polarmeer, in seine geliebte Arktis.

# KAPITEL 4

## Besorgniserregende Nachricht

Am Samstag, dem 26. Mai 1928, wurde der Kapitän und Pilot der Marine, Hjalmar Riiser-Larsen, mittags zu einem dringenden Gespräch mit der Marineleitung gerufen. Riiser-Larsen befand sich in der Torpedoschule in Horten, immer daran interessiert, sich neue Fähigkeiten anzueignen. Das Telefongespräch kam unerwartet, und sein Inhalt war verblüffend. Der Kommandant Østbye konnte berichten, dass der italienische Gesandte in Oslo, Graf Senni, die norwegische Regierung um Unterstützung bei der Suche nach dem Luftschiff »Italia« gebeten hatte. Man ging auf Spitzbergen offensichtlich davon aus, dass das Luftschiff auf dem Rückweg vom Nordpol abgestürzt war. Riiser-Larsen wurde gebeten, augenblicklich einen Zug nach Oslo zu nehmen, um an einem Treffen im Verteidigungsministerium teilzunehmen. Nach einer kurzen Konferenz mit dem Chef des Flugwesens der Marine erreichte er noch den Zug, der um 15.45 Uhr aus Horten abfuhr.

Gerüchte und Spekulationen hatten sich über das Funknetz von Kings Bay verbreitet, wo sich norwegische und ausländische Journalisten aufhielten. Hjalmar Riiser-Larsen hatte bereits vor seiner Berufung nach Oslo eine eigene Theorie darüber, was wohl mit dem italienischen Luftschiff passiert sein könnte – zumindest schrieb er das in einem späteren Bericht für den kommandierenden Admiral Alfred Berglund. Riiser-Larsen begründete seine Annahmen mit »Existierenden Mitteilungen«, die er sich verschafft hatte. Unter anderem waren das Informationen über den Funkverkehr mit der »Italia« nach der Abreise vom Polpunkt bis zu deren Funkstille am Vormittag des Freitags, dem 25. Mai. Der Funker an Bord der »Italia« hatte regelmäßig seine Position gemeldet, bis kurz nach 10 Uhr der Funkverkehr plötzlich abbrach.

Am Samstagnachmittag war das Luftschiff bereits seit mehr als 24 Stunden vermisst. Zu diesem Schluss war die Expeditionsleitung in Ny-Ålesund gekommen, nachdem sie ausgerechnet hatte, dass der Treibstoff für die Maybach-Motoren 182 Stunden reichen würde. Im Zug nach Oslo machte sich Riiser-Larsen einige Notizen darüber, was wohl geschehen sein mochte, und versuchte einen Plan auszuarbeiten, der auf den Angaben basierte, die er hinsichtlich der möglichen Position der Havarie der Italiener bekommen hatte. Der Kurs, dem die »Italia« vom Nordpol ausgehend gefolgt war, war bekannt. Die letzten empfangenen Funksignale waren laut und deutlich gewesen. Aufgrund dieser Informationen schloss Riiser-Larsen, dass das Luftschiff sich nördlich von Spitzbergen befinden musste, irgendwo zwischen Verlegenhuken und Kap Leigh Smith auf Nordostland. Entweder waren die Italiener auf das Eis abgestürzt, oder sie hatten im besten Fall eine kontrollierte Landung hingelegt.

Riiser-Larsen war im Mai 1928 einer der erfahrensten Piloten in Norwegen. Bereits 1915 war er in der ersten Klasse der Flugschule der Marine gewesen. Vier Jahre später legte er das Luftschiffzertifikat in England ab. Er hatte an Roald Amundsens letzten beiden Expeditionen teilgenommen, deren Ziel der Nordpol gewesen war – mit den Flugzeugen N24 und N25 und als stellvertretender Kommandant auf dem Luftschiff »Norge«. Es gab nur wenige Piloten, die sich so gut auskannten mit allem, was während eines Flugs über das Polarmeer schiefgehen konnte. Außerdem war er ein verantwortungsvoller Expeditionsteilnehmer und ein gründlicher Planer, der über das nötige Wissen verfügte, um eine Bergungsexpedition in der Arktis auszurüsten und durchzuführen. Hinzu kam eine ziemlich seltene Eigenschaft unter den norwegischen Polarhelden: Er war umgänglich und bei den meisten sehr beliebt.

Am Nachmittag des 26. Mai schlingerte der kohlebetriebene Zug ratternd auf den schmalen Schienen durch die Landschaft von Horten nach Skoppum, wo in den Zug nach Drammen umgestiegen werden musste, und dann weiter bis zum Westbahnhof in Oslo. Riiser-Larsen schaute nicht auf, um mit Mitreisenden zu sprechen oder die Landschaft draußen zu bewundern. Er saß mit der Pfeife im Mund da und stellte eine Liste auf mit allem, was notwendig sein würde, um die Rettung der Italiener in die Wege zu leiten.

Neben dem Verteidigungsminister selbst und Hjalmar Riiser-Larsen war bei dem Treffen im Verteidigungsministerium an diesem Nachmittag auch der Kommandant Østbye anwesend. Kraft ihrer jeweiligen Ämter traten diese drei als Vertreter des offiziellen Norwegen auf. Gunnar Isachsen konnte mehrere wissenschaftliche Expeditionen entlang der nordöstlichen Spitze von Spitzbergen aufweisen, während Otto Sverdrup und Roald Amundsen die erfahrenen Polarhelden repräsentierten. Zu Beginn wurde Roald Amundsen gefragt, ob er bereit sei, die Leitung der Rettungsaktion zu übernehmen – zumindest fasste er selbst das so auf.

Die norwegische Regierung hatte blitzschnell auf die Neuigkeit hinsichtlich der vermuteten Havarie der »Italia« reagiert, außerdem hatte man sich von zwei Seiten an sie gewandt: Es gab die offizielle italienische Anfrage und Bitte um Hilfe, die von der faschistischen Regierung in Rom genehmigt worden war, und außerdem eine besorgte Meldung vom Regierungsbevollmächtigten von Spitzbergen, Johannes G. Bassøe. Seit dieser im Herbst 1925 nach Spitzbergen gekommen war, hatte er es immer als einen Teil seiner Arbeit angesehen, sich um die großen Polarexpeditionen zu kümmern.

Der Vertrag über Spitzbergen war am 9. Februar 1920 in Paris als ein Teil der Friedensverträge nach dem Ersten Weltkrieg unterzeichnet worden. Nur wenige Jahre zuvor hätte die junge Nation Norwegen die arktische Inselgruppe beinahe aufgrund einer privaten Initiative abgegeben. Der Geschäftsmann Jonas Lied hatte 1912 eine in Russland registrierte Gesellschaft gegründet, »Det sibirske kompani«, deren Hauptziel darin bestand, Handel mit Holz, Kohle und Mineralien entlang der sibirischen Flüsse zu betreiben, die ins Nordpolarmeer mündeten. 1913 nahm er Fridtjof Nansen als Türöffner mit auf eine Fahrt auf dem Jenissei mit dem Dampfschiff »Correct«. Dieser Schachzug funktionierte ausgezeichnet, über die Reise wurde in ganz Europa in ausführlichen Zeitungsartikeln berichtet, und Lieds Gesellschaft, die er sich übrigens mit mehreren anderen norwegischen Investoren teilte, wuchs schnell. Aber Nansen zog sich aus dem Unternehmen zurück, vielleicht weil er die Flussreise als äußerst unbequem empfunden hatte. Eine andere Erklärung könnte sein, dass er Lieds politische Ansichten hinsichtlich Spitzbergen nicht teilte.

Ein Jahr später wurde Lied von dem Ingenieur Johan Anker aufgefordert, eine weitere russische Gesellschaft zu gründen, die Kohlebergwerke und Abbaurechte auf Spitzbergen kaufen sollte, insbesondere diejenigen, die der amerikanischen Gesellschaft Ayer & Longyear in Isfjorden gehörten. Das geschah mit voller Unterstützung der amerikanischen Gesellschaft, die diesen Plan als rein kommerzielle Angelegenheit ansah. Von Ankers Seite aus war der Aufkauf jedoch gedacht, um die russische Übernahme der Souveränität über die gesamte Inselgruppe zu erleichtern, die zu der Zeit *terra nullius* – ein Niemandsland – war. Seit der Gründung des norwegischen Staates 1905 hatte es ein diplomatisches Tauziehen zwischen Norwegen, Schweden, Russland und den Großmächten Deutschland und England dahingehend gegeben, welche Nation die Oberhoheit erhalten sollte.

Unter den meisten Bürgern Norwegens gab es eine andere Auffassung, die nach vielen Jahren des Kampfes um Selbstständigkeit vorherrschend war. Spitzbergen war ein Teil des tausend Jahre alten »Norgesveldet«, der Vorstellung von Norwegens Größe und großer Ausdehnung im frühen Mittelalter, die ihre Renaissance in den 1880er-Jahren erlebte. Als Nils Claus Ihlen im Herbst 1913 Außenminister wurde, wurde Lied mehr oder weniger befohlen, die Verhandlungen mit den Russen zu beenden.

Im Verlauf des Ersten Weltkriegs war Norwegen neutral geblieben, dennoch nahmen norwegische Diplomaten an der Friedenskonferenz in Paris 1919 teil. In den Zeiten großer politischer Umwälzungen und einer vollkommenen Umgruppierung von Staaten mit neuen Landesgrenzen in ganz Europa gelang es den norwegischen Gesandten mit beharrlicher politischer Arbeit, die Zustimmung dafür zu erreichen, dass Norwegen die nationale Oberhoheit über Spitzbergen erhalten sollte. Italien zählte zu den ersten Ländern, die diesen Vertrag unterzeichneten.

Eine Reihe von Vorschriften in dem Vertrag gab allen Ländern, die ihn signierten, »freien Zugang und die gleichen Rechte auf wirtschaftliche Nutzung«.[16] Außerdem verpflichtete sich der norwegische Staat, dafür zu sorgen, dass die arktischen Inseln eine demilitarisierte Zone blieben. Deshalb mag es für viele der Unterzeichnerstaaten so ausgesehen haben, als hätten sie nicht besonders viele ihrer eigenen Rechte aufgegeben, was es ihnen erleichterte, der Abmachung zuzustimmen.

Erst 1925 war der Vertrag von allen Partnern gutgeheißen worden, und mit dem Spitzbergenvertrag vom 17. Juli 1925 wurde Norwegens volle und uneingeschränkte Oberhoheit über die Svalbard-Inselgruppe als ein Teil der norwegischen Gesetzgebung verabschiedet. In den ersten Jahren nach der Übernahme der Inselgruppe mühte sich Norwegen, eine Form der Verwaltung dieser souveränen Inselgruppe zu finden. Im Großen und Ganzen fand diese durch diplomatische Aktionen statt, doch bezeichnenderweise wurde der mehrere hundert Jahre alte norwegische Titel »Sysselmann« (Regierungsbevollmächtigter) wieder eingeführt. Johannes G. Bassøe, früherer Chef im Finanzministerium, wurde zum ersten Sysselmann ernannt. Noch im selben Herbst fuhr er an Bord des Kohledampfers »Ingertre« von Bergen hinüber zur Inselgruppe.

Ein anderes Problem für das offizielle Norwegen war die Frage, inwieweit es das Recht hatte, ausländische Expeditionen zu kontrollieren. Der Abschluss des Spitzbergenvertrages war ein Triumph der Diplomatie gewesen, aber der Vertrag enthielt keine praktischen Anweisungen dafür, wie die Beschlüsse interpretiert und umgesetzt werden sollten. Die Regeln für die Überwachung von Überwinterungsexpeditionen in der Arktis waren in einem Gesetz vom 6. August 1915 festgelegt worden. Es umfasste aber nur norwegische Expeditionen, und auch nur solche, die das Ziel hatten zu überwintern.

Im Frühling 1928 hatte die norwegische Regierung eine Ergänzung dieses Gesetzes verabschiedet, nach dem der Regierungsbevollmächtigte ab jetzt das Recht hatte, auch ausländische Expeditionen zu kontrollieren. Aber mehrere merkwürdige Zusätze machten das Gesetz fast undurchführbar. Die Walfangfahrten waren von der norwegischen Kontrolle ausgenommen. Die ausländischen Expeditionen mussten planen zu überwintern, zumindest das Risiko einer Überwinterung in Betracht gezogen haben. Außerdem mussten die Expeditionen mindestens einen norwegischen Staatsbürger dabei haben, damit der Regierungsbevollmächtigte sie kontrollieren durfte.[17] Und obwohl Nobile mehrere der bekanntesten Polarveteranen Norwegens eingeladen hatte, befand sich unter den Teilnehmern der »Italia«-Expedition kein Norweger.

Ein Grund für die blitzschnelle Organisation einer norwegischen Rettungsaktion lag in der Anfrage des Grafen Sennis. Es nahm kein italienischer Diplomat an dem Treffen im Verteidigungsministerium teil, aber sie saßen bereit in der italienischen Botschaft, um das Resultat der Konferenz zu erfahren. In den Räumen des Verteidigungsministeriums legte Riiser-Larsen seinen vorläufigen Plan für die Rettungsaktion auf den Tisch. Er ging die Überlegungen durch, die er auf der Zugfahrt nach Oslo für sich skizziert hatte und die zu der Annahme geführt hatten, dass die »Italia« draußen auf dem Meereseis nördlich von Spitzbergen havariert war. Die Kette der Indizien war für alle Anwesenden so überzeugend, dass sie der Schlussfolgerung einhellig zustimmten. Das Gespräch ging über in eine Diskussion darüber, was von norwegischer Seite getan werden könnte, um eventuelle Überlebende zu retten.

Riiser-Larsen nahm als Ausgangspunkt Roald Amundsens und seine eigenen Erfahrungen von der Nordpolexpedition im Frühling 1925, als die beiden Dornier Wal-Flugboote bei 87 Grad, 43 Minuten Breite auf dem Meereseis gelandet waren – der nördlichsten Position, die ein Flugzeug bis dahin je erreicht hatte. Das eine, die N25 mit Riiser-Larsen selbst als Pilot, dem deutschen Maschinisten Karl Feucht und Roald Amundsen als Nautiker, wurde bei der Landung beschädigt. Sie brauchten mehrere Stunden, um das zweite Flugzeug zu finden, das Leif Dietrichson geflogen hatte. Beide waren sie in einer Wasserspalte gelandet, die sich langsam wieder schloss, und die N25 wurde unter großen Anstrengungen aufs Eis gezogen. Die N24 war so stark beschädigt, dass es nicht möglich gewesen wäre, sie wieder in die Luft zu bekommen, während der Schaden an der N25 sich reparieren ließ. Gemeinsam mit Oscar Omdal, dem Maschinisten von der N24, und dem Nautiker Lincoln Ellsworth gelang es ihnen, einen großen Teil des Flugbenzins und einiges an lebenswichtiger Ausrüstung in die N25 hinüberzuschaffen.

Die Wochen auf dem Eis hatten einen bleibenden Eindruck bei Roald Amundsen hinterlassen. Keines der Flugzeuge hatte Funk an Bord, wahrscheinlich weil Amundsen davon ausgegangen war, dass sowieso niemand ihre Signale würde empfangen können. Und nachdem eine gewisse Zeit ohne jedes Lebenszeichen von ihnen verstrichen war, war man in Norwegen der Meinung, dass die Chance, Überlebende zu finden, verschwindend gering sei. Ein in Norwegen gebautes Hansa Brandenburg-Wasserflugzeug wurde zusammen mit mehreren Polar- und anderen Schiffen nach Spitzbergen gesandt, darunter die »Tordenskjold« der Königlich Norwegischen Marine. Aber die Suche in dem Gebiet blieb ohne Ergebnisse. Man fand keine Spur der Expedition.

Amundsens eigene Berichte, die Filme und die Bilder zeigten anschaulich, was die Teilnehmer hatten durchmachen müssen. Das Essen war knapp und wurde streng rationiert, 435 Gramm pro Mann pro Tag, was ungefähr 1.400 Kilokalorien entsprach. Das ewige Polarlicht quälte sie und führte mehrfach zu Schneeblindheit. Schneetreiben, beißend kalter Wind und die Feuchtigkeit drangen durch die Kleidung. Doch was sie vielleicht am meisten peinigte, waren die Bedingungen, die sie niemandem erklären konnten, der sie nicht selbst einmal erlebt hat – das knackende Eis, das sich unter ihnen bewegte, die Anstrengung, sich über den unebenen Untergrund fortzubewegen. Und die größte Mühe machte es ihnen, nicht den Glauben zu verlieren, dass sie jemals aus dieser Einsamkeit auf dem Eis wieder fortkommen könnten. Diese Hoffnung an sich, die so nötig war, um im Angesicht des drohenden Todes durchzuhalten und weiterzumachen.

Die gesamte Zeit wurde dazu verwandt, eine Startbahn für das Flugzeug frei zu hacken, zu graben und zu planieren. Hjalmar Riiser-Larsens Ruf als Pilot, einer von vielleicht zehn lebenden Pilotenlegenden auf der ganzen Welt, beruhte unter anderem auf der Leistung, die er am 22. Tag der Expedition vollbrachte, am 15. Juni 1925. Mit allen sechs Teilnehmern an Bord und so viel Treibstoff, wie sie in die Benzintanks der N25 hatten umfüllen können, hob er ab und richtete den Kurs auf Spitzbergen. Als der Treibstoff zu Ende ging, landete die N25 auf Nordostland, in einer flachen Bucht beim Nordkap.[18] Sie hatten Glück und mussten nicht länger auf ihre Rettung warten. In der Nähe lag das Robbenfangschiff »Sjøliv« aus Balsjford. Die Mannschaft hatte die N25 beobachtet, als sie über sie hinwegflog. Nur kurze Zeit später konnte das Schiff die sechs vollkommen erschöpften Expeditionsteilnehmer an Bord nehmen und mit ihnen nach Ny-Ålesund fahren.

Es gab allen Grund, Riiser-Larsens vorläufigen, teils nur flüchtig skizzierten Plänen zu lauschen. Seine Erfahrungen von der Amundsen-Ellsworth-Expedition kamen ihm jetzt zugute. Sowohl Roald Amundsen als auch Riiser-Larsen betonten die unmenschlichen Zustände draußen auf dem Meereseis. Beide waren sich darin einig, dass man den Italienern so schnell wie möglich zu Hilfe kommen müsse und dass die Dornier Wal der Flugzeugtyp war, der für eine Bergungsexpedition am besten geeignet sei.

Das deutsche Wasserflugzeug war aus dem extrem widerstandsfähigen Duraluminium gebaut und deshalb besonders geeignet für eine Landung auf Meereseis. Die Schwimmer waren mit kräftigen Metallstreben direkt am Flugzeugkörper befestigt und nicht an den Tragflächen wie bei vielen anderen Wasserflugzeugen. Die Flügelspanne betrug mehr als sechsundzwanzig Meter, und das Flugzeug konnte eine Maximallast von mehr als vier Tonnen inklusive Treibstoff tragen. Der Flugzeugkörper war unten flach, was ein lebenswichtiger Vorteil gewesen war, als sie das mehrere Tonnen schwere Flugzeug aus der ständig schmaler werdenden Wasserrinne bei 88 Grad Nord aufs Eis hatten ziehen müssen. Die Reichweite betrug bei optimalen Verhältnissen ganze 3600 Kilometer. Das Flugzeug war mit zwei Rolls Royce Eagle-Motoren ausgerüstet, jeder mit 355 Pferdestärken, die zwei Propeller drehten. Der hintere Motor schob das Flugzeug, der vordere zog es in einer sogenannten Push-pull-Konfiguration nach vorn. Die maximal erreichbare Geschwindigkeit betrug 188 Kilometer pro Stunde.

Die große Reichweite der Dornier Wals würde die Suche sehr erleichtern. Und die Möglichkeit, sie so stark zu beladen, würde von Vorteil sein, wenn die Italiener lokalisiert waren und es notwendig sein könnte, sie mit einer Notausrüstung und Proviant zu versorgen. Außerdem konnte das Flugzeug sowohl auf dem Meer als auch auf dem Eis landen. Man durfte sich nicht dem Risiko aussetzen, dass ein Bergungsflugzeug selbst havarierte und gerettet werden musste, erklärte Riiser-Larsen. Wollte man sich an die italienische Delegation wenden und diese um zwei Dornier Wal-Maschinen bitten, so stelle er sich persönlich zur Verfügung, um eine der beiden in den Norden zu fliegen. Und falls die italienische Luftwaffe nicht selbst Flugzeuge beschaffen könne, sollte es kein Problem sein, sie kurzfristig zu besorgen, indem man sich an den deutschen Produzenten wandte.

Es dürfte kein großer Zweifel darüber geherrscht haben, wer an diesem Nachmittag im Verteidigungsministerium der eigentliche Leiter der Konferenz war. Riiser-Larsen konnte auf eine langjährige Erfahrung als Stratege für komplizierte Polarexpeditionen zurückblicken. Roald Amundsen hatte ihm diese Rolle zugewiesen, seit er ihn 1922 als Piloten für einen Vorstoß von der »Maud« aus mit dem Flugzeug zum Nordpol rekrutiert hatte. Seitdem war er Amundsens vertraulicher Stellvertreter gewesen und hatte sich als loyaler Unterstützer erwiesen – zumindest bis zum Abschluss der »Norge«-Expedition. Gleichzeitig war er Teil eines militärischen Systems und hatte inzwischen selbst Pläne als Expeditionsleiter.

Die Konferenzteilnehmer waren sich darin einig, dass die italienischen Behörden umgehend zwei Dornier Wal-Wasserflugzeuge beschaffen mussten. Was nicht besonders schwierig oder problematisch sein sollte, da die Flugzeuge zu dieser Zeit aufgrund des Flugzeugverbots für Deutschland nach dem Ersten Weltkrieg in Italien produziert wurden. Aber was konnten die norwegischen Behörden selbst zu dem Unternehmen beitragen? Die Ressourcen auf Spitzbergen waren begrenzt – Hundegespanne, über die Inseln verstreute Jagdhütten und ein kleineres Schmugglerschiff älteren Datums. Gleichzeitig gab es jedoch mehrere Funkstationen auf Spitzbergen, mögliche Häfen als Anlaufstellen mit Vorräten verschiedener Art und ein großes Netzwerk an meteorologischen Stationen, die mit wichtigen Wetterhinweisen dienen könnten.

Die drei Offiziere diskutierten weiterhin, inwiefern die norwegische Marine helfen könnte. Riiser-Larsen hatte bereits darüber nachgedacht und hielt sich an die Pläne, die er in dem Zug nach Oslo ausgearbeitet hatte. Wahrscheinlich würde es notwendig sein, ein Polarschiff entlang der Westküste Spitzbergens Richtung Norden zu schicken, vielleicht sogar ein Marineschiff. Riiser-Larsen schlug vor, dass einmal das Polarschiff »Hobby« angefordert werden und außerdem eines der Hansa Brandenburg-Wasserflugzeuge der Marine nach Tromsø gebracht werden sollte, um dort an Bord gehievt zu werden.

Aber es gab andere Dinge zu bedenken. Etwa die Möglichkeit, dass die havarierten Italiener nicht vor Anbruch des Sommers gefunden werden könnten. Die Wasserspalten um ihre Position herum könnten ungeeignet für die Landung eines Wasserflugzeugs sein. Dann musste die Bergung mit einem Schiff erfolgen. Das norwegische Flugzeug an Bord der »Hobby« könnte in einer derartigen Situation zur Aufklärung dienen. Riiser-Larsen warnte außerdem vor halbherzigen Verhaltensregeln und Experimenten. Es wäre peinlich, sollte ein norwegisches Flugzeug havarieren. Deshalb riet er davon ab, ein Flugzeug mit Skiern zu benutzen.

Laut Riiser-Larsens späterem Bericht an den kommandierenden Admiral Alfred Berglund hatte es wohl kaum Einwände gegen die Details des vorgestellten Plans gegeben. Im Gegenteil, die gründliche Bearbeitung möglicher Gefahrenmomente einer Bergungsexpedition gefiel den Befehlshabern der Marine wie auch Roald Amundsen. Der alte Polarheld wiederholte beharrlich seine eigenen Anmerkungen hinsichtlich des Verhältnisses zwischen Glück und erfolgreichem Ergebnis und Unglück und Havarie. Es gab nicht einmal Proteste, als Riiser-Larsen seine Darlegungen mit der Bemerkung abschloss, dass eine Expedition zum Franz-Josef-Land sowohl in diesem als auch noch im nächsten Jahr notwendig sein könnte. Ein beschädigtes Luftschiff konnte sich über weite Entfernungen in der Luft halten. Abhängig von der Windrichtung könnte die »Italia« bis hin zu der russischen Inselgruppe getrieben worden sein. Und eine Überwinterung auf dem Franz-Josef-Land konnte man überleben – das wussten alle Anwesenden nur zu gut.

An diesem Punkt der Konferenz ergriff der Verteidigungsminister das Wort. Er beauftragte Riiser-Larsen, sich dem italienischen Abgesandten in Norwegen zur Verfügung zu stellen und versicherte, dass alle notwendigen Formalitäten, was Riiser-Larsens Beurlaubung von der Torpedoschule in Horten betraf, geregelt werden würden.

Nach dem Treffen im Verteidigungsministerium fuhr Riiser-Larsen in Begleitung des Kommandeurs Østbye zu der italienischen Delegation und unterbreitete dieser die Pläne für eine mögliche norwegische Rettungsexpedition. Die Hauptpunkte wurden umgehend telegraphisch den Behörden in Rom mitgeteilt.

Roald Amundsen fuhr zum Victoria Hotel in der Rådhusgaden 8, um an einem weiteren Empfang für die Piloten Wilkins und Eielson teilzunehmen. Dieses Mal wurde das Fest von dem Kindheitsfreund Herman Gade bezahlt. Amundsen nahm sich ein Hotelzimmer, das er sich eigentlich nicht leisten konnte, um sich bereitzuhalten für weitere Planungen des norwegischen Bergungseinsatzes. Er sah es als selbstverständlich an, dass er persönlich nach Spitzbergen reisen würde, um die weitere Arbeit von Ny-Ålesund aus zu leiten.

## KAPITEL 5

## Das Zeltlager auf dem Eis

Nach dem heftigen Aufprall auf dem Eis blieb Nobile die ersten Minuten lang regungslos liegen, außerstande, einen einzigen klaren Gedanken zu fassen. Er sah das kaputte Luftschiff nicht, das sich langsam wieder hob und Richtung Osten verschwand, sah nicht den Riss in der Unterseite der Ballonhülle, wo die Reste der Gondel baumelten. Nobile glaubte, er würde sterben, spürte nur die Kälte und das Eiswasser, das durch die Kleidung an seinen Körper drang. So kurz nach dem Triumph über dem Nordpol war die Expedition vorbei.

Um ihn herum begannen sich Gestalten zu bewegen. Sie krabbelten aus dem Schnee, stöhnend, hielten sich den Kopf, die Arme oder Beine. Mehrere waren schwer verletzt worden. Er meinte Malmgren zu sehen, wie dieser auf den Eisrand zu stolperte. Die Augen des Schweden waren weit aufgerissen, starrten blicklos vor sich hin, das Gesicht im Schock erstarrt. Andere hockten nur da und schauten verständnislos vor sich hin oder sahen ungläubig dem Luftschiff nach, wie es verschwand. Das war das Ende. An diesem verlassenen Ort gab es keine Hoffnung auf Rettung.

Der stellvertretende Kommandant der Expedition, Adalberto Mariano, hatte selbst nur kleine Schnitte abbekommen. Er ging zu Nobile und stellte fest, dass dieser schwer verletzt war – ein gebrochenes Bein, eine geprellte Schulter, ein gebrochenes Handgelenk und zwei gebrochene Rippen. Das Blut lief dem General aus einer tiefen Wunde in der Stirn übers

Gesicht. Aber die Verletzungen waren nicht lebensbedrohlich. Nobile war immer noch der Leiter der Gruppe. Mariano erwartete deshalb, dass er das Kommando übernahm. Was sollten sie tun? Er schüttelte Nobile, der den italienischen Offizier jammernd mit toten Augen anstarrte.

Der Wind fegte aus der Ferne übers Eis, strich eiskalt über sie und wirbelte den Schnee auf. Sie befanden sich auf einer Eisscholle mit hohen Verwerfungen. Um sie herum liefen Eisspalten kreuz und quer. Der Nebel trieb in grauen Flocken über das offene Wasser. Die Lufttemperatur maß um die zehn, zwölf Grad minus, fühlte sich aber viel kälter an. Später fanden sie ein Thermometer, das nicht zerbrochen war, und konnten die Temperatur genau messen. Aber das Schlimmste war die gewaltige Einsamkeit, sie drohte ihnen den Lebensmut auszusaugen – die drückende Gewissheit, dass sie vollkommen allein waren an diesem unwirtlichen Ort.

Schnell musste ein Plan gemacht werden. Es war notwendig, dass sie sich organisierten, sich einen Überblick über die Überlebenden und Verwundeten verschafften. Mariano drängte Nobile, er hockte sich neben ihn und bombardierte ihn mit Fragen. Sie mussten die Leute beschäftigen, mit irgendetwas, das ihnen Hoffnung geben konnte. Nobile starrte den jungen Marineoffizier an, immer noch ohne ein Wort von sich zu geben. Wollte Mariano tatsächlich andeuten, dass eine Rettung von diesem gottverlassenen Ort möglich war? Der General versuchte aufzustehen. Doch das verzerrte Gesicht verriet die starken Schmerzen. Sein Blick wurde jedoch klarer, er schaute sich um. Wrackteile der Gondel lagen auf dem Eis verstreut. Vielleicht konnte einiges davon von Nutzen sein. Hinter ihnen, dort, wo sich die Spuren vom Luftschiff am tiefsten eingegraben hatten, verlief ein langer roter Streifen im Schnee. Wie sich herausstellte, war es kein Blut, sondern die Farbe zerbrochener Analinkugeln, die benutzt worden waren, um die Höhe über dem Eis zu messen.

Langsam hatten die Männer sich vom Schnee befreit und liefen umher – einige ganz in der Nähe, andere ein gutes Stück entfernt. Alle waren mehr oder weniger stark verletzt. Am schlimmsten hatte es den Chefmechaniker Cecioni getroffen. Er hatte beide Beine gebrochen und konnte nicht aufstehen. Dennoch war er voller Zuversicht. Der tschechische Forscher Běhounek, der selbst nur ein paar Schrammen abbekommen hatte, ging mit einer Decke zu dem Verletzten und legte sie ihm über die Schultern.

»*Coraggio*«, bedankte sich der Chefmechaniker lächelnd. »Nur Mut. Wilkins ist in Green Harbour gelandet. Er kann uns retten. Wir sind nur drei Stunden von seinem Flugzeug entfernt.«

Běhounek krabbelte übers Eis zu Nobile, um ihn mit diesen Gedanken aufzumuntern. Doch der Expeditionsleiter war immer noch überzeugt davon, dass er tödlich verletzt war, und erwiderte dem Tschechen nur, dass er froh sei, dass eine Rettung möglich wäre – im Namen der anderen.

Nobiles kleiner Foxterrier Titina, den er auf allen Reisen bei sich hatte, hatte erstaunlicherweise den Zusammenstoß mit dem Eis offenbar unverletzt überstanden. Er sprang herum und stupste die Männer mit der Schnauze, fröhlich bellend, weil er scheinbar festen Grund unter den Pfoten hatte. Vielleicht war es das, was den Expeditionsleiter letztendlich dazu brachte, sich zusammenzureißen und den Schock zu überwinden. Der Hund – aber möglicherweise auch der Fund der kleinen Madonnenfigur, die Nobile an einen gut sichtbaren Platz in der Gondel gestellt hatte. Jetzt teilte sie mit den Männern hier unten auf dem Eis ihr Schicksal. Die schwarze Madonna von Loreto. Sie würde über ihnen wachen, für Rettung sorgen. Nobile war ein tief religiöser Mensch.

Der Marineoffizier Filippo Zappi hatte nach der Havarie reglos im Schnee gelegen, ganz in der Nähe von Nobile. Doch nach einer Weile kam er auf die Beine und wankte auf den Expeditionsleiter zu. Er hielt sich die Seite und erklärte, er habe sich wohl eine Rippe gebrochen. Nobile fragte, ob es wehtue, wenn er Luft hole. Zappi schüttelte den Kopf. Er war der Einzige unter den Expeditionsteilnehmern, der vor der Abreise aus Rom Erste Hilfe gelernt hatte. Deshalb bat Nobile ihn, sein Wissen anzuwenden, um den anderen Männern zu helfen. Er selbst wollte nicht angefasst werden.

Es sah so aus, als wäre es schlecht um Malmgren bestellt. Er saß nicht weit entfernt von Nobile auf einem Eisblock, hatte die rechte Schulter fast bis ans Kinn hochgezogen und klagte über Schmerzen. Doch das war es nicht, was Nobile die größten Sorgen bereitete. Malmgren machte einen verzweifelten, verwirrten Eindruck. »Es gibt keine Hoffnung auf Rettung«, sagte er und starrte in die Nebelschwaden, die am Rand der Eisscholle vorbeitrieben. »Lieber ertränke ich mich gleich.«

»Rede nicht so«, erwiderte Nobile und dachte an seinen eigenen miserablen Zustand und dass das Ende bald alle ereilen würde. In den ersten Minuten nach der Havarie hatte er keine Schmerzen empfunden, doch jetzt begannen die Brüche im Arm und im Fuß sich mit pulsierendem Schmerz zu melden. Jedes Mal, wenn er versuchte sich zu bewegen, fühlte es sich an wie ein Messerstich.

Malmgren drehte sein Gesicht mit einem unheimlichen, leeren Blick dem Expeditionsleiter zu – vollkommen fremd und so anders als der übliche, freundliche Ausdruck, den sie alle von ihm gewohnt waren. »Das ist alles einzig und allein meine Schuld«, murmelte er. »Wir hätten nicht versuchen sollen, zurück nach Kings Bay zu kommen. Ich war derjenige, der das Luftschiff in diese unmöglichen Wetterverhältnisse geführt hat.«

»Alles, was auf einer Expedition passiert, hat der Leiter zu verantworten«, entgegnete Nobile und sah ihn ruhig an. Malmgren durfte sich nicht eine Verantwortung aufbürden, die er nicht hatte. Vielleicht hatte er das Wetter zwischen dem Nordpol und Svalbard falsch eingeschätzt. Vielleicht hätten sie die gleiche Entscheidung treffen sollen wie vor zwei Jahren, an Bord des Luftschiffes »Norge«. Unter Amundsens Leitung hatte es keine langwierigen Diskussionen über die Route gegeben. Der norwegische Polarforscher entschied sich normalerweise schnell, und es war selten, dass jemand gegen seine Befehle protestierte. Auch wenn der Weg zur Küste von Alaska länger war als der zurück nach Kings Bay, war damals der Kurs quer über das Nordpolarmeer eingeschlagen worden, nachdem die »Norge« den Pol passiert hatte. Die Wetterverhältnisse waren dafür entscheidend gewesen. Zwischen dem Nordpol und Spitzbergen hatte vor zwei Jahren kräftiger Wind aus Südost geweht. Genau wie bei der aktuellen Expedition.

Nobile redete langsam mit Malmgren, betonte jedes einzelne Wort. Er selbst hatte die Entscheidung getroffen, dem inständigen Rat des schwedischen Meteorologen zu folgen, zurück nach Ny-Ålesund zu fliegen. Es war ganz allein der Expeditionsleiter, der die Verantwortung trug. Malmgren durfte die Hoffnung nicht aufgeben, er sollte lieber den anderen helfen, Proviant und Ausrüstung zusammenzusuchen, die sie brauchten, bis ihre Rettung kam. Nach ein paar Minuten folgte Malmgren seiner Anweisung. Er hielt sich den Arm und stolperte mutlos übers Eis.

Es wurde eine Art Inventur gemacht. Sie waren neun Überlebende – sieben Italiener, Malmgren und Běhounek. Es sah so aus, als hätten alle, die in der Navigationsgondel gewesen waren, als das Luftschiff mit dem Eis kollidierte, überlebt.

Plötzlich entdeckten sie am Horizont eine Rauchsäule. Es entspann sich eine heftige Diskussion darüber, was der Rauch bedeuten könnte. Die Männer kamen mit allen möglichen Vorschlägen, woher er wohl stammte. Die optimistischeren unter ihnen hofften, die Gondel sei so nahe der Küste abgestürzt, dass es sich um Signale eines Jägers handeln könnte, der in einer der Hütten auf Nordostland wohnte. Doch bald waren sie sich einig, was die einzig logische, traurige Erklärung war: Es musste die Ballonhülle gewesen sein, die aufs Eis gestürzt war und Feuer gefangen hatte.

Běhounek schaute auf seine Armbanduhr. Ungefähr zwanzig Minuten waren seit ihrer eigenen Havarie vergangen. Wieder ergriff ihn Verzweiflung. Nur Cecioni weigerte sich aufzugeben. »Wilkins…«, rief er. »Wilkins kann uns retten. Vergesst nicht, wir sind nur drei Stunden von Green Harbour…«[19]

Doch leider irrte Cecioni sich. Wilkins und Eielson hatten Spitzbergen zwei Tage zuvor verlassen. Zu diesem Zeitpunkt wurden die beiden englischen Polarflieger mit zahlreichen Festivitäten in Oslo gefeiert, das in warmem Sonnenschein badete.

Die »Italia«-Expedition war gut ausgerüstet gewesen mit Werkzeug und Vorrat, einer speziellen Rettungsausrüstung, die für eine Notlandung auf dem Eis gedacht war. Otto Sverdrup, Adolf Hoel und selbst Fridtjof Nansen waren unter den vielen Ratgebern gewesen. Nobile war ihrem Rat gefolgt und hatte fast alles mit an Bord genommen, was sie vorgeschlagen hatten: Kajaks, kleine Gummiboote, Schlitten, Skier und Schneeschuhe, Zelt und Schlafsäcke. Der größte Teil dieser Notausrüstung war in dem großen Kiel unter dem Luftschiff verstaut worden. Alle Teilnehmer hatten außerdem eine persönliche Ausrüstung dabei, bestehend aus Anzügen aus Lammfell, wobei der Pelz nach innen gekehrt war, Wollunterwäsche, Lederstiefel und ein zusätzliches Paar Rentierfellschuhe. Nicht alle benutzten die wärmste Kleidung, und keiner trug alles gleichzeitig auf seinem Leib.

Doch glücklicherweise hatten die Ausrüstung und der Proviant, alles, was während des großen Experiments am Nordpol gebraucht werden könnte, in der Gondel bereitgelegen. Und diese Ausrüstung sollte sie jetzt retten. Malmgren machte den ersten Fund, ein kleines Fernglas. Anschließend entdeckte er einen Revolver mit Munition. Nicht weit davon entfernt lagen einige Chronometer, mehrere von ihnen waren noch heil. Außerdem fand er einen offenbar unbeschädigten Sextanten in einer Holzkiste. Zusammen mit den Chronometern genügte das, um ihre exakte Position zu bestimmen. Doch diese Arbeit musste noch warten. Der Nebel, der über die Eisscholle trieb, machte es ihnen unmöglich, den Sonnenstand abzulesen.

Malmgrens Fund all dieser Gegenstände gab den Männern neuen Mut. Bald entdeckten sie Kisten und Pakete mit Pemmikan, Milchtabletten und Schokolade. Běhounek fand Nobiles Schlafsack, den er in der Gondel um sich gewickelt hatte, um die Körperwärme zu halten. Anschließend fanden sie noch eine Decke und einen großen Sack mit einem Zelt und weitere Dinge, die zur Ausrüstung für das Nordpol-Experiment gehörten.

Mariano bat Běhounek, mit ihm zum Rand der Eisscholle zu gehen, dort habe er etwas Schwarzes gesehen, das aus dem Eis hervorragte. Auf dem Weg fanden sie einzelne Stücke

Schokolade aus einem zertrümmerten Kasten. »Jedes Gramm von dem hier«, erklärte Mariano und schob sich ein paar Stückchen in den Mund, »wird uns ein paar Stunden mehr am Leben erhalten.« Běhounek beugte sich hinunter und hob ein paar Krümel auf, die er mit resignierter Miene betrachtete. Die erste Probe der harten Substanz hatte ihm keine Lust auf mehr gegeben. Außerdem gab es da ein paar rostrote Flecken… Mariano sprang an Běhouneks Seite und schlug ihm die Stückchen aus der Hand. »Das sind Blutflecken«, sagte er und schaute sich um.

Sie waren zu einem Gebiet voll mit Wrackresten gekommen. Einer der großen Propeller war vollkommen zerbrochen. Holzsplitter lagen verstreut auf dem Eis. Teile einer Motorgondel ragten aus dem Schnee hervor. Hinter zusammengeschobenem Packeis entdeckten sie eine Gestalt, die halb saß, halb lag, nach vorn gebeugt, den Kopf auf die eine Hand gestützt. Es war der Maschinist Vincenzo Pomella. Er war tot.

Lange blieben die beiden Männer nebeneinander stehen und betrachteten den toten Mechaniker, der vor nur wenigen Stunden genauso lebendig gewesen war wie sie selbst, die gleichen Gedanken und Träume über die Rückkehr mit dem Luftschiff nach Kings Bay gehegt hatte. Keiner der beiden wusste, was er sagen sollte. Schließlich senkte Mariano den Kopf und murmelte ein kurzes »Lebewohl«.

Běhounek und Mariano stampften und krochen so gut sie konnten in einem großen Kreis um die Havariestelle. Als sie sich den anderen Männern wieder näherten, sahen sie Biagi, der auf einem Eisblock auf der anderen Seite einer Wasserspalte stand. Er rief laut und machte Zeichen mit Armen und Händen. Mariano, der zu verstehen schien, was der kleine Funker aus Bologna mitzuteilen versuchte, wurde schneller und erwiderte etwas auf Italienisch. Běhounek kam auf eiskalten Füßen in seinen vollkommen durchnässten Fellschuhen langsam hinterher.

Als das Luftschiff auf dem Eis aufgeprallt war, hatte Biagi einen Mahagonikasten mit einem kleinen Reservefunksender und -empfänger gegriffen. Der ganze Apparat wog nur 12 Kilo und war in England hergestellt worden. Jetzt hatte er den Kasten wiedergefunden, der wunderbarerweise so gut wie unbeschädigt die Havarie überstanden hatte. In der Nähe davon hatte er außerdem ein paar Akkumulatorbatterien gefunden, die zwar lädiert waren, aber trotzdem noch funktionieren konnten. Plötzlich war der Gedanke an Rettung von diesem Ort am Ende der Welt doch nicht mehr vollkommen unrealistisch.

Nach und nach kamen weitere Männer heran, um zu helfen. Der Ingenieur Trojani, der nach dem Zusammenstoß wie gelähmt schien und bis jetzt kein einziges Wort von sich gegeben hatte, schleppte einen fast zwei Meter langen Holzstab heran, der Teil der Stützkonstruktion der Gondel gewesen war, Biagi fand Teile der Empfängerantenne, einen langen, isolierten Stahldraht. Langsam sammelten die Männer mehrere notwendige Bruchstücke zusammen, aus denen sie eine Peitschenantenne und einen Notsender zusammenbauen konnten. Zufällig hatte Biagi ein Voltmeter in der Tasche gehabt, als das Luftschiff aufs Eis stürzte. Er stellte die Stromstärke der Batterien auf 12 Volt. Ein Überblick über brauchbare Reserveteile ließ die Männer schätzen, dass sie wohl genug für sechzig Stunden Sendung von dem kleinen Notsender aus hatten.

Ohne Zeit mit anderen Dingen zu vergeuden, setzte sich Biagi die Kopfhörer auf, die in dem Mahagonikasten gelegen hatten, und kniete sich auf den Schnee. Der Empfänger konnte Signale auf dem 10- und 100-Meter-Band empfangen, der Sender hatte eine Signalstärke von 5 Watt bei zwischen 30 und 50 Meter Wellenlänge. Biagi justierte Knöpfe und Schalter und war schließlich bereit, das erste Telegramm von der Eisscholle zu senden: »SOS ›Italia‹ General Nobile.« Běhounek, der es gewohnt war, die exakten Uhrzeiten zu notieren, schaute auf die Uhr. Es war kurz nach vier Uhr am Nachmittag, GMT.

Biagi schickte wiederholte Male die Signale ins Äther, drehte an den Reglern des Empfängers, justierte den Sender. Schließlich nahm er die Kopfhörer ab und schaute wehmütig die Männer an, die in einem engen Kreis um ihn standen.

»Nichts zu hören!« Widerstrebend stand er auf und begann Mariano zu helfen, die Wrackreste um den Sender herum zu untersuchen.

Resigniert sammelten die Männer weiter schweigend Teile der Ausrüstung zusammen. Anfangs hatten sie den beißenden Wind gar nicht bemerkt, doch nach einer Weile wurde es schmerzhaft kalt. Běhounek hatte Angst, dass seine Füße erfrieren könnten, und fragte Mariano immer wieder, ob nicht irgendwo neue Stiefel oder Fellschuhe zu finden seien. Nobile und Cecioni, die sich nicht bewegen konnten, war auch kalt. Das Zelt musste errichtet werden, aber es war nicht einfach, eine passende ebene Fläche ohne Schmelzwasserpfützen oder Packeis zu finden. Schließlich fanden sie ein Stück entfernt von dem Absturzpunkt eine einigermaßen ebene Fläche.

Das Zelttuch war aus einer doppelten Lage hellblauer Seide. Es war in Pyramidenform, und Trojani kroch hinein, um die Mittelstange aufzurichten. Draußen befestigten Zappi und Viglieri die Halteseile mit langen Metallnägeln, die sie in der Ausrüstung gefunden hatten, im Eis. Nur direkt in der Mitte des Zeltes konnte ein Mann aufrecht stehen, die Höhe betrug circa zwei Meter. Die Grundfläche ungefähr zwei mal zwei Meter, aber es gab keinen Boden. Mit neun Mann würde es eng da drinnen werden.

Die erste Nacht auf der Eisscholle wurde sehr unbequem, dennoch schliefen die meisten vor purer Erschöpfung. Nobile und Cecioni lagen auf dem Schlafsack, den sie sich teilten. Die anderen mussten im Schnee sitzen und gegen die Zeltwand gelehnt ruhen, so gut sie konnten. Der Foxterrier Titina fand keinen freien Platz, wo er sich hätte hinlegen können. Er lief herum, quer über die Schlafenden und störte sie. Zum Schluss zog Běhounek das Tier zu sich und legte es sich auf den Schoß. Dort kam es zur Ruhe und schlief, die Schnauze an die Hand des Mannes gedrückt.

Am nächsten Morgen kroch Mariano als Erster aus dem Zelt. Er versuchte sich eine Übersicht über all die Dinge zu verschaffen, die an dem Absturzort gefunden worden waren. Die Lebensmittel waren das Wichtigste. Insgesamt hatten sie knapp zweihundert Kilo an Proviant verschiedener Art gefunden – Pemmikan, Schokolade, Butter und Würfelzucker. Ohne die genaue Menge zu wissen, hatte Nobile beschlossen, dass jedem Mann dreihundert Gramm zu essen pro Tag zugeteilt werden sollten. Was bedeutete, dass der Proviant ungefähr siebzig Tage reichen würde. Am Abend zuvor hatte jeder ein Stück Schokolade und ein paar Milchtabletten gegessen. Da der Proviant größtenteils aus Pemmikan bestand, war es wichtig, eine Art der Zubereitung zu finden, so dass alle es essen konnten. Mariano suchte eine Weile nach etwas, das sie als Kochtopf benutzen konnten, zum Schluss fand er einen leeren Benzinkanister, von dem er geduldig mit einem kleinen Federmesser den Deckel abschnitt. Er wickelte Draht um den provisorischen Kochtopf und formte aus einem Metallzylinder einen Griff. Holzstücke gab es von dem zersplitterten Propeller rund um den toten Pomella vorläufig genug. Außerdem hatten sie heile Benzinkanister und ein Paket mit hundert Streichholzschachteln gefunden. Es herrschte kein Zweifel: Sie hatten großes Glück gehabt mit den Trümmerteilen aus der großen Steuerungsgondel. Vorläufig hatten sie genug Feuerholz, um für jede Mahlzeit ein kleines Feuer zu machen. Die Tasse einer zerbrochenen Thermoskanne musste als Teller und Becher für alle dienen. Sie hatten nur diese eine Thermoskanne gefunden.

Ironischerweise war das Wasser die größte Herausforderung. Selbst das Schmelzwasser in den vielen Pfützen überall auf der Eisscholle war salzig. Malmgren, der mit ähnlichen Verhältnissen während der »Maud«-Expedition Erfahrung gemacht hatte, schüttelte die Passivität ab und lief auf der Scholle herum, um von den obersten Spitzen der Eisbarrieren Schnee und Eis abzukratzen. Das konnte zu Trinkwasser geschmolzen werden.

Biagi hatte den Funkempfänger mit ins Zelt genommen, aber der Sender musste in der Nähe der Antenne bleiben, die ein Stück entfernt gespannt worden war. Am ersten Morgen auf der Eisscholle kroch er schnell aus dem Zelt und schickte immer und immer wieder das gleiche Telegramm zu dem Zeitpunkt los, den er mit der »Città di Milano« vereinbart hatte – fünf Minuten vor jeder vollen Stunde. Nach einer Weile lief er ins Zelt, setzte sich die Kopfhörer auf und lauschte mit einem intensiven Gesichtsausdruck. Vorläufig ohne Ergebnis.

Nobile und Cecioni blieben im Zelt liegen. Malmgren, der die ganze Nacht nicht geschlafen hatte, kehrte zurück ins Zelt, hockte sich in eine Ecke und starrte vor sich hin. Nobile wie auch Běhounek versuchten mit ihm zu reden, erhielten jedoch keine Antwort. Die übrigen Männer krochen nach einer Weile aus der Zeltöffnung hervor und blinzelten mit zusammengekniffenen Augen in das grelle Polarlicht. Der Anblick der öden, eintönigen Eisfelder in allen Richtungen war wie ein Hohn jeglicher Hoffnung auf Rettung. Die Erinnerung an die seit Langem verschwundene Rauchsäule quälte sie wie eine Wunde. Nicht weit vom Zelt entfernt befand sich der Hügel aus Schnee und Eis, das provisorische Grab Vincenzo Pomellas, und erinnerte sie alle daran, wie schnell die Katastrophe auch sie treffen könnte.

# KAPITEL 6

## Gedemütigt

Der erste Pfingsttag 1928. Die Geschäfte und die meisten Restaurants waren geschlossen. Viele der Einwohner der Hauptstadt waren für das Wochenende verreist. Oslos Straßen lagen still und menschenleer da. Keine Zeitung wurde herausgegeben. Roald Amundsen lief in den dunklen Salons des Victoria Hotels von einem Fenster zum anderen und wartete ungeduldig darauf, zur weiteren Planung der Rettungsexpedition gerufen zu werden. Am Abend zuvor waren die beiden Piloten Wilkins und Eielson endlich auf ihrer Triumphtour weiter nach Dänemark gereist. Die Polargesellschaft in Kopenhagen wartete mit Empfängen, Reden und der Lobpreisung durch alte Helden auf sie, anschließend sollten Berlin und Paris folgen. Herman Gade, Ausrichter des gestrigen Festes, leistete Amundsen im Hotel Gesellschaft.

Der Polarheld trottete mit leerem Blick aus dem Speisesaal hinaus in den hübsch bepflanzten Hinterhof und dann wieder zurück ins Haus – ruhelos dort verharrend, wo er meinte, am besten gefunden zu werden. Die Stille war unerklärlich. Schließlich konnte die gestrige Konferenz doch nicht missverstanden werden? Er war es ja wohl, der die norwegische Expedition leiten sollte, die Nobile und die anderen Italiener retten würde? Das geduckte Gebäude des Verteidigungsministeriums lag nicht weit entfernt, aber im Hotel kam keine Einladung zu einem neuen Treffen an. Sicher, es war Sonntag, und dennoch…

Auf der anderen Seite waren die Vorbereitungen bereits in vollem Gange. Am Samstagabend, direkt nach der Konferenz im Verteidigungsministerium, hatte Riiser-Larsen mit der praktischen Umsetzung der Pläne begonnen, die er selbst skizziert hatte und die allgemein Zustimmung erhalten hatten. Er kam gar nicht auf die Idee, Kontakt mit der weißhaarigen, früher so mächtigen Eminenz im Victoria Hotel aufzunehmen. Damit tat er selbst den Schritt und verschwand aus dem Kreis dessen loyaler Untergebener. Er muss der Meinung gewesen sein, dass Amundsen nichts Wesentliches mehr beizutragen hätte. Das hier war Riiser-Larsens persönliches Spezialgebiet – eine militärisch organisierte Flugzeugexpedition bis an die äußersten Grenzen des Polarmeeres. Außerdem hatte Amundsen ihm schließlich selbst nach dem Abschluss der »Norge«-Expedition in Teller gesagt, dass er sein aktives Leben als Polarforscher nunmehr beendet habe.

Das Erste, was Riiser-Larsen nach dem Treffen tat, war praktischer Natur. Er nahm Kontakt zu Oberleutnant Finn Lützow-Holm auf, einem nahen Freund, Kollegen und selbst ein erfahrener Pilot in der Marine. Am frühen Sonntagmorgen waren alle Formalitäten erledigt. Lützow-Holm bekam den Befehl, an Riiser-Larsens Expedition teilzunehmen. Die beiden Piloten trafen sich so schnell wie möglich und besprachen die Einzelheiten, bevor Lützow-Holm weiter nach Horten fuhr, um dort eines der neuen Hansa Brandenburg-Aufklärungsflugzeuge der Marine mit der Kennnummer F.36 zu übernehmen. Das Flugzeug war erst vor wenigen Wochen von der Flugbootfabrik in Horten ausgeliefert worden.

Der Abend des 27. Mai und die ganze Nacht zum zweiten Pfingsttag hin wurden dazu verwendet, die Hansa für die Reise nach Spitzbergen fertig zu machen. Es handelte sich dabei um ein einmotoriges Wasserflugzeug mit Schwimmern und verstärktem Untergestell, um auch hart auf dem Meer landen zu können. Der Motor war ein Benz mit 260 Pferdestärken. Das Flugzeug konnte eine Höchstgeschwindigkeit von 180 Kilometer die Stunde erreichen, hatte aber eine relativ bescheidene Reichweite von 200 bis 310 Kilometer, abhängig davon, ob ein Extratreibstofftank eingebaut worden war oder nicht.

Die vorläufigen Pläne wurden am Sonntagmorgen endgültig besiegelt. Lützow Holm sollte mit der Hansa nach Tromsø fliegen und dafür sorgen, dass das Flugzeug an Bord des Polarschiffes »Hobby« geladen wurde, das Riiser-Larsen bereits gechartert hatte. Lützow-Holm selbst sollte in Tromsø auf zwei italienische Dornier-Flugzeuge warten, mit denen er und Riiser-Larsen weiter nach Spitzbergen fliegen wollten. Zu diesem Zeitpunkt war Riiser-Larsen optimistisch, was den Beitrag der Italiener betraf.

Nach nur wenigen Stunden Schlaf hob Lützow-Holm kurz nach zwölf Uhr am Montagmittag in Horten ab. Seit dem Augenblick, als sie den offiziellen Bescheid erhalten hatten, dass der Auftrag genehmigt worden war, hatten sie nicht eine Minute mit unnötigen Dingen verschwendet. Der Mechaniker Svein Myhre hatte sich bereit erklärt, an der Tour teilzunehmen. Wahrscheinlich war es nicht besonders schwer gewesen, ihn zu überreden. Wagemut und Ausdauer waren zwei der Qualitäten, die norwegische Flugpioniere 1928 mehr als alles andere bewunderten. Das Flugzeug hatte so viel Treibstoff an Bord genommen, wie die Tanks nur aufnehmen konnten. Der Kurzwellensender wurde in Horten zurückgelassen, um Gewicht zu sparen.

Um halb fünf Uhr nachmittags landete Lützow-Holm auf der Flugstation der Marine auf Flatøya vor Bergen. Die Treibstofftanks wurden neu gefüllt, und die F.36 hob nach einer Pause von einer Stunde wieder ab. Der Plan war, dass das

Flugzeug der Küste Richtung Norden folgen und zweimal auf dem Weg nach Tromsø zwischenlanden sollte. Die nächste Landung fand um halb neun vor Kristiansund statt. Wieder brauchten die Piloten eine knappe Stunde zum Bunkern, bevor sie erneut starteten.

Nördlich von Trondheim traf die F.36 auf kräftigen Gegenwind aus Nordost. Der Wind nahm an Stärke noch zu, nachdem das Flugzeug Rørvik passiert hatte. Draußen auf dem Fjord bei Indre Kvarøy, auf der Höhe von Mo i Rana, musste Lützow-Holm notlanden. Er hatte kein Benzin mehr. Es war zwei Uhr nachts am 29. Mai, und offenbar war dort in der Gegend kein Benzin aufzutreiben. Der Landarzt von Lurøy, der zufällig mit seinem Motorboot auf Angeltour war, wurde zum rettenden Engel. Er zog das Flugzeug zum Marineposten von Tonnes auf der anderen Seite des Fjords. Dort konnte ihnen eine Tonne Benzin zur Verfügung gestellt werden. Die F.36 hob gegen fünf Uhr morgens von Tonnes ab und landete sechs Stunden später, nach einer kurzen Zwischenlandung in Bodø, außerhalb von Tromsø.

Der Repräsentant der »Italia«-Expedition in Tromsø, Konsul Sæther, kam direkt nach der Landung zum Flugzeug gerudert. Er hatte die Vollmacht, alle Rechnungen für Treibstoff und Ausrüstung, die Lützow-Holm brauchte, zu bezahlen. Das schloss auch die drei Tonnen Benzin und zweihundert Liter Motoröl mit ein, die bereits an Bord der »Hobby« gebracht worden waren. Kapitän Astrup Holm, der gerade erst mit seinem Polarschiff in Kings Bay gewesen war, hatte dort mit dem Betriebsleiter Sherdahl gesprochen und konnte berichten, dass es so gut wie kein Flugbenzin mehr in der Bergbaugemeinde gab. In letzter Sekunde entschied Kapitän Holm, dass außerdem reichlich Solaröl für die eigene Maschine des Schiffes, eine Bolinder mit 320 PS, an Bord genommen werden musste. Die Hansa wurde an Bord gehievt und zwischen den vorderen Luken platziert, ein merkwürdiger Anblick auf dem 130 Fuß langen Polarschiff.

Am 29. Mai kurz nach Mitternacht legte die »Hobby« vom Kai in Tromsø mit der F.36, Finn Lützow-Holm und Svein Myhre an Bord ab. Der Flug zwischen Horten und Tromsø war in nur etwas mehr als zwanzig Stunden ohne ernsthafte Probleme verlaufen. Die erste bescheidene Phase einer norwegischen Rettungsexpedition war durchgeführt worden.

Das Verteidigungsministerium hatte keine offizielle italienische Zusage für die Pläne erhalten, die es den Behörden in Rom vorgelegt hatte. Die Antwort auf das umfassende Eiltelegramm kam unbegreiflich verspätet. Und auch am Morgen des 29. Mai hatten die norwegischen Behörden noch keine Antwort erhalten. Begriffen die italienischen Behörden nicht, wie gefährlich eine Verzögerung der Rettungsaktion für die Gruppe von Männern war, von der man hoffte, dass sie überlebt hatten? Oder taten sie genau das? Solche Gedanken durften nicht laut geäußert werden, aber der Verdacht brodelte unter einer höflichen Decke aus politisch korrektem Respekt vor der Autonomie der Italiener bezüglich ihrer eigenen Expedition.

Nobile hatte Feinde in Italien, die ihm nicht wohlgesonnen waren. Aber den Polarheld nach der »Norge«-Expedition direkt zu kritisieren, war nicht so einfach gewesen. Dafür war er zu populär beim italienischen Volk. Aber vielleicht sah es jetzt ja anders aus. Mussolini selbst hatte Nobile während der Vorbereitungen für die Luftschiffreise mit der »Italia« gewarnt – warum ein Fiasko mit einer neuen Expedition riskieren, nachdem der erste Flug zum Nordpol von einem italienischen Luftschiff mit ihm selbst am Steuer erfolgreich durchgeführt worden war? Eine missglückte Polarreise wäre nicht nur ein persönlicher Verlust für Nobile, sondern auch eine schmerzhafte politische Niederlage für die faschistische Regierung und den Duce selbst.

Außerdem hatten die Italiener bereits ihre eigene Rettungsaktion in die Wege geleitet, allerdings waren die Norweger der Meinung, dass sie hoffnungslos unzureichend war. Das Basisschiff »Città di Milano« machte sich bereit, von Kings Bay aus Richtung Norden aufzubrechen, mit erfahrenen Gebirgsjägern an Bord. Es war ja möglich, dass die Italiener selbst das havarierte Luftschiff fanden. Was bedeutete, dass es gute Gründe gab, warum die Behörden in Rom damit warteten, offiziell auf das Telegramm aus Oslo zu antworten.

Noch bevor Lützow-Holm in Horten aufbrach, war Riiser-Larsen darüber informiert worden, dass der italienische Diktator Benito Mussolini persönlich das norwegische Angebot abgelehnt hatte. Am frühen Morgen des Pfingstsonntags war der italienische Abgesandte Graf Senni zu Riiser-Larsen in dessen private Wohnung in Frogner in Oslo zu Besuch gekommen. Er hatte nämlich etwas äußerst Peinliches mitzuteilen, von dem er hoffte, dass Riiser-Larsen es vorläufig für sich behalten könne. Mussolini hatte negativ auf das norwegische Angebot reagiert. Anscheinend wünschte der italienische Diktator keine große Rettungsaktion von norwegischer Seite. Ganz inoffiziell meinte Riiser-Larsen aus den Worten herauszuhören, dass besonders die Vorstellung von Roald Amundsen als Leiter der Rettungsexpedition Mussolini aufgebracht habe.

Niemand wusste besser als Riiser-Larsen, in welchem nicht wiedergutzumachenden Maße Amundsen die Italiener gekränkt hatte. Er selbst war bei vielen Begegnungen des norwegischen Polfahrers mit italienischen Flugzeug- und Luftschiffexperten zugegen gewesen.

Im Mai 1924 hatte Roald Amundsen in Italien eine Vortragsreise veranstaltet mit dem Ziel, wegen seiner rasch anwachsenden Schulden zu Geld zu kommen. Dem Polfahrer wurde die Ehre zuteil, zu einem Treffen mit dem damaligen Staatsminister Benito Mussolini eingeladen zu werden, der ja selbst Pilot war. Mussolini fragte Amundsen, ob dieser sich denken könnte, einen italienischen Piloten mit auf die geplante Expedition mit dem Flugzeug von Spitzbergen zum Nordpol zu nehmen. Amundsen erwiderte, dass die Expedition bereits vollzählig sei. Doch dieses Angebot von Mussolini war erst der Anfang gewesen. Anschließend bot er ein weiteres Flugzeug für die Expedition an, eine italienische Dornier Wal. Zu diesem Zeitpunkt hatte Amundsen bereits zwei deutsche Dornier Wal- Flugboote bestellt, die er aber nicht bezahlen konnte. Er antwortete, dass so ein Angebot natürlich etwas anderes sei. Mussolini schlug den legendären Piloten und Kriegshelden Antonio Locatelli als Piloten des italienischen Flugzeugs vor. Dazu konnte Amundsen nicht nein sagen.

Nach diesem großzügigen Angebot ersann Roald Amundsen einen ziemlich kurz gedachten Plan. Das italienische Flugzeug mit dem italienischen Kennzeichen I-DEOR sollte sich den beiden Flugbooten anschließen, die Amundsen bereits bestellt hatte. Für diese Flugzeuge waren die norwegischen Kennzeichen N24 und N25 in den Listen der Norsk Luftseiladsforening bereits reserviert. In aller Eile wurde für den italienischen Dornier das Kennzeichen N26 freigehalten. Amundsens Plan sah vor, mit allen drei Flugbooten von Ny-Ålesund auf Spitzbergen aus zu starten, am Nordpol auf dem Eis oder einer Wasserspalte zu landen, von dem italienischen Flugzeug Benzin auf die beiden norwegischen umzufüllen, anschließend die N26 zurückzulassen und mit der N24 und der N25 weiter über das Polarmeer nach Alaska zu fliegen.[20]

Mussolini muss diesen Plan durchschaut und sich schlecht behandelt gefühlt haben. Als Stratege, der er war, bestand er darauf, dass das italienische Flugzeug sein italienisches Kennzeichen behielt. Amundsen konnte sich jedoch eine italienisch-norwegische Expedition nicht vorstellen. Das reservierte Kennzeichen N26 wurde schnell und diskret aus der Liste der Norsk Luftseiladsforening gestrichen, und Amundsen musste sich wegen der notwendigen Finanzierung der bereits bestellten Flugzeuge woanders umschauen. Aber vielleicht machte er sich Teile des ursprünglichen Plans ja trotzdem zunutze, als die »Amundsen-Ellsworth-Expedition« mit zwei Flugzeugen durchgeführt wurde und nur eines nach Spitzbergen zurückkehrte.

Die Ankunft der Amundsen-Ellsworth-Expedition in Oslo war zu Amundsens Überraschung und auch der der anderen Teilnehmer Anlass für eine fast hysterische Jubelfeier gewesen. Aber Roald Amundsen war zu diesem Zeitpunkt bereits dabei, die nächste Expedition zu planen. Schließlich war er ja nicht ganz bis zum Nordpol gelangt. Während all dieser Feiern nahm er sich die Zeit, ein Telegramm an den italienischen Ingenieur Umberto Nobile zu schicken, um ihn nach Norwegen einzuladen. Nobile war ebenso schnell damit, sich die Reiseerlaubnis und Vollmachten von der politischen Führung in Italien zu besorgen.

In den 1920er-Jahren war Umberto Nobile einer der hervorragendsten Luftschiffkonstrukteure der Welt. Er wurde von der Goodyear-Fabrik in den USA angefordert, um die Entwicklung der amerikanischen Luftschiffindustrie zu forcieren, und war ein in vielen Ländern geschätzter und gefragter Ratgeber, unter anderem auch in England und Russland. Die halbsteifen italienischen Luftschiffe waren bekannt dafür, besonders manövrierfähig, stabil und sicher zu sein. Aber trotz allem hatten sie eine Schwäche, die sie möglicherweise für Polarexpeditionen unbrauchbar machte – nämlich die niedrige Nutzlast.

Roald Amundsen und Umberto Nobile begegneten sich zum ersten Mal am 25. Juli 1925 im Haus des norwegischen Polarfahrers in Svartskog. Hjalmar Riiser-Larsen und Rolf Thommessen von der Luftseiladsforeningen waren auch anwesend. Thommessen erklärte sich bereit, die Unterstützung des Transports des Luftschiffs von Italien nach Norwegen und weiter nach Ny-Ålesund auf Spitzbergen zu organisieren. Was nicht so einfach war, sondern im Gegenteil eine umfangreiche und delikate Aufgabe. Unter anderem musste die Ausrüstung und das gesamte Material für den Bau eines gigantischen Luftschiffhangars am Kongsfjord nach Spitzbergen transportiert werden. Bedingung dafür war, dass die Norsk Luftseiladsforening als Besitzer sowohl des Luftschiffs als auch des Hangars fungierte. Roald Amundsen hatte nach der »Maud«-Expedition immer noch hohe persönliche Schulden und laufende Kredite zu bedienen.

Auch Lincoln Ellsworth hegte nicht den Wunsch, nach der überstandenen Expedition Besitzer eines Luftschiffs zu werden. Sein Beitrag von 100 000 Dollar war eher als Bezahlung dafür zu betrachten, dass er an dem Flug teilnehmen durfte und sein Name mit dem Projekt verknüpft war. Amundsen selbst trug mit seinem eigenen Namen und seinem Ruf als erfahrenster Polfahrer bei und außerdem mit all seiner Erfahrung in der Organisation komplizierter Expeditionen. Der unumstrittene Leiter des gesamten Projektes sollte wie üblich er selbst sein. Etwas anderes war undenkbar.

Im Nachhinein mag es möglicherweise so gewesen sein, dass sich die Gespräche in Svartskog bereits von Anfang an als problematisch erwiesen hatten. Hjalmar Riiser-Larsens ruhiges Wesen und der Wille, Kompromisse zu finden, retteten die Zusammenarbeit. Ein Übernahmevertrag für ein gebrauchtes Luftschiff, den Nobile fertig aus der Tasche ziehen konnte, wurde unterzeichnet. Die Kaufsumme belief sich schließlich auf 75 000 amerikanische Dollar, hinzugefügt wurde jedoch eine Klausel, nach der Nobile das Luftschiff nach beendeter Expedition für 46 000 Dollar zurückkaufen konnte.[21] Damit war das Luftschiff N1 norwegisch und sollte den Namen »Norge« tragen.

Am 11. Mai 1926, kurz vor 10 Uhr morgens, startete die »Norge« ihren Flug Richtung Nordpol. Gefährliche Situationen und sprachliche Missverständnisse auf der Reise zwischen Spitzbergen und Teller waren quasi vorprogrammiert. Die italienisch-schwedisch-amerikanisch-norwegische Mannschaft kommunizierte in mehreren Sprachen gleichzeitig. Die Navigationsbefehle wurden in Norwegisch und Italienisch gegeben. Einige Expeditionsteilnehmer waren Spezialisten im Fliegen mit einem Luftschiff, andere waren vertraut mit polaren Verhältnissen. Während der Reise entstanden viele gefährliche Situationen, die sehr viel kritischer waren, als später in der Presse und in den literarischen Schilderungen des Flugs geschildert wurde. Vor allem das Fliegen in Windböen und Eisnebel erforderte auf der ganzen Strecke vom Nordpol bis zur Küste Alaskas große Anstrengungen. Bei der Landung in einer eisbedeckten Bucht vor Teller meinte Roald Amundsen selbst, dass es nur Hjalmar Riiser-Larsens resolutem Eingreifen Nobile gegenüber zu verdanken war, dass es nicht zu einer Katastrophe kam.

Nobile selbst erklärte das belastete Verhältnis zu Roald Amundsen mit den unglücklichen Umständen während der Landung, die dazu führten, dass die »Norge« nicht heil geborgen werden konnte.²² Es blieb der italienischen Mannschaft überlassen, das, was vom Wrack noch zu gebrauchen war, zu demontieren.

Das Luftschiff »Norge« hatte ein Funkgerät an Bord, aber nahe der Küste von Alaska war die Antenne von Eis bedeckt. Deshalb konnte die Expedition auf weiten Strecken ihrer Reise nicht mit der Umwelt kommunizieren. Lincoln Ellsworth und Roald Amundsen führten später ein Hundegespann nach Teller und dann weiter nach Nome, um von dort der Umwelt per Telegraph von dem geglückten Flug über das Polarmeer zu berichten, wahrscheinlich auch, um damit Bedingungen in den Verträgen zu erfüllen, die sie unter anderem mit der New York Times hinsichtlich exklusiver Rechte abgeschlossen hatten.

Roald Amundsen war Jubel und begeisterte Menschenmengen gewohnt, wenn er von seinen Expeditionen heimkam. Die fast menschenleeren Straßen in Nome waren eine Enttäuschung. Doch die Bewohner von Nome waren Gespanne mit Schlittenhunden so gewohnt, dass sie weder beeindruckt noch interessiert waren. Vierzehn Tage später fuhr das Dampfschiff »Victoria« mit Umberto Nobile und der italienischen Mannschaft in ihrer schmucken Uniform in den Hafen von Seattle ein. Ihnen wurde von einer großen Menschenmenge ein ganz anderer Empfang bereitet. Amundsen empfand den Jubel für Nobile als eine Art Konspiration, arrangiert in Zusammenarbeit zwischen dem faschistischen Regime in Italien, dem italienischen Konsul in Seattle und katholischen Immigranten in den USA.²³

Roald Amundsen und Lincoln Ellsworth publizierten den ersten Bericht über den Flug des Luftschiffs über das Polarmeer in der New York Times. Später stellte sich heraus, dass Rolf Thommessen einen eigenen Vertrag mit Umberto Nobile abgeschlossen hatte, der beinhaltete, dass er allein eine eher technische Beschreibung der Luftschiffreise publizieren durfte. Zu diesem Zwecke hatte er sich einen Vertrag mit dem National Geographic Magazine gesichert. Roald Amundsen war der Überzeugung, dass Nobile den Vertrag falsch interpretiert hätte, und war rasend über diesen Coup. Nach einer Weile kam es zum offenen Konflikt in der Presse darüber, wem eigentlich die Ehre für die geglückte Expedition gebührte.

Eine Vortragsreise durch die USA nach der »Norge«-Expedition wurde für Roald Amundsen und Lincoln Ellsworth zu einer neuen großen Enttäuschung. Sie hatten erwartet, als Pioniere und Helden empfangen zu werden – nicht zuletzt während der geplanten Reise zu den norwegisch-amerikanischen Gemeinden in Minnesota. Doch die Ehre war recht bescheiden im Vergleich zu dem fantastischen Empfang, der Umberto Nobile von den italienischen Immigranten in den USA bereitet wurde. Diese euphorischen Volksversammlungen resultierten nicht nur aus dem nationalen Stolz über einen Polarhelden aus dem Heimatland, sie waren gleichzeitig ein politisches Statement und ein Protest gegen die Behandlung, die die italienischen Immigranten zu dieser Zeit ertragen mussten.[24]

Auch bei seiner Rückkehr nach Rom wurde Umberto Nobile wie ein Volksheld gefeiert. Er wurde zum Ehrenmitglied der faschistischen Partei und zum General der Luftwaffe ernannt. Norwegische Zeitungen folgten Nobiles Triumphzug mit großen Schlagzeilen.

Auf ganz sonderbare Art und Weise war die aufgeregte, euphorische Heldenverehrung, die in den norwegischen Städten nach der N24/N25-Expedition stattgefunden hatte, beträchtlich abgekühlt. Für Roald Amundsen war es ein Mysterium, dass eine missglückte Expedition, von der die Teilnehmer sich nur mit Mühe und Not vom Meereseis hatten retten können, in den Augen des Volkes einer geglückten Reise von Kontinent zu Kontinent über das gesamte Polarmeer vorzuziehen war.

Die Konferenzen zwischen Riiser-Larsen und seinen Vorgesetzten in der Marine gingen über den Pfingstsonntag hinaus. Viele der Prämissen für eine norwegische Rettungsexpedition hatten sich nach dem privaten Gespräch mit Graf Senni deutlich verändert. Es war anzunehmen, dass die Italiener eine kleinere Bergungsexpedition mit einem norwegischen Flugzeug akzeptieren würden. Sie konnten ja nur schwer Norwegen verbieten, seinen Verpflichtungen in Bezug auf den Spitzbergenvertrag nachzukommen. Aber Roald Amundsen musste außen vor gehalten werden.

Außerdem hatte der italienische Minister eine Anfrage des Kapitäns Romagna Manoia von der »Città di Milano« überbracht, der darum bat, die »Hobby« so schnell wie möglich nach Ny-Ålesund zu überführen. Das Polarschiff konnte genutzt werden, um Hundegespanne und norwegische Kenner der Gegend entlang der Westküste Spitzbergens in den Norden zu bringen. Diese Anfrage passte Riiser-Larsen gar nicht. Er überlegte blitzschnell und führte Telefongespräche mit einigen seiner vielen Kontakte. Nach Absprache mit dem Kommandanten Østbye charterte Riiser-Larsen das Polarschiff »Braganza«, das noch am selben Nachmittag von Tromsø aus aufbrechen konnte. Und da dieses Schiff vor nur wenigen Wochen von den Italienern als Rücksicherung in dem Gebiet östlich von Spitzbergen benutzt worden war, während die »Italia« ihren Flug zur Insel Nikolaus-II-Land gemacht hatte, würde der Kapitän Romagna Manoia wahrscheinlich den Tauschhandel gutheißen.

Zu diesem Zeitpunkt muss Riiser-Larsen klar gewesen sein,

dass wahrscheinlich nicht so bald irgendwelche Dornier-Flugzeuge von den Italienern zu erwarten waren. Die ursprünglichen Pläne mussten revidiert werden. Seinen Vorgesetzten gegenüber betonte Riiser-Larsen, wie wichtig es sei, mit nicht nur einem, sondern mit zwei norwegischen Flugzeugen zu operieren, allein schon aus Gründen der Sicherheit für die Mannschaft. Er selbst erklärte sich bereit, das eine Flugzeug zu lenken, eine Hansa Brandenburg mit dem Kennzeichen F.38. Der neue Plan lief darauf hinaus, dass er gemeinsam mit dem Mechaniker Jarl Bastøe nach Bergen fliegen und das Flugzeug, Treibstoff und Ausrüstung an Bord des Kohlefrachters »Ingerfire« bringen wollte, der bereitlag für seine erste Fahrt nach Spitzbergen in dieser Saison.

Zu keinem Zeitpunkt wurde Roald Amundsen über die neuen Pläne informiert. Dieser wartete mit wachsender Verbitterung in seinem Hotelzimmer. Wahrscheinlich wusste er, dass hinter den Kulissen emsig gearbeitet wurde und er selbst in diese Arbeiten nicht mit einbezogen wurde. Trotz allem hatte er immer noch einige loyale Kontaktpersonen, die ihn über die Entwicklung auf dem Laufenden hielten.

Am Dienstag, dem 29. Mai, kamen nach dem langen Pfingstwochenende die ersten norwegischen Zeitungen heraus. Allein in der Morgenausgabe der Aftenposten gab es acht Artikel zur »Italia«-Havarie. Die Abendausgabe folgte mit fünf neuen Berichten über die »Italia« und die norwegische Rettungsaktion. Es konnte kein Zweifel mehr bestehen, dass hinter den Kulissen eine hektische Organisationsarbeit vor sich ging und dass Roald Amundsen nicht in diese Pläne involviert war.

Der dritte von Norwegens legendären Polarpiloten, Tryggve Gran, war auch nicht in Riiser-Larsens innerstem Kreis und war deshalb auch nicht gefragt worden, ob er an der

Bergungsexpedition teilnehmen wolle. Es war ihm zur Überraschung vieler gelungen, Roald Amundsen kennenzulernen, obwohl er an Robert Falcon Scotts tragischer Südpolexpedition teilgenommen hatte. Und es war Tryggve Gran, der das Zelt mit dem toten Kapitän Scott und den beiden anderen Teilnehmern gefunden hatte, nicht weit entfernt von einem großen Depot draußen auf dem Rosseis. Später hatte Gran eine Ausbildung zum Piloten gemacht und in der Flugstaffel des Heers den Grad des Majors erlangt. Er war der Erste gewesen, der über die Nordsee geflogen war, bereits 1914.

Amundsens Kontakt zu Tryggve Gran basierte auf gegenseitigem Nutzen. Und an diesem Pfingsten 1928 teilten sie außerdem die Enttäuschung darüber, dass der erste Teil einer norwegischen Rettungsaktion ohne Amundsens Teilnahme gestartet wurde. Die Informationen, die durch die Presse bekannt wurden, konnten schwerlich anders gedeutet werden, als dass Riiser-Larsen allein und fast im Geheimen die gesamte Organisation übernommen hatte.

Tryggve Gran fand Unterstützung durch Kapitän Christian Doxrud, den Vizepräsidenten des Norsk Aeroklubbs. Es gelang ihnen, einen spontanen Termin bei Verteidigungsminister Anderssen-Rysst zu bekommen. Warum wurde Roald Amundsen außen vor gelassen? Hatte nicht der Verteidigungsminister selbst Amundsen gebeten, die Leitung der norwegischen Rettungsaktion der »Italia«-Mannschaft zu übernehmen? Die gesamten Pfingsttage über hatte der Polarfahrer nicht ein Wort von offizieller Stelle gehört.

Der Verteidigungsminister hatte eine gute Erklärung dafür parat: Norwegische Behörden hatten keine offizielle Antwort von den italienischen Behörden auf ihre Anfrage hin erhalten, die sie telegraphisch am Samstag nach Rom gesandt hatten. Roald Amundsen war selbstverständlich der Leiter, wenn die

Italiener eine größere Expedition von norwegischer Seite akzeptierten. Die kleineren Aktivitäten, die momentan in Gang gesetzt worden waren, waren rein militärischen Charakters. Amundsen musste ein paar übereifrige Schlagzeilen in den Zeitungen missverstanden haben. Der Verteidigungsminister bedauerte das aufrichtig und bat Gran und Doxrud, seine Worte Amundsen zu überbringen.

Tryggve Gran übermittelte den Gruß des Verteidigungsministers ins Victoria Hotel, doch Amundsen ließ sich weder reinlegen noch besänftigen. Er war überzeugt davon, dass Riiser-Larsen hinter seinem Rücken agierte. Noch am selben Nachmittag reiste Amundsen heim nach Svartskog und stürzte sich in den Kampf, derjenige zu sein, der das Luftschiff »Italia« finden und Nobile retten würde.

# KAPITEL 7

# Die Suche auf Spitzbergen

Die norwegische Regierung war in ein politisches Dilemma geraten. Spitzbergen war zwar norwegisches Territorium, doch der Vertrag, in dem das festgeschrieben worden war, blieb vage bei den Erklärungen, wie die norwegischen Behörden ihre Rechte ausüben sollten – speziell hinsichtlich des Beistands bei ausländischen wissenschaftlichen Aktivitäten, wie die »Italia«-Expedition ja eine war. Es herrschte nur wenig Zweifel darüber, dass die Regierung wünschte, die norwegische Verwaltung energisch durchzusetzen. Dank Riiser-Larsens effektiver Planung, seines umfangreichen Kontaktnetzes und seiner blitzschnellen Reaktionen auf ständig wechselnde Voraussetzungen waren Lützow-Holm und Svein Myhre bereits mit der Hansa Brandenburg R.36 auf dem Weg nach Spitzbergen, an Bord der »Hobby«. Mit knochentrockenen diplomatischen Formulierungen machte der Verteidigungsminister Anderssen-Rysst die Italiener darauf aufmerksam, dass die norwegischen Behörden ein Marineflugzeug in den Norden schicken wollten. Man sah es als zu unsicher an, nördlich von Spitzbergen nur mit einem kleinen Flugzeug mit geringer Reichweite zu operieren. Die Argumentation war unanfechtbar. Schließlich hatte Riiser-Larsen die Begründung verfasst.

Der offizielle norwegische Einsatz bestand somit aus zwei kleinen Bergungsflugzeugen und einem legendären Polarschiff, der MS »Hobby«. Auch wenn der Umfang bescheiden wirkte, war Norwegen dennoch als Erster mit einer Rettungsexpedition in dem vermuteten Havariegebiet vor Ort. Außerdem war eine Reihe inoffizieller Manöver, die im Laufe dieser Tage stattfanden, von großer politischer Bedeutung für die norwegischen Interessen am gesamten Arktischen Ozean. Weder der Verteidigungsminister noch die Regierung dachten auch nur daran, sich von einem ausländischen Staat diktieren zu lassen, wie sie ihre Oberhoheit über Spitzbergen handhaben sollten.

Die Italiener hatten in einem Brief an die norwegischen Behörden darauf hingewiesen, dass der Kapitän der »Città di Milano« die Basisleitung innehatte. Weshalb die Organisation des italienischen Rettungseinsatzes inklusive der Expeditionen der Gebirgsjäger übers Land ihm untergeordnet war. Es war nicht ungewöhnlich, dass ein Luftschiff aus verschiedenen Gründen weit vom Ziel entfernt landete. Sowohl an Bord der »Italia« als auch in Ny-Ålesund befanden sich deshalb große Mengen an Polarausrüstung, Schlitten und Gummibooten. Die Norweger in Kings Bay bewunderten das athletische Training der Gebirgsjäger und ihre Skitechnik auf den steilen Gebirgshängen rund um den Bergwerksort, äußerten aber offen ihre Kritik an der fehlenden Erfahrung der Italiener bezüglich des Eismeeres. Generelle Fertigkeiten auf Skiern waren kaum von Nutzen draußen auf dem Meereseis.

Bereits am 26. Mai, einen Tag, nachdem die »Italia« eigentlich in Ny-Ålesund hätte landen sollen, begann das Bunkern von Kohle auf der »Città di Milano«. Der Kabelleger konnte nicht am Kai anlegen, wo die Eisenbahnschienen endeten, deshalb musste die Arbeit manuell vonstattengehen, mit dem Entladen durch einen Traktor. Das war der Grund, warum die »Città« mit weniger als der halben Bunkerkapazität fuhr und nur über die Reichweite von einer Erkundungsfahrt entlang der

Westküste verfügte. Außerdem wurde unter den Norwegern behauptet, dieses Mal jedoch etwas diskreter, dass Kapitän Romagna Manoia Angst vor dem Eis hätte, wozu er wahrscheinlich auch gute Gründe hatte. Das schwere Dampfschiff aus Eisen war für ganz andere Touren gebaut worden, nicht für eine Fahrt nördlich von Spitzbergen während der Eisschmelze. Die Gerüchte über den italienischen Kapitän waren von Tromsø aus verbreitet worden, wo das Expeditionsschiff mehrere Tage den Aufbruch nach Spitzbergen verschoben hatte, weil man von Treibeis am Sørkapp gehört hatte.[25]

Der Pfingstabend war in Ny-Ålesund ungewöhnlich kalt mit Nebel und starkem Wind aus Nordost. Ein Telegramm vom Geofysisk Institutt warnte vor einem kräftigen Tiefdruckgebiet aus Grönland, das möglicherweise zu der Havarie der »Italia« beigetragen hatte und sich jetzt dem Kongsfjord näherte. Kapitän Romagna Manoia verschob die Abfahrt Richtung Norden auf den frühen Morgen des 27. Mai. Die Stimmung unter den Italienern war gedrückt. Man fürchtete das Schlimmste – dass das Luftschiff abgestürzt war, ohne Überlebende.

Die Fahrt die Westküste hinauf bis in die nordöstliche Ecke von Spitzbergen dauerte ungefähr einen halben Tag. Spät am Sonntagabend schob sich die »Città di Milano« vorsichtig durch das Treibeis in die schmale Bucht südlich der Däneninsel. Das Schiff nahm Kurs auf eine kleine Hilfsstation, kaum mehr als ein kleiner Unterstand, gebaut aus Felsen und Treibholz, Bluffodden im Sørgattet. Der Jäger Waldemar Kræmer war als Eislotse und Ortskundiger engagiert worden und sollte zusammen mit den italienischen Gebirgsjägern die Ufer entlang des nordwestlichen Spitzbergen absuchen.

Die Begegnung des Kapitäns Romagna Manoia mit dem Polarjäger muss eine Art Kulturschock für beide gewesen sein.

Die »Città« mit mehr als zweihundert Mann an Bord war nach dem Muster der italienischen Marine organisiert. Der Kapitän war der oberste Vorgesetzte, ihm wurde nur äußerst selten widersprochen. Die Mahlzeiten wurden je nach Rang in den verschiedenen Messen serviert, und die Mannschaften trugen Uniformen, die ihren militärischen Rang zeigten. In dem Schiff war es angenehm warm. Man konnte sich jeden Morgen waschen und zurechtmachen. Die Matrosen sorgten für Sauberkeit. An Land stand Waldemar Kræmer bereit, um mit dem Beiboot abgeholt zu werden – eine einsame Gestalt in einem schmutzigen Baumwollanorak mit zotteligem Haar und Bart und einem Blick, der auf ferne Ziele gerichtet war. Viele Jahre Aufenthalt in der Wildnis und dem Polarmeer hatten tiefe Furchen in sein Gesicht geschnitten.

Der Kapitän auf der Brücke war es gewohnt, allein aufgrund seiner Stellung respektiert zu werden. Er war sicher eingebettet in ein System von Spielregeln, die er bis ins kleinste Detail kannte. Der Mann an Land hegte keinerlei Respekt vor anderen, höchstens gegenüber einigen der übrigen Polarjäger und den Veteranen auf Spitzbergen. Er beugte sich nur selten anderen als Gott und dem Regierungsbevollmächtigten – und das auch nur, wenn es unbedingt sein musste.

Die »Città di Milano« hatte bereits den Eislotsen Bernhard Svendsen aus Tromsø an Bord, was jedoch zu keinerlei Konflikten zwischen den beiden Polarmenschen führte. Bernhard Svendsen sprach Italienisch und konnte sich deshalb um die Verständigung kümmern. Kræmer kannte das Gebiet auf der Nordseite von Spitzbergen, die Lage der Jagdhütten und Hilfsstationen, und er wusste, welchen Jägern sie gehörten. Es war geplant, nach den verschwundenen Italienern auf den Gletschern auf Land zu suchen, wobei die »Città« als Basis dienen sollte. Doch bereits gegenüber der Amsterdaminsel traf das Expeditionsschiff auf so dickes Eis, dass es nicht weiter folgen konnte. Die Pläne mussten geändert werden.

Also wurde beschlossen, dass Waldemar Kræmer die vier Gebirgsjäger in seinem eigenen Jagdboot mitnehmen sollte und diese fünf dann versuchten, zur Muschelbucht zu gelangen – entweder über das Eis oder auf dem offenen Wasser den Wijdefjord hinunter. Es wurde angenommen, dass die letzte angegebene Position des Luftschiffes, bevor der Funkkontakt abbrach, nördlich der Insel Moffen gewesen sein musste. Mit ein wenig Glück konnten Kræmer und die italienischen Gebirgsjäger deshalb vielleicht die »Italia« bereits bei ihrem ersten Versuch lokalisieren.

Das Expeditionsschiff musste umkehren und nach Ny-Ålesund zurückfahren. Mehrere Schiffe und Flugzeuge wurden in Kings Bay erwartet, und jemand musste Funkkontakt mit ihnen halten, damit die Suche koordiniert ablief. Waldemar Kræmers Suchtrupp hatte kein Funkgerät dabei. Die Sicherheit der kleinen Gruppe hing ausschließlich von den Kenntnissen des Jägers über das nördliche Spitzbergen und das Netzwerk der Polarjäger in den kleinen Hütten entlang der Küste ab.

Der erste Vorstoß gen Osten missglückte. Kræmer nahm Kurs auf die Eiskante bei Smeerenburg, aber dort stellte sich heraus, dass das Eis aufgrund von zu viel Niederschlagswasser unüberwindlich war. Auch an Land war es nicht möglich, sich um steile Eisgletscher herum zu bewegen, da diese im Meer mündeten und deshalb nicht zu umgehen waren. Kræmer beschloss zu warten, bis sich der Wind und die Tide gedreht hatten. Dann pflegte sich eine schmale Rinne offenen Wassers entlang des Ufers zu bilden. Mit Proviant für zehn Tage brachen Kræmer und die Gebirgsjäger am nächsten Tag auf.

Anfangs ging es zügig Richtung Nordosten. Bis zur Insel Fuglesangen stießen sie auf verstreutes Eis. Hier ging Kræmer an Land, um sich einen Überblick über die Eisverhältnisse zu verschaffen. Er beauftragte die Italiener, gut auf das Jagdschiff aufzupassen, dass keine größeren Eisschollen es zerdrückten. Die Kommunikation fand in einer Mischung aus Norwegisch, Englisch, Italienisch und Zeichensprache statt und war zeitweise äußerst problematisch. Doch Kræmers Gesichtsausdruck und Körpersprache konnten nicht falsch interpretiert werden, als er eine Viertelstunde später zu den Italienern zurückkam und das Boot zwischen großen Schollen mehrjährigen Eises eingeklemmt vorfand. Und er hatte auch kein Problem, den Italienern zu erklären, dass das Boot aufs Eis gezogen werden musste, bis die Verhältnisse sich gebessert hatten.

Die Laune des Polarjägers besserte sich nicht so schnell – schließlich hätte er fast sein Boot verloren. Später schrieb er in sein Tagebuch, dass die Italiener erbärmliche Ruderer waren. Sie brauchten mehrere Stunden für nur ein paar Kilometer nach Osten. Wieder verdichtete sich das Eis. Sie zogen das Boot erneut auf das Meereseis, kochten Tee und aßen etwas. Kræmer hatte den Fehler gemacht, den Gebirgsjägern zu erzählen, dass es nicht mehr weit bis zu einer Überwinterungshütte auf Flathuken war, in der der Polarjäger Arthur Oxaas hauste. Worauf die Italiener das Boot verlassen und übers Eis in jene Richtung gehen wollten. Dieses Mal gelang es Kræmer nicht, ihnen zu erklären, wie lebenswichtig das Boot war. Ein Spaziergang übers Eis konnte den sicheren Tod bedeuten, weil das Eis durch die Gezeitenströmung aufbrechen könnte. Die unerfahrenen Alpenjäger würden somit riskieren, sich plötzlich auf auseinandergebrochenen Eisschollen mit breiten Wasserspalten dazwischen zu befinden. Sie konnten Richtung

Norden weit außer Reichweite des Jagdbootes getrieben werden und wären somit hoffnungslos verloren.

Die Gebirgsjäger glaubten jedoch, es ginge bei dieser Diskussion um den Wert des Bootes und boten an, es zu bezahlen. Keine der beiden Parteien wich von ihrem Standpunkt ab. Schließlich packten die Italiener ihre Sachen zusammen und marschierten los, Richtung Flathuken. Kræmer blieb auf der Eisscholle neben dem Boot zurück. Die Italiener konnten froh sein, dass sie weder Norwegisch verstanden noch ihn hören konnten. Nach ein paar Stunden kam es so, wie Kræmer es vorhergesagt hatte: Das Gezeitenwasser war abgehend, und das Eis brach in große und kleine Schollen mit breiten Wasserspalten dazwischen. Einer der Gebirgsjäger schaffte es, von Scholle zu Scholle zu springen, bis zurück zu Kræmer, so dass er ihm helfen konnte, das Boot ins offene Wasser zu schieben. In letzter Minute gelang es ihnen, den Rest der Mannschaft vor dem Ertrinken zu retten.

Die folgenden Tage entstanden immer wieder heftige Streitereien zwischen dem Jäger und den Italienern, die Kræmers Anweisungen nicht verstanden, ihm nicht vertrauten und zu wenig Erfahrung mit Meereseis hatten, als dass sie selbst die Situationen hätten einschätzen können. Am frühen Morgen des 2. Juni kamen sie triefnass und erschöpft an der Jagdhütte von Arthur Oxaas an. Es muss den Italienern wie ein Wunder erschienen sein, als sie sich in warme Decken gewickelt auf einer bequemen Bank wiederfanden und ihnen Eisbärensteak, frisch gebackenes Brot, Backpflaumen und Kaffee serviert wurde.

Kræmers Boot war durch den Kampf mit dem Eis beschädigt worden. Der folgende Tag wurde genutzt, um auszuruhen, die Schäden zu reparieren, sich mit Proviant zu versorgen, zu packen und sich für die weitere Strecke bereit zu machen. Weit im Norden sahen sie ein Dampfschiff vorbeifahren. Es war die »Braganza«, erneut gechartert als Hilfsschiff der Italiener, auf dem Weg zur Muschelbucht. Doch obwohl sie die Signalflagge vor der Hütte von Oxaas hissten, wurden sie vom Schiff aus nicht gesehen.

Am 3. Juni gegen Mitternacht ruderten Kræmer und die Gebirgsjäger weiter fast vier Stunden lang durch Treibeis, bis sie zur Biscayarhuken gelangten, wo sie Sven Olssons Jagdhütte erreichten. Wie bei Oxaas wurden sie freundlich aufgenommen. Mehrere Versuche, Richtung Osten weiterzukommen, mussten aufgrund des dichten Treibeises aufgegeben werden, also hissten sie auf dem Dach der Jagdhütte die Signalflagge. Am 5. Juni kam die »Hobby« in die Bucht, um sie abzuholen.

Während der Überfahrt mit der »Hobby« von Tromsø nach Spitzbergen war das Wetter schlecht, mit steifer Brise und hohem Seegang. Doch auch wenn die Hansa an Deck festgezurrt stand, wurde sie von den Brechern nicht beschädigt. Jede freie Minute, wenn der Wind sich ein wenig legte, nutzten Lützow-Holm und Myhre, um an dem Flugzeug zu arbeiten. Unter anderem wurde noch ein zusätzlicher Benzintank von 100 Liter Fassungsvermögen montiert.

Am Morgen des 3. Juni legte das Schiff am Eisrand im Adventfjord an und nahm den Buchhalter Rolf Tandberg von der Bergwerksgesellschaft Store Norske, den Polarjäger Hilmar Nøis und zehn Schlittenhunde an Bord. Anschließend fuhren sie weiter den Fjord hinaus aufs Meer mit einem Zwischenstopp in Green Harbour, um dort den Büroleiter der Store Norsk, Ludvig Varming, und den jungen niederländischen Bergarbeiter Sjef van Dongen aufzunehmen. Gegen sechs Uhr am folgenden Tag erreichte die »Hobby« Kings Bay und wurde am Kai vertäut, wie es üblich war. Das Polarschiff war bekannt und geliebt in der Bergwerkssiedlung. Wie oft hatte es schon notwendigen Proviant vom Festland mitgebracht.

Riiser-Larsen war noch nicht auf Spitzbergen eingetroffen, weshalb Lützow-Holm als Leiter der norwegischen Rettungsaktion angesehen wurde. Diese Aufgabe erfüllte er mit Diplomatie und Klugheit. Er antwortete höflich auf ein Telegramm von König Haakon VII., empfing Kapitän Romagna Manoia und vereinbarte einen Gegenbesuch an Bord der »Città di Milano«. Doch zunächst ging er an Land und führte ein Gespräch mit dem Regierungsbevollmächtigten Bassøe in dessen Büro.

Von dem Regierungsbevollmächtigten erhielt er Instruktionen für die gesamte Operation. »Die Aufgabe besteht darin, mit dem Mutterschiff als Basis die Suche nach der ›Italia‹ zu unternehmen, soweit es mit dem vorhandenen Material möglich ist... Bevor die Flüge unternommen werden können, wird erwartet, dass Lützow-Holm dem Verteidigungsministerium Informationen über den Plan schickt, nach dem er bis Riiser-Larsens Ankunft vorgehen will...«[26]

Die Koordinierung des Hilfseinsatzes war nicht mit den Italienern abgesprochen, aber Lützow-Holm informierte Romagna Manoia dennoch in einem Gespräch, dass er für die Pläne zur Verfügung stehe, die der Kapitän möglicherweise hatte. Lützow-Holm versprach, engen Kontakt zu halten, wenn die Suche mit dem Abflug der F.36 nördlich von Spitzbergen begänne. Das versprach er in der sicheren Gewissheit, dass der italienische Kapitän mit seinem fehlenden Wissen und der mangelnden Erfahrung bezüglich der Gebiete wahrscheinlich die meisten Ratschläge von seiner Seite gutheißen würde.

Damit die Kommunikation zwischen der »Città« und der »Hobby« reibungslos stattfinden konnte, entliehen die Italiener einen ihrer vielen mitgebrachten Kurzwellensender.

Die »Italia«-Expedition hatte Ausrüstung, Einweisung und andere Hilfe von der italienischen Funkfabrik Marconi Co. erhalten. Der Besitzer selbst, der Adlige Guglielmo Marconi, war ein Pionier bei der Entwicklung der Kommunikation via Funkwellen. Er saß selbst in seiner Villa vor den Toren Roms und verfolgte alles mit seinem gut ausgerüsteten privaten Empfänger.

Es wurde kein Hehl daraus gemacht, dass die Zusammenarbeit zwischen den Italienern und den Norwegern in Kings Bay bis dato aufgrund der Sprachprobleme schwierig gewesen war. Deshalb sandte Kapitän Romagna Manoia dem norwegischen Polarschiff zusätzlich zu dem Funkgerät den Kommandanten Giovannini, der Englisch sprach, einen italienischen Funker sowie weitere drei Gebirgsjäger mit eigener Ausrüstung für lange Skitouren.

Die »Braganza« war bereits am Tag zuvor mit Kurs auf die Muschelbucht aus Ny-Ålesund aufgebrochen, an Bord vier Gebirgsjäger unter dem Kommando des Kapitäns für die gesamte Truppe, Gennaro Sora. Lützow-Holm wurde darüber informiert, dass die »Città« den Jäger Kræmer mit vier anderen Gebirgsjägern an Land abgesetzt hatte. Innerhalb nur weniger Tage konnten also drei kleinere Expeditionen mit Ortskundigen und Gebirgsjägern, zwei Polarschiffe mit erfahrenen Eislotsen und ein Hansa Brandenburg-Erkundungsflugzeug mit Mannschaft in dem Suchgebiet nördlich von Spitzbergen an Ort und Stelle sein. Nicht wenig für ein kleines Land mit knappen Finanzen, das gerade erst die Verantwortung übernommen hatte, die arktischen Inseln zu verwalten. Aber vielleicht war das Beeindruckendste daran, dass die norwegische Rettungsaktion so schnell eingeleitet wurde, nur wenige Tage nachdem die »Italia« als vermisst gemeldet worden war.

Mit Hilfe des Ortsvorsitzenden von Kings Bay, Bertel A. Sherdahl, konnte Lützow-Holm umfangreiche Ausrüstung für diverse Eventualitäten sammeln: Skier und Skiwachs, warme Schlafsäcke aus Rentierfell, Ziehschlitten, Primuskocher mit Brennstoff, Lebensmittel und Kochgeschirr, Gewehre, Schrotgewehre, Signalflagge, eine Very's Signalpistole mit Leuchtmunition und Knallpatronen. Außerdem erhielt er mehrere Karten über Spitzbergen. Leider waren nur wenige der Jagdhütten darauf eingezeichnet. Auf dem Weg in den Norden wurden diese Informationen von dem Kapitän und dem Eislotsen an Bord der »Hobby« vervollständigt. Die Hütten und Jagdreviere von Waldemar Kræmer und Henry Rudi am Sørgattet wurden eingezeichnet. Arthur Oxaas' Hütte an der Flathuken und das gut ausgerüstete Überwinterungsquartier von Sven Olsson an der Biscayarhuken wurden notiert. Weiter im Nordosten betrieb eine ganze Familie mit rund fünf Hütten und Hilfsstationen in der Gegend zwischen der Muschelbucht und dem Sorgfjord Jagd. Insgesamt deckten die Jäger ein riesiges Areal mit nur schwer zugänglichen, menschenleeren Gebieten ab. Sie konnten wichtige Beobachtungen hinsichtlich des Luftschiffs oder Überlebender gemacht haben.

Bevor Lützow-Holm Ny-Ålesund verließ, schickte er als letzte Amtshandlung ein Telegramm an das Verteidigungsministerium mit dem Vorschlag, was er zu tun gedachte, wenn die »Hobby« mit der Hansa auf dem Vordeck die Nordküste von Spitzbergen erreichte: »Ankunft der ›Hobby‹ in Kings Bay 06.30. Hundegespann an Bord. Instruktionen vom Regierungsbevollmächtigten erhalten. Denke, so schnell wie möglich mit der ›Hobby‹ wahrscheinlich in die Virgo Bay zu fahren, um nach abgesprochenen Instruktionen die Nordküste mit den Fjordarmen und das angrenzende Festland abzusuchen. So bald wie möglich das Nordostland mit dem angrenzenden

Fahrwasser mit der ›Hobby‹ absuchen, weil das Eis nach Osten driftet.«[27]

Um sieben Uhr abends verließ die »Hobby« den Kongsfjord und fuhr Richtung Norden. Sieben Stunden später ankerte das Schiff an der Amsterdaminsel. Lützow-Holm hatte einen ersten Erkundungsflug von Virgohamna aus geplant, doch der Fjord war voll mit Eis. Deshalb konnte das Flugzeug nicht von Deck gebracht werden. Stattdessen presste sich die »Hobby« gen Osten und ankerte morgens um sieben Uhr vor dem Kap William, wo Arthur Oxaas bereitstand. Er informierte die Männer darüber, dass Kræmer und die vier Italiener sich in der Hütte ausgeruht hatten, aber inzwischen bereits weiter nach Osten gegangen waren.

Die »Hobby« fuhr weiter. Vor der Biscayarhuken fanden sie endlich eine große Wasserspalte, so dass sie die Hansa zu Wasser lassen konnten. Gleichzeitig schickte der Kapitän ein Beiboot ans Ufer vor der Jagdhütte von Sven Olsson, in der sich Kræmer und die Gebirgsjäger – in guter Verfassung – aufhielten. Ein Funktelegramm erging von der »Hobby« an die »Città di Milano«, in dem mitgeteilt wurde, in welchen Bereichen *keine* Spur von der »Italia« und ihrer Mannschaft gefunden worden war.

Kurz nach vier Uhr nachmittags hob die F.36 ab. Das Flugzeug folgte genau einem mit dem Kapitän an Bord abgesprochenen Kurs – die Biscayarhuken und auf der Westseite des Raudefjords entlang der Uferlinie und Gletscherfront um Velkomstpynten herum, den Lifdefjord und den Woodfjord mit all ihren Seitenarmen hinein, weiter bis Gråhuken und schließlich quer zur Reindyrsflya zurück zur »Hobby«.

Sämtliche Fjorde waren zugefroren und das Eis mit Schnee bedeckt. Die Sicht war hervorragend, dennoch hatten die Piloten keine Spur vom Luftschiff oder der Mannschaft entdecken können. Auch diese großen Gebiete konnten jetzt als durchsucht abgehakt werden. Die norwegische Rettungsexpedition hatte im Laufe nur weniger Tage einen fantastischen Einsatz gezeigt, konnte aber leider nicht mit den guten Nachrichten aufwarten, die die Italiener so sehnlichst erwarteten. Das Luftschiff war nunmehr seit acht Tagen vermisst, ohne ein Lebenszeichen von der Mannschaft.

Riiser-Larsen war ein Mann, der seine Stärken auf vielen Gebieten hatte, nicht zuletzt verfügte er über ein großes internationales Netzwerk an Bekannten, Kollegen und Freunden. Im Laufe der Tage, die er in Oslo verweilte, bis er endlich Richtung Norden aufbrechen konnte, erreichte er einiges. Er hatte die schwedischen Behörden kontaktiert, so dass die schwedische Luftwaffe, genauer General Karl Amundson, bereits am 1. Juni der Regierung Pläne über eine schwedische Expedition präsentieren konnte, die nach ihrem berühmten Landsmann Finn Malmgren suchen sollte. Riiser-Larsen hatte außerdem unter der Hand mit dem Sowjetstaat Kontakt aufgenommen und um Assistenz durch zwei der weltgrößten Eisbrecher, die »Krassin« und die »Malygin«, gebeten.

In den Tagen nach dem Verschwinden der »Italia« waren die meisten norwegischen Polarforscher von der Presse auf dem Festland interviewt worden, und über eines waren sie sich alle einig: Die eisbedeckten Meeresbereiche nordöstlich von Spitzbergen waren ungefähr die schwierigsten Gebiete, auf denen das Luftschiff hätte landen können. Diese Gegend war vollkommen öde, mit einem Hundegespann von Land her schwer zugänglich und so gut wie unmöglich mit Polarschiffen zu erreichen sowie außerhalb der Reichweite der beiden Bergungsflugzeuge, die Norwegen hinaufgeschickt hatte. Alle sagten das Gleiche: Die russischen Eisbrecher und Flugzeuge mit großer Reichweite hätten die besten Chancen, die italienische Mannschaft zu finden, tot oder lebendig.

Am 3. Juni flog Oberstleutnant Harald Styhr zusammen mit dem Flugzeugmechaniker Jarl Bastøe die Hansa Brandenburg F.38 nach Bergen und sorgte für ihre Verladung an Deck des Kohlenfrachters »Ingerfire«. Riiser-Larsen selbst nahm den Nachtzug. Es ist anzunehmen, dass er die ganze Nacht an den Plänen für die Rettungsaktion arbeitete. Im letzten Moment hatte er das Funktelegramm von der »Città di Milano« mit der Information empfangen, dass es in Ny-Ålesund nur noch fünf Tonnen Flugbenzin gab – viel zu wenig für die geplante Suche mit den beiden Hansa-Flugzeugen. In dem späteren Rapport für den kommandierenden Marineadmiral drückte Riiser-Larsen seine Verwunderung darüber aus. Die Verärgerung war zwischen den Zeilen zu lesen: »Ich war davon ausgegangen, dass die ›Italia‹-Expedition die Menge nach Spitzbergen geschickt hat, die für die Flüge über das Eismeer und einen vollen Tank für den Rückflug nach Europa notwendig ist, sowie ein ansehnliches Quantum in Reserve.«[28]

Am Vormittag des 4. Juni, einem Montag, ankerte die »Ingerfire« am Kai in Harstad und nahm 34 Fässer Flugbenzin an Bord, ungefähr 7 Tonnen. Ein paar Stunden später fuhr das Schiff Richtung Norden, bei einem Sturm aus Nordost. Im Laufe der Nacht verkeilte sich ein Kettbaum unter die Flügel der Hansa und verbog eine der Stützen. Riiser-Larsen kämpfte mit unterdrückter Wut und Ungeduld, während das Schiff weiter gen Norden fuhr.

Lützow-Holm setzte die Erkundungsflüge von der »Hobby« aus fort. Sollte es Überlebende der »Italia« geben, konnten sie im schlimmsten Fall auf den Inlandsgletschern oder draußen auf dem Treibeis ohne Proviant und Ausrüstung gestrandet sein. Über Funk war nichts zu hören, und bisher war keine Spur von dem Ballon gefunden worden. Ehrgeizig wie Kapitän Astrup Holm und der Eislotse John Næss waren, versuchten sie alles, nutzten jede offene Eisspalte, um das Schiff weiter Richtung Osten zu zwingen. Am 5. Juni zwängte das Packeis sie erneut ein, und die »Hobby« musste rückwärts gen Westen fahren, um eine passende Öffnung zu finden, von der aus die Hansa abheben konnte. Schließlich fanden sie eine Eisspalte oberhalb des Treibeisgürtels, auf der Position 80,2 Grad Nord und 13,5 Grad Ost. Das war nicht weit entfernt von der vermuteten Position, die die »Italia« über Funk angegeben hatte, bevor die Verbindung abbrach, deshalb handelte es sich hier um ein äußerst wichtiges Suchgebiet. Die Wetterverhältnisse waren nicht die besten mit geschlossener Wolkendecke in circa 300 Metern Höhe und Schneeböen. Doch wie Lützow-Holm lakonisch anmerkte: Das Wetter konnte schnell noch schlechter werden, also gab es keinen Grund abzuwarten. Der detaillierte Flugplan wurde gründlich mit dem Kapitän, dem Eislotsen und den Hundeführern durchgesprochen.

Am gleichen Abend, dem 6. Juni, hoben Lützow-Holm und Myhre mit der Hansa ab, an Bord genug Benzin für 4,5 Stunden Flug. An Bord der »Hobby« war man es langsam gewohnt, dass das Flugzeug zu allen Tages- und Nachtzeiten abhob und landete. Deshalb machten sie sich keine Sorgen, obwohl Lützow-Holm und Myhre allein und ohne Funkgerät flogen. Aber vier Stunden nach dem Start war das Flugzeug immer noch nicht in das offene Wasser bei der Gråhuken zurückgekommen. Um das Schiff herum hatten sich mittlerweile aus dem Norden herangetriebene große Eisschollen gesammelt. Sie hatten keine andere Wahl – die »Hobby« musste wegfahren, nach Osten ins offene Wasser, das sie vom Ausguck gesehen hatten. Der Kapitän hoffte, Lützow-Holm würde bei seiner Rückkehr die Situation richtig einschätzen und in der Muschelbucht nach ihnen Ausschau halten.

Doch die Zeit verging. Die Stunden nach dem Abflug der Hansa wurden zu einem ganzen Tag, ohne dass sie das vertraute Motorenbrummen eines Flugzeugs im Anflug hörten. Der Hundeführer Rolf Tandberg schrieb pessimistische Worte in sein Tagebuch: »Wenn ein erfahrener und tüchtiger Pilot wie Lützow-Holm so früh während der Suche verschwindet, wie viele Leben werden während der noch anstehenden Suchaktionen verloren gehen?«[29]

# KAPITEL 8

## Der Passagier

Am Pfingstmontag fuhr Roald Amundsen nach seinem ergebnislosen Aufenthalt im Victoria Hotel enttäuscht zurück nach Svartskog. Ein Moment der Ruhe hatte ihn ergriffen. Jetzt war die Zeit gekommen, mit der Verabschiedung aus den Reihen der aktiven Polarhelden Ernst zu machen. Er fühlte sich von seinem früheren zweiten Kommandanten ignoriert, versuchte die Wut in den Griff zu bekommen, doch das gelang ihm nicht.

Und es wurde nicht besser, als am nächsten Tag die Zeitungen in der Villa eintrafen. Plötzlich hatten alle eine Meinung dazu, wie Nobile gerettet werden könnte. Gunnar Isachsen war in Kontakt mit Kapitän Ludolf Schelderup auf dem Polarschiff »Quest« gewesen. Der junge Forscher Adolf Hoel meinte, das Luftschiff könnte aufs Franz-Josef-Land zu getrieben worden sein, und man sollte doch russische Eisbrecher um Hilfe bitten. Er war offensichtlich nicht darüber informiert, dass das bereits geschehen war. Otto Sverdrup äußerte sich darüber, wie schwierig eine Rettungsaktion nordöstlich von Spitzbergen werden könnte. Die vielen Korrespondenten der Zeitungen ergänzten die Artikel mit Interviews und Reisebriefen aus Spitzbergen, aus Tromsø und dem Ausland. Sogar Wilkins und Eielson boten ihre Dienste an – mitten in ihrer Triumphreise durch Europa. Es gab Gerüchte, nach denen Fridtjof Nansen sich an ein amerikanisches oder britisches Luftschiff mit der Bitte um deren Einsatz gewandt hätte.

Roald Amundsen lief ruhelos in der Villa umher. Sollte er jetzt alle Fäden aus der Hand geben? Und wieder einmal war es ein Brief seines alten Freundes Lincoln Ellsworth, der anscheinend alle Probleme Amundsens löste – des Mannes, der kraft des Vermögens seines Vaters die Expedition mit der N24 und der N25 ermöglicht hatte und anschließend die Fahrt mit der »Norge« quer über das Polarmeer finanziert und an ihr teilgenommen hatte. Ellsworth hatte Nobiles Verhalten nach der Luftschiffexpedition ebenso wenig gefallen wie Amundsen.

Es war nur wenige Monate her, dass Amundsen einen äußerst freundschaftlichen Brief von dem amerikanischen Polfahrer erhalten hatte mit dem Angebot, doch nach Italien zu kommen und dort mit Ellsworth in einer Villa zu wohnen, die dieser von seinem Vater geerbt hatte. Dieses Mal nun bat Ellsworth ihn, sich an die Spitze einer privaten Rettungsexpedition zu stellen.[30] Die Aftenposten schrieb: »...wenn es sich als nötig erweisen sollte, stellt er seine Person und seine Mittel für eine Rettungs-Expedition für Nobile zur Verfügung. Voraussetzung dafür ist jedoch, dass diese Hilfsexpedition von Roald Amundsen organisiert und von ihm geleitet wird.«[31] Es gab keinen Grund, warum Roald Amundsen seinem alten Freund nicht vertrauen sollte. Vielleicht erkannte er auch die Ironie in der Tatsache, dass ausgerechnet sie beide dem Italiener zu Hilfe eilen sollten.

Sie waren sich das erste Mal im Herbst 1918 im Hotel Le Meurice in Paris begegnet, doch damals hatte der Amerikaner keinen großen Eindruck auf Amundsen gemacht. Ellsworth hatte seine Schwester dabei und von seinem Traum erzählt, Polarforscher zu werden. Ob es wohl eine Möglichkeit gäbe, bei der Expedition des norwegischen Polfahrers mit der »Maud« dabei zu sein? Amundsen hatte ihm deutlich gemacht, dass es keine freien Plätze gab. Der achtunddreißigjährige Ellsworth

Foto: Bettmann/Getty Images

Als das Luftschiff »Norge« am 11. Mai 1926 Ny-Ålesund verließ, war der Expeditionsleiter Roald Amundsen ein kranker Mann. Später im selben Jahr musste er sich einer Operation unterziehen, bei der ein Krebsgeschwür im Enddarm entfernt wurde, und im Frühling 1927 bekam er eine experimentelle Strahlenbehandlung in der Albert Soiland-Klinik in Kalifornien. Während der Reise mit der »Norge« über das Nordpolarmeer saß Roald Amundsen die meiste Zeit auf dem einzigen Stuhl in der Gondel. Was Umberto Nobile irritierte, da dieser Stuhl für den Nautiker gedacht war. Nobile erklärte später öffentlich, dass Roald Amundsen bei dem Flug auch als Passagier hätte dabei sein können.

Fotograf: Lomen Bros./Rechte: Nasjonalbiblioteket

Der amerikanische Polarfahrer Lincoln Ellsworth und Roald Amundsen arbeiteten bei zwei erfolgreichen Expeditionen zusammen. Außerdem waren sie enge Freunde. Nach der Krebsbehandlung wohnte Amundsen mehrere Monate lang in Ellsworths Haus.

Foto: Bettmann/ Getty Images

Ankunft mit dem Schiff von Nome in Seattle nach der »Norge«-Expedition. Von links: Umberto Nobile mit dem Yorkshireterrier Titina, Lincoln Ellsworth, Roald Amundsen, Hjalmar Riiser-Larsen. Hinter den vier Leitern, zwischen Ellsworth und Amundsen, steht Oscar Omdal.

Nach der Amundsen-Ellsworth-Expedition mit dem Ziel 88 Grad Nord wurde der Empfang am 5. Juli 1925 in Oslo zu einem Volksfest. Die Männer wurden auf der Honnørbrygga empfangen und mit Pferd und Wagen zum Schloss gefahren, wo König Haakon VII. mit einem Festessen wartete.

Roald Amundsen (rechts) nimmt den Jubel der Menschenmenge am 5. Juli 1925 entgegen – zusammen mit seiner engsten Flugmannschaft. Von links: Mechaniker Karl Feucht, Mechaniker und Pilot Oscar Omdal, Pilot Hjalmar Riiser-Larsen und Pilot Leif Dietrichson.

Das Luftschiff »Norge« kurz vor der Abreise von Ny-Ålesund am 11. Mai 1926. Das Luftschiff wird von einer Hilfsmannschaft am Boden gehalten. Roald Amundsen kann in der Tür zur Gondel erahnt werden.

Abreise am 11. Mai 1926. Nahaufnahme der Gondel unter der »Norge«. Im Fenster der Luftschiffskommandant Umberto Nobile.

Das Luftschiff »Italia«, das Schwesterschiff der »Norge«, beim Start von einer Ebene vor Rom am 19. März 1928. Das Luftschiff flog mit sorgfältig geplanten Zwischenstopps in Europa über Vadsø nach Spitzbergen.

Roald Amundsen (rechts) und der italienische Botschafter in Oslo, Alessandro Compans di Brichanteau Challant, abgelöst im Mai 1927 von Graf Carlo Senni. Das Bild stammt wahrscheinlich aus dem Frühling 1926.

Die Villa »Uranienborg« in Svartskog, die Roald Amundsen 1908 kaufte. Das Bild ist im folgenden Jahr gemacht worden. Die Villa wurde nach Amundsens Elternhaus benannt. Hier wohnte der Polarfahrer, bis er mit der Latham verscholl.

25. Mai 1928. Roald Amundsen (in der Mitte) Arm in Arm mit den beiden englischen Piloten Carl Eielson (links) und Hubert Wilkins (rechts). Mehrere Tage lang feierte der norwegische Polarfahrer die neuen Helden, die soeben einen Flug von Point Barrow in Alaska nach Green Harbour auf Spitzbergen erfolgreich absolviert hatten.

Roald Amundsen, umgeben von Freunden und Bewunderern, die sich am Østbanestasjonen versammelt hatten, um Abschied zu nehmen. Am Abend des 16. Juni nahm er mit Leif Dietrichson den Nachtzug nach Bergen, um sich der französischen Mannschaft an Bord des Flugbootes Latham anzuschließen. Ganz links Leif Dietrichson, daneben der Kindheitsfreund Herman Gade, Roald Amundsen und Oscar Wisting rechts von dem Polarforscher.

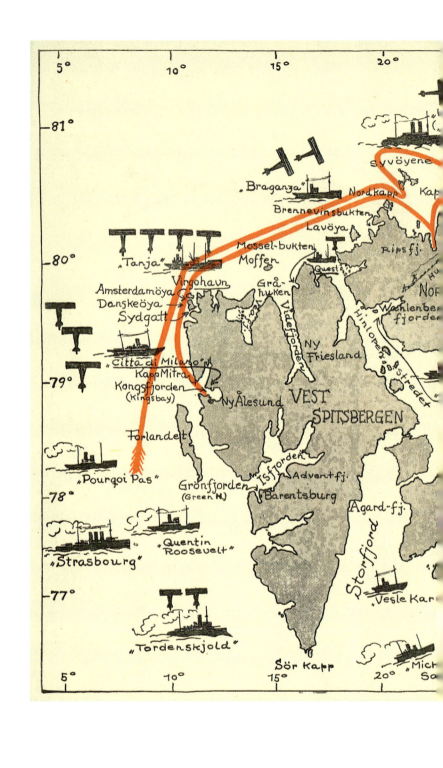

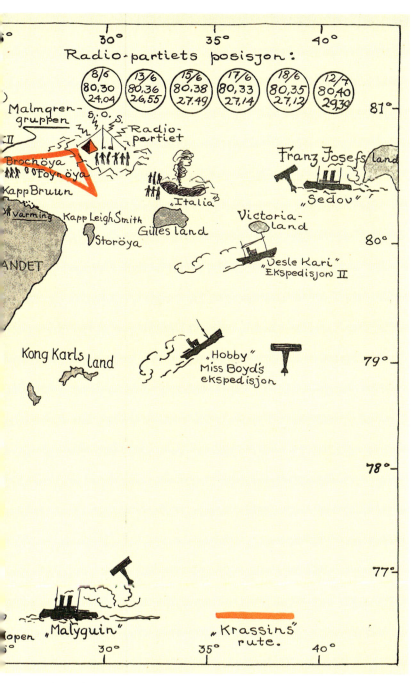

Handgezeichnete Karte auf Butterbrotpapier, später in dem Buch *Italiatragedien på nært hold* des Journalisten Odd Arnesen publiziert, mit einer Übersicht über Schiffe und Flugzeuge, die an den Suchexpeditionen teilnahmen.

Das Bild wurde Anfang Juni 1928 an Deck des Polarschiffes »Hobby« gemacht. Der Buchhalter der Bergwerksgesellschaft Store Norske Spitsbergen Kulkompani A/S Rolf Tandberg (links) und der Jäger Hilmar Nøis (rechts). Beide hatten eigene Hundegespanne dabei und nahmen an der Suche nach Überlebenden der »Italia«-Havarie teil.

Das Polarschiff »Braganza« im Eis nördlich von Spitzbergen. An Deck das Flugzeug, das Hjalmar Riiser-Larsen während der Suche benutzte.

Polarforscher und Pilot Hjalmar Riiser-Larsen vor der Messe der Betriebsangehörigen in Ny-Ålesund im Sommer 1928.

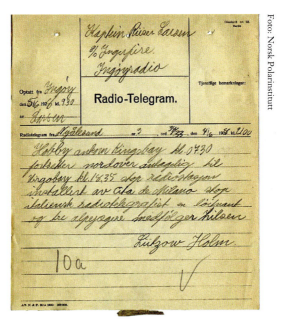

Telegramm vom 5. Juni 1928 von Finn Lützow-Holm, der bis Nordostland vorgestoßen war, an Hjalmar Riiser-Larsen, der sich an Bord des Kohlendampfers »Ingerfire« auf dem Weg nach Spitzbergen befand.

Telegramm vom 6. Juni 1928 von Hjalmar Riiser-Larsen an Roald Amundsen daheim in seinem Haus in Svartskog.

verfügte über keinerlei Erfahrungen oder Fähigkeiten, die ihn für eine strapaziöse Expedition über das Polarmeer auszeichneten. Amundsen konnte ihn ganz einfach nicht brauchen.

Außerdem glaubte Amundsen zu der Zeit noch, dass er selbst genug Geld beschaffen könnte, um die »Maud« bauen zu lassen und die Expedition über das Polarmeer durchführen zu können. Während des Ersten Weltkriegs hatte Amundsen durch Aktienspekulationen gutes Geld verdient. Doch 1924 sah die Lage anders aus. Nach sechs endlosen Jahren im Nördlichen Polarmeer war er seinem Ziel nicht näher gekommen: über den Nordpol zu treiben. Außerdem hatte Roald Amundsen sein gesamtes Geld aufgebraucht und die »Maud« als Pfand eingesetzt.

Ellsworth nahm erneut Kontakt zu dem norwegischen Polarforscher auf. Ein Treffen fand im Oktober 1924 im Waldorf Astoria Hotel in New York statt. Roald Amundsen war pleite, dennoch legte er Wert darauf, edel zu wohnen. Dieses Mal verstand Ellsworth, was gebraucht wurde, und bot die Finanzierung einer Expedition mit dem Flugzeug über den Nordpol an. Innerhalb kürzester Zeit führten Amundsen und Ellsworth zwei historische Expeditionen über das Polarmeer mit eingekaufter Logistik und Expertise durch. Leider wurden die Reisen teurer als erwartet. Nach der »Norge«-Expedition waren Amundsens Schulden noch weiter gestiegen, und Ellsworth hatte alles aufgebraucht, was er, im Einverständnis mit den anderen Erben seines Vaters aus dem Familienvermögen hatte ziehen können.

Im Frühling 1928 wurde Ellsworth als ein Freund Norwegens angesehen. Die Presse schrieb begeistert über die dritte Zusammenarbeit mit Amundsen, die jetzt im Laufe von nur wenigen Tagen zustande kommen sollte. Und die beiden Freunde müssen im Laufe der letzten Maitage einiges verabredet haben. Was zwischen den beiden Polarforschern per Telefon und Telegramm ausgehandelt wurde, ist nirgends schriftlich vermerkt worden. Aber Ellsworths Versprechen ließen Amundsen mit ungewöhnlich guter Laune reagieren. Er trat mit großen Schlagzeilen an die Presse und erklärte selbstsicher, dass die Finanzierung stehe. Nun gelte es noch Piloten, Flugzeuge und die Hilfsmannschaft zusammenzustellen.

Leif Dietrichson, ein achtunddreißigjähriger Pilot der norwegischen Marine, war am 30. Mai auf dem Weg in die USA, als Roald Amundsen ihn kontaktierte und um seine Teilnahme an einer privaten Expedition nach Spitzbergen bat, um die Überlebenden der »Italia«-Havarie zu retten.[32] Dietrichson war die logische erste Wahl für Amundsen, der plante, ein Dornier Wal-Flugzeug für die Expedition zu kaufen.

Nach der N24/N25-Expedition war Dietrichson weiterhin einer von Amundsens treuesten Freunden geblieben. Es war geplant gewesen, dass Dietrichson auch an der »Norge«-Reise teilnahm, doch dieser hatte sich zurückgezogen, offiziell aus familiären Gründen. Wobei der eigentliche Grund wahrscheinlich ein anderer war.[33] Dietrichson war der Meinung, dass der amerikanische Polarfahrer Ellsworth so schlecht qualifiziert war, dass er bei einer Luftschiffexpedition nur als Passagier zählte – wie es auch bei der N24/N25-Expedition nach 88 Grad Nord gewesen war.

Nach all den Jahren mit Expeditionen und Reisen unter Amundsens Leitung war es an der Zeit für Dietrichson, sich um seine eigene Karriere zu kümmern. Die letzten zehn Jahre hatte er als Chef der Flugbootstation in Kristiansund eine feste Stellung bei der Marine gehabt, nahm sich dort jedoch immer wieder eine Auszeit. Die Marine sah die Teilnahme an Polarexpeditionen als eine Art Weiterbildung an. Am 27. Mai war

Dietrichson in Oslo bereit, an Bord der DS »Stavangerfjord« zu gehen, die regelmäßig die Linie Oslo – New York bediente. In einem kurzen Interview mit der Aftenposten erklärte er, Ziel der Reise sei es, das Flugzeugwesen in den USA und in Kanada zu studieren.[34] Scherzhaft wurde er gefragt, ob nicht der eigentliche Grund sei, Admiral Richard Byrd zu treffen und einen Versuch zu starten, an seiner neuen Expedition in die Antarktis teilzunehmen. Es war Byrds Plan, zum Südpol zu fliegen – ein Unternehmen, von dem der Journalist annahm, dass es Dietrichsons sehnlichster Wunsch sei, daran teilzunehmen. Könnte das die wahre Motivation für seine Amerikareise sein? Dietrichson ließ die meisten konkreten Fragen unbeantwortet, räumte jedoch ein, dass er mit dem norwegischen Piloten Bernt Balchen Kontakt aufnehmen wollte, einem Freund und Kollegen von Byrd und ihm selbst.[35]

Es war nur natürlich, dass Dietrichson auch zu seiner Meinung zum Verschwinden der »Italia« und der norwegischen Suchexpedition nach Spitzbergen befragt wurde. An diesem Dienstag nach Pfingsten waren die Zeitungen voll mit Schlagzeilen über die italienische Expedition. Nach Dietrichsons Antworten war anzunehmen, dass er bereits in Kontakt mit Riiser-Larsen gestanden hatte. Die Argumente rollten wie Perlen einer gerissenen Kette: Der norwegischen Rettungsexpedition müssten größere Flugzeuge zur Verfügung gestellt werden, am besten vom Typ Dornier Wal. Aus Sicherheitsgründen war es nicht klug, Lützow-Holm allein mit einem Hansa Brandenburg-Wasserflugzeug in den Norden zu schicken. Dietrichson stellte sich als Pilot zur Disposition, falls ein Marineflugzeug Nummer zwei nachgeschickt werden sollte. Er konnte seine USA-Reise verschieben – wenn er denn um Teilnahme gebeten werden sollte.

Doch eine derartige Anfrage kam nicht. Zu diesem Zeitpunkt wusste Riiser-Larsen bereits, dass nur geringe Chancen bestanden, dass die Italiener eigene Flugzeuge nach Spitzbergen schicken würden, um sie dort mit norwegischen Piloten zu bemannen. Lützow-Holm nahm den Pilotenplatz in der einen Hansa auf dem Weg nach Spitzbergen ein, und er selbst konnte sich vorstellen, Chefpilot in der anderen zu sein. Riiser-Larsen hatte bereits Svein Myhre, Harald Styhr und Jarl Bastøe ausgewählt, um als Copiloten und Mechaniker dabei zu sein. Es gab also keinen freien Platz mehr für Leif Dietrichson.

In dieses Vakuum verpasster Möglichkeiten stieß Amundsen mit seiner Anfrage. Er sprach Dietrichson gegenüber von einer baldigen Rettungsexpedition mit einer Dornier Wal. Vielleicht war sogar genügend Geld für eine Super Wal vorhanden. Beide wussten, dass eine derartige Aktion Riiser-Larsens und Lützow-Holms Suche mit den kleinen Hansa-Maschinen in den Schatten stellen würde. Außerdem hatte bisher noch niemand einen Flug vom norwegischen Festland nach Spitzbergen geschafft. Eine neue polare Eroberung lockte.

Dietrichson verschob seine Reise in die USA um ein paar Wochen. Byrds Südpolexpedition sollte erst im Herbst aufbrechen. Somit hatte er genügend Zeit, um an Amundsens privater Rettungsaktion teilzunehmen.

Roald Amundsen umgab sich nur mit loyalen Männern, doch die Liste der Piloten, die ihm in vielen Jahren bei diversen Expeditionen zur Seite gestanden hatten, wurde langsam kürzer. Oscar Omdal, der Amundsens Träume, die Arktis von der Luft aus zu erforschen, mehr als jeder andere mitgetragen hatte, war mit einem Sikorsky-Flugboot irgendwo südlich von Neufundland verschwunden. Das war einer der vielen Rekordversuchsflüge, die 1927 von der Ostküste der USA gestartet wurden und als Ziel hatten, neue Rekorde über den Atlantischen Ozean zu brechen. Eigentlich hatte Omdal einen sicheren Platz bei Byrds großer Expedition in die Antarktis. Bernt Balchen hatte ihn geworben.

Bernt Balchen war nie als Pilot für Roald Amundsen in Frage gekommen, weil er seinen Flugschein bei der Flugschule der Marine erst 1921 gemacht hatte und damit zu unerfahren war, um zur »Maud«-Expedition eingeladen zu werden. Doch nur drei Jahre später wurde Balchen als Reservepilot bei Byrds Nordpolexpedition angeheuert, die ziemlich unerwartet im Mai 1926 auf Spitzbergen startete, parallel zu Amundsens eigenem Versuch, den Nordpol mit dem Luftschiff »Norge« zu erreichen. Damit war Balchen als Kandidat für zukünftige Unternehmungen gestrichen. Schließlich war er für einen Konkurrenten geflogen.

Tryggve Gran war vielleicht der wagemutigste unter allen norwegischen Piloten dieser Zeit. Er flog auf Flugschauen Loopings, Rollen und Drehungen und drehte das Flugzeug auf den Rücken – der reinste Zirkusartist. Im Juli 1914 flog er als Erster von Schottland über die Nordsee nach Norwegen, in etwas mehr als vier Stunden. Durch einige Zufälle wurde er als Polarpilot allerdings immer als ein Außenseiter angesehen. Bei Ausbruch des Ersten Weltkriegs wurde er zum Oberstleutnant der Luftflotte des Heeres ernannt. Später flog er mit der britischen Luftwaffe unter einem Decknamen, um Norwegens neutralen Status nicht zu gefährden. Anfang der 1920er-Jahre plante er eine eigene Expedition zum Nordpol. Es gab keinen Grund für die Annahme, dass er das nicht schaffen könnte, doch die Pläne missglückten, weil die Finanzierung nicht klappte. Er hatte nicht das notwendige Netzwerk und stand auch Roald Amundsen nicht allzu nahe.

1928 wusste Tryggve Gran um die Wichtigkeit der Unterstützung durch Roald Amundsen, doch da war es zu spät. Amundsen war selbst zum Außenseiter geworden. Zudem fiel es dem Polarfahrer schwer, darauf zu vertrauen, dass Tryggve Gran ebenso loyal ihm gegenüber sein würde wie Leif Dietrichson. Im Gegensatz zu dem, was er selbst glaubte, kam er deshalb bei der privaten Rettungsaktion von Nobile nicht als Pilot infrage.

Die Vorbereitungen für Amundsens private Rettungsaktion wurden unter großen Schlagzeilen in der Morgenausgabe der Aftenposten vom 30. Mai 1928 beschrieben. Es wurde kein Hehl daraus gemacht, dass die Expedition von Lincoln Ellsworth und seinem Geld abhängig war. Roald Amundsen hatte jedoch keinen Grund, nicht auf die wohlerprobte Freundschaft zu vertrauen. Er sprach öffentlich über die Pläne, als hätte er bereits die finanzielle Unterstützung des Amerikaners erhalten. Dietrichson fuhr zur administrativen Verwaltung der Lufthansa in Deutschland und verhandelte über den Kauf einer Super Wal. Dieses Flugzeug war eine größere Ausgabe der beiden Flugzeuge N24 und N25, die bei der Expedition im Frühling 1925 benutzt worden waren. Die Flügelspanne war etwas größer, die Reisegeschwindigkeit höher und die Reichweite größer. Außerdem konnte die Super Wal viel mehr Fracht laden. Amundsen erklärte einer äußerst interessierten Presse am 1. Juni, dass man alle Italiener mit einem Flug retten könne, wenn es eine genügend breite Wasserrinne in der Nähe gäbe.[36]

Die blitzartige Entwicklung seiner Expeditionspläne muss für Amundsen selbst wie auch für Leif Dietrichson äußerst zufriedenstellend gewesen sein. Der eine war außen vor und von seinem früheren Stellvertreter im Stich gelassen worden. Der andere hatte seine Teilnahme angeboten, war aber nicht eingeladen worden, an der offiziellen Rettungsaktion teilzunehmen. Beide fühlten sich von dem gleichen Mann verraten – Hjalmar Riiser-Larsen. Eine Flugzeugexpedition nach Spitzbergen mit einer Super Wal wäre ein Triumph, etwas vollkommen anderes als ein kurzer Flugtrip von einem Basisschiff aus. Darüber waren sich alle einig.

Verteidigungsminister Anderssen-Rysst schrieb am 1. Juni mit der üblichen Vieldeutigkeit eines Berufspolitikers an Roald Amundsen und bat darum, dass die private Expedition mit Riiser-Larsens offizieller Expedition zusammenarbeiten möge. »Da der Herr Kapitän eine eigene Hilfsexpedition mit großen Flugzeugen plant, wäre es für unser Ministerium eine Freude, die von unseren ausgesandten Marineflugzeugen eintreffenden Meldungen an Sie weiterzuleiten, sobald sie eintreffen …«[37]

Plötzlich war er gut genug. Amundsen muss dieses Anerbieten des Verteidigungsministers als Beweis dafür angesehen haben, dass die Anschaffung einer Super Wal, oder zumindest eines Dornier Wal-Wasserflugzeugs für sein eigenes Ansehen von größter Bedeutung war. Dieser plötzlich wiedergewonnene Respekt verschaffte ihm große Genugtuung. Am 5. Juni antwortete er mit der speziellen Orthographie, die sein Markenzeichen geworden war: »Mit Dank für Ihr ehrbares Schreiben vom 2. d.M. möchte ich mir erlauben, Ihnen mitzuteilen, dass ich für jede Nachricht betreffs der Untersuchungen auf Spitzbergen, die von den beiden Marineflugzeugen dort kommen, dankbar bin …«[38]

So plötzlich wie Amundsens Probleme sich in Form von Versprechen hinsichtlich der Finanzierung durch Ellsworth gelöst zu haben schienen, so unerwartet kam die Meldung, dass der Freund noch andere Pläne zu berücksichtigen hatte. Laut norwegischer wie auch internationaler Presse sollte er Nautiker bei einer ganz anderen Expedition sein, und zwar der von

Amelia Earhart, die als erste Frau den Flug über den Atlantik wagen wollte – von Neufundland nach Irland, mit einer Fokker F. VII mit dem Namen »Friendship«. Es gibt keine Unterlagen darüber, wie die beiden Forscher diese Frage diskutiert haben, aber es ist nicht ganz unwahrscheinlich, dass Ellsworth Amundsen davon hat überzeugen wollen, dass diese seine Teilnahme tatsächlich nur ein Vorteil für beide wäre. Eine Seereise mit dem Liniendampfer nach Norwegen würde von New York aus mindestens zehn Tage dauern.

Aber es gab noch weitere Probleme. Ellsworth hatte nie einen Hehl daraus gemacht, dass Voraussetzung für seine finanzielle Unterstützung war, dass er selbst an den Expeditionen teilnahm, die er finanzierte. Diese Bedingung hatte bisher keinerlei Problem für die Zusammenarbeit zwischen ihm und Amundsen bedeutet. Aber jetzt befanden die beiden Freunde sich jeder auf seinem Kontinent. Und es eilte, die Rettungsexpedition für Nobile anzuschieben. Ellsworth würde es möglicherweise nicht rechtzeitig schaffen. Deshalb war er nur bereit, eine geringere Summe für den Kauf eines Dornier-Flugzeuges vorzuschießen. Amundsen sollte mit der Bestellung des Flugzeugs warten, bis er in Norwegen war.

Zweitausend Dollar hatte er geschickt.[39] Roald Amundsen muss diesen Vorschlag als einen unverzeihlichen Verrat empfunden haben, einen Schlag ins Gesicht. Hatte Ellsworth vergessen, wie es war, draußen auf dem Eis neben einem zerstörten Flugzeug zu stehen – mit einer äußerst geringen Hoffnung, gerettet zu werden? Erinnerte er sich nicht an Hunger und Durst, an den schneidenden Wind und die Kälte, dieses schreckliche Licht, das in den Augen brannte und sie blind werden ließ? Einer Sache war sich Amundsen auf jeden Fall gewiss: Wenn die Rettungsaktion irgendeinen Nutzen haben sollte, dann musste sie so schnell wie möglich stattfinden. Die

Italiener waren wahrscheinlich viel schlechter dran, als er und Ellsworth es bei der N24/N25-Expedition gewesen waren. Außerdem waren andere Rettungstrupps mit großen Flugzeugen und weltberühmten Piloten auf dem Weg in den Norden. Es ging schließlich darum, als Erste die Italiener zu finden. Nur das konnte als eine neue Heldentat angesehen werden.

# KAPITEL 9

## Neue Helden

Es brannte wie Feuer in den Adern des alten Polarfahrers. Tatendrang und Mut hatten von jeher sein Leben bestimmt. Die Sehnsucht nach Leistungen zog sich wie ein gespannter Nervenstrang durch alles, was er getan hatte seit dem Moment, als er als junger Teenager über die Franklin-Expeditionen auf der Suche nach der Nordwestpassage gelesen hatte, als er in dem Menschenmeer am Kai gestanden hatte, um mit hysterischem Jubel Fridtjof Nansens Heimkehr aus Grönland zu feiern. Er hatte sich so verwegene Ziele gesetzt, dass niemand sonst es gewagt hätte, sie überhaupt nur öffentlich auszusprechen. Mit einem ungewöhnlichen Wagemut hatte er sich durch das Dickicht an Problemen gekämpft, das um jede Eroberung wucherte – wütende Gläubiger, Konkurrenten, Fridtjof Nansens Unzufriedenheit oder ein ganzer Chor von Gerüchten, gestreut von all jenen, die er im Laufe der Jahre verletzt und beleidigt hatte. Wie keinem anderen Entdecker war ihm letztendlich jeder noch so verwegene Plan gelungen. Und diese einfachen Fakten wollte er deutlich machen in seiner Autobiografie *Mein Leben als Entdecker*.[40]

1928 wurde Amundsen immer noch verbunden mit dem ikonischen Foto von 1912 am Zelt am Südpol. Der Zeitgeist wurde sein letzter Feind. Gegen ihn konnte er nichts tun: Es waren die neuen Fliegerhelden, die die Hauptrolle in den Medien und im Bewusstsein des Volkes spielten. Aber er selbst war ja treibende Kraft und einer der ersten Pioniere in der norwegischen Luftfahrt gewesen. Aus Begeisterung über den Flug des Franzosen Louis Blériot über den Ärmelkanal mit seiner ziemlich klapprig aussehenden Blériot XI hatte Amundsen bereits 1909 vorgeschlagen, dass die zukünftige Erforschung der Polargebiete am effektivsten von der Luft aus stattfinden könnte.

Auf dem Heimweg von der Südpolexpedition 1913 war Christian Doxrud Skipper an Bord der »Fram« gewesen. Roald Amundsen selbst war auf Vortragstournee in den USA, hier kam er in Kontakt mit einem Fliegermilieu, das sich rasant schnell entwickelte. Er berichtete Doxrud in einem Brief über seine Pläne, Flugzeuge in seine kommende Nordpolexpedition miteinzubeziehen. Der erste Flug des Polarforschers fand im Herbst 1913 in San Francisco statt, doch aus den Plänen, zwei Wasserflugzeuge vom Typ Christofferson Flying Boats zu kaufen, wurde nichts. Im Sommer 1914 machte Roald Amundsen selbst seinen Flugschein und bekam damit das erste Pilotenzertifikat, das in Norwegen ausgestellt wurde. Die Prüfung wurde abgenommen vom Instrukteur der Flugschule des Heeres, Einar Sem-Jacobsen. Er hatte das Zeugnis in aller Eile ausgestellt, weil er auf keinen Fall noch einen weiteren Testflug mit Amundsen als Pilot machen wollte.

Die Wartezeit während des Ersten Weltkriegs nutzte der Polarfahrer, um Geld durch Vortragsreisen und Aktienspekulationen zu sammeln. Im Herbst 1918, als der Krieg endlich beendet war, konnte Roald Amundsen ungefähr eine Million Kronen an Gewinn vorweisen. Bei der Rückkehr aus der Antarktis war die »Fram« quasi ein Wrack gewesen. Einer der größten Posten für die Nordpolexpedition war deshalb der Bau eines neuen Expeditionsschiffes. Das Polarschiff »Maud« wurde in Asker gebaut und fuhr im Spätsommer 1918 von Norwegens Küste ab.

Die ersten Versuche, den Nordpol mit dem Flugzeug zu erreichen, fanden während der »Maud«-Expedition 1922 statt, als Roald Amundsen eine Junkers Larsen JL-6 für diesen Zweck kaufte. Das Flugzeug war ausgerüstet mit einem Curtiss Oriole-Motor, der eine Höchstgeschwindigkeit von 90 Stundenkilometer erreichte. Oscar Omdal war 1919 an der Flugschule der Marine zum Ingenieur wie auch zum Piloten ausgebildet worden. Amundsen meinte, er sei der richtige Mann, um die komplizierte Aufgabe zu meistern, ein Flugzeug in die äußerste Ödnis zu lenken und es dort auch zu warten. Als erste Aufgabe sollte Omdal die Junkers von New York nach Seattle fliegen, wo das Flugzeug demontiert und dann weiter in den Norden an Bord der »Maud« gebracht werden sollte. Über Pennsylvania hatte Omdal einen Motorstopp, und bei der Notlandung erlitt das Flugzeug einen Totalschaden. Omdal kam mit kleineren Blessuren davon. Amundsen gab jedoch seine Idee nicht auf, ins Innere der Arktis zu fliegen. Er kaufte eine neue Junkers, die nun gleich demontiert und in Kisten den ganzen Weg nach Wainwright in Alaska befördert wurde. Dieses Mal havarierte das Flugzeug am Winterbasislager, aber zumindest war Omdal einige Minuten lang am Ufer des Polarmeeres entlanggeflogen.[41]

Amundsen war verärgert über Omdal und schrieb an seinen Bruder Leon, dass dieser Omdal als Pilot tollpatschig und unzuverlässig sei. Noch mehr ärgerte er sich über den Flugzeugtyp. Der nächste Versuch wurde mit der in Deutschland entwickelten und in Italien gebauten Dornier Wal unternommen. Die Flugzeugtechnologie hatte sich im Laufe nur weniger Jahre deutlich weiterentwickelt. Mit einem soliden Rumpf aus Duraluminium, zuverlässigen Rolls-Royce Eagle IX-Motoren, einer großen Reichweite und großer Ladekapazität war die Dornier Wal etwas ganz anderes als die früheren, in Amerika produzierten Flugzeuge. Omdal wurde gnädig wieder aufgenommen. An der Nordpolexpedition mit der N24 und der N25 nahm er als Mechaniker teil. Bei Amundsens nächstem Versuch, den Nordpol zu erreichen, dieses Mal mit dem Luftschiff »Norge«, war er als Maschinist und Mann für alle Eventualitäten dabei.

Omdal war ebenso zielstrebig und ehrgeizig wie alle anderen norwegischen Polarpiloten. Während der Wartezeit zwischen Amundsens Expeditionen suchte er nach eigenen Herausforderungen, gern zusammen mit weiteren Polarpiloten. So gab es für ihn keinen Grund zu zögern, als Balchen sich 1927 an ihn wandte und ihm die Teilnahme an Byrds großer Expedition zum Südpol anbot.

Vor der Abreise in die Antarktis erhielten Omdal und der Amerikaner Brice Goldsborough das Angebot, als Piloten für die Immobilieninvestorin Frances Wilson Grayson zu arbeiten, eine Journalistin und die Nichte von Präsident Woodrow Wilson. Sie plante, als erste Frau den Atlantik zu überfliegen, aber sie war nicht die Einzige. Auch Ruth Elder, Schauspielerin und Pilotin, die unter dem Spitznamen »Miss Amerika des Fliegens« bekannt war, stand mit ihrem Flugzeug an der amerikanischen Ostküste bereit. Die deutsche Pilotin Thea Rasche arbeitete an Plänen für eine Expedition über den Atlantik in die andere Richtung, endete aber damit, ein Flugzeug an Bord der SS »Leviathan« nach New York zu schicken. An Bord des Schiffes war auch Richard Byrd. Aber falls Thea Rasche hoffte, sich einen Platz für die Fahrt zur Antarktis zu sichern, so wurde sie enttäuscht.[42]

Am 23. Dezember 1927 hob das Sikorsky-Flugzeug von Frances Grayson mit Oscar Omdal als Pilot vom Flugplatz Curtiss Field bei New York ab. Geplant war ein Flug zum Flugplatz Dominion in Neufundland, um anschließend Kurs auf Kopenhagen zu nehmen. Kurze Zeit nach dem Takeoff meldete der Pilot Vereisungen auf dem Flugzeug. Nach einem kurzen Funkspruch verschwand das Flugzeug ohne jede Spur. Als Amundsen hörte, dass das Sikorsky-Flugzeug auf dem Weg nach Neufundland verschwunden war, machte er nur die Bemerkung, dass Omdal ein zu guter Pilot sei, um abzustürzen. Sicher werde er wieder auftauchen, so wie er es gemeinsam mit Amundsen im Frühling 1925 mit der N25 getan hatte und damals dem sicheren Tod im Arktischen Ozean entronnen war. Aber dieses Mal irrte Amundsen sich. Omdal kehrte nicht zurück.

Hjalmar Riiser-Larsen war derjenige gewesen, der die Dornier Wal N25 gesteuert und den schwierigen Start vom Eis auf 88 Grad Nord durchgeführt hatte. Drei Jahre später war Riiser-Larsen erneut auf dem Weg in das gleiche Gebiet nördlich von Spitzbergen, zu den Inseln rund ums Nordkap, wo er mit der Dornier damals im letzten Moment gelandet war, mit nur noch wenigen Litern Treibstoff im Tank, aber dieses Mal mit einer kleinen, einfach ausgerüsteten Hansa Brandenburg.

1928 war es nur fünfundzwanzig Jahre her seit dem ersten bemannten Flug in einem sogenannten Aeroplan, der von den Brüdern Wilbur und Orville Wright durchgeführt worden war. Das Fahrzeug war eine klapprige Konstruktion gewesen mit einer oberen und einer unteren Tragfläche, konstruiert aus Holzstreben und Tuch und mit einer Flügelspanne von ungefähr 12 Metern. Der Motor von 8.8 KW trieb die beiden Schubpropeller mit Ketten, und der Pilot lag auf dem Bauch vor dem Motor. Das Fluggerät war nur 59 Sekunden in der Luft und landete nach 260 Metern, trotzdem war dieser bescheidene Anfang der Startschuss für eine technologische Entwicklung, wie die Welt sie noch nie zuvor gesehen hatte. Alle Teile der Konstruktion konnten verbessert werden, die Motoren konnten vergrößert werden, der Flugkörper so konstruiert werden, dass er mit Rädern landete oder auf Schwimmern, die Flügel konnten gekippt werden, und das Ganze konnte als Doppeldecker gebaut werden.

Es soll allerdings nicht verschwiegen werden, dass viele der wagemutigen Erfinder der ersten Jahre in ihren Konstruktionen starben. Aber mit dem Ausbruch des Ersten Weltkriegs verzehnfachte sich der Markt für Flugzeuge, da sie nun auch militärisch genutzt wurden. Anfangs wurden die Flugzeuge eingesetzt, um die Bewegungen des Feindes im Felde zu observieren. Diese ersten militärischen Fluggeräte waren langsam und konnten nicht besonders hoch fliegen. Aber als die Observationsflugzeuge gegeneinander flogen und anfingen zu schießen, war die Basis für Jagdflugzeuge gelegt. Die Entwicklung verlief schnell, und mehrere hundert Flugzeugtypen wurden entwickelt und ausprobiert. Parallel dazu wurden Beobachtungsballons und Luftschiffe, Zeppeline und die italienischen, halbsteifen *dirigibili* entwickelt, um Bomben über den feindlichen Städten abwerfen zu können. Die Luftschiffe bewegten sich langsam, sie brauchten eine große Hilfsmannschaft auf dem Boden und waren nur schwer auf ein bestimmtes Ziel hin zu lenken. Dennoch entwickelte die Luftschiffindustrie auch nach dem Ersten Weltkrieg die Luftschiffe weiter. Denn sie hatten viele Vorteile: Eine unglaubliche Reichweite, große Ladekapazität und viel Platz für luxuriöse Salons für Passagiere.

Durch die explosionsartige technologische Entwicklung während und nach dem Ersten Weltkrieg hatte sich die Welt ein für alle Mal verändert. Das ganze Jahr 1927 hindurch berichtete die Presse von den spektakulärsten Ereignissen in der kurzen Geschichte des Fliegens. Es waren in erster Linie amerikanische, englische, italienische oder französische Piloten, aber auch Norweger waren beteiligt. Es wurden Expeditionen mit Flugzeugen und Luftschiffen kreuz und quer über die Weltmeere geplant, in die Arktis und die Antarktis. Alle, die sich Geld beschaffen konnten und eine Verbindung zur Luftfahrt hatten, wollten dabei sein. Der Nordpol wurde 1926 erreicht, aber große Teile des Arktischen Ozeans waren noch vollkommen unerkundet.

Jeder Sieg über geographische Distanzen und Meeresgebiete wurde von der Volksmenge mit Jubel, Fahnen, Blumen und Musikkapellen begrüßt. Die Ehre, als Mittelpunkt in einer Parade den berühmten Broadway in New York entlang im Regen von Papierschnipseln aus Lochstreifen der Nachrichtenticker entlangzumarschieren, wurde mehreren Mannschaften von Flugexpeditionen zuteil. Die größte Parade von allen wurde für Charles Lindbergh organisiert, der am 20. Mai 1927 mit seinem einmotorigen Flugzeug »The Spirit of St. Louis« von Roosevelt Field auf Long Island zum Le Bourget Flugplatz vor den Toren von Paris geflogen war. Der Erste, der mit gleich zwei Paraden geehrt wurde, war Richard Byrd, 1926 und 1927. Die erste weibliche Pilotin war Ruth Elder mit ihrem Flug von New York auf die Azoren. So begeistert war das Publikum von den abenteuerlichen Höchstleistungen, dass es die ebenso häufigen Tragödien als Teil der Entwicklung ansah. Niemand wurde zum Flugheld, ohne mit dem Tod gerungen zu haben. Niemandem wurde der begeisterte Applaus der Menge zuteil, ohne übermenschliche Fähigkeiten und Wagemut bewiesen zu haben.

Die Veränderungen geschahen so schnell, dass niemandem bewusst wurde, dass die gesellschaftlichen Veränderungen nicht mit der kolossalen technologischen Entwicklung

Schritt hielten, die die westliche Welt im Laufe von nur ein paar Jahrzehnten erlebte. Der Sprung von dem primitiven Fluggerät, das 1909 gerade einmal den Ärmelkanal überqueren konnte, bis zu einem, das den Atlantik 1927 ohne Zwischenlandung überflog, war unvorstellbar groß und ließ in einem Aufblitzen eine unbekannte, glamouröse Zukunft erahnen. Die Menschen hatten geradezu unrealistisch optimistische Erwartungen hinsichtlich ihrer eigenen Zukunft. Europa hatte die schrecklichen Kriegsjahre hinter sich gelassen, und sie sollten niemals wieder zurückkommen. Die meisten Länder, darunter auch Norwegen, waren dabei, eine nationale Wirtschaft und Industrie aufzubauen. Doch im Schatten der wirbelnden Zwanziger wuchs ein ungesunder Nationalismus heran. Die Verbitterung über das, was die Verlierernationen Deutschland und Österreich-Ungarn als einen demütigenden und ungerechten Friedensvertrag ansahen, wuchs.

Als Verlierer des Ersten Weltkriegs war es Deutschland verboten, Flugzeuge zu bauen, was das Land jedoch nicht bremste. Weiterhin wurden Junker- und später Dornier Wal-Maschinen in italienischen Fabriken entwickelt und produziert. Italien galt als eine Großmacht auf dem Gebiet der Flugzeugindustrie. Hier wurden eigene erfolgreiche Flugzeugtypen wie die Savoia-Marchetti gebaut und weiterentwickelt. Die halbsteifen Luftschiffe waren in Umberto Nobiles Fabrik entwickelt worden. Ein Luftschiff des gleichen Typs wie die »Norge« und die »Italia« stand in direkter Konkurrenz mit der anderen Hauptkonstruktion, Zeppelinen vom Typ »Hindenburg«, die Graf Zeppelin und Ingenieur Hugo Eckener konstruiert hatten.

In Norwegen setzte man nicht auf das Luftschiff, sondern übernahm Konstruktionen früherer Flugzeuge, die einfach zu bauen und instandzuhalten waren, und entwickelte sie weiter.

Deshalb kam es hier nicht zu einer Konkurrenz der beiden Typen von Luftfahrt wie in den USA, England, Deutschland und Italien. Dagegen verliefen die Konflikte entlang einer traditionellen Linie, und zwar zwischen dem Heer und der Marine. Das Flugwesen des Heers wurde 1912 mit der Flugzeugfabrik und Fliegerschule auf Kjeller gegründet. Das Flugwesen der Marine wurde 1916 mit Hauptsitz und Fabrikation in Horten und mehreren Tochterstationen auf den Marinebasen übers Land verteilt gegründet. Erst 1941 wurden die beiden Waffengattungen dem gemeinsamen Kommando der Luftwaffe unterstellt.[43]

Die Luftfahrt entwickelte sich aus militärischen, politischen und ökonomischen Gründen. Doch die Begeisterung der Bevölkerung basierte auf den abenteuerlichen Leistungen, die die Piloten unter Einsatz ihres Lebens erbrachten. In Norwegen spezialisierte man sich auf Polarflüge mit Riiser-Larsen, Lützow-Holm, Oscar Omdal und Bernt Balchen als Marineflieger und an erster Stelle Tryggve Gran als Repräsentant der Polarpiloten im Heer.[44] Als die norwegischen Behörden im Mai 1928 in aller Hast eine Rettungsexpedition nach Spitzbergen auf die Beine stellten, nahmen daran nur Marineangehörige teil. Tryggve Gran positionierte sich öffentlich als Unterstützer von Roald Amundsen und Kritiker des Einsatzes. Das Hansa Brandenburg-Erkundungsflugzeug der Marine war zu klein und hatte eine zu geringe Reichweite. Und überhaupt: Warum wurde die Rettungsaktion in dieser Form geplant, während eines der Fokker-Flugzeuge des Heeres betriebsbereit auf Kjeller stand?[45]

Die norwegischen Piloten waren eine neue, spannende Art von Helden, ganz im Unterschied zu den alten Polarpionieren. Ein Oscar Omdal imponierte mit seinem ruhigen, bescheidenen Auftreten, Riiser-Larsen mit seiner freundlichen

Selbstsicherheit und Lützow-Holm mit seinen technischen Flugfertigkeiten. Aber sie alle waren Teil eines Systems. Sie arbeiteten nicht allein, sie mussten nicht für die Finanzierung der neuen Expeditionen sorgen. Sie wussten, wie sie sich gegenseitig mit Ruhm überschütten konnten, und bewunderten einander für die Fähigkeit, einen kühlen Kopf zu bewahren, schnell zu handeln und tage- und nächtelang wach zu bleiben auf den beeindruckenden Langflügen. Sie waren jung und gut gekleidet, verheiratet mit eleganten Frauen, und ihre Taten waren innerhalb von ein oder zwei Wochen vollbracht. Die alten Polarhelden erschienen inzwischen so merkwürdig altmodisch in ihren schweren Pelzen und mit ihren langen, leidvollen Überwinterungen.

Seit der sechsundzwanzigjährige Finn Lützow-Holm aus Kirkenes in der Finnmark 1916 seinen Flugschein in Horten gemacht hatte, waren er und Hjalmar Riiser-Larsen Kollegen und gegenseitig geschätzte Partner bei einer Reihe brillanter Flugshows* und wagemutiger Expeditionen gewesen, unter anderem mit Roald Amundsen. 1922 flogen er und Hjalmar Riiser-Larsen zum ersten Mal zwei Hansa Brandenburg-Wasserflugzeuge die 2600 Kilometer lange Distanz von Horten nach Kirkenes in 37 Stunden. Auf dem Rückweg flogen sie den Distriktsarzt von Hammerfest nach Alta, das war der allererste Ambulanzflug, der in Norwegen stattfand.

Leif Dietrichson, Hjalmar Riiser-Larsen und Finn Lützow-Holm waren im gleichen Jahr geboren, 1890, alle hatten Verbindung zur norwegischen Marine und speziell zum Flieger-

---

\* Die Flugshow über Kristiania 1917 und die über Kopenhagen 1919, wo Riiser-Larsen seinen Spitznamen Ursus major bekam – der Große Bär.

milieu in Horten, und sie machten alle ungefähr gleichzeitig ihren Flugschein. 1925 hatte Roald Amundsen Leif Dietrichson und Hjalmar Riiser-Larsen für eine Expedition geworben, deren Ziel ein Flug zum Nordpol war. Als die beiden Dornier Wal-Flugzeuge nicht wie abgesprochen am selben Tag nach Ny-Ålesund zurückkamen, war es Lützow-Holm, der die Suche nach ihnen von der KNM »Tordenskjold« der norwegischen Marine entlang der Küste von West-Spitzbergen mit zwei Hansa Brandenburg-Flugzeugen leitete.

Als Amundsen die Mannschaft für die Expedition mit dem Luftschiff »Norge« zusammenstellte, stand Lützow-Holm wieder nicht auf der Liste der infrage kommenden Piloten. Es gibt keine Spuren einer Korrespondenz oder von Diskussionen, in denen sein Name als Teilnehmer erwähnt wird. Verglichen mit Leif Dietrichsons hochgewachsener Eleganz und Hjalmar Riiser-Larsens großer, selbstsicherer Gestalt muss der mittelgroße, schlanke Finn Lützow-Holm ein wenig jungenhaft gewirkt haben. Ein bescheidener Mann mit dem verlegenen Lächeln eines Dorfpfarrers. Vielleicht hat Amundsen ihn ganz einfach übersehen?

Aber selbst in den knifflisten Situationen war er ruhig und kompetent, ein Mann, der anscheinend niemals Angst verspürte. Es gab Kollegen, die berichteten, dass er häufiger als jeder andere norwegische Pilot abgestürzt war, dass es nicht einen Knochen in seinem Körper gab, der nicht mindestens einmal gebrochen gewesen war. Und es gab auch diejenigen, die behaupteten, dass Lützow-Holm ohne Benzin im Tank fliegen könnte, ja vielleicht sogar ohne Motor. Er war der Fliegerheld der norwegischen Piloten. Doch eines Tages sollte auch ihn das Schicksal ereilen. Aber nicht auf Spitzbergen, nicht im Sommer 1928.

Am 7. Juni 1928 lag die »Hobby« an einer großen Eisscholle nördlich von Gråhuken vor Anker. Nicht ein Wort war über Funk darüber mitgeteilt worden, dass die F.36 mit Lützow-Holm und dem Mechaniker Myhre mehr als 24 Stunden, nachdem sie abgehoben hatte, nicht zum Polarschiff zurückgekehrt war. Der Regierungsbevollmächtigte Bassøe wurde informiert, doch sonst erfuhr niemand, dass das Flugzeug vermisst wurde. Man hoffte lange Zeit, dass die Hansa gefunden werden würde. Außerdem hätte es wenig Sinn gehabt, die Familien von Lützow-Holm und Myhre zu beunruhigen. Eine Rettungsaktion wäre durch Riiser-Larsen möglich gewesen, der mit der anderen Hansa auf dem Weg in den Norden war. Sonst musste man mit den Ortskundigen und Hundegespannen an Bord zurechtkommen.

Am Abend ging ein Funktelegramm von der »Città di Milano« an die »Hobby« ein, dass Riiser-Larsen mit seiner Mannschaft mit der Hansa F.38 in den Norden fliegen werde. Das andere Basisschiff, die »Braganza«, war bereits von Ny-Ålesund aus aufgebrochen, hatte sich jedoch in dem gleichen dicken Meereseis festgefahren, aus dem sich die »Hobby« gerade erst hatte befreien können. Mit dem dicken Meereseis aus dem Nordpolarmeer, das jetzt gegen Spitzbergens Nordküste drückte, wäre es für die beiden Schiffe eine nahezu unmögliche Aufgabe, sich nach Osten hin zu bewegen.

Am 10. Juni kam um drei Uhr morgens endlich Riiser-Larsen mit der F.38 an. Das Flugzeug war drei Tage lang durch schlechtes Wetter und Nebel im Kongsfjord festgehalten worden. Obwohl starker Wind um die »Hobby« wehte, gelang es Riiser-Larsen, in einer schmalen Wasserrinne direkt neben der Schiffsseite zu landen. Die Maschine wurde mit einem Kran an Bord gehoben, kurz bevor sich das Eis wieder schloss. Auf dem Schiff war die Stimmung düster. Man befürchtete das Schlimmste für Lützow-Holm und Myhre, die jetzt bereits seit vier Tagen fort waren. Die verschiedensten Theorien wurden diskutiert, wenn auch in nüchternem Ton. Niemand wollte die Hoffnung aufgeben, dass die F.36 noch lokalisiert werden könnte.

Die Stunden schleppten sich dahin. Erst gegen Abend nahm der Wind ab und das Eis wurde weicher. Vorsichtig schob sich die »Hobby« auf eine größere Wasserspalte zu, die vom Ausguck aus entdeckt worden war. Nach nur wenigen Stunden hatte das Schiff den Eisgürtel durchbrochen und konnte mit voller Kraft voraus die Muschelbucht ansteuern, die immer noch unter Eis lag. Die »Hobby« wurde in einer Wasserrinne vor der Bucht vertäut. Endlich konnte die F.38 wieder aufs Wasser gesetzt werden.

Gegen Mitternacht starteten Riiser-Larsen und Jarl Bastø. Nach nur 40 Minuten kam das Flugzeug zurück und landete in der Nähe. Keiner an Bord wagte die Frage zu stellen, aber Riiser-Larsen konnte berichten, dass die F.36 auf dem Fjordeis nahe am Ufer in der Nähe von Nordenskiölds altem Gebäude »Polheim« gesichtet worden war. Die Schutzplane war über das Flugzeug gezogen, deshalb gab es guten Grund anzunehmen, dass Lützow-Holm und Myhre in guter Verfassung waren.

Riiser-Larsen übernahm das Kommando der Bergungsoperation. Die F.38 wurde wieder an Bord gehievt. Zusammen mit den Hundeführern Rolf Tandberg und Hilmar Nøis zog er sich die Polarschutzkleidung über. Ein Hundegespann wurde bereit gemacht und ein Reservetank mit Flugbenzin auf den Schlitten gebunden. Zu diesem Zeitpunkt hatte Riiser-Larsen bereits seit mehreren Tagen keine Nacht durchgeschlafen. In Ny-Ålesund hatte er sich für den Flug in den Norden in Bereitschaft gehalten. Diese durchwachten Nächte hatte Riiser-

Larsen genutzt, um bewohnte wie unbewohnte Jagdhütten auf den Karten zu markieren, Telegramme zu senden und zu empfangen und das Verteidigungsministerium kontinuierlich auf dem Laufenden zu halten. Auch nach der Landung neben der »Hobby« hatte er nicht geschlafen. Trotzdem beschloss er, selbst den Treibstoff mit dem Hundegespann zur F.36 zu bringen. Allen an Bord war klar, wie riskant diese Entscheidung war. Höchstwahrscheinlich hätte ihm auch das Verteidigungsministerium geraten, auf dem Polarschiff zu bleiben und die Hundeführer allein zu beauftragen, Lützow-Holm zu Hilfe zu kommen. Deshalb fragte er dort gar nicht erst nach.

Nach weniger als drei Stunden schneller Fahrt über das Meereseis kamen Riiser-Larsen und die Hundeführer bei der F.36 an. Drinnen lagen Lützow-Holm und Myhre auf ihren Sitzen und schliefen. Das Flugbenzin wurde in die Tanks gefüllt. Und kurz darauf hob das Flugzeug ab und verschwand in Richtung der »Hobby«. Für Riiser-Larsen, Tandberg und Nøis wurde es eine anstrengende Fahrt in die Verlegenhuken, wo sie ein Signal für das Polarschiff hissten, um dort abgeholt zu werden. Um vier Uhr nachmittags waren alle wieder an Bord: die Hundegespanne, die Piloten und beide Flugzeuge. Es muss ein merkwürdiger Anblick gewesen sein, das überladene kleine Schiff, von dem aus in alle Richtungen Flugzeugflügel herausragten. Doch niemand konnte das sehen.

Erst jetzt, während sich die »Hobby« weiter Richtung Osten vorkämpfte und die Piloten in der Messe mit ihren Kaffeetassen in den Händen saßen, überließ Riiser-Larsen es Lützow-Holm, der Mannschaft von dem extrem langen Flug zu berichten. Auf dem Rückweg vor vier Tagen hatten sie aufgrund des dichten Nebels im Brennevinsfjord landen müssen. Als das Wetter sich besserte, hatten sie unzählige Versuche unternommen, an verschiedenen Stellen vom Eis zu starten.

Sie waren herumgelaufen, um flache Eisschollen ohne zu viel Packeis darauf zu finden. Endlich war es ihnen gelungen. Doch da hatten sie bereits so viel Benzin verbraucht, dass sie es für sicherer erachteten, auf dem Eis in der Muschelbucht zu landen, da sie wussten, dass die »Braganza« dort in ein paar Tagen erwartet wurde. Diese Landung war eine Herausforderung an Flugzeugheck, Schwimmer und die Streben gewesen – aber sie hatten es ohne größere Schäden geschafft. In der Muschelbucht waren sie über das Meereseis zur Jagdhütte von Rudolf Svendsen gegangen, wo sich auch Kapitän Sora und die Gebirgsjäger aufhielten. Keiner von ihnen hatte etwas von der »Braganza« gesehen. Der Jäger hatte kein Funkgerät, deshalb war es unmöglich, eine Nachricht an die »Hobby« zu schicken, um sie zu informieren, dass die F.36 und ihre Mannschaft wohlbehalten waren.

Das Flugzeug hatte Treibstoff für ungefähr anderthalb Flugstunden gehabt. Das reichte nicht, um nach der »Hobby« zu suchen, die nach drei Tagen die Position verlassen haben konnte, von der aus sie gestartet waren, aber genug für eine kleine Erkundungstour. Aber auch bei dieser wurde keine Spur vom Luftschiff oder Überlebenden gefunden. Als die F.36 wieder vor Rudolf Svendsens Jagdhütte landete, waren nur noch 30 Liter Flugbenzin im Tank.

Am folgenden Tag, dem 9. Juni, entdeckten sie gegen ein Uhr eine schwarze Rauchsäule am Horizont. Das war der Kohlequalm der »Braganza«, die sich endlich der Muschelbucht näherte. Lützow-Holm und Myhre kippten den letzten Benzinvorrat in einen Tank, damit das Flugzeug noch den letzten Tropfen des verbliebenen Treibstoffs nutzen konnte. Damit flogen sie zur »Braganza«, umkreisten das Schiff und warfen einen Kasten mit einem Bericht, was mit ihnen geschehen war, an den Regierungsbevollmächtigten hinunter.

Außerdem baten sie darin um Flugbenzin und Motorenöl. Als sie auf ihrem alten Landeplatz in der Muschelbucht wieder aufsetzten, waren nur noch fünf Liter Benzin im Tank.

Damit beendete Lützow-Holm seinen Bericht – ohne ein Wort über Mut, Kühnheit oder Erschöpfung. Nach der »Italia«-Havarie zeigte sich der Heldenmut bei den vielen Rettungsexpeditionen in vielen Gewändern. Dieses war die norwegische Variante – nüchtern, doch mit einem zufriedenen Stolz darüber, dass die Männer und die Ausrüstung die Prüfungen bestanden hatten.[46]

# KAPITEL 10

# Verzweiflung

In einer Notsituation kann ein Mensch mit sehr wenig zurechtkommen. Nach der Havarie war es Nobiles Mannschaft gelungen, ziemlich viel zusammenzusuchen, was nötig war, um für einige Zeit auf dem Eis überleben zu können. Sie hatten Schokolade gefunden, Zucker, Milchtabletten, ein wenig Butter und eine große Menge Pemmikan. Insgesamt hatten sie 170 Kilo lebensnotwendige Nahrung. Verteilt auf neun Männer und mit der deprimierenden Aussicht, es könnten möglicherweise bis zu 70 Tage vergehen, bevor sie gefunden wurden, hieß das 300 Gramm, ungefähr 1200 Kilokalorien pro Mann pro Tag. Nicht viel, aber genug, dass sie zurechtkommen könnten.[47]

Als der Tod selbst ihnen ins Gesicht starrte, schien es ein nur unwichtiges Problem zu sein, dass keiner von ihnen den Geschmack des Pemmikans ertragen konnte. Nobile hatte einen Typus erarbeitet, der dem italienischen Gaumen entsprechen sollte.[48] Doch das hatte nur wenig genützt, wie sich herausstellte. Kalt waren die graubraunen Platten fast ungenießbar. Aufgewärmt wurde das Pemmikan zu einer fetten, stinkenden Grütze. Am ersten Tag auf der Eisscholle wurden deshalb Schokoladenstücke, Milchtabletten und ein wenig Zucker an die Männer ausgeteilt. Von dieser Sorte Proviant gab es nicht viel, also mussten sie sparen. Und es war unbedingt notwendig, eine Möglichkeit zu finden, dem Pemmikan den richtigen Geschmack zu geben, so dass alle in der Lage waren, es zu essen.

Ein Mensch kann wochenlang ohne etwas zu essen auskommen, aber ohne Wasser überlebt er nicht länger als fünf Tage. Die Männer befanden sich auf einer Eisscholle, das Meer rund um sich herum. Pfützen mit Schmelzwasser bedeckten fast die gesamte Scholle, doch der erfahrene Malmgren warnte sie davor, dieses Wasser zu trinken. Es war zu salzig, wie er erklärte. Vielleicht nicht so salzig wie das Meer rundherum, dennoch salzig genug, dass sie davon immer durstiger würden, immer mehr tränken – bis sie krank würden. Der schwedische Dozent zeigte ihnen, was am sichersten war – Blöcke aus hartem, gräulichem Eis unter einer Lage von Schnee, so hoch wie möglich auf der Spitze von Eishügeln. Hier war das Salzwasser abgetropft, und das Eis konnte zu fast reinem Frischwasser schmelzen. Malmgren hatte ein paar leere Konservendosen von einer Mahlzeit gefunden, die sie an Bord der Gondel verzehrt hatten. Er füllte eine von ihnen mit Eisstücken und stellte sie zum Tauen ins Zelt, wo die Körperwärme aller Männer die Temperatur über null hielt. Anschließend war es die Aufgabe aller, Eis zu holen und es in die Dosen zum Schmelzen zu packen.

Essen und Wasser kamen zuerst, anschließend der Komfort. Sie hatten mehr als Glück, dass sie das Zelt gerettet hatten, auch wenn es klein und ohne Boden war. Der Fund von Nobiles Schlafsack, den er um sich gewickelt gehabt hatte, als er die Navigationskarten studierte, war ein weiterer Glückstreffer. Der Sack wurde geöffnet und mitten im Zelt auf das Eis gelegt. Die beiden, die am schwersten verletzt waren, bekamen darauf ihren Platz – Cecioni mit zwei gebrochenen Beinen, während Nobile einen Arm gebrochen hatte, einen Knöchel und mehrere Rippen. Zappi, der ja vor der Abreise in Rom einen Erste-Hilfe-Kurs absolviert hatte, sammelte Holzstücke und schiente die Brüche. Malmgrens Schulter durfte er nicht anfassen. Der Schwede weigerte sich, die warme Polarjacke auszuziehen.

Nobile schnitt ein Stück Stoff zurecht und machte daraus eine Schlinge, in der Malmgrens Arm ruhen konnte.

In der ersten Nacht schliefen alle vor Erschöpfung. Später war es schlechter um den Schlaf bestellt. Das Zelt schützte zwar vor dem eiskalten Wind, es war aber unangenehm eng. Nach nur wenigen Tagen stank es nach ranzigem Essen und schmutzigen Körpern. Bei ruhigem Wetter zogen es einige der Überlebenden vor, sich draußen hinzulegen, damit sie für eine Weile ungestört ruhen konnten.

Sie hatten einen Funkempfänger und einen Sender, was fast zu schön war, um wahr zu sein. Es war zwar schwierig, aber nicht unmöglich gewesen, die Anlage zu installieren. Schon nach kurzer Zeit konnte der Funker sagen, dass zumindest der Empfänger funktionierte. Aber was war mit dem Sender? Es schien, als wäre auch er funktionstüchtig, aber auf die wiederholten SOS-Signale erhielten sie keine Antwort. Es war für Biagi eine Geduldsprobe, jede Stunde aus dem Zelt zu kriechen, Antenne, Batterien und Sender miteinander zu verbinden und das jämmerlich schwache Signal auf dem 30-Meter-Band zu telegraphieren: »SOS Italia, General Nobile.«

Anschließend löste er die Batterien wieder, nahm sie mit ins Zelt, wo der Empfänger stand, und setzte sich die Kopfhörer auf. Er lauschte nach einer Antwort. Schluckte die Enttäuschung hinunter, weil niemand sie hörte. Begegnete den Blicken der unzufriedenen, ängstlichen Männer. Hörte die negativen Bemerkungen, dass das alles doch sinnlos sei, er könne ebensogut gleich aufgeben. Eine unmenschliche Ausdauer war dazu nötig.

Der 24-jährige Giuseppe Biagi war der richtige Mann für diese Aufgabe. Rein und raus aus dem Zelt, geduldig wie ein arktischer Sisyphos, taub gegenüber höhnischen Bemerkungen und blind gegenüber hoffnungslosen Gesichtern. Er war der einzige Funker unter ihnen. Solange die Batterien hielten, wollte er weiterhin senden und horchen, senden und horchen. Die Handlung war das Ziel. Das Ergebnis lag nicht in seiner Hand. Nobile, der begriff, wie wichtig es war, dass er aushielt, versprach ihm eine ganze Tafel Schokolade nur für sich allein, wenn er Kontakt zur »Città di Milano« bekäme.

Mariano und Zappi waren beide tüchtige Nautiker. Später, als der Nebel verschwand und sie die Sonnenhöhe einigermaßen korrekt ablesen konnten, stellte sich heraus, dass die Positionen, die sie vor der Havarie berechnet und blind an die »Città« telegraphiert hatten, falsch gewesen waren. Das Luftschiff befand sich viel weiter östlich, als sie geglaubt hatten. Nach einer ganzen Reihe von Sextantenablesungen mit der korrekten Zeit vom Funkempfänger stellte sich heraus, dass sie sich auf 82 Grad, 14 Minuten nördlicher Breite und 25 Grad, 25 Minuten östlicher Länge befanden. Das war eine wichtige Information, die an das Expeditionsschiff in Ny-Ålesund weitergegeben werden musste, damit die Rettungsmannschaften in der richtigen Gegend suchten.

Als der Himmel auch im Süden aufklarte, sahen sie zu ihrer Verblüffung, dass sie tatsächlich dem Land ziemlich nahe waren. Sie konnten die Konturen von Bergen und Gletschern erahnen. Das gab ihnen Mut, war aber auch Grundlage für unrealistische Erwartungen. Einige der Männer begannen untereinander darüber zu diskutieren, ob es wohl die Möglichkeit gebe, selbst bis zu den Ufern entlang Nordostlands zu gelangen, um Hilfe weiter im Westen zu holen. Ein derartiger Marsch kam nicht für alle infrage, was jedoch keiner von ihnen laut sagte. Weder Cecioni noch Nobile hatten die Hoffnung, sich übers Meereseis fortbewegen zu können.

In der Nacht vom 28. auf den 29. Mai bekamen die Männer im Zelt unerwarteten Besuch. Mariano und Zappi, die um Mitternacht draußen die Sonnenhöhe ablasen, waren auf einen Eisbären aufmerksam geworden, der in ihrem Bereich herumstreifte. Anfangs schien er nicht besonders am Zelt interessiert zu sein, aber nach einer Weile kam er so nahe, dass die beiden Nautiker hineingingen und die anderen weckten. Malmgren griff sich den Colt, der an einer Leine mitten im Zelt hing. Er ging ein Stück von der Gruppe fort und kniete sich hinter einen Eisblock. Der Bär kam ständig näher. Malmgren wartete. Als nur noch ein paar Meter Abstand zu dem Tier waren, feuerte er zwei Schüsse ab. Der Bär zuckte zusammen, trottete einige Meter übers Eis, dann fiel er zu Boden. Malmgren schlich sich vorsichtig näher und verschwand hinter einer Eishöhe. Kurz danach hörten die anderen Männer drei Schüsse in schneller Folge.

Der Bär war tot. Plötzlich hatte das Lager ein großes Angebot an frischem Fleisch. Die Italiener versammelten sich um Malmgren und wollten ihm gratulieren, doch dieser wandte sich ab und sagte nur, sie müssten den Bären häuten, solange er noch warm war. Sonst könnte es schwierig werden, das dicke Fell herunterzubekommen. Am gleichen Abend bereiteten Malmgren und Trojani in dem Benzinkanister, der als Kochgeschirr benutzt wurde, eine Festmahlzeit. Trojani sammelte alles zusammen, was er von dem zersplitterten Gondelboden und den Streben der Gondel finden konnte. Malmgren entzündete das Feuer und kochte mehrere Stücke Bärenfleisch in dem Schmelzwasser. Salz oder Gewürze hatten sie nicht. Sie hatten nicht daran gedacht, so etwas in der Gondel mitzunehmen. Es gab nur einen Teller, von dem man essen konnte, eine Thermostasse mit selbst gemachtem Henkel – einem Holzstückchen, das mit Draht festgebunden war. Alle mussten warten, bis sie dran waren. Die größten Fleischstücke waren sehnig und schwer zu kauen, aber alle waren begeistert und lobten die Mahlzeit. Selbst die blutige Suppe voller Holzstückchen wurde bis zum letzten Tropfen ausgetrunken.

Mitten in dem Jubel über den erlegten Eisbären geschah noch etwas anderes in dieser Nacht, fast unbemerkt – etwas, das ernste Konsequenzen für die Überlebenden zur Folge haben konnte. Als Mariano und Zappi endlich die Ruhe fanden, die Position des Tages zu berechnen, stellte sich heraus, dass diese von der vor zwei Tagen erheblich abwich. Die Messungen ergaben jetzt eine Ortung für die Eisscholle bei 80 Grad, 49 Minuten nördlicher Breite und 26 Grad, 20 Minuten östlicher Länge. Die Italiener konnten selbst sehen, dass sich das Eisfeld um sie herum verändert hatte, die Landkonturen erschienen ihnen viel näher. Ungläubig stellten sie fest, dass die Eisscholle mit dem Zelt sich tatsächlich im Laufe von nur zwei Tagen mehr als 30 Kilometer weit bewegt hatte.

Es gab kein Privatleben auf der kleinen Scholle. Das Zelt bot keinen Schutz vor Mithörern. Gespräche, die scheinbar im Verborgenen stattfanden, konnten nicht lange geheim gehalten werden. Der Tscheche Běhounek war schockiert und besorgt, als er eines Tages eine Diskussion von Mariano und Zappi im Zelt mit anhörte, während er selbst draußen stand. Das, was da vor sich ging, erschien ihm als äußerst illoyal, fast wie eine Art Konspiration.[49] Ohne dass sie ihre Pläne mit dem Leiter der Expedition besprochen hatten, redeten Zappi und Mariano davon, die Gruppe der Überlebenden zu teilen. Die beiden Nautiker wollten über das Meereseis zum Land gehen und somit diejenigen in der Gruppe verlassen, die ihnen bei einem derartigen Marsch nicht würden folgen können. Běhounek verstand ein wenig Italienisch. Er hörte deutlich Mariano zu Zappi sagen: »*Facciamo segreto!*« (Lass uns das geheim halten!) Den beiden Marineoffizieren muss klar gewesen sein, dass ihre Pläne fast an Meuterei grenzten.[50]

Als Mariano später aus dem Zelt kam, tat Běhounek, als hätte er nichts gehört und fragte ihn, wie er denn die Situation auf der Eisscholle einschätzte. Mariano antwortete nur kurz und erwähnte nichts von seinem und Zappis Plan. Dem tschechischen Forscher schien es so, als sähe er seinen Kollegen jetzt mit ganz anderen Augen. Der früher so elegant erscheinende italienische Marineoffizier war schon seit mehreren Tagen nicht aus seiner Fellkleidung herausgekommen. Das Gesicht war schmutzig und mit rotblonden Bartstoppeln bedeckt. Die Augen waren rot vom Schlafmangel. Selbst mit all den Funden, die sie glücklicherweise nach der Havarie gemacht hatten, würde das Überleben der Gruppe nicht zuletzt von der psychischen Belastbarkeit abhängen, ebenso sehr wie von Essen, Wasser und Schutz vor der Kälte.

Mariano stand da und trat im Schnee nach einem schwarzen Holzstück, er schien fast verlegen zu sein. Schließlich hob er es auf und drehte es um. Und da zeigte sich, dass es eine geschnitzte Marienfigur mit dem Jesuskind war. Ohne ein weiteres Wort für Běhounek grub Mariano mit den Fingern oben auf einer Schneewehe neben dem Zelt ein Loch. Hier hinein stellte er die Madonnenfigur, fast wie auf einen kleinen Altar. Es schien, als hinge die Rettung von mehr als menschlichem Einsatz ab.

Es vergingen nur wenige Stunden, bevor die ganze Gruppe der Überlebenden begriff, was da vor sich ging. Alle wollten mit auf den Marsch zum Land, aber keiner wollte es laut aussprechen. In seiner Verzweiflung versuchte Cecioni Wrackreste von der Gondel zusammenzusuchen und sie zu einem Schlitten zu binden, aber ohne Erfolg. Bei dem ersten Versuch, den Schlitten übers Eis zu ziehen, fiel er bereits nach wenigen Metern auseinander. Es gab keine Möglichkeit, Nobile und Cecioni bei einem Marsch zum Land mitzunehmen.

Als Nobile endlich am Abend des 29. Mai beim Essen die Pläne präsentiert wurden, blieb er ruhig. Zappi und Mariano hatten Malmgren überredet, das Wort zu führen. Nobile ließ den Schweden voll Leidenschaft über die Bewegungen des Eises in der Meeresströmung sprechen – 30 Kilometer in zwei Tagen! – und über das Risiko, mit der Eisscholle abgetrieben zu werden, bis sie draußen im offenen Meer südöstlich von der jetzigen Position schmelzen würde. Sie hatten die einmalige Gelegenheit, an Land zu kommen. Schließlich waren sie ja der Küste von Nordostland unglaublich nahe, nur wenige Kilometer entfernt. In ein oder zwei Tagen würden sie vielleicht wieder weitertreiben. Diese Chance käme möglicherweise nie wieder.

Besorgt erkannte Nobile, dass auch Viglieri und Biagi sich von dem fieberhaften Wunsch, vom Lager aufzubrechen, hatten anstecken lassen. Keiner von ihnen schien sich der Problematik bewusst zu sein, was die Einschätzung von Entfernungen in der kristallklaren Luft und bei der flachen Perspektive auf dem Meereseis in der Arktis betraf. Selbst bei diesigem Wetter konnte es so scheinen, als befänden sich weit weg gelegene Landmassen viel näher, als sie es in Wirklichkeit taten.

Es war keineswegs unwahrscheinlich, dass sie von einem Phänomen befallen waren, das unter dem Namen Polarpsychose bekannt war. Dieser Zustand innerer Rastlosigkeit zeigte sich als eine Sehnsucht danach, unbedingt etwas tun zu wollen, ein psychischer Juckreiz, der zuletzt unerträglich wurde. Es war wohl am erstaunlichsten, dass nur so wenige der Italiener auf der Eisscholle diese Symptome zeigten – ein Zeichen persönlicher Stärke bei den Männern und nicht zuletzt der guten Führung von Nobiles Seite.

Der Expeditionsleiter, Ingenieur und Fabrikdirektor Umberto Nobile war demokratisch eingestellt. Er war ein Mann, der seinen Leuten zuhörte und die Situation aufgrund der Ratschläge derjenigen beurteilte, die er als am besten qualifiziert ansah. Obwohl er schwer unter den schmerzhaften Brüchen in Handgelenk und Knöchel litt, bewahrte er die Ruhe und seine psychische Kraft. Er war dagegen, die Gruppe zu teilen, ließ das jedoch unter den Überlebenden ausdiskutieren. Wäre er ein anderer Typ von Anführer gewesen, hätte er sicher der Diskussion mit einem kurzen Befehl ein Ende bereitet und erklärt, dass damit die Sache erledigt sei und sie zusammenhalten sollten. Nobile fehlte die Erfahrung mit dieser Art von Expeditionen in den Polargebieten. Er hatte nicht die notwendige Brutalität, die von dem Leiter einer Gruppe von Menschen in Lebensgefahr gefordert wird, nicht den unbeugsamen Willen, der notwendig ist, um die anderen zu zwingen, sich seiner eigenen Auffassung unterzuordnen.

Běhounek war der Erste, der am nächsten Morgen aus der Zeltöffnung hinauskroch. Der Landstreifen am südlichen Horizont war deutlicher geworden. Er sah die Konturen strahlend weißer Gletscher und Bergspitzen. Laut einer der Karten, die sie aus den Wrackresten der Gondel gerettet hatten, könnte das Foynøya sein.

Vier Tage mit regelmäßigen Funksprüchen waren vergangen, ohne dass jemand sie gehört hatte. Nobile, der sich wegen seiner Knochenbrüche größtenteils im Zelt aufhalten musste, begriff, dass es nicht länger möglich war, Zappi und Mariano zurückzuhalten. Malmgren schien auch vollkommen überzeugt davon zu sein, dass ein Marsch aufs Land zu, an dem nur die Stärksten teilnahmen, die Rettung für sie alle bedeutete. Běhounek ergriff das Wort bei der aufkommenden Diskussion.

Ihm sei schon klar, sagte er, dass er selbst nicht als Teilnehmer des Marsches in Frage kam – groß und schwer wie er war und in schlechter Kondition nach vielen Jahren passiver Arbeit in Labor und Büro. Weder Cecioni noch Nobile konnten mitkommen. Und Trojani auch nicht, der die meiste Zeit mit hohem Fieber apathisch im Zelt lag.

Der Tscheche wurde immer verzweifelter, als er begriff, dass seine Worte Biagi und Viglieri nur dazu brachten, noch hartnäckiger darauf zu bestehen, bei Malmgrens Gruppe, wie sie sie nannten, dabei zu sein. Běhounek selbst hegte keinen Zweifel daran, dass Zappi die treibende Kraft hinter dem Marsch aufs Land zu war, auch wenn er in den Tagen seit der Havarie kaum mit jemandem gesprochen hatte.[51]

Wieder sprach Malmgren für die anderen beiden. Er sagte in ruhigem Ton, dass sie Běhounek nicht mit drei kranken Männern allein zurücklassen sollten und Nobile den einzigen Mann nehmen, der das Funkgerät bedienen konnte. »Ich bin ein Gentleman«, sagte er, »und wenn Biagi mitgeht, dann werde ich bleiben.«[52]

Danach gab es nicht mehr viel hinzuzufügen. Zappi und Mariano erklärten beide, dass Malmgren mit ihnen an dem Marsch teilnehmen könne, wenn er es wolle, die anderen jedoch bei Nobile am Zelt bleiben sollten. Der junge Leutnant Viglieri sank in sich zusammen. Er weinte, als er einen kurzen Brief an seine Familie auf einen der vielen Zettel schrieb, die Malmgren überreicht bekam. Das taten die anderen auch, nachdem sie das, was sie als letzten Gruß an ihre Familie daheim ansahen, verfasst hatten. Keiner hegte auch nur den geringsten Zweifel daran, dass die drei Männer, die sie jetzt verlassen wollten, die besten Überlebenschancen von allen hatten.

Běhounek sah Malmgren als einen seiner besten Freunde

an. Er unternahm einen letzten Versuch, den schwedischen Dozenten zur Seite zu nehmen und ihm ins Gewissen zu reden. Soweit der Tscheche wusste, war es in derartigen Situationen wie ihrer eigenen hier oft dazu gekommen, dass die Überlebenden sich in mehrere Gruppen aufteilten. Der Tscheche wusste von keinem einzigen Mal in der Geschichte der Polarerforschung, dass es für die Ausbrechergruppe gut gegangen sei. Doch, vielleicht ein einziges Mal: Als Hjalmar Johansen in eisiger Kälte auf Kristian Prestrud wartete und ihn voller Heldenmut nach Framheim in Sicherheit brachte – nach Roald Amundsens erstem Versuch, im September 1911 den Südpol zu erreichen. Der Tscheche erwähnte ein anderes Beispiel, das Malmgren vertrauter war: Als Peter Tessem und Paul Knudsen Maudheim in der Tscheljuskin-Bucht verließen und sich entlang der sibirischen Küste auf eine Schlittenreise begaben, die für beide tödlich endete. Und war Malmgren nicht selbst verletzt? Würde er einen Marsch über das Meereseis mit seiner verletzten Schulter schaffen? Malmgren erwiderte nur, dass es der Schulter schon viel besser gehe. Er hatte eine Entscheidung getroffen und war von ihr nicht mehr abzubringen.

Proviant und Ausrüstung wurden zwischen den beiden Gruppen aufgeteilt. Malmgren bekam einen Rucksack, in dem er seinen Teil der Ausrüstung tragen konnte. Die drei Männer nahmen nichts von dem Bärenfleisch mit, weil sie es nicht kochen konnten und nicht roh essen wollten. Aber sie bekamen 18 Kilo an anderem Proviant mit, genau ein Drittel von den Lebensmitteln, die aus der zerbrochenen Gondel geborgen worden waren. Außerdem erhielten sie einen Sextanten, ein Heft mit den errechneten Sonnenhöhen und ein Fernglas. Drei Kompasse waren nach der Havarie gefunden worden, aber sie waren zu schwer, um bei dem Marsch übers Eis getragen zu werden. Malmgren holte seinen eigenen kleinen Taschenkompass heraus und gab ihn Mariano.

Es kam zu einer kurzen, aber verbissenen Diskussion darüber, welche Gruppe den Revolver bekommen sollte. Doch in diesem Punkt ließ Nobile nicht mit sich reden. Der Revolver musste im Zelt bleiben, da weder Cecioni noch er selbst die Möglichkeit hätten zu fliehen, sollten sie erneut Besuch von einem Eisbären bekommen. Mariano und Zappi durften jeder sein Messer und eine Axt mitnehmen. Und sie erhielten auch die einzige Decke, die die Überlebenden gefunden hatten sowie einen zusätzlichen Polaroverall. Malmgren füllte Benzin in vier Thermoskannen, nahm jedoch zum Schluss nur zwei mit. Das Benzin sollte benutzt werden, wenn sie ausnahmsweise das Pemmikan zur Suppe erhitzen wollten. Keiner fragte nach, was sie denn als Brennstoff benutzen wollten, und auch nicht, wie sie Eis zu Trinkwasser zu schmelzen gedachten.

Mariano und Zappi trugen jeder seine Kiste mit Ausrüstung und Proviant an provisorischen Schnüren auf dem Rücken. Malmgren warf sich den Rucksack über die verletzte Schulter und wäre von dem Gewicht fast in die Knie gezwungen worden. Nobile und Cecioni kamen aus dem Zelt, auf die Männer gestützt. Umarmungen und Verabschiedung folgten. Es waren inzwischen bereits fünf Tage seit der Havarie vergangen, als die drei Ausreißer langsam das Lager verließen und über das Meereseis stapften. »Auf Wiedersehen!«, rief Cecioni ihnen fröhlich nach. Er war überzeugt davon, dass sie umkehren und zurückkommen würden. Doch er irrte sich.

Der Marsch über das Eis schien unwirklich langsam vonstatten zu gehen. Mariano, Zappi und Malmgren brauchten zwei Tage, um aus dem Blickfeld der Überlebenden bei dem Zelt zu kommen.

# KAPITEL 11

# Kontakt

Nobile fühlte sich erleichtert, nachdem er von den drei Männern Abschied genommen hatte, die über das Meereseis gehen wollten, um Hilfe zu holen.[53] Die Diskussionen darüber, wer von den neun Überlebenden das Zeltlager verlassen sollte, wie die Ausrüstung aufgeteilt werden sollte und welche Chancen Mariano, Zappi und Malmgren hatten, Festland zu erreichen, waren nervenzehrend gewesen, besonders Cecionis vollkommen unrealistische Pläne abzuschmettern, nach denen die gesamte Gruppe sich in einem verzweifelten Vorstoß zu den so verlockend erscheinenden Konturen von Foynøya aufmachen sollte. Nur der große, schwere und teilweise invalide Chefmechaniker glaubte, die anderen Männer könnten ihn und Nobile über das aufgebrochene Meereseis transportieren. Aber niemand hatte das Herz, ihm das ins Gesicht zu sagen, nachdem er sich mithilfe der Arme vorwärtsgeschleppt hatte, um Wrackreste einzusammeln, die er zu einem Schlitten zusammenbinden wollte.

Nach dem feierlichen Abschied gab es keine weiteren Diskussionen mehr, keine neuen Pläne, keine gegenseitigen Vorwürfe. Die Teilnehmer, die beim Zelt zurückgeblieben waren, hatten ihre Grüße an die Familie und Freunde geschrieben – einige von ihnen waren überzeugt davon, dass es sich dabei um ihre letzten Worte für die Daheimgebliebenen handelte. Nobile war der Meinung, dass die ausgeglichensten und ruhigsten der Überlebenden beim Zelt geblieben waren. Die

Unruheelemente hatten das Lager verlassen – diejenigen, die seine Entscheidungen immer wieder in Frage gestellt hatten, die eine der einfachsten und normalsten Aktivitäten in der Arktis nicht aushalten konnten: zu warten.

Die sechs Italiener im Zelt fanden sich bald mit ihrem Schicksal ab. Sie hatten zwei der stärksten und am wenigsten verletzten Männer verloren. Und der einzige Mann mit Polarerfahrung hatte sie verlassen. Aber es war nicht alles schlecht, wie sie sich gegenseitig versicherten. Sie hatten Proviant für ungefähr zwei Monate. Das Zelt gab ihnen Schutz vor dem beißend kalten Wind. Und jetzt zu sechst hatten sie mehr Platz. Und nicht zuletzt: Sie hatten das Funkgerät.

Als Mariano, Zappi und Malmgren zwei Tage nach ihrem Aufbruch aus dem Zeltlager hinter einer Eisbarriere verschwanden und somit das Lager nicht mehr sehen konnten, passierten sie damit eine unsichtbare Pforte in eine arktische Hölle. Foynøya war doch so nahe gewesen, das Eis hatte aus der Ferne so glatt und eben ausgesehen. Die Entfernung zum Land war ihnen als eine kurze Marschdistanz erschienen. Doch Malmgren hätte wissen müssen, dass sie eventuell niemals an ihr Ziel gelangen würden. Aufgrund seiner Erfahrung mit dem Meereseis während der »Maud«-Expedition hätte er erkennen müssen, dass die Aufgabe, die sie sich auferlegt hatten, eigentlich nicht zu meistern war. Bereits nach wenigen hundert Metern stolperte er und fiel auf die verletzte Schulter. Zappi, ein großer starker Bär von einem Mann, nahm ihm den Baumwollrucksack ab. Ab da trug Zappi den Sack des Schweden vor dem Bauch und seine eigene Holzkiste auf dem Rücken, mit Schnüren festgebunden.[54]

Es war für die unerfahrenen Italiener fast unmöglich, sich vorher vorzustellen, wie schwierig es sein würde, sich auf dem

Meereseis vorwärtszubewegen. Den einen Moment kletterten die Männer über eine Eisbarriere, um im nächsten Augenblick durch die Schneedecke durchzubrechen, direkt in eine Pfütze aus Schmelzwasser. Die Männer stolperten und rutschten, fielen und hatten Mühe, wieder aufzustehen. Sie gelangten an Wasserspalten, die zu breit waren, um darüber zu springen, suchten stundenlang nach einer Möglichkeit, auf die andere Seite zu gelangen, schätzten diese falsch ein und fielen hinein. Nach nur wenigen Stunden war ihre Kleidung nass und kalt. Sie waren erschöpft und hätten sich am liebsten hingelegt, um auszuruhen. Das Zeltlager, das sie voller Optimismus verlassen hatten, erschien ihnen immer noch unwirklich nahe zu sein. Aber es wäre beschämend gewesen, hätten sie aufgegeben, während sie in noch hörbarem Abstand von den Kameraden waren. Das trieb sie trotz der Qualen weiter voran, Schritt für Schritt.

Finnschuhe sind eine Art Fellschale aus vielerlei Material – Fell, Birkenrinde oder Leder. Nobile hatte auf die »Italia«-Expedition welche aus Rentierfell mit Socken aus dickem Wollfilz mitgenommen. Ausgezeichnetes Schuhwerk in Kälte und bei trockenem Schnee, aber hoffnungslos ungeeignet bei nassem Meereseis. Sie gaben den Knöcheln keinerlei Stütze und boten auf dem glatten Schnee keinen Halt. Die Nähte lösten sich und waren bereits nach dem ersten Tag kaputt.

Als die drei Männer sich schließlich hinlegten, um auszuruhen, hatten sie kein Zelt über sich, nur eine Decke. Es war so gut wie unmöglich, auf dem harten, nassen Eis zu schlafen. Die meiste Zeit lagen sie in einer Art Dämmerzustand, unruhig nach möglichen tapsenden Schritten von Eisbären lauschend, die sich ihnen nähern könnten. Der Revolver war im Lager geblieben. Sie hatten keine andere Waffe als ein Messer und eine Axt, um sich eventuell zu verteidigen. Die Mitternachtssonne stach ihnen in die Augen, selbst wenn sie geschlossen waren.

Am nächsten Tag war Malmgren schneeblind, ein schmerzhafter Zustand, bei dem die Augen brennen, als befänden sich glühende Körnchen auf der Netzhaut, so dass es unmöglich ist, sie offen zu halten. Dennoch stolperten sie weiter, angeführt von einem hektischen, ungeduldigen Zappi. Er trieb die beiden anderen weiter aufs Ziel zu, mal aufmunternd, mal wütend darüber, dass es mit ihnen so langsam voranging. Noch ein Tag, und auch Mariano war schneeblind.

Nobile hatte den Proviant gerecht zwischen den neun Männern aufgeteilt. Zappi, Mariano und Malmgren hatten also zusammen ein Drittel der Schokolade, der Milchtabletten, der Butter und des Zuckers bekommen. Aber auch ihr Proviant bestand größtenteils aus Pemmikan. Malmgren hatte darauf bestanden, eine Zweiliterkanne mit Benzin mitzunehmen. Streichhölzer hatte er auch, aber so gut wie nichts an Holz, das sie entzünden könnten. Der übelriechende, fettige Pemmikan musste größtenteils roh gegessen werden.

Man weiß nicht, ob den beiden italienischen Offizieren klar war, was wohl ihr größtes Problem bei ihrem Marsch aufs Land sein würde. Malmgren wusste es und hatte bereits am ersten Tag nach der Havarie die Männer im Zeltlager vor dieser Gefahr gewarnt. Sie durften nicht aus den Schmelzwasserpfützen trinken, denn dieses Wasser enthielt Salz. Davon würden sie immer durstiger werden. Und wenn sich das Salz im Körper ansammelte, kam es zu Halluzinationen, sie würden sich psychotisch verhalten und außer Stande sein, die eigene Situation realistisch einzuschätzen. Doch die drei Männer hatten keine andere Wahl als Schnee zu essen, Eisstücke zu lutschen oder von dem salzigen Schmelzwasser zu trinken.

Sie machten die Nacht zum Tag, marschierten des Nachts und schliefen am Tag, um Marianos und Malmgrens Augen zu schonen. Die Sehnsucht nach festem Boden unter den Füßen, die Hoffnung, bald auf dem Ufer von Foynøya zu stehen, nahm stetig ab – im Takt mit den Konturen der Berge und Gletscher, die unter den Horizont sanken. Die Strömungsrichtung des Eises hatte sich gedreht. Sie entfernten sich schneller vom Land, als sie gehen konnten.

Dennoch machten sie weiter. Verbissen, halb bewusstlos vor Durst, Hunger und Schneeblindheit, stolperten sie weiter über das Meereseis. Die Sonne verbrannte Tag und Nacht ihre Gesichter, Hände und Füße schmerzten höllisch. Malmgren war der Erste, dessen Füße so stark erfroren, dass er nicht länger das Gleichgewicht halten konnte. Da packte Zappi ihn und trug ihn halb, halb zog er ihn hinter sich her.

Das Wetter wechselte immer wieder zwischen quälend warmen und kalten Tagen, Schneestürmen, die kamen und gingen. Aber die meiste Zeit liefen sie aufs Geratewohl durch dicken Eisnebel und konnten nur wenige Meter weit sehen. In ihrer Ausrüstung befand sich ein Chronometer und ein Sextant, doch selbst, wenn sie die Kräfte dafür gehabt hätten, wäre es an den meisten Tagen schwierig gewesen, die Sonnenhöhe zu bestimmen. Malmgrens kleiner Taschenkompass, den er vor dem Aufbruch Mariano gegeben hatte, reichte nicht aus für die Navigation ohne Landmarken, an denen man sich hätte orientieren können. In alle Richtungen lag um sie herum die gleiche Landschaft, Schollen aus Meereseis, schwarze Wasserspalten, aufgetürmte Eisberge, schneebedeckte Eisblöcke. Der Marsch war zu einem Albtraum geworden, einer dem Zufall überlassenen Wanderung kreuz und quer durch die Eiswüste. Trotz Zappis übermenschlicher Ausdauer näherten sie sich nicht dem Land, sondern dem eigenen gnadenlosen Untergang.

Einer der eher rationalen Gründe für den Aufbruch der Malmgren-Gruppe aus dem Zeltlager, das jetzt aus zwei Schwerverletzten und vier unerfahrenen Männern bestand, war das Ziel, das Land zu erreichen, um Hilfe zu holen. Das sahen sie als einzige Rettung für die neun Überlebenden an. Immer wieder hatten sie unter erbitterten Diskussionen betont, dass das Funkgerät nicht funktionierte. Auf Kontakt mit der »Città di Milano« zu hoffen, war nur eine Selbsttäuschung. Niemand hörte die Signale, die Biagi so beharrlich weiter hinaussandte. Die Akkumulatorbatterien waren außerdem kurz vor ihrer Entladung.

Aber tatsächlich *hatte* Biagi etwas mit dem kleinen Notsender erreicht, noch bevor Mariano, Zappi und Malmgren das Lager verließen. Er hatte den Funkempfänger auf eine Wellenlänge von 32 Meter eingestellt und bereits einen Tag nach der Havarie die kommerzielle Rundfunkstation San Paolo hereinbekommen, einen Nachrichtensender für Rom. Der Sender war stark genug, um deutlich empfangen zu werden, selbst wenn die Antenne draußen auf der Eisscholle aus mehreren Kabelstücken zusammengesetzt und mit Hilfe von Resten von Aluminiumrohren, die die Überlebenden verstreut auf dem Absturzplatz gefunden hatten, aufgerichtet worden war. Eine direkte Kommunikation in beide Richtungen war Biagi nicht gelungen. Niemand schien sie zu hören. Die Stimmung unter den Männern auf der Eisscholle wechselte zwischen Hoffnung und Verzweiflung, aber es half trotz allem ein wenig, andere Stimmen dort draußen zu hören, die Italienisch sprachen.

Ohne dass Biagi davon wusste, war jedoch auch das schwache Sendesignal aus dem Zeltlager gehört worden. Bereits am 3. Juni meldeten lokale sowjetische Zeitungen, dass Signale, die wahrscheinlich von der »Italia« stammten, von einem jungen Funkamateur in Sibirien, Nikolai Schmidt aus dem Dorf Vokhma unweit von Archangelsk, empfangen worden waren. Der Funkamateur hatte keinen Sender und konnte deshalb nicht auf das Notsignal antworten, informierte jedoch die sowjetischen Behörden über den Kontakt. Schmidt hatte auch kein Telefon und musste deshalb zum nächsten öffentlichen Büro fahren. Von dort dauerte es seine Zeit, bevor die Nachricht über offizielle Kanäle nach Italien übermittelt wurde.

Die Überlebenden auf dem Eis wussten nichts davon, dass ihre Funksignale in Sibirien gehört worden waren. Stattdessen hörten sie via San Paolo zu ihrer großen Frustration, dass andere Radioamateure von Kontakten berichteten, aber mit einer absolut falschen Position der Überlebenden. Einzelne vermeldeten sogar, dass sie sich auf dem Franz-Josef-Land befänden. Von diesen Meldungen waren einige falsch, aber in gutem Glauben veröffentlicht worden. Andere waren rein spekulativer Natur, in der Hoffnung auf ein Honorar für die Neuigkeit an die Presse gegeben.

Es schien, als hätte das Publikum in der ganzen westlichen Welt eine Massenhysterie gepackt. Die Rundfunkstation in Rom brachte täglich Neuigkeiten und neue Spekulationen über den Absturz der »Italia«. Es bestand ein deutliches Risiko, dass das schwache Funksignal aus dem Zeltlager als eine von vielen Fehlmeldungen ignoriert werden könnte. Roald Amundsen wurde schon früh gefragt, was er zu diesem Phänomen meinte und ob die vielen falschen Funksprüche nicht eine Gefahr für Nobile und die Überlebenden sein könnten. Er antwortete dem Journalisten von Aftenposten: »Ich glaube, es besteht leider tatsächlich diese Möglichkeit. Es gibt so viele herzlose Menschen auf der Welt.«[55]

Zum ersten Mal beschrieb 1873 James Clerk Maxwell die theoretische Grundlage für Funkkommunikation mit elektromagnetischen Wellen zwischen einem Sender und einem Empfänger, doch erst der Italiener Guglielmo Marconi holte sich 1896 unter der britischen Patentnummer 12039 das erste Patent der Welt für ein Funkgerät. Dennoch sollte es noch viele Jahre dauern, bis das Radio Allgemeingut wurde, zunächst als primitive Sender und Empfänger mit Pulssignalen, die sogenannten Funkensender. In den USA war Nikola Tesla fast zeitgleich dabei, die Technik in eine andere Richtung zu entwickeln. Er sah vor sich mächtige Sender, die auf hohen Türmen platziert waren. Deren kräftige Signale waren gedacht für die Navigation von Schiffen, aber auch von Flugzeugen, nachdem diese verkehrssicherer und die zurückgelegten Entfernungen länger wurden.

1928 waren beide Einsatzbereiche auf norwegischen Schiffen gebräuchlich, auch wenn die kleineren Polarschiffe und Fischkutter noch keinen Funk an Bord hatten. Es wurde auch immer üblicher, Flugzeuge mit Funkpeilsendern als festem Teil der Navigationsausrüstung und Funkgeräten für die Kommunikation auszustatten. Die Funkensender waren dabei am weitesten verbreitet. Sie kommunizierten mit dem universellen Code, den der Erfinder Samuel Morse bereits 1838 entwickelt hatte. Ein Vorteil der Funkensender war, dass sie über sehr große Entfernungen funktionierten, ihr Nachteil bestand jedoch darin, dass sie die sehr viel schwächeren Sprachsignale störten.

Wie jede neu entwickelte Technologie waren die Funksender anfangs eine kostspielige Sache, aber nach und nach begriffen die Menschen, dass sie selbst mit relativ einfachen Mitteln ihre eigenen Sender und Empfänger bauen konnten. Die Kommunikation zwischen den Funkamateuren wurde sehr schnell ein beliebtes Hobby, und 1928 waren bereits in den meisten Ländern Gesetze erlassen worden, die den Funkverkehr regeln sollten. Dennoch geschah es häufig, dass Gerüchte und private Meldungen von Amateurfunkern staatliche und militärische Operationen störten, wie eben auch bei der Suche nach Überlebenden der »Italia«-Havarie.

Green Harbour war 1928 die zentrale Funkstation auf Spitzbergen. Hier wurde bereits 1911 der erste Funksender der Arktis errichtet, er wurde zum Knotenpunkt für alle Kommunikation auf und um die Inselgruppe herum. Green Harbour war mit mehreren Telegraphisten besetzt, die im Sommerhalbjahr im Schichtdienst Tag und Nacht arbeiteten. Die direkte Verbindung mit dem Festland wurde zu dem ebenso starken und gut ausgerüsteten Ingøy Radio vor der Finnmarkküste gehalten.

Diese Kommunikation zwischen Green Harbour und dem Ingøy Radio war einer von vielen wichtigen Punkten, die für Norwegen sprachen bei den Verhandlungen, die zum Spitzbergenvertrag führten. Deshalb wurde das optimale Funktionieren der Station als äußerst wichtig angesehen. Im Frühling 1928 bekam Green Harbour aus Norwegen eine neue Ausrüstung, geliefert mit der »Minna«, dem gleichen Polarschiff, das den Aftenposten-Journalisten Odd Arnesen und amerikanische Filmleute nach Ny-Ålesund brachte.

In der Realität konnte niemand die Wege kontrollieren, die die Kommunikation auf Spitzbergen nahm, um zu dem richtigen Adressaten zu gelangen. Anderer Knotenpunkt für diesen Verkehr war der kräftige Kings Bay-Sender in Ny-Ålesund. Er befand sich in Privatbesitz. Dem Besitzer der Bergwerkssiedlung, Bertel Sherdahl, war es ein Vergnügen, das all denen zu erzählen, die empört versuchten, einen Gruß nach Hause oder einen gut bezahlten Artikel an eine Zeitung zu schicken. Die meisten wurden abgewiesen. Im Sommer 1928 entschied größtenteils der Leiter der Funkstation, Ludvig Saltnes, wer seine eigenen Telegramme senden durfte. Auch hier gab es einen gewissen Spielraum: Der Journalist Odd Arnesen von der Aftenposten wurde als jemand angesehen, der Dinge auch für sich behalten konnte, und bekam deshalb Zugang zu »tuj«, dem Signalcode für den Sender in Kings Bay.

Unten am Kai von Ny-Ålesund befand sich ein zweiter starker privater Sender. Die Funkausrüstung an Bord der »Città di Milano« war dem Expeditionsschiff von der Marconi-Fabrik überreicht worden. Sie war von bester Qualität. Doch die Telegraphisten an Bord sahen es nicht als ihre Pflicht an, ihre Telegramme über Green Harbour zu schicken. Stattdessen gingen sie direkt nach Rom. Die Schiffsfunkstation mit dem Signalcode »igj« war Biagis erste Adresse, wenn er auf der sich schnell verkleinernden Eisscholle aus dem Zelt kroch, vollkommen durchnässt vom Schmelzwasser.

Tag und Nacht grübelte Biagi, was er machen könnte, um das Sendersignal zu verstärken. Er fürchtete, der Notfunksender wäre zu schwach und die Antenne mit den vielen Stückelungen nicht richtig montiert für eine optimale Übertragung. Warum hörte sie keiner der Funksender auf Spitzbergen? Unermüdlich war er draußen und korrigierte die Konstruktion. Immer wieder kroch er durch die enge Zeltöffnung hinaus, dann wieder hinein, um die Batterien aufzuwärmen. Er sandte beharrlich die SOS-Signale in einem Muster, das er mit den Telegraphisten auf der »Città di Milano« verabredet hatte.

Mit der Zeit kam ihm der Verdacht, dass der Funkverkehr auf dem Basisschiff mit so vielen persönlichen Nachrichten von und an die Mannschaft an Bord belegt war, dass die Funktelegraphen kaum Zeit hatten, einfach nach Signalen zu lauschen. Eine Welle von Anfragen schwappte über die Empfänger auf der »Città«, nicht nur von Familie und Freunden in Italien. Auch die italienischen Behörden wollten die Ersten sein, die irgendwelche Neuigkeiten erfuhren, damit sie landesweit informieren und auch die lokalen Medien mit Nachrichten versorgen konnten, die niemand sonst hatte.

Nobile muss verstanden haben, in welch hohem Grad alle davon abhängig waren, dass Biagi seine deprimierende Arbeit weitermachte. Am 8. Juni konnte Biagi endlich die Schokolade einfordern, die ihm versprochen worden war.

Es war der leistungsstarke San Paolo-Radiosender in Rom, der als Erster die Nachricht verkündete, dass Funksprüche von den Überlebenden von einem Funkamateur in Sibirien aufgefangen worden waren. Diese frohe Botschaft erhielt anfangs nicht die Aufmerksamkeit, die sie verdiente, weil Funkamateure in anderen Ländern bereits von dem Kontakt berichtet hatten. Als Kapitän Romagna Manoia an Bord der »Città di Milano« berichtet wurde, dass höchstwahrscheinlich glaubwürdige Notsignale von den Überlebenden des Luftschiffs aufgefangen worden waren, war ihm augenblicklich klar, dass er und seine Offiziere Gefahr liefen, in ein schlechtes Licht gestellt zu werden. Das Expeditionsschiff musste auf jeden Fall als Erster den direkten Kontakt mit Nobile herstellen. In Rom saß Guglielmo Marconi selbst – der Mann, der der Expedition die gesamte Funkausrüstung zur Verfügung gestellt hatte – an seinen besten Empfängern und hörte den privaten Schiffsfunkverkehr ab, dem gegenüber er äußerst kritisch eingestellt war.

Kapitän Romagna Manoia beschloss, dass ein Kurzwellensender und -empfänger in aller Eile zum Kongsfjord geschafft und dort in einem der verlassenen Häuser des Marmorbruchs in Ny-London installiert werden sollte. Das konnte die Chancen für die Telegraphisten auf der »Città« verdoppeln, als Erste in Kontakt mit den Überlebenden draußen auf dem Meereseis zu kommen. Und der Plan ging auf. Am 7. Juni empfing der italienische Expeditionssender schwache Signale, die nur von dem Zeltlager stammen konnten. Dieses Mal war es Biagi, der die andere Seite nicht hörte.

Am Morgen des 8. Juni war es erneut der kommerzielle Sender San Paolo, der zur Hilfe kam. In einer Nachricht, direkt an Biagi gerichtet, konnte der Radiosender berichten, dass die Station der »Città di Milano« sie gehört hatte, aber aufgrund der vielen Gerüchte und Falschmeldungen musste Kapitän Romagna Manoia erst überzeugt werden, dass es tatsächlich Nobile war, mit dem sie Kontakt hatten. Biagi wurde darum gebeten, seine persönliche ID-Nummer 86891 auf dem 900-Meter-Band zu senden. Im Zeltlager mischte sich daraufhin eine fast unerträgliche Freude und Erleichterung mit Frustration – die Männer auf der Eisscholle konnten nicht auf dem 900-Meter-Band senden. Das Notfunkgerät war ein Kurzwellensender. Biagi schickte dennoch zur verabredeten Zeit seinen eigenen Namen und die ID-Nummer 86891 auf Wellenlänge 32 Meter und hoffte, dass die Telegraphisten auf der »Città« klug genug waren, auch auf dieser Wellenlänge zu lauschen.

Endlich. Nach dreizehn langen Tagen draußen in dieser unwirtlichen Landschaft aus Eis und Meer und blendendem Licht, in einem stinkenden Zelt mit wenig zu essen, kaum Schlaf und voller Verzweiflung, die sich mit desperater Hoffnung abwechselte, hörte die Funkstation auf der »Città di Milano« sie klar und deutlich in Lautsprecherstärke. Aber mitten in all dem Jubel brachten einige unter den Überlebenden trotz allem einen unbehaglichen Gedanken zur Sprache: Warum hatte das Expeditionsschiff sie nicht vorher gehört? Waren sie bereits als tot abgeschrieben gewesen?

Trotz aller trüben Gedanken – letztendlich waren sie gehört worden. Eine gegenseitige Kommunikation wurde eingerichtet. Aber immer noch konnten sie hier draußen sterben. An diese schreckliche Wahrheit mochten die sechs Männer nicht denken, als sie zusammen im Zelt saßen und mit hungrigen

Augen zusahen, wie Nobile Biagi die wohlverdiente Belohnung überreichte. Mit zitternden Fingern öffnete der Funktelegraphist die Folie um die fast ein halbes Kilo schwere Schokoladentafel. Vorsichtig biss er ab. Dann schaute er sich um und begegnete den Blicken der anderen Überlebenden. Er brach die Tafel in zwei Teile und gab die Hälfte den Männern um sich herum. Die andere Hälfte aß er selbst mit offensichtlichem Genuss. Diese kleine Mahlzeit entsprach vier Tagesrationen aus ihrem Proviant und schmeckte deutlich besser als das zähe Bärenfleisch.

Die meisten norwegischen und internationalen Zeitungen machten ihre Titelseiten frei, um von der sensationellen Entwicklung auf Spitzbergen zu berichten. Die Nachricht darüber, was mit dem Luftschiff »Italia« passiert war, erreichte die gesamte westliche Welt in Form von Nobiles erstem langen Telegramm an die italienischen Behörden. Es enthielt die Beschreibung eines Dramas, das sich zur gleichen Zeit weiter abspielte – sechs Männer in einem kleinen Zelt auf einer Eisscholle, die Gefahr lief, sich aufzulösen. Die Überlebenden waren umgeben von Eisbären, zwei waren schwer verletzt, und ein Mann, Trojani, hatte so hohes Fieber, dass er den größten Teil des Tages im Zelt liegen musste. Eine andere Gruppe von drei Männern war über das Eis aufgebrochen aufs Land zu, um Hilfe zu holen. Eine dritte Gruppe von sechs Männern war bei der Havarie mit der Ballonhülle verschwunden.

Die Journalisten zählten die Personen und wunderten sich. In Nobiles Bericht war ein Mann zu wenig. Nach mehreren Telegrammen und Kontakten musste Nobile zum Schluss das erzählen, was er anfangs vor der Welt hatte verborgen halten wollen und das zu berichten ihm äußerst schwerfiel. Der arme Vincenzo Pomella, Maschinist in der hinteren Motorengondel, war tot. Er war bei dem Aufprall auf dem Eis zerschmettert worden. Nobile bedachte Pomella mit schönen Worten als Trost für die Familie und die Freunde. Repräsentanten der italienischen Behörden machten einen Kondolenzbesuch bei Pomellas Witwe. Mussolini selbst schickte seine Grüße sowohl an die Familie des Toten als auch an die der Überlebenden.

Keiner konnte sich die schreckliche, makabre Realität draußen auf dem Eis vorstellen – weder Journalisten noch der Kapitän an Bord der »Città«. Kein Außenstehender konnte die Ängste während der ersten Tage auf dem Eis nachvollziehen – wie Biagi Pomellas Stiefel aus dessen Rucksack genommen und bei seinen unzähligen Touren hin und zurück zum Funksender benutzt hatte, wie sie zunächst den toten Maschinisten im Schnee begraben hatten. Wie der Schnee weggeweht war und die Leiche mit der Zeit so heftig stank, dass sie Eisbären aus weiter Ferne hätte anziehen können. Wie die Überlebenden schließlich gezwungen gewesen waren, Pomella ins Meereswasser zu versenken, festgebunden an schwere Gegenstände, damit er nicht wieder nach oben stieg.

## KAPITEL 12

## Die Falle

Der alte Apfelbaum an der Hauswand stand in voller Blüte. Aufgrund des schönen Wetters in den letzten Tagen hatten sich die Knospen zu kleinen rosa Schirmchen geöffnet. In den Beeten an der Hauswand standen rote und gelbe Tulpen und strahlten mit Blütenblättern, die kaum noch am Stiel fest waren. Der kleinste Windstoß würde sie bald wegreißen und auf der Rasenfläche verstreuen.

Draußen auf der Treppe stand Amundsen in der klaren Morgenluft und dachte, dass es wohl an der Zeit sei, mit offenen Karten zu spielen. Es war doch keine Schande, zuzugeben, dass er nicht die Mittel hatte, eine Dornier Wal zu bestellen – bei den Preisen, die die Lufthansa verlangte. Wenn aus der privaten Expedition überhaupt etwas werden sollte, brauchte er Hilfe. Deshalb hatte er so ungeduldig auf Ellsworths Reise nach Norwegen gewartet. Doch die Tage vergingen, und weder Ellsworth noch eine andere Form der Finanzierung war in Sicht. An diesem Morgen war Amundsen endlich ganz ruhig.

Er war kurz davor, sich seine Niederlage einzugestehen.

Später am Tag sollte Sverre Hassel zu Besuch kommen. Amundsen hatte nichts gegen Hassel, aber im Augenblick passte ihm dessen Besuch schlecht. Er musste zuerst versuchen, ein passendes Flugzeug für die Reise nach Spitzbergen zu bekommen. Sein Neffe, Gustav Amundsen, hatte zugesagt, zu ihm zu kommen und Hassel Gesellschaft zu leisten. Wisting hielt sicher auch Kontakt, wie er es immer tat. Er befand sich stets in Amundsens Nähe, wie ein pensioniertes Kindermädchen, mit flehendem Blick und besorgtem Gesichtsausdruck. Es war geplant, dass er mit in den Norden kommen sollte. Aber nicht im Flugzeug, hatte Amundsen gesagt. Dort konnte er sich nicht nützlich machen.

Vor einigen Tagen hatte der berühmte italienische Reporter Davide Giudici in Amundsens Wohnzimmer gesessen und ihn zu seinen Plänen, Nobile und die Mannschaft der »Italia« zu finden, interviewt. Amundsen hatte nicht verbergen können, wie angespannt er war. Die ganze Zeit hatte er etwas im Arbeitszimmer zu tun gehabt. Da seien all die Anfragen, entschuldigte er sich. So viele, die mit ihm sprechen wollten – nicht zuletzt Journalisten. Es war wie in alten Tagen. Er war am Puls der Ereignisse, stand voller Energie mitten im Leben. Er wurde anerkannt als einzigartiger Experte und natürliche Autorität. Niemand könnte den Eindruck bekommen, dass er der Vergangenheit angehörte.

Der italienische Journalist fragte ihn, welche Männer er auszusuchen gedachte aus der großen Menge, die sich täglich um die Teilnahme bewarb. Amundsen antwortete, dass er die Wahl innerhalb kurzer Zeit treffen werde. Nur die Besten waren gut genug. Der Polarfahrer wollte nur die zuverlässigsten Piloten, Mechaniker und Funker unter seinem Kommando haben. Wenn es weitere Expeditionen hinauf nach Spitzbergen geben sollte, würde er gern mit ihnen zusammenarbeiten. Er sah es nämlich nicht als einen Wettbewerb an, sondern den ehrlichen Versuch, Nobile zu retten.

Giudici stellte keine kritischen Fragen, erwähnte nicht die norwegische Rettungsexpedition mit Riiser-Larsen an der Spitze und dass diese bereits nördlich von Spitzbergen in der Nähe der Unfallstelle war. Dort hatten die Norweger sich mit zwei Flugzeugen, zwei Polarschiffen und drei Hundegespannen mit tüchtigen Führern eingerichtet. Amundsen muss dennoch gewusst haben, welch unrealistischen Gedanken er hier nachhing, die er auch noch offen aussprach. Er schaute zu dem Modell der N25 hoch, das an einem Band von der Zimmerdecke hing. Und es war dieses Interview, in dem er ins Schwärmen von dem Meereseis im Nördlichen Polarmeer kam, das später als Todessehnsucht interpretiert wurde. »Oh! Wenn Sie nur wüssten, wie großartig es dort oben ist! Dort wünsche ich zu sterben, aber ich möchte, dass der Tod auf eine ritterliche Art und Weise zu mir kommt, dass er mich bei der Erfüllung einer großen Aufgabe holt, schnell und ohne viel zu leiden.«[56]

Der Augenblick war gekommen, und er hatte ihn nicht genutzt. In diesem Interview mit Giudici hätte er seine eigene Erniedrigung in eine Kritik der Italiener selbst verwandeln können. Warum waren sie so spät dran mit ihren vielen Superflugzeugen und ihrer staatlichen Verantwortung für die »Italia«-Expedition? Warum überließen sie die Rettung ihres besten Polarforschers und seiner Mannschaft privaten Initiativen seines alten Konkurrenten? Das hätte er fragen können statt dieser heroischen Rede darüber, im Eis zu sterben. In Wirklichkeit war seine Situation eine ganz andere. Er hatte seine Medaillen zum Verkauf freigegeben, um endlich seine Schulden loszuwerden. Der Geschäftsmann Conrad Langaard hatte 15000 Kronen geboten, um sich die Sammlung von 65 Orden und Ehrenabzeichen zu sichern. Amundsen hatte außerdem 7500 Kronen von dem Geld, das er mit seiner kritisch aufgenommenen Autobiografie verdient hatte, zur Seite gelegt. Diese beiden Summen reichten insgesamt, um die Forderungen der Gläubiger zu befriedigen. Bald würde er die Verpflichtungen los sein, die ihn seit vielen Jahren bedrückten!

Aber er wollte nicht sterben, im Gegenteil, er hatte die Freundin aus Alaska, Bess Magids, nach Svartskog eingeladen.

Doch was hatte er ihr zu bieten? Ein in die Jahre gekommener Polarforscher, der zu nichts anderem mehr taugte, als Festreden auf andere Helden zu halten. Vielleicht würde sie sich ihren Besuch noch einmal überlegen, wenn sie sah, wie respektlos er behandelt wurde? Es war ein Polarheld, in den sie sich verliebt hatte, für den sie bereit war, ihren Ehemann zu verlassen. Kein Pensionär. Und außerdem – er konnte ja seine zahlreichen öffentlichen Versprechungen nicht brechen, die er dem norwegischen Volk dahingehend gegeben hatte, dass er seinem alten Rivalen großmütig zu Hilfe kommen wolle. Das würde einen äußerst schlechten Eindruck machen, vielleicht sogar feige erscheinen.

Dietrichson hielt Amundsen ständig auf dem Laufenden und schickte ihm regelmäßig Telegramme aus Deutschland. Er war etwas mutlos geworden aufgrund der hohen Summen, die nötig sein würden, um sich eines der deutschen Wasserflugzeuge zu sichern. Eine Dornier Wal sollte mit den notwendigen Modifikationen und der Ausrüstung ungefähr 200 000 norwegische Kronen kosten. Eine Super Wal würde es wahrscheinlich auf das Doppelte bringen. Die Junkers-Fabrik dagegen war bereit, ein gebrauchtes Flugzeug deutlich billiger zu verkaufen. Möglicherweise wären nur 80 000 Kronen nötig, um sich diese Maschine zu sichern. Doch er erhielt von Amundsen keine klare Antwort. Sollte er ein Flugzeug bestellen oder nicht? Mit einem Kredit konnte er nicht rechnen. Roald Amundsens früher in Gold geprägter Name hatte in der Finanzabteilung der Fluggesellschaft und der Junkers-Fabrik nicht mehr den alten Glanz. Es war allgemein bekannt, dass der Polarforscher nach seinen früheren Expeditionen große

Schulden zu bezahlen hatte. Ein beträchtlicher Teil der Kaufsumme musste deshalb bezahlt werden, bevor man das Flugzeug in den Norden schickte.

Aber der Direktor versuchte persönlich, den Norwegern zu helfen. Er wandte sich an den italienischen Staat mit der Frage, welche Pläne sie selbst hatten für eine Rettungsaktion mit dem großen Dornier-Flugzeug. Konnte möglicherweise Amundsens private Expedition mit einer italienischen Initiative kombiniert werden? Die Antwort, die der deutsche Direktor erhielt, kann nicht besonders aufmunternd gewesen sein. In Italien hatte man eigene Pläne. Außerdem war eine private Unternehmung mit Unterstützung von Sponsoren aus Mailand kurz davor, Gestalt anzunehmen.

Arturo Mercanti, früherer Leiter der italienischen Luftverteidigung und persönlicher Freund von Nobile, war frustriert darüber, dass die Behörden in Italien anfangs so wenig getan hatten, um das verschwundene Luftschiff zu suchen. Er versuchte Geld einzusammeln, das ihn in die Lage versetzen würde, eine private Rettungsaktion zu starten. Nachdem er außerdem damit gedroht hatte, in der internationalen Presse über die Passivität der italienischen Regierung zu schreiben, bekam er die notwendige Unterstützung. Anfang Juni wurden zwei italienische Flugzeuge, eine Dornier Wal und eine Savoia-Marchetti S.55 inklusive Mannschaft für den Weg nach Norden freigestellt. Arturo Mercanti hatte geplant, selbst mit nach Ny-Ålesund zu fliegen. Der größte Teil der Mittel stammte von privaten Sponsoren in Mailand. Mussolini und die Regierung in Rom verhielten sich weiterhin kühl und abwartend.

Es waren noch andere Hilfsgruppen auf dem Weg nach Spitzbergen. Schwedische Behörden waren bereits zu Pfingsten von Riiser-Larsen über den norwegischen Einsatz informiert worden. General Karl Amundson, der Chef der schwedischen Luftverteidigung und selbst ausgebildeter Fahrer für Heißluftballons, hatte darum gebeten, auf dem Laufenden gehalten zu werden. Die Schweden bereiteten eine Suchexpedition vor, weil ein schwedischer Staatsbürger, Finn Malmgren, mit der Mannschaft des Luftschiffs »Italia« vermisst wurde. Die Aktion wurde am Freitag, dem 1. Juni, vom Reichstag verabschiedet, und bevor Riiser-Larsen selbst in den Norden fuhr, hatte er in Horten mehrere Treffen mit dem Leiter der schwedischen Expedition, Kapitän Egmont Tornberg.

In Svartskog war es Nachmittag geworden. Roald Amundsen saß am Telefon und beantwortete die Fragen der Presse. Mindestens eine Stunde war vergangen, seit Sverre Hassel angekommen war, doch der Gast musste warten. Übrigens hatte Hassel nichts über den Grund seines Besuchs gesagt – wahrscheinlich handelte es sich also um eine Höflichkeitsvisite, eine der inzwischen seltenen. Mit Ausnahme von Oscar Wisting hatte Amundsen zu dieser Zeit nur noch wenig Kontakt mit den anderen Südpolfahrern. Helmer Hanssen war lange Zeit ein guter Freund gewesen, doch während der »Maud«-Expedition hatte es erbitterte Diskussionen zwischen den beiden gegeben. Als Dank für den Einsatz bei den beiden früheren Expeditionen hatte Amundsen Hanssen zum Kapitän der »Maud« ernannt. Doch es dauerte nicht lange, bis er seine Entscheidung bereute. Im Sommer 1920 verließ Helmer Hanssen das Schiff in Nome, wahrscheinlich zur Erleichterung beider. Ursprünglich hatte Amundsen versprochen, Hanssen und zwei anderen Mannschaftsmitgliedern, die auch nach Hause wollten, die Heimreise nach Norwegen zu bezahlen. Doch das tat er nicht, und gleichzeitig deutete er an, die drei wären desertiert. Schließlich musste der norwegische

Staat die Heimfahrt für alle drei übernehmen. Nach diesem Vorfall hatten die beiden Südpolfahrer sich nicht mehr viel zu sagen.

Amundsen hatte auch kaum noch Kontakt zu Olav Bjaaland, der – nachdem er sich mit Familie und eigener Skifabrik in der Telemark eingerichtet hatte –, kein Interesse mehr an weiteren Expeditionen zeigte. Außerdem brauchte Amundsen ihn nicht. Noch distanzierter war sein Verhältnis zu denjenigen, die aus verschiedenen Gründen nicht selbst an der Südpolexpedition teilgenommen hatten. Hjalmar Johansen und Amundsen hatten sich bereits in Framheim zerstritten. Der frühere Kapitän der Streitkräfte hatte am 3. Januar 1913 Selbstmord begangen.

Jørgen Stubberud, ein gelernter Schreiner, hatte am Bau der »Maud« mitgearbeitet, dann aber dankend abgelehnt, als es um die Teilnahme an der Fahrt durch die Nordostpassage ging. Auch er litt unter Depressionen und unternahm im Winter 1917 einen Selbstmordversuch. Amundsen, der zu der Zeit auf dem Weg von New York über London nach Hause war – auf einer Geschäftsreise, um Kapital für die »Maud«-Expedition zu generieren –, erfuhr diese Neuigkeiten in Form von Gerüchten, überbracht von seinem Bruder Leon. Stubberud hatte offenbar eine Phase geistiger Verwirrung gehabt, sich anschließend aber wieder gefangen.[57]

Die Teilnehmer an der Südpolexpedition hatten auch untereinander nicht mehr viel Kontakt. Als Kristian Prestrud, der eine Zeit lang Adjutant von König Haakon VII. war, den König im Sommer 1921 zur Solbergfoss-Anlage bei Askim begleitete, traf er dort Stubberud, der als Schreiner arbeitete. Es war das erste Mal, dass sie sich nach der Südpolexpedition überhaupt wiedertrafen. Und am 11. November traf Kristian Prestrud die gleiche Entscheidung wie Hjalmar Johansen es getan und Jørgen Stubberud versucht hatte. Er erschoss sich in einem Hafenspeicher in Kristiansand, scheinbar ohne irgendeinen Grund. Sverre Hassel vertrat Roald Amundsen, übernahm selbst die Kosten für einen großen Kranz und sprach freundliche Worte als Dank für die Loyalität und Kameradschaft im Namen von Prestruds früherem Expeditionsleiter.

Niemand erklärte öffentlich, dass Roald Amundsen Schuld an den Selbstmorden hatte, auch wenn einige möglicherweise hinter seinem Rücken behaupteten, der Polfahrer hätte seine Leute mit gnadenloser Härte behandelt, wenn er der Meinung war, sie hätten ihn im Stich gelassen. Dennoch tauchten die tragischen Todesfälle in einem Brief auf, den Fridtjof Nansen in aller Vertraulichkeit von dem norwegischen Botschafter in London, Benjamin Vogt, erhielt. Der Brief war datiert auf den 17. Dezember 1927 und handelte von dem Schaden, den die Publizierung von Amundsens Autobiografie für das Vertrauen zwischen den beiden Ländern bedeutete.

»Es ist nicht leicht, den Schaden zu ermessen, den Amundsen uns zugefügt hat«, schrieb Vogt an Nansen, »mit seiner Behauptung, die Engländer seien ›bad losers‹. Wie Du weißt, vielleicht besser als ich, hätte er keinen wunderen Punkt treffen können. Ich erinnere noch aus meiner Zeit in Kristiansand, dass der Direktor von Eks Anstalt für Geisteskranke mir erklärte, wie genau die geisteskranken Querulanten mit beharrlicher Bosheit den Punkt zu finden wussten, wo sie Ärzte oder Verwandte, die sie besuchten, am meisten verletzen konnten, und wenn ich jetzt sehe, wie Amundsen hier von ›bad losers‹ spricht, und zwar in Amerika über Cook und Peary, muss ich mich wirklich fragen, ob unser prächtiger Landsmann nicht aufgrund seiner übermenschlichen Leistungen mental zusammengebrochen ist. Von den norwegischen

Entdeckungsreisenden sind Du und Sverdrup die Einzigen, die diese Prüfungen unbeschadet überstanden haben. Prestrud hat sich erschossen, soweit man weiß, ohne irgendeinen triftigen Grund ... Nun ja, all das können wir ja nicht öffentlich zur Sprache bringen, aber vielleicht sollte man daran erinnern, dass Amundsen übermenschliche Anstrengungen hat durchmachen müssen.«

Nansen antwortete fünf Tage später: »Ich glaube genau wie Du, dass es sich hier um eine mentale Störung welcher Art auch immer handelt, eine Art krankhafte Nervosität, die sich ganz gewiss schon früher auf unterschiedliche Art und Weise bemerkbar gemacht hat.«[58]

Fridtjof Nansen konnte nicht die Augen davor verschließen, was nun passieren würde. Ein derartiger Inhalt in einem persönlichen Brief von ihm an den Botschafter Vogt würde sich schnell international verbreiten – unter der Hand natürlich. Jedes Gerede hinter Amundsens Rücken war schädlich für ihn und zwang ihn in das vertraute Handlungsmuster, das ihm so großen Erfolg bei früheren Expeditionen gebracht hatte – er würde jeden Widerstand beiseiteschieben und sich ein Ziel setzen, das auf irgendeine Art verwegener wäre als die Pläne seiner Konkurrenten.

Vermutlich wusste Roald Amundsen nichts Genaueres über den Briefwechsel zwischen Fridtjof Nansen und mehreren führenden norwegischen Persönlichkeiten. Trotzdem muss er die reservierte Zurückhaltung gespürt haben, die sich in dem ihn einstmals so bewundernden Polarforschermilieu ausbreitete. Da er wahrscheinlich nicht in der Lage war, die zerstörende Kraft zu erkennen, die er selbst mit seiner Autobiografie seinem Renommé zugefügt hatte, interpretierte er all die kleinen und großen Zeichen der Verachtung als generelle Ablehnung, vielleicht sogar als Neid. Nicht nur die Engländer waren »bad losers«. Jeder, der es wagte, sich anders als mit demütiger Loyalität und Freundschaft zu äußern, war ein Verräter. Zum Schluss landeten die meisten seiner alten Freunde in dieser Kategorie.

Amundsen sollte Hassel an diesem Nachmittag in Svartskog nicht mehr treffen. Ein paar Stunden, nachdem der Gast in der Villa angekommen war, lief Gustav Amundsen zu seinem Onkel und musste ihm unter Schock stehend mitteilen, dass Hassel draußen im Garten umgefallen war. Er war tot, erst einundfünfzig Jahre alt. Ein bescheidener, ruhiger Mann war dahingeschieden.

Sverre Hassel wurde am 12. Juni 1928 um 14.30 auf dem Friedhof Vestre Gravlund beigesetzt. Ausnahmsweise war Amundsen hier selbst vor Ort. Otto Sverdrup war auch dort, denn Hassel war mit auf der »Fram« entlang der Westküste Grönlands gefahren. Die beiden in die Jahre gekommenen Polfahrer waren Leiter der Trauerzeremonie und gingen dem Sarg voran zur Grabstätte.

Während er die Reden über seinen früheren Mitarbeiter in der Kapelle hörte, hatte Roald Amundsen genügend Zeit nachzudenken. Er muss zu dem Schluss gekommen sein, dass es jetzt wirklich an der Zeit war, sein Leben deutlich zu ändern. Denn bald sollte er ja einen lieben, lang ersehnten Gast in Svartskog empfangen dürfen. Wenn nur ihre Scheidung problemlos über die Bühne ging, stand ihren Plänen, zu heiraten und vielleicht sogar eine Familie zu gründen, nichts mehr im Weg. Bess Magids war immer noch jung genug, um Kinder zu bekommen.

Hassels Tod folgten keine großen Schlagzeilen. Die ganze folgende Woche über spekulierte die Aftenposten stattdessen über eine mögliche bevorstehende Zusammenarbeit zwischen Ellsworth, Amundsen und Dietrichson und deren Pläne für eine private Expedition, um nach der »Italia« zu suchen. Amundsen sprach weiterhin darüber, als stünden diesem Projekt keine wesentlichen Probleme im Weg. Man wartete nur noch darauf, dass Ellsworth nach Norwegen käme. Außerdem erwartete man Informationen über die Suchaktion, die momentan von den norwegischen Piloten Riiser-Larsen und Lützow-Holm unternommen wurde. Und zusätzlich wartete man auf ein erprobtes und geeignetes Flugboot vom Typ Dornier Wal, das Dietrichson in Deutschland kaufen wollte.

Die Wirklichkeit sah anders aus. Amundsen wusste, dass Ellsworth den Flugzeugkauf nicht unterstützte, solange er nicht sicher war, dass er an der Expedition teilnehmen konnte. Er hätte unverzüglich an Bord des Dampfers »Stavangerfjord« gehen können. Dann wäre er in nur wenigen Tagen in Bergen gewesen. Doch es sah ganz so aus, als zöge Ellsworth Amelia Earharts Abenteuer vor. Jetzt, nachdem bereits so viele andere große Expeditionstruppen auf dem Weg in den Norden waren, erschien dem Amerikaner Amundsens private Suchaktion möglicherweise eher als eine unbedeutende symbolische Handlung.

Ohne Vorschusszahlung hatte Dietrichson keine Möglichkeit, sich auch nur eine gebrauchte Junkers zu sichern. In der Hoffnung, eine billige Lösung zu finden, hatte er sogar untersucht, ob es nicht möglich wäre, die N25 auszuleihen. Das Flugzeug war an den irischen Piloten Frank Courtney verkauft worden und sollte für einen Flug über den Atlantik benutzt werden. Doch ohne Finanzierung war auch dieser Handel unmöglich. Am 6. Juni machte sich Dietrichson auf den Heimweg nach Norwegen, mit schlechten Nachrichten. Er musste der Presse gegenüber zugeben, dass Amundsens private Rettungsexpedition offenbar geplatzt war. Er hatte sich zwar eine gebrauchte Junkers sichern können, aber wer würde ihm mit den notwendigen Mitteln helfen, wenn selbst Ellsworth nicht bereit war, ihn mit einem ausreichenden Betrag zu unterstützen?

In einem deprimierenden kurzen Interview mit dem Norsk Telegrambyrå am 13. Juni bestätigte Amundsen Dietrichsons Aussage. Er musste zugeben, dass er von seinen amerikanischen Freunden, die ihm zuvor fast unbegrenzte finanzielle Unterstützung zugesagt hatten, endlich eine Antwort bekommen hatte.[59] Und diese Antwort war nicht gerade aufmunternd, wie Amundsen sagte. Die amerikanischen Freunde hatten beschlossen, dass auch hinter einer privaten Expedition eine Regierung stehen müsste. Sie brauchten eine offizielle Anfrage von norwegischen Behörden. »Und damit sind meine Pläne ja wohl geplatzt«, sagte Amundsen, »was ich von Herzen beklage, weil ich so gern mitgeholfen hätte und davon überzeugt bin, dass ich von Nutzen hätte sein können. Im Übrigen scheint jetzt ja endlich Fahrt in die Arbeit der Such-Expeditionen aus verschiedenen Ländern gekommen zu sein. Es ist nur traurig, dass man nicht so schnell wie möglich die Hilfsaktionen gestartet hat.«[60]

Die öffentliche Demütigung brannte wie Feuer im Blut des alten Polfahrers. Aber hätte er es tatsächlich so gemeint, wie er gesagt hatte, dass er sich aus der weiteren Suche nach Nobile herausziehen wolle, dann hätte er wahrscheinlich nicht mit so einem großen Eifer den Köder geschluckt, der ihm am folgenden Tag hingehalten wurde. Die nahe Zukunft hatte ihm eine Falle gestellt. Wie die meisten verlockenden Fehltritte sah es für einen kurzen Moment so aus, als wäre dies die Lösung für eines seiner akutesten Probleme.

# KAPITEL 13

# Latham 47

Der Direktor der norwegisch-französischen Handelskammer in Paris, der Großhändler Fredrik Peterson, hatte in französischen Zeitungen verfolgt, was in Norwegen bezüglich Roald Amundsens privater Rettungsaktion vor sich ging. Er war ein großer Bewunderer des weltberühmten Polarforschers und reagierte mit Enttäuschung und Empörung, als die französischen Zeitungen am 13. Juni berichteten, dass von Seiten der Lufthansa für Amundsen kein Dornier-Flugzeug zur Verfügung gestellt wurde. Der Geschäftsmann Peterson wollte gern helfen, war sich aber unsicher, wie er das tun sollte. Am nächsten Morgen rief er seinen Sohn Steen und den Sekretär Emil Petersen zu sich, um sich mit ihnen zu beraten. Eine Stunde später saß er in einer Konferenz mit dem Direktor des weltbekannten Flugzeugwerks Breguet vor den Toren von Paris.

Louis Breguet, ein Freund sowohl von Vater wie auch von Sohn Peterson, erklärte sich augenblicklich bereit zu helfen, brachte aber den Einwand, dass seine Fabrik Landflugzeuge herstellte, die für diesen Auftrag kaum geeignet waren. Ein kurzes Telefongespräch mit Roald Amundsen informierte ihn, was in Frankreich vor sich ging, und klärte diesen Punkt: Breguets Landflugzeug konnte nicht benutzt werden. Dafür hatte die französische Marine mehrere große Flugboote, die möglicherweise in der Arktis verwendet werden konnten. Was meinte Amundsen, bei welchen Temperaturen müsste so ein

Flugboot zu fliegen sein? Als Basis könne man ungefähr null Grad nehmen, antwortete der Polarfahrer. Außerdem bat er darum, dass das Telefonat per Telegramm bestätigt werde, was er auch tun wollte. Neue Geschichten mit sich lang dahinziehenden Verhandlungen und ungewissem Ausgang konnte er nicht gebrauchen.

In Frankreich war der Wirtschaftsminister Bokanowski zuständig für den zivilen Flugverkehr, aber die gesamte Regierung war in der Deputiertenkammer damit beschäftigt, einen Misstrauensantrag niederzukämpfen. Obwohl Bokanowski ein Freund des Grossisten Peterson war, stellte es sich als unmöglich heraus, in Kontakt mit ihm zu kommen. Der Großhändler muss ein ungewöhnlich hartnäckiger Mann mit großem Enthusiasmus gewesen sein. Nur wenige Stunden später war es ihm geglückt, indem er sein gesamtes umfangreiches Netzwerk an Kontakten in Paris aufgefahren hatte, mit dem Chef des Flugwesens der französischen Marine zu sprechen, Kapitän zur See Jean-Pierre Esteva. Dieser versprach, sich der Sache anzunehmen, und noch am Abend erklärte er, dass die Marine ein Flugboot zur Verfügung stellen könne – aber unter einer Bedingung: Der norwegische Botschafter in Frankreich, Wedel Jarlsberg, musste sich persönlich an den Marineminister George Leygues mit einer offiziellen Bitte um Assistenz wenden. Eigentlich unterschied sich das nicht sehr von Ellsworths Begründung für seine Absage, an Amundsens Expedition teilzunehmen. Doch Ellsworth hatte sich nie an norwegische Behörden gewandt, um offiziell um Unterstützung zu bitten. Das tat dagegen der Botschafter Wedel Jarlsberg. Im Laufe des Abends hatte er sich Rückendeckung verschafft für einen Vorstoß beim Marineminister. Nur wenige Stunden später konnte ein triumphierender Peterson Amundsen in seiner Villa in Svartskog anrufen und ihm erzählen, dass das

Flugboot Latham 47 auf dem Weg nach Norwegen war. Und damit nicht genug: Um Zeit zu sparen, war die erprobte vierköpfige Mannschaft in dem Angebot eingeschlossen.[61]

Hätte Amundsen es gewollt, er hätte viele Gründe anführen können, warum das Flugboot für diesen Auftrag nicht geeignet war. Es handelte sich um ein Flugzeug in der Probephase, konstruiert für Langstreckenflüge, damit die französische Flugzeugindustrie einen Platz auf dem lukrativen Markt der Atlantiküberflüge erobern konnte. Mehrere Konstruktionsdetails ließen vermuten, dass das Flugboot wahrscheinlich nicht auf Meereseis landen konnte. Außerdem war nicht sicher, ob die Latham auch bei niedrigen Temperaturen benutzt werden konnte. Amundsen war ein Risiko eingegangen, als er behauptete, dass die Operationstemperaturen um die null Grad lägen. Die Lufttemperatur nördlich von Spitzbergen konnte im Juni in die Minusgrade sinken, das hatte er selbst während der N 24/N 25-Expedition erfahren.

Andererseits: Eine Ablehnung hätte die Franzosen beleidigt und einen einflussreichen Bewunderer enttäuscht. Außerdem war das Flugboot definitiv für den Auftrag zu gebrauchen. In gewisser Weise hing das davon ab, welche Pläne Amundsen selbst für diese private Rettungsaktion hatte. Am 14. Juni war der Kai in Ny-Ålesund eisfrei. Wenn das sein Ziel war, war es nur eine Routinesache, mit dem französischen Flugzeug im Kongsfjord zu landen.

Die Latham 47-II war der zweite Prototyp eines neuen Designs in den Latham-Werkstätten in Caudebec-en-Caux, das zwischen Rouen und Le Havre an der Seine lag. Die Verhandlungen zwischen dem Stabschef der französischen Marine, Joseph Emmanuel Henri Frochot, und dem Generaldirektor des französischen Flugzeugwesens, Maurice Fortant, führten zu der Entscheidung, dass genau dieses Flugboot sich am besten von allen französischen Maschinen eignete, nicht zuletzt aufgrund seiner soliden Konstruktion. Der Körper bestand aus Holz über einem äußerst soliden Stahlrahmen. Die Flügel beinhalteten ein Skelett aus Holz und Stahldrähten, über das Tuch gezogen worden war. Die Benzintanks wurden mit Metallbändern im Flugkörper hinter dem Copiloten befestigt. Wie bei früheren Flugzeugen aus der Latham-Fabrik, die im Ersten Weltkrieg Verwendung gefunden hatten, war auch dieses Flugboot zum Teil aus Esche- und Pappelfurnierholz gebaut. Der Rumpf der Latham war deshalb schwerer als bei der in Deutschland entwickelten Dornier Wal, die aus Duraluminium gebaut wurde, dennoch verfügten die beiden Flugzeuge über ähnliche Maße und Flügelspannen.

Zwei Konstruktionsdetails unterschieden die beiden Flugzeugtypen jedoch markant voneinander. Zum einen war der Boden des Rumpfs der Latham abgerundet und glich eher einem Schiffsrumpf als der der Dornier Wal, bei der er vollkommen flach und extra verstärkt war. Zum anderen waren die Schwimmer der Dornier Wal Do J groß und mit kräftigen Streben direkt am Rumpf befestigt. Die Dornier Wal war ein Monoflügelflugboot, das sich als besonders geeignet für die Arktis erwiesen hatte und sowohl auf dem Meer als auch auf Eis landen konnte. Die zwei Schwimmer der Latham waren klein und hatten eine andere Funktion. Sie waren ganz außen am unteren Flügel befestigt (die Latham hatte ein doppeltes Flügelpaar) und dienten dazu, das Flugboot zu stabilisieren, wenn es auf dem Wasser landete. Die Latham war deshalb kaum geeignet, auf Meereseis zu landen, sie brauchte große Wasserspalten für die Landung. Und das war in noch größerem Maße der Fall, was den Start betraf.

Die Latham hatte sich bereits als ein äußerst gut konstruiertes Flugboot erwiesen. In der Woche vor dem Auftrag in der Arktis war sie die Strecke Caudebec-en-Caux nach Bizerte in Tunesien ohne Zwischenlandung geflogen, eine Entfernung von 1547 Kilometer. Das Wetter war während des Rekordflugs nicht das beste gewesen, mit heftigen Turbulenzen im Rhônetal und dem Scirocco, dem berüchtigten afrikanischen Föhnwind, als Gegenwind über dem Mittelmeer. Die Landung vor Bizerte hatte nachts stattgefunden, was besonders schwierig war, weil die Piloten möglicherweise Probleme haben könnten, visuell ihre Höhe über der Meeresoberfläche in der Dunkelheit abzuschätzen. Bei der Landung hatte das Flugzeug ein paar heftige Hüpfer gemacht. Diese Episode führte zu einer besonders intensiven Generalüberholung nach seiner Rückkehr nach Caudebec. Aber es wurden keinerlei größere Schäden gefunden, das Flugzeug hatte die Anforderungen ohne Auffälligkeiten gemeistert.

Zurück in Caudebec machten sich die Piloten und ihre Mannschaft an eine Serie von Testflügen, als Vorbereitung für die bevorstehende Überquerung des Atlantischen Ozeans. Am 14. Juni konnte Chefpilot René Guilbaud in einem Telefongespräch mit dem Kommandanten Esteva bestätigen, dass die Latham mit einer Nutzlast von 3700 Kilo abgehoben hatte. Am nächsten Tag sollte sie einen Flug mit 4000 Kilo testen. Die offizielle Version des nächsten Schritts im Gespräch lautete, dass Guilbaud gefragt wurde, ob Piloten, Mannschaft und das Flugzeug bereit waren für einen Langstreckenflug nach Spitzbergen. Was der französische Chefpilot sofort bestätigt hatte.

Odd Arnesen von der Aftenposten, der sich während der Suche nach Nobile auf Spitzbergen aufhielt, veröffentlichte viele Jahre später eine andere Version der Geschichte, wie und warum diese erfahrene Mannschaft in einen Flug mit der Latham in die Arktis einwilligte.⁶² Bei dem Testflug am 30. Mai 1928 geschah ein Unfall, während das Flugzeug noch in der Luft war. Der Pilot bei diesem Flug, Albert Cavelier de Cuverville, hatte sich umgedreht, um dem Mechaniker ein Zeichen zu geben. Seine Hand kam an die Maschinerie, und ihm wurden drei Finger abgeschnitten. Trotzdem führte er die Tests durch und landete die Latham sicher. Am Abend des 14. Juni nahm er an einem Treffen mit dem Marineminister mit bandagierter Hand teil.

Den beiden Piloten wurde das Angebot unterbreitet, zusammen mit dem norwegischen Polarforscher Roald Amundsen nach Spitzbergen zu fliegen, um dort nach Nobile und seiner Mannschaft zu suchen, die mit der »Italia« abgestürzt waren. Kommandant Esteva betonte, dass die Mannschaft nicht den Befehl für diesen Auftrag erteilt bekam, das Flugzeug aber auf jeden Fall in den Norden gebracht werden sollte. Wenn sie nicht bereit wären, diesen Auftrag zu übernehmen, würde eine andere Mannschaft das Flugzeug übernehmen. Im Hinblick auf die enge Bindung, die Piloten häufig zu den Flugzeugen hegten, auf denen sie Dienst taten, und den Stolz, mit dem Testpiloten Herausforderungen angingen, war es nicht überraschend, dass die feste Mannschaft der Latham sich diese Möglichkeit, Ruhm zu ernten, nicht entgehen lassen wollte. Viele der besten Flugzeuge und Piloten waren auf dem Weg nach Spitzbergen. Es ging hier um nationale Ehre und persönlichen Heldenmut. Die Piloten der Latham bestätigten, ja, sie waren bereit, in den Norden zu fliegen.

Der achtunddreißigjährige Chefpilot René Guilbaud hatte große Erfahrung mit riskanten Langstreckenflügen. Im Ersten Weltkrieg war er ausgezeichnet worden und hatte 1926 die erste Flugexpedition von Frankreich nach Madagaskar geleitet. Auf dem Rückflug passierte ein Unglück: Mitten über Afrika hatte Guilbaud Motorprobleme mit seinem eigenen Flugzeug und gab dem anderen Flugzeug den Befehl, allein nach Frankreich weiterzufliegen. Er landete, reparierte sein Flugzeug und stellte einen Geschwindigkeitsrekord für die restliche Strecke ein. Marineminister Leygues charakterisierte ihn folgendermaßen: »Überall, wo er hinkam, fiel er auf durch seine Intelligenz, seine Energie und seine methodische Arbeit.«[63]

Der sechsunddreißigjährige Copilot, Oberleutnant Albert de Cuverville, hatte sich auch im Ersten Weltkrieg hervorgetan, später erhielt er außerdem eine hohe Kriegsauszeichnung und wurde Mitglied der Ehrenlegion. Seine Beurteilung war genauso positiv: »Ein bemerkenswerter, für sich einnehmender Offizier, geschaffen für Taten, im Stande, elegante Dinge auszuführen.«[64] Lathams Mechaniker, der vierunddreißigjährige Gilbert Georges Paul Brazy, wurde als tüchtig und erfinderisch beschrieben, während der gleichaltrige Telegraphist Emile Valette gute Beurteilungen für seinen Einfallsreichtum, seinen Ehrgeiz und seinen Humor bekam.

Es war also eine erfahrene Mannschaft unter der Führung eines ganz besonders tüchtigen Chefpiloten, die von den französischen Behörden ausgesucht worden war, um Roald Amundsen zu assistieren. Dennoch war eine der ersten Anweisungen des norwegischen Polarforschers, dass es einen Platz geben musste für Leif Dietrichson als Reservepiloten und Beobachter. Amundsen begründete das damit, dass Dietrichson Erfahrung hatte als Pilot in arktischen Regionen, was sonst niemand vorweisen konnte. Die beharrliche Forderung des norwegischen Expeditonsleiters sorgte in Frankreich für Probleme. Man hatte den Flug der Latham als einen Beobachtungsauftrag angesehen, mit der Möglichkeit, beim Überfliegen eines gefundenen Lagers den überlebenden Italienern Proviant und Ausrüstung zukommen zu lassen. Es wurde diskutiert, de Cuverville zurückzulassen oder zumindest in Norwegen eine Entscheidung zu treffen, welcher der zwei Copiloten weiter nach Spitzbergen fliegen sollte. Der Reserve-Copilot konnte dann mit einem Frachter als Ersatz nach Kings Bay nachkommen. Diese sensible Frage sollte zwischen Guilbaud und Amundsen bei der Zwischenlandung in Bergen geklärt werden.

Am 15. Juni wurde das Flugboot überholt und für den Flug in die Arktis modifiziert. Amundsen und Dietrichson, die diesen Flugzeugtyp nicht genau kannten, hatten darum gebeten, dass die Propeller aus Metall gegen eine Konstruktion aus Holz ausgetauscht werden sollten. Außerdem sollte man die beiden Farman-Motoren und das mechanische System überprüfen, es musste für den Betrieb bei niedrigen Temperaturen angepasst werden. Die Firma Le Service Industriel de l'Aéronautique und die Farman-Fabrik schickten dafür Mechaniker nach Caudebec, wo sie zusammen mit der Mannschaft der Latham und Experten des Werks das gesamte Fluggerät durchgingen.

1928 standen besonders fünf Länder in Konkurrenz um den Bau der betriebssichersten Langstreckenflugzeuge, die den Atlantik überqueren konnten – Deutschland, Italien, Frankreich, England und die USA. Die Fabriken kopierten gegenseitig die Konstruktionen, stahlen Ideen und benutzten ab und zu die gleichen Motoren aus Fabriken wie Junkers, Rolls-Royce, Farman, Hispano-Suiza und Renault. Es waren mehrere große Expeditionen mit vielen Flugzeugen geplant. So auch die Überquerung des Atlantischen Ozeans mit zwei Latham-Flugzeugen, doch den ambitiösesten Plan hatte der italienische Faschist Italo Balbo aufgestellt. Er war Staatssekretär für Luftfahrt in Mussolinis Regierung und genauso gierig nach Ehre und Ruhmestaten wie der Duce selbst. Balbo hatte eine Überquerung des Atlantiks mit nicht weniger als zwölf neu entwickelten italienischen Flugzeugen vom Typ Savoia-Marchetti S.55 geplant.

Der Beitrag der Franzosen zu diesem erbitterten Wettbewerb, die Latham 47, konnte mit vielen verschiedenen Motoren geliefert werden, beispielsweise einem Renault 500 CV, einem Hispano 500 oder 600. Die Motoren waren platziert in einer Push-pull-Konfiguration des gleichen Typs wie bei Dornier Wal und Savoia-Marchetti S.55, die jedoch nicht bei der Junkers installiert wurde. 1928 war die Push-pull-Konfiguration bereits altmodisch. Sie hatte mehrere Schwächen, wurde dennoch weiterhin oft benutzt.

Die beiden Farman-Motoren, jeweils mit 500 Pferdestärken und 12 Zylindern, waren auf der oberen Tragfläche angebracht, was dem Flugboot Gewicht von oben gab, wenn es voll beladen war und schwer im Wasser lag. Die obere Flügelspanne betrug 25,2 Meter, die untere 21,6. Das Fahrzeug war 16,3 Meter lang, und vom Rumpf bis zur Spitze betrug seine Höhe 5,2 Meter.[65] Doch der Grund dafür, dass das Flugboot auf dem Wasser unstabiler war als eine Dornier Wal, lag wahrscheinlich in erster Linie an der Form der Schwimmer, außerdem lag das deutsche Flugboot mit der gleichen Last höher im Wasser.

Die sechs Treibstofftanks enthielten jeweils 600 Liter bzw. 500 Liter und wurden symmetrisch auf jeder Seite des Flugkörpers untergebracht.[66] Mit vollen Tanks und einem Verbrauch von mindestens 90 Liter pro Stunde bei normaler Fluggeschwindigkeit von 140 Kilometer pro Stunde (abhängig von den Windverhältnissen) konnte die Latham sich circa

20 Stunden lang in der Luft halten und eine Entfernung von circa 3200 Kilometern zurücklegen. Die Strecke von Tromsø nach Kings Bay beträgt Luftlinie 1052 Kilometer.

Vor dem Benzintank auf der rechten Seite befand sich eine Luke, die abgeschraubt werden konnte, so dass man die Tanks aus dem Cockpit herausnehmen konnte. Das war keine schnelle, einfache Operation, aber sie konnte auch durchgeführt werden, wenn die Latham auf dem Wasser schwamm. De Cuverville erzählte ab und zu die Geschichte, wie er vor einigen Monaten einen Mechaniker dazu gebracht hatte, einen der Benzintanks herauszuholen und ihn als Stabilisator an der Flügelspitze zu montieren, weil ein Schwimmer vom Flugboot abgerissen worden war.

Die Latham war noch nie in arktische Regionen geflogen. Sicherheitshalber wurden einige Justierungen in der Fabrik vorgenommen, um Eisbildung auf den mechanischen Teilen des Flugzeugs zu verhindern. Die Zirkulation von destilliertem Wasser wurde vor der Kälte geschützt, indem die Rohre verkleidet wurden. Das Gleiche geschah mit Ölrohren und dem Vergaser, um Reifbildung zu verhindern. Ein Wärmeapparat vom Typ Thermix wurde installiert, um im Bereich der Akkumulatorbatterien eine konstante Temperatur zu halten.[67]

Am frühen Morgen des 16. Juni war der Großhändler Peterson stolz mit seiner Familie zur Stelle, zusammen mit anderen, die geholfen hatten, das französische Flugboot für Amundsens Rettungsaktion zu organisieren. Und in Norwegen war die Begeisterung genauso groß. Chefredakteur Frøisland von Aftenposten drückte seine Dankbarkeit dem Grossisten gegenüber aus und betonte, dass er davon ausgehe, dass sie von allen Unterstützern Amundsens geteilt werde: »Ganz Norwegen dankt Ihnen heute für Ihr resolutes, generöses Eingreifen.«

Guilbauds Plan sah vor, direkt nach Bergen zu fliegen, eine Distanz von ungefähr 1300 Kilometern Luftlinie. Das Flugzeug war voll betankt und lag deshalb schwer im Wasser. Die Piloten mussten mehrere Versuche unternehmen, in unruhiger See mit Seitenwind zu starten. Kurz nach neun Uhr bekam die Latham schließlich Luft unter die Flügel. Über der Nordsee verlief zunächst alles gut, doch als sich das Flugboot Norwegen näherte, steigerte der Wind sich zu einem Sturm mit Regen. Viertel vor zehn Uhr abends landete das Flugboot endlich am Rande von Bergens Hafen. Die Franzosen wurden von dem Motorboot des seemilitärischen Distriktkommandos empfangen, das die Latham zum Anleger auf Marineholmen schleppte.

Drei kurze, hektische Tage nachdem er in aller Öffentlichkeit verkündet hatte, seine private Rettungsaktion aufzugeben, verließ Amundsen zum letzten Mal seine Villa in Svartskog. Das Haus lag in sanftem Junilicht hinter ihm. Der Himmel war diesig. Der Flieder entlang der Straße duftete nach Sommer. Dort, wohin er nun wollte, gab es ganz andere Gerüche – Flugbenzin und Motoröl, der saure Gestank von frisch gebrochener Kohle in Kings Bay. Doch auch in der Arktis war der Juni ein schöner Monat, die Sonne schien Tag und Nacht hinter einem Dunstschleier, der sich oft über dem kalten Meereswasser ausbreitete.

Roald Amundsen wusste natürlich, dass er in dem Bergwerksort willkommen war. Direktor Sherdahl würde alles, was in seiner Macht stand, tun, damit der Polarforscher es bequem hatte, auch wenn das Lager bis zum Bersten belegt war. Vor der Havarie war das Interesse an der italienischen Expedition eher bescheiden gewesen. Später, als man die sich anbahnende arktische Tragödie erahnen konnte, hatten norwegische wie auch ausländische Journalisten alles darangesetzt, eine Transportmöglichkeit nach Ny-Ålesund auf einem der Schiffe zu finden, die Richtung Norden fuhren – Frachter, Polarschiffe, Fischkutter.[68] Möglicherweise fühlte er sich unter all den großen Expeditionsgruppen, die auf dem Weg dort hinauf waren, etwas verloren? Riiser-Larsen und Lützow-Holm hatten bereits Depots in Virgohamna errichtet, an der Biscayarhuken und am Kap Leigh Smith. Amundsen hatte Freunden und der Familie erklärt, dass er für ein paar Wochen fort sein werde.[69] Er hatte nur etwas von unfertigen Plänen darüber erwähnt, welches Ziel er dem französischen Chefpiloten vorschlagen wolle. Es ging darum, die Vorteile des französischen Flugboots zu nutzen – Betriebssicherheit, hohe Reichweite und eine erfahrene Mannschaft, die lange Wachperioden an den Geräten aushalten konnte.

Nachdem sie die Bestätigung erhalten hatten, dass die Latham auf dem Weg nach Norwegen war, fuhren Amundsen, Dietrichson und Wisting zusammen mit Kapitän Wilhelm Meisterlin, dem Direktor der privaten Gesellschaft Norske Luftruter A/S, zum Osloer Ostbahnhof. Von dort wollten sie den Nachtzug nach Bergen nehmen. Roald Amundsen hatte sicher erwartet, dass der eine oder andere Journalist auftauchen und dass Familie und Freunde kommen und ihnen viel Glück auf der Reise wünschen würden. Aber so ein Aufgebot? Der französische und der italienische Botschafter. Eine große Menschenmenge auf dem Bahnsteig entlang des Zuges. Amundsen hatte der Bewunderung durch die ganz normalen Menschen überall in Norwegen für ihn nicht so recht getraut. Doch diese glaubten unerschütterlich an das, wovon er selbst noch nicht so recht überzeugt war – dass er derjenige sei, der Nobile retten würde. Eine junge Frau trat schüchtern aus der Menschengruppe und überreichte ihm einen Blumenstrauß: »Bitte entschuldigen Sie meine Aufdringlichkeit, aber ich möchte nur das tun, wozu in diesem Augenblick Tausende den Wunsch verspüren. Seien Sie vorsichtig! Norwegen kann es sich nicht leisten, einen Sohn wie Sie zu verlieren!«[70]

Dietrichson wurde von den Anwesenden auch mit Bewunderung gefeiert, doch er war diskreter und hielt sich zurück. Seine Frau war gekommen, um sich zu verabschieden. Sie kann nicht besonders begeistert von der Entscheidung ihres Ehemannes gewesen sein. Zum zweiten Mal im Laufe nur weniger Wochen hatte er im letzten Augenblick seine Reise mit der DS »Stavangerfjord« nach New York abgesagt, um stattdessen Roald Amundsen nach Spitzbergen zu folgen, in einem Flugzeug, das er kaum kannte und noch nie geflogen war. Die Gattin gab ihrem Mann förmlich die Hand.[71] Kein Kuss, keine feuchten Augen. Sie muss enttäuscht gewesen sein und resigniert haben, wusste aber sicher auch, dass nichts, was sie sagen könnte, helfen würde. Dietrichson spürte in sich die gleiche Sehnsucht nach dem Eismeer und nach Heldentaten wie Amundsen selbst. Man nannte es scherzhaft die Polarkrankheit, aber sie glich eher einer Besessenheit.

Als Kommandant Guilbaud in Bergen an Land ging, war er gekleidet, wie es sich für einen französischen Fliegerhelden gehörte: Lederjacke und ein buntes Tuch um den Hals geknotet. Er begrüßte die Menschen, die ihn empfingen und winkte ihnen zu, überreichte mit einer eleganten Verbeugung einen Strauß aus roten und gelben Rosen aus der Normandie, zusammengehalten von einer Schleife in den Farben der Trikolore. Die Blumen hatte er am gleichen Morgen in Caudebec selbst gepflückt. Der Presse erklärte er, dass er sich freue, einem weltberühmten Polarforscher wie Roald Amundsen zu Diensten zu sein und dass er sich auf die Zusammenarbeit freue.

Als am nächsten Morgen der Zug mit Amundsen und Dietrichson im Bahnhof von Bergen eintraf, goss es in Strömen. Trotz des schlechten Wetters war auch hier eine große Menschenmenge herbeigeeilt, um sie zu empfangen. Hurrarufe erschallten, als sie aus dem Zug stiegen. Der französische und der italienische Konsul standen auf dem Bahnsteig. Bergens großer Meeresforscher, Bjørn Helland-Hansen, war auch gekommen, um Amundsen willkommen zu heißen. Die Begeisterung muss Roald Amundsens Herz erwärmt haben, aber ihm auch gezeigt haben, was ihn ins Zentrum der Begeisterung des Volkes brachte: Polarexpeditionen waren verderbliche Ware, und ein Held war nie größer als das Interesse an seiner nächsten Expedition.

Der Abflug mit der Latham aus Bergen wurde auf Anraten der Meteorologen des Geofysisk Institutt auf sechs Uhr abends festgelegt. Viele große und kleine praktische Details waren zu regeln, bevor das Flugzeug fertig war für die nächste Etappe. Flugbenzin und Öl mussten aufgefüllt werden, so dass die Latham Richtung Tromsø mit vollen Tanks starten konnte. Erste-Hilfe-Ausrüstung und Proviant wurden an Bord geschafft – 10 Kilo Pemmikan, 10 Kilo Schokolade und eine große Dose mit Keksen sowie ein Meta-Kochapparat und eine Schachtel Sprittabletten. Ein Gewehr und hundert Schuss Munition wurden auch an Bord gebracht. Oscar Wisting bekam die Gelegenheit, sich durch eigene Initiative hervorzutun: Er übernahm die Verantwortung dafür, die norwegischen Teilnehmer wie auch die französische Flugcrew mit Polarkleidung und persönlicher Ausrüstung auszustatten. De Cuvervilles Hand war immer noch bandagiert. Wisting konnte in aller Eile einen speziell dafür genähten Lederhandschuh herbeischaffen, der groß genug war.

Auch wenn die Zeit knapp war, schafften die Teilnehmer es,

daheim bei Inni Mowinckel, der Schwester des Ministerpräsidenten, ein Essen einzunehmen und auch noch der Presse ein paar letzte Interviews zu geben. Dietrichson erklärte, er sei zufrieden mit dem französischen Flugboot, bemerkte aber, dass die etwas spitze Körperform es weniger geeignet für eine Landung auf dem Meereseis machte als eine Dornier Wal. Außerdem fürchtete er, dass es mit sechs Mann an Bord doch ziemlich eng werden könnte. Die Entscheidung, wer die Ehre haben sollte, als Copilot zu fliegen, wurde ohne größere Diskussion gefällt. Dietrichson wie auch de Cuverville waren im Flugzeug nach Tromsø mit an Bord.

Amundsen erklärte den herbeigeeilten Journalisten, dass er sich freue, endlich aufbrechen zu können, um bei den Rettungsaktionen für Nobile und die anderen Überlebenden dabei zu sein. Er habe einen guten Eindruck vom Flugzeug und gehe davon aus, dass es zu einer Landung auf dem Eis gar nicht kommen werde. Außerdem antwortete er mit ernster Miene auf die Fragen der Journalisten, was die Männer im Ballon betraf. Von den drei Gruppen auf dem Eis machte er sich die größten Sorgen um die sechs Italiener, die mit dem Ballon weggerissen worden waren. Der Korrespondent der Aftenposten in Bergen fragte ihn direkt, ob denn Kings Bay tatsächlich so gut geeignet sei als Startpunkt für die Suche nach dem Ballon und eventuellen Überlebenden. Amundsen teilte diese Zweifel. Er war an diesem Sonntagabend des 17. Juni 1928 der Meinung, dass der beste Ausgangspunkt für die Suche nach der Ballonmannschaft nicht Ny-Ålesund sei, sondern ein Eisbrecher – ein Schiff, dass sich durch das dicke Meereseis nördlich von Spitzbergen Richtung Osten vorkämpfen könne. Am besten sei natürlich ein Eisbrecher mit einem Flugzeug an Bord.

Kurz vor sechs Uhr abends wurden Amundsen, Dietrichson

und der Rest der Flugbootbesatzung zur Latham bei Marineholmen gebracht. In der Zwischenzeit hatten die Techniker der Basis zusammen mit dem französischen Techniker Gilbert Brazy die Umwälzpumpe zu den Motoren überholt und ein kleines Loch im Flügelschwimmer backbord mit einer Messingplatte repariert. Treibstoff, Öl und die Ladung waren verstaut. Das Flugboot rollte langsam aus dem Puddefjord. Die Kais waren überfüllt von Zuschauern. Mit einem Aufheulen der beiden Farman-Motoren nahm das Flugboot Fahrt auf, hob ab und verschwand flach über den Fjord fliegend Richtung Tromsø. Bald war es nur noch als ein schwarzer Punkt zu erkennen.

## KAPITEL 14

# Reichweite

Die ersten Telegramme von Nobile veränderten die Situation für die norwegische Rettungsexpedition. Es gab nicht nur eine Gruppe von Überlebenden, nach denen gesucht werden musste, sondern drei Gruppen auf drei unterschiedlichen Positionen. Sie alle befanden sich an der Grenze dessen, was die Hansa-Flugzeuge von ihren Ausgangspunkten auf der »Hobby« und der »Braganza« in der Gegend von Gråhuken an der Muschelbucht erreichen konnten. Die Hansamaschinen konnten nur Flugbenzin für einen viereinhalbstündigen Flug bunkern. Lützow-Holms und Myhres lange Aufenthalte im Brennevinsfjord waren ihnen eine Warnung gewesen. Riiser-Larsen war fest entschlossen, dass unter seiner Leitung kein Leben auf Spitzbergen verloren gehen dürfte.

Keine der vermissten Gruppen sollte aufgegeben werden, bevor man nicht zu ihnen vorgedrungen war. Er sagte es nicht laut, doch Riiser-Larsen fürchtete, dass der unbekannte Havariepunkt der Ballongruppe kaum zu lokalisieren sein würde. Nur Glück konnte die sechs Italiener retten, die mit der führerlosen Hülle davongetrieben worden waren. Auch die Malmgren-Gruppe war nach Riiser-Larsens Einschätzung in einer schwierigen Situation. Sie hatten kein Funkgerät, waren nicht mit Zelt oder Waffen ausgerüstet und hatten nur Essensvorräte für zwanzig Tage. Zumindest wusste man ungefähr, welcher Route die Männer folgen wollten: vom Zeltlager hinüber nach Foynøya, dann zum Kap Bruun und anschließend

Richtung Westen aufs Kap Platen zu. Das Ziel war das Nordkap auf der Chermsideøya gewesen.

Mariano, Zappi und Malmgren hatten Nobile versichert, dass die Strecke bis zum Land, laut Karten ungefähr 160 Kilometer, in circa zwei Wochen zurückgelegt werden konnte. Außerdem waren sie davon überzeugt gewesen, dort irgendwo auf Menschen zu stoßen – entweder Jäger oder Suchtrupps, die von der »Città« ausgesandt worden waren. Denn gerade im Hinblick auf eine Notlandung in der Ödnis waren die Gebirgsjäger doch in die Suchexpedition mit einbezogen worden. Und Malmgren hatte seine Argumente so überzeugend rübergebracht, dass die Zurückgebliebenen im Zelt davon überzeugt waren, dass sie selbst sich in deutlich größerer Gefahr befanden als die drei Männer, die über das Meereseis verschwunden waren.

Riiser-Larsen war da anderer Meinung. Das Zeltlager mit dem Notfunkgerät beherbergte die einzige der drei Gruppen, die ihre Position übermitteln konnte. Die Eisscholle mit dem Zelt trieb 30 Kilometer am Tag in unterschiedliche Richtung, je nach Wind- und Strömungsverhältnissen. Somit veränderte sich die Zielposition für die Suche jeden Tag. Doch solange Biagi mit ihnen über Funk kommunizieren konnte, wussten sie zumindest so ungefähr, wo die Männer sich befanden.

Riiser-Larsen meinte, das Kap Leigh Smith ganz in der nordöstlichen Ecke des ungemein weit ausgedehnten Inlandseises Austfonna sei ein guter Ausgangspunkt für die Suche nach allen drei Gruppen der Vermissten. Vorläufig wurden die beiden Expeditionsschiffe durch dichtes Meereseis daran gehindert, dorthin zu fahren. Im Morgengrauen des 13. Juni fuhr die »Hobby« Richtung Norden, um die Eisverhältnisse zu untersuchen. Diese waren schlimmer als befürchtet. Im Laufe der Nacht war ein Sturm aus Norden aufgekommen, und das

Eis schob sich schnell aufs Land zu, trotzdem gelang es der »Hobby«, sich in den obersten Teil der Hinlopenstraße vorzukämpfen.

Die Hundegespanne, die die beiden Bergwerksgesellschaften im Isfjord so hilfsbereit zur Verfügung gestellt hatten, und die die »Hobby« und die »Braganza« in Longyearbyen und in Green Harbour an Bord genommen hatten, machten in Riiser-Larsens Augen einen wichtigen Teil der Suchaktion aus. Sie bewegten sich zwar langsam und waren abhängig von Meereseis oder einem zugänglichen Ufer, konnten aber benutzt werden, um Depots entlang der wilden Küste Nordostlands anzulegen. Das Hundegespann von Rolf Tandberg und Hilmar Nøis wurde am Wahlenbergfjord aufs Eis gelassen. Einen Tag später wurde auch das Gespann von Varming und van Dongen hinuntergelassen. Eine dritte Gruppe, Kapitän Sora mit drei Gebirgsjägern und zwei Studenten aus dem Alpinclub in Mailand, sollte auf Skiern zum Nordkap gehen und versuchen, sich von dort weiter gen Osten durchzuschlagen, um nach der Malmgren-Gruppe zu suchen.

Die Gespanne hatten nur für zehn Tage Futter für die Hunde. Deshalb planten sie, entlang ihrer Route Seehunde zu jagen. Alle Depots, die die Hundegespanne anlegen konnten, sollten gut sichtbar mit Landmarken versehen werden, so dass man sie bereits aus weiter Entfernung sehen konnte. Eine gehisste Flagge sollte das Signal sein, wenn sich Hundeführer in der Nähe befanden. Jedes neue Depot sollte Proviant, Kleidung und eine Karte enthalten, auf der die Positionen der anderen Depots vermerkt waren. Die Hundeführer sollten Ausschau nach Zeichen halten, die von den Flugzeugen herabgeworfen worden sein konnten. Sie könnten eventuell neue Informationen oder neue Instruktionen von der Leitung der Rettungsaktionen enthalten.

Riiser-Larsen beschloss, dass die Hauptbasis am äußersten Rand des Beverlysund liegen sollte. Die Hundegespannführer hatten als Ziel, spätestens bis zum 19. Juni bis dorthin zu gelangen. Anschließend konnten sie nach eigener Einschätzung weiter Richtung Osten oder Richtung Norden auf dem Meereseis suchen oder aber nach den drei Männern, die auf das Land zu wanderten. Informationen darüber, welche Gebiete bereits abgesucht worden waren, sollten in jedem Depot hinterlegt werden. Die Hundeführer sollten spätestens am 30. Juni wieder im Hauptdepot im Beverlysund ankommen.

Detaillierte Telegramme mit genauer Beschreibung der Pläne wurden von der »Città di Milano« geschickt, und noch detailliertere Berichte wurden an das Verteidigungsministerium und an den Regierungsbevollmächtigten Bassøe über den Kings Bay-Sender in Ny-Ålesund geschickt. Riiser-Larsen war ein karrierebewusster Mann, der wusste, wie er sich gegenüber seinen Vorgesetzten in der Marine zu verhalten hatte. Alle Telegramme enthielten eine Pro-forma-Anfrage um Erlaubnis, die Pläne in die Tat umzusetzen. Er erhielt niemals Einwände.

Mit bescheidenen Ressourcen hatte die norwegische Rettungsexpedition im Laufe von wenigen Wochen ein riesiges Gebiet nordwestlich von Spitzbergen bereits durchsucht und kartiert. Sie hatten weder die Italiener noch das havarierte Flugschiff gefunden, aber dieses negative Resultat hatte auch seinen Wert. Mehrere Flugzeuge und Schiffe hatten sich Richtung Norden aufgemacht. Die neuen Suchaktionen konnten sich jetzt auf Gebiete konzentrieren, die noch nicht durchsucht worden waren. Aufgrund all der Depots, die auf Nordostland errichtet worden waren, würden die Flüge der Neuankömmlinge außerdem sicherer werden.

Immer wieder betonte Riiser-Larsen in seinen Telegrammen, wie wichtig es sei, dass die italienischen und schwedischen Langstreckenflugzeuge so schnell wie möglich in den Norden kamen. Die Suche musste ausgeweitet werden. In der großen Freude darüber, Funkkontakt mit Umberto Nobile und den Überlebenden im Zeltlager bekommen zu haben, war leicht zu übersehen, dass die Italiener faktisch immer noch nicht lokalisiert worden waren. Alle, die Erfahrungen mit Arbeiten oder Fahrten im Meereseis hatten, wussten, wie schwer es war, Menschen auf einer Eisscholle zu entdecken. Aber selbst, wenn diese Schwierigkeit überwunden sein sollte, blieb immer noch die Rettung selbst. Wie sollte man die Italiener dort herausholen – mit Flugbooten, mit Flugzeugen, die mit Skiern ausgerüstet waren, per Schiff oder mit Hundegespannen? Jede dieser Methoden hatte ihre Probleme

Riiser-Larsen bestand darauf, dass mehr Flugzeuge und Schiffe ins Suchgebiet geschickt werden müssten. Er sagte damit nichts anderes, als Roald Amundsen bereits der Presse gegenüber in Oslo erklärt hatte. Um das Zeltlager zu *finden*, bräuchte man große Flugboote mit großer Reichweite, vom Typ Dornier Wal oder Super Wal. Aber um die Italiener zu *retten*, waren wahrscheinlich Eisbrecher nötig – möglichst mit einem Flugzeug an Bord, das mit Skiern statt Schwimmern auf einer kleineren Eisscholle landen konnte. Das Ganze war eine Abwägung zwischen Reichweite und Anwendung. Die großen Flugzeuge mussten für die Lokalisierung benutzt werden, Flugzeuge mit Skiern an Bord von Eisbrechern hatten zumindest die Möglichkeit, die Italiener in Sicherheit zu bringen. Und es eilte. Das Eis im Norden lief Gefahr, sich aufzulösen. Im Laufe von nur kurzer Zeit würde es nicht länger möglich sein, Nobiles Gruppe mit einem Hundegespann von Land her zu erreichen.

Nachdem der Funkkontakt mit Nobiles Zeltlager so überraschend hergestellt worden war und die Information über die Havarie sich verbreitete, gab es mehrere Faktoren, die besonders die italienischen und die schwedischen Piloten in Fahrt brachten. Zum einen glaubte man zu Recht, dass es nur eine Frage der Zeit wäre, bis die norwegische Expedition zu der Position gelangte, auf der sich Nobile befand. Es war schließlich auch den zentralen Behörden in Rom klar geworden, dass Expeditionen aus anderen Ländern ihnen beim Wettlauf um die Rettung ihrer eigenen Landsleute zuvorkommen könnten. Dank des persönlichen Einsatzes von Nobiles Freund Arturo Mercanti war der Pilot Umberto Maddalena bereits in einer Savoia-Marchetti S.55 auf dem Weg nach Spitzbergen. Dieses so merkwürdig aussehende Flugboot mit dem Doppelrumpf hatte am 10. Juni um fünf Uhr morgens vom Flughafen Sesto Calende vor den Toren von Mailand mit einer Mannschaft plus zwei nicht benannten Passagieren abgehoben.

Doch Maddalenas Flug in den Norden war ein privates Unterfangen. Die italienischen Behörden liefen Gefahr, sowohl in der italienischen als auch in der internationalen Presse als passiv und untauglich dazustehen, sollten sie nicht ihre Pläne, weitere Flugzeuge zu schicken, endlich in die Tat umsetzen. Die italienische Marine verfügte über eine genügende Anzahl an großen Flugbooten, um einige gen Norden zu schicken, und dabei waren die besten gerade gut genug. Der Chefpilot Pierluigi Penzo startete am 13. Juni mit der »Marina II« vom Flughafen Pisa. Nur wenige Tage später war Leutnant Ravazzoni mit zwei Mann an Bord der »Marina I« auch auf dem Weg nach Spitzbergen. Bei diesen Flugzeugen handelte es sich um zwei Dornier Wal von dem Typ, den Roald Amundsen sich eigentlich gewünscht hatte – und für einige Tage Ende Mai, Anfang Juni hatte er auch geglaubt, Lincoln Ellsworth würde ihm eine Super Wal finanzieren. Vielleicht wäre vieles anders verlaufen, wären diese italienischen Flugzeuge gleich in den ersten Tagen nach dem Verschwinden der »Italia« den norwegischen Behörden angeboten worden. Höchstwahrscheinlich hätte es dort auch Platz für Roald Amundsens Rettungsexpedition gegeben. Trotz allem herrschte kein Zweifel an seinem ungeheuren Erfahrungsschatz und seinen außergewöhnlichen Eigenschaften als Expeditionsleiter.

Die zweite Neuigkeit – die den schwedischen Einsatz betraf – bestand darin, dass der Dozent Finn Malmgren sich mit zwei italienischen Offizieren auf einem Marsch übers Eis befand. Er hatte die Havarie des Luftschiffs überlebt, befand sich aber jetzt in einer lebensgefährlichen Situation. Es gab keine Zeit zu verlieren, die hilflose kleine Gruppe musste dringend gefunden werden. Die schwedische Rettungsexpedition war eine große, komplizierte Angelegenheit mit genügend Polarausrüstung, um eine ganze Überwinterung durchstehen zu können. Zwei Schiffe waren gechartert worden, um Flugzeuge, Mannschaft und Ausrüstung nach Spitzbergen zu bringen. Der schwedische Frachter »Tanja« hatte Göteborg mit Kurs auf Narvik bereits in der Nacht zum 10. Juni verlassen. Das Polarschiff »Quest«, das außer Dienst gestellt worden war und vor Tromsø lag, wurde wieder in Betrieb genommen, um als Basisschiff für die Schweden auf dem Meereseis nördlich von Spitzbergen zu dienen. Am 13. Juni verließ das Schiff den Hafen von Tromsø und fuhr direkt in einen heftigen Sturm, wodurch es mehrere Tage Verspätung hatte.

Die schwedische Expedition war alles in allem mit sieben Flugzeugen verschiedener Größe ausgestattet – zwei Hansa Brandenburg mit Schwimmern, zwei Fokker C.V.M, einem de Havilland 60 Moth-Flugzeug, das mit Skiern wie auch mit

Schwimmern bestückt werden konnte, einer Klemm-Daimler L.20 mit Skiern. Bis auf eine Maschine waren alle während der Überfahrt nach Spitzbergen in Kisten verpackt oder standen an Deck der beiden Polarschiffe. Eine dreimotorige Junkers G24 mit dem Namen »Uppland« war das siebte Flugzeug. Es brachte es auf eine ziemlich bescheidene Spitzengeschwindigkeit von 170 Stundenkilometern und war der schwedische Beitrag zur Konkurrenz darum, welches Flugzeug es als Erstes schaffte, vom norwegischen Festland direkt nach Spitzbergen zu fliegen. Das Flugboot, das normalerweise Passagierflüge für die schwedische Gesellschaft AB Aerotransport unternahm, hob am 10. Juni mit Viktor Nilsson als Chefpilot und einer vierköpfigen Mannschaft vom Stockholmer Flugplatz ab. Der Flug führte über Luleå und Tromsø in den Norden. Die Junkers war schwer beladen und brauchte Gegenwind, um vom Tromsøsund zu starten. Das war der Grund, warum sie nicht gleichzeitig mit der Latham startete, sie musste einen ganzen Tag auf bessere Wetterverhältnisse warten. Spät am Abend des 19. Juni landete die »Uppland« auf dem Kongsfjord, vor dem Kai in Ny-Ålesund. Nach der Landung der Savoia-Marchetti S.55 an der Bjørnøya war die schwedische Junkers die erste Maschine, die einen Direktflug absolvierte.

Die Ausrüstung der schwedischen Expedition war eine umfangreiche, langwierige Geschichte. Ihre Ankunft in Virgohamna nördlich von Spitzbergen fand erst Wochen, nachdem die norwegischen Flugzeuge bereits mehrere Suchflüge Richtung Osten unternommen hatten, statt. Riiser-Larsen hatte dem schwedischen Expeditionsleiter, Kapitän Egmont Tornberg, eine Unzahl an Telegrammen mit detaillierten Informationen darüber geschickt, welche Gegenden bereits abgesucht worden waren, welche Pläne er für die nächsten Tage hatte sowie Informationen über Wetter- und Eisverhältnisse im Suchgebiet. Die Schweden hatten somit gute Voraussetzungen für ihren eigenen Einsatz.

Es ist im Nachhinein schwer zu sagen, welche Motive Finnland gehabt haben mag, auch eine kleinere Truppe loszuschicken, um nach Nobile zu suchen.

Die finnischen Behörden schienen ihre Teilnahme als eine Art humanitäre Operation militärischen Charakters in internationalem Fahrwasser aufzufassen. Finnland war 1917 zu einer unabhängigen Nation erklärt worden. Im Unterschied zu der jungen Monarchie Norwegen wurde im Land nach einem blutigen Bürgerkrieg 1919 die Republik ausgerufen. Eingezwängt zwischen die beiden früheren Okkupationsmächte, Schweden und Russland, war die finnische Außenpolitik eine politische Gratwanderung. Wenn nun die Finnen das Beste, was sie an Flugmaterial und Mannschaft zu bieten hatten – eine Junkers F13 mit Gunnar Lihr als Chefpilot aussandten –, war das wahrscheinlich sowohl mit den schwedischen als auch mit den russischen Rettungsexpeditionen abgesprochen. Weder Gunnar Lihr noch der Mechaniker Uno Bachman waren Militärangehörige. Sie waren beide bei der Finnair angestellt. Deshalb wurde Olavi Sarko, ein Leutnant im finnischen Heer, als Beobachter und Expeditionsleiter mitgeschickt.

Ganz zu Anfang der Planungen hatten die norwegischen Behörden auf den Rat der erfahrensten Polarforscher des Landes gehört. Aus diesem Grund hatte der Verteidigungsminister schon früh den Sowjetstaat um Hilfe gebeten. Das Forschungsschiff »Malygin«, das mit Flugzeug und einem leistungsstarken Kurzwellenfunkgerät an Bord in der Nähe des Franz-Josef-Lands unterwegs war, wurde in wenigen Tagen in Ny-Ålesund erwartet, damit es an der Suche teilnehmen konnte. Doch es war die »Krassin«, der größte Eisbrecher der Welt, an den die meisten Hoffnungen geknüpft waren. Die Norweger kannten das Schiff gut, nachdem Otto Sverdrup als Eislotse und Kapitän auf einer Forschungsfahrt im Polarmeer 1920–22 teilgenommen hatte. Doch der russische Eisbrecher brauchte nervenzehrend viel Zeit, um in den Norden zu kommen. Mitte Juni befand sich die »Krassin« immer noch im Finnischen Meerbusen.

Nicht zuletzt aufgrund der internationalen Rettungsexpeditionen, die die norwegische Küste entlang fuhren und unterwegs mehrere Häfen anliefen, waren die norwegischen Zeitungen voll mit Stoff zur Nobile-Suche, geliefert von Korrespondenten und Quellen im In- und Ausland. Die Zeitungen enthielten außerdem tägliche Expertenmeinungen und Leserbriefe mit guten Ratschlägen, wie man die Italiener retten könnte. Als am 14. Juni bekannt wurde, dass Roald Amundsen doch noch in einem französischen Flugboot auf dem Weg nach Spitzbergen war, kannte die Begeisterung unter den meisten Norwegern keine Grenzen. Die Entscheidung kam für sie überraschend, hatte Amundsen sich doch erst vor wenigen Tagen offiziell von seiner Initiative zurückgezogen. Aufgrund der kurzen Zeitspanne zwischen dieser öffentlichen Mitteilung und dem geplanten Start von Tromsø aus konnte der Latham-Flug fast als eine Art Coup angesehen werden mit dem Ziel, allen anderen Expeditionen zuvorzukommen. Das wurde zwar nicht öffentlich gesagt, aber es war deutlich, dass einige der Meinung waren, das sei mal wieder typisch Roald Amundsen, alle mit einem unerwarteten Schachzug zu überraschen.[72]

In Nobiles Zeltlager wurde die Nachricht von Amundsens Expedition mit aufrichtiger Dankbarkeit und neuer Hoffnung auf Rettung aufgenommen. Es war kaum zu glauben. Nach Wochen fehlender Aktivitäten von Seiten ihrer eigenen

Regierung lagen jetzt vier Langstreckenflugboote in Nord-Norwegen und warteten auf günstige Wetterverhältnisse, um das Europäische Nordmeer nach Spitzbergen hin zu überqueren – zwei italienische, ein schwedisches und ein französisches unter norwegischer Leitung. Doch an erster Stelle war es Amundsen, auf den Nobile und die anderen Überlebenden warteten. Folgendes Telegramm schickte Nobile aus dem Zeltlager an Rolf Thommessen, den Redakteur von Tidens Tegn:

Während wir in dieser alles umfassenden Stille auf dem Meereseis saßen, erhielten meine Kameraden und ich vor einigen Tagen via Funk eine Nachricht: Roald Amundsen war auf dem Weg, uns zu finden und zu retten! Diese großherzige Handlung des großen Polarforschers hat mich tief bewegt… Ungeduldig warten wir auf Informationen über seine Ankunft, nicht nur mit der Hoffnung, gerettet zu werden, nein, wir finden es ganz besonders großmütig, dass es ausgerechnet Amundsen ist, der sich unseres Schicksals annimmt und sich einer derartigen Gefahr aussetzt…[73]

## KAPITEL 15

## Richtung Norden

Die nordnorwegische Landschaft glitt unter dem französischen Flugzeug dahin, Stunde um Stunde, ohne jedes Ereignis. Um 21.55 Uhr passierten sie Stadlandet, über den Brønnøysund flogen sie um 02.30 Uhr. Lødingen verschwand um 04.40 Uhr hinter ihnen.

Das Cockpit der Latham war für eine vierköpfige Mannschaft berechnet. Mit sechs Personen an Bord war es eng und kalt. Es roch nach Benzin und Öl. Der Lärm der Farman-Motoren war ohrenbetäubend und ließ so gut wie keine Kommunikation zu. Amundsen und Dietrichson waren auf ihren unbequemen Sitzen leicht eingenickt, aber an richtigen Schlaf war nicht zu denken. Guilbaud und de Cuverville saßen vorn auf den Pilotensitzen. Sie hatten überhaupt nicht geschlafen. Der Funker Valette hatte sich auch wach gehalten, während der Mechaniker Brazy vielleicht in seiner zusammengekauerten Position ein wenig hatte dösen können. Es war halb sechs Uhr morgens, und das Flugboot näherte sich Tromsø.

Roald Amundsen war fast zwanzig Jahre älter als die anderen in der Maschine, doch es war nicht das Alter, was ihn quälte, da gab es etwas anderes – etwas, das er nur seinen allerengsten Vertrauten erzählt hatte. Vor zwei Jahren war ihm eine bösartige Geschwulst aus der Hüfte entfernt worden, und vor nur wenigen Monaten hatte er sich in der radiologischen Klinik des aus Norwegen stammenden Arztes Albert Søiland in Los Angeles einer experimentellen Strahlenbehandlung unterziehen müssen.[74] Es schien so, als hätte er die Krankheit möglicherweise schon seit mehreren Jahren. Bereits bei seiner Rückkehr vom Südpol war er von blutenden Geschwülsten im Enddarm gequält worden.[75] Die Nachwirkungen der Operation im Dezember 1926 und die Behandlungen mit Röntgenstrahlen im April 1927 waren sehr anstrengend gewesen, aber er hatte nie öffentlich über seine Leiden gesprochen. Und das wäre auch nicht vernünftig gewesen in Anbetracht seines Vorsatzes, sowohl in seinem Privatleben als auch in seinen Finanzen Ordnung zu schaffen und sein früher so gutes Renommee wiederherzustellen. Es war nach der erschöpfenden Strahlentherapie nun das erste Mal, dass er sich mit diesem Flug in den Norden wieder zu einer längeren Expedition zwang.

Die erste Warnung, dass sie auf ihrem Flug weiter in den Norden die Konkurrenz dicht hinter sich haben würden, bekamen die Männer an Bord des französischen Flugboots bereits, bevor sie landeten. Die Piloten entdeckten zwei große Flugboote, die im Tromsøsund vor Anker lagen. Also planten noch andere, den ersten direkten Flug nach Spitzbergen vorzunehmen. Bisher waren alle Flugzeuge demontiert in Kisten oder festgezurrt an Deck eines Schiffs in den Norden gebracht worden. Doch vorläufig machte sich Amundsen keine großen Sorgen wegen der Konkurrenz. Das französische Flugboot war groß und modern und die Mannschaft erfahren. Dennoch musste er sich so schnell wie möglich Informationen über die anderen beiden Flugboote verschaffen, ihre Piloten und deren Pläne.

Die Latham landete auf dem ruhigen Wasser im Tromsøsund mit Wasserfontänen wie Schwanenflügel zu beiden Seiten des grau gestrichenen Rumpfs. Guilbaud ließ die Maschine ruhig in den Hafen rollen und blieb in den selbst erzeugten Wellen schaukelnd vor dem Anleger der Vestlandske Petroleumskompani liegen. Ein Beiboot kam angerudert und brachte Amundsen und Dietrichson zum Anleger. Die Franzosen blieben an Bord und machten die Maschine für den mehrstündigen Aufenthalt klar.

Wie in Bergen hatten sich auch hier viele Zuschauer entlang der Kais versammelt, um einen Blick auf Amundsen und Dietrichson werfen zu können. In Tromsø würde es keine Zeit für ein Essen und Treffen mit einflussreichen Bürgern der Stadt geben – nicht einmal mit dem italienischen und dem französischen Konsul, die freundlicherweise gekommen waren, um die Flieger willkommen zu heißen. Amundsen war nach dem nächtlichen Flug steif und erschöpft. Aber er musste immer wieder auf den Sund hinausschauen. Wem gehörten die beiden Flugboote, die da draußen auf der Reede lagen?

Amundsen und Dietrichson waren Gäste bei Fritz Zapffe in dessen alter Villa Schweizer Bauart in der Storgata. Zwei Häuser weiter im Grand Hotel ruhte sich die französische Mannschaft aus, bis sie wusste, wann der Flug in den Norden starten konnte. Die beiden Polarforscher aßen Frühstück: geräucherten Lachs und Eier. Nur das Beste war für Zapffes alte Freunde gut genug. Amundsen rauchte und nahm ein Bad. Eigentlich sollte auch er sich hinlegen, doch das gelang ihm nur für ein paar Stunden. Er hatte einfach nicht die Ruhe dafür.

Dietrichson führte das erste Gespräch mit dem Geofysisk Institutt bereits kurz nach sieben Uhr, als die meteorologischen Beobachtungen der Eismeerstationen gerade per Telegraph beim Institut eingegangen waren. Er sprach direkt mit dem Leiter Ole Andreas Krogness, der ihm berichten konnte, dass seit längerer Zeit ein Sturm zwischen dem Festland und Spitzbergen herrschte. Doch jetzt schien der Wind abzuflauen. Über Bjørnøya herrschte Nebel, aber entlang der Küste von Westspitzbergen waren die Wetterbedingungen gut.

Als Amundsen gegen elf Uhr von seinem unruhigen Schlaflager aufstand, war es Zapffe, der mit dem Geofysisk Institutt gesprochen hatte. Es waren neue Informationen von den Eismeerstationen eingetroffen. Ein Tiefdruckgebiet entwickelte sich zwischen Spitzbergen und Grönland. Krogness riet Amundsen abzuwarten. Ansonsten waren die Eisverhältnisse im Kongsfjord gut, doch entlang der Westküste von Spitzbergen gab es Treibeis. Das konnte sich landeinwärts auftürmen, je nach der lokalen Windrichtung.

Dietrichson fuhr hinunter zum Latham-Flugboot und half der französischen Besatzung, die Ladung, die in den Norden mitsollte, zu verstauen. Sie füllten Treibstoff und Öl, bis die Tanks voll waren, 1750 Liter Flugbenzin und ungefähr 200 Liter Öl. Notproviant, ein Gewehr mit Munition und einiges an Kleidung und Stiefeln für die arktischen Wetterbedingungen waren bereits in Bergen an Bord gekommen. Der größte Teil ihrer Ausrüstung war außerdem schon Oscar Wisting mitgegeben worden, der mit dem Frachter »Ingeren« in den Adventfjord fahren wollte. Laut Plan sollte er einige Tage nach der Latham dort ankommen. Als sie sich in Bergen voneinander verabschiedeten, versprach Amundsen ihm, das Flugboot werde ihn so schnell wie möglich aus Green Harbour abholen und nach Kings Bay bringen. Wisting schaute ihn mit einem wehmütigen Blick an. Ihm gefiel der Plan nicht, aber er konnte keine Argumente dagegen anbringen.

Es wurden keine Listen darüber geführt, was in Tromsø an Bord gebracht wurde. Die Augenzeugen waren später unterschiedlicher Meinung darüber, was im Flugzeug war. Hinterher, als sie offiziell danach gefragt wurden, meinten einige gesehen zu haben, wie man Holzplanken aufgenommen hatte. Keiner konnte sagen, was damit gemacht werden sollte. Ein offizielles Flugzeugprotokoll gab es 1928 noch nicht. Mit Ausnahme weniger Post- und Passagierflugrouten gab es keine festen Flugverbindungen und keine Zentralen, die die Flugzeuge während des Flugs dirigierten und kontrollierten. Als Amundsen am Vormittag des 18. Juni von Zapffe gefragt wurde, was er alles im Flugzeug verstaut hatte, antwortete der Polarforscher kurz und knapp: »Alles, worum Nobile in seinen Telegrammen gebeten hat.«[76]

Der Flug der Latham war ein privates Unternehmen. Das französische Flugboot hatte keine Vereinbarungen mit der Bergwerksgesellschaft in Kings Bay hinsichtlich des Funkverkehrs getroffen, auch nicht mit der norwegischen Suchexpedition, die ihre Basis nördlich von Spitzbergen hatte, und ebenso wenig mit der zentralen Funkstation in Green Harbour. Es war zu wenig Zeit gewesen, um das zu organisieren. Trotz allem waren nur vier Tage vergangen, seit Amundsen überhaupt zum ersten Mal von der Möglichkeit erfahren hatte, eventuell das französische Flugboot mit Mannschaft zur Verfügung gestellt zu bekommen, um die lange avisierte Rettungsexpedition zu starten, damit Nobile gefunden wurde. Es hatte einfach keine Zeit gegeben, Alternativen durchzuspielen. Sofortiges Handeln oder Niederlage, so hatte es sich für Amundsen dargestellt. Und ohne zu zögern hatte er sich für die Handlung entschieden. Eine Expedition von vierzehn Tagen, vielleicht drei Wochen. Nicht besonders riskant. Aufklärungsflüge und dann wieder zurück nach Ny-Ålesund. Und heim in die Villa in Svartskog, um endlich mit seinen engsten Vertrauten um sich zur Ruhe zu kommen. Und die Frau willkommen zu heißen, die auf dem Weg nach Norwegen war, willkommen in ihrem neuen Leben.

Amundsen hatte es möglicherweise nicht erkannt, aber er war außerhalb des Netzwerks, das sämtliche übrigen Expeditionen umfasste. Der grundlegende Unterschied bestand darin, dass die schwedischen, finnischen, russischen und italienischen Flugzeuge alle von den Regierungen ihrer Länder unterstützt wurden. Ihre Expeditionen wurden als Aktivitäten mit militärischer Organisation betrachtet. Und darauf hatte ihn sogar das Verteidigungsministerium vor mehr als zwei Wochen aufmerksam gemacht, als die beiden norwegischen Hansa-Maschinen in den Norden geschickt worden waren.

Und das Merkwürdige, das Traurige: Es war Amundsens Teilnahme am Flug mit der Latham selbst, die diese Unternehmung außerhalb der Gemeinschaft platzierte. Was für die französischen Piloten eine Überraschung gewesen sein musste. Der Marineminister Leygues hatte für Rückendeckung bei dem norwegischen Botschafter in Frankreich, Fritz Wedel Jarlsberg, gesorgt, offiziell hatte dieser die französische Regierung darum gebeten, an der Suchaktion nach Nobile auf Spitzbergen teilzunehmen. Die französische Marine hatte eines ihrer eigenen Flugzeuge mit französischen Offizieren als Mannschaft gesandt. Von französischer Seite aus war Guilbaud der Leiter. Wäre Roald Amundsen nicht dabei gewesen, hätte Guilbaud sicher den Kontakt mit den schwedischen und finnischen Flugzeugbesatzungen gesucht, die am Tag zuvor nach Tromsø gekommen waren. Und er hätte wahrscheinlich Verbindung mit dem Kapitän der »Città di Milano« und dem Regierungsbevollmächtigten Bassøe aufgenommen. Derartige Kontakte waren jedoch mit Amundsen als Leiter der Expedition nicht möglich. Es war undenkbar, dass der alte Polarforscher bereits im Voraus Kontakt mit Kapitän Romagna Manoia in Kings Bay aufnahm. Offenbar widerstrebte es ihm auch, die Initiative zu ergreifen, um mit dem schwedischen Chefpiloten der Junkers ein Gespräch zu führen.[77]

Es war das altbekannte Problem von der »Norge«-Expedition, dieses Mal mit deutlich mehr Gewicht: Wer war eigentlich der Chef – der Kapitän oder der Expeditionsleiter? Die Operationen des Flugboots unterlagen zweifellos der Verantwortung der französischen Mannschaft. Guilbaud war der Chefpilot, und er entschied alles, was Fragen der Sicherheit betraf. Weder Amundsen noch Dietrichson verfügten über detaillierte Kenntnisse der Latham 47-II und mussten deshalb die Begrenzungen akzeptieren, die sie laut Guilbaud hatte. Andererseits hatte Amundsen es so verstanden, dass ihm die übergeordnete Führung über ein Flugzeug mit Mannschaft zugesichert worden war. Auf geteilte Verantwortung hatte er sich noch niemals eingelassen. Er war derjenige, der bestimmen wollte, wann sie weiter in den Norden fliegen sollten, was das Ziel des Flugs war und ob sie möglicherweise mit anderen zusammen fliegen wollten.

Am 18. Juni 1928 war die Suche nach Nobile in eine neue Phase getreten. Man hatte Funkkontakt gehabt und wusste, dass es noch Überlebende gab. Der nächste Schritt musste sein, diese auf dem Eis zu lokalisieren. Mehrere Langstreckenflugzeuge waren nur Stunden von Spitzbergen entfernt. Im Hafen von Tromsø lag das schwedische Schwimmerflugzeug »Uppland«, ein dreimotoriger Riese von einer Junkers G24. In der Bucht daneben lag das finnische Schwimmerflugzeug »Turku«, eine einmotorige Junkers F13, die auch mit Skiern ausgerüstet werden konnte. Die Piloten planten, gemeinsam nach Kings Bay zu fliegen. Sie warteten auf Kontaktaufnahme durch die Besatzung der Latham, weil sie es als am sichersten ansahen, wenn alle drei Flugzeuge über die Distanz von fast tausend Kilometer über dem offenen Meer dicht zusammenblieben, denn diese Strecke war noch niemals ohne Zwischenlandung zurückgelegt worden.

Außerdem waren drei italienische Flugboote auf dem Weg Richtung Norden, um direkt nach Spitzbergen zu fliegen. Im Hafen von Vardø lag das merkwürdigste von allen – ein Savoia-Marchetti S.55-Flugboot mit Doppelrumpf und zwei Isotta-Fraschini-Motoren mit jeweils 550 Pferdestärken, montiert in einer Push-pull-Konfiguration in einem Winkel zum Flugzeugrumpf, der vom Cockpit aus reguliert werden konnte. Italienisches Design, italienische Konstruktion. Der Stolz des Marineministers Balbo. Das Flugzeug hatte mit einer Spitzengeschwindigkeit von 275 Kilometern die Stunde bereits diverse Rekorde gewonnen und hatte sich, trotz seines ungewöhnlichen Aussehens, als äußerst betriebssicher erwiesen.

Das Flugzeug »Marina II«, eine Dornier Wal, lag vor Luleå. Chefpilot Pierluigi Penzo war bereit zum Start, sobald das Wetter sich besserte. Eine zweite italienische Wal, die »Marina I«, war über Schweden auf dem Weg nach Tromsø.

Im Nachhinein ist es einfach festzustellen, dass die private Expedition mit der Latham 47 bei all den großen Flugzeugen, die sich für die Suche nach Nobile gemeldet hatten, eigentlich überflüssig war. Für Roald Amundsen wäre es jedoch eine große Demütigung gewesen, hätte er sich in Tromsø zurückgezogen, selbst wenn er es sich in seinem Innersten vielleicht gewünscht haben mag. Die Würfel waren gefallen. Am Abend des 14. Juni, als er den ersten Anruf von Peterson erhalten hatte, mit dem Angebot, ein französisches Flugboot zur freien Verfügung gestellt zu bekommen, hätte er noch dankend ablehnen können. Es hätte viele überzeugende Gründe dafür gegeben, dieses großzügige Angebot abzulehnen. Aber jetzt war das unmöglich. Die einzige Art, wie er sein Ansehen noch retten konnte, war, das auszuführen, was das norwegische Volk von ihm erwartete – eine Heldentat. Er konnte den Vorteil nutzen, dass er von allen unabhängig war. Er musste sich nach keinem Plan, keinem System richten, war frei, sich für eine wagemutigere Variante als die anderen Expeditionen zu entscheiden.

Bereits seit den 1920er-Jahren war es übliche Routine im Geofysisk Institutt in Tromsø, für alle Flüge, die auf Spitzbergen stattfanden, Wetterwarnungen zu schicken und von ihnen Beobachtungen zu empfangen. Das war auch mit den Luftschiffen »Norge« und »Italia« verabredet worden. Bereits früher hatte das Institut die gleiche Vereinbarung mit allen Polarschiffen und Fischereibooten getroffen, die über Funk verfügten. Somit fungierte das Geofysisk Institutt als eine Art Zentrale für den Schiffs- und Flugverkehr von und nach Spitzbergen und über das Nördliche Eismeer in einer Zeit, in der es noch keine Kontrolltürme und regulären Flugplätze gab.

1928 hatte Umberto Nobile selbst Verhandlungen bezüglich nationaler Wettermeldungen von jedem Land geführt, das die »Italia« von ihrem Startpunkt vor den Toren Mailands aus überflog. In Vadsø übernahmen norwegische Stationen entlang der Finnmarkküste und Nordnorwegen diese Aufgabe. Am allerwichtigsten waren dabei die Eismeerstationen auf Hopen, Bjørnøya, Jan Mayen, Green Harbour, in Longyearbyen und Kings Bay auf Spitzbergen. Die Besatzungen der Wetterstationen waren anfangs damit zufrieden, für die speziellen meteorologischen Messungen und den Telegraphendienst bezahlt zu werden. Der Preis variierte zwischen ein und drei Kronen pro Sendung, je nach Tageszeit. Als sich die Perioden mit Sonderleistungen aufgrund der Luftschiffshavarie immer weiter ausdehnten und außerdem ihr Umfang stark zunahm, weil alle Suchexpeditionen bedient werden wollten, wurde es schwieriger, direkten Kontakt mit den Wetterstationen zu bekommen. Schließlich mussten die Meteorologen und ihre Assistenten ja auch irgendwann essen und schlafen. Nur Green Harbour und Ingøy Radio hatten durchgehende Bereitschaft.

Die Kommunikation verlief auf Englisch, Italienisch, Deutsch und später auch auf Französisch. Im Strom der ständigen Anfragen musste das Geofysisk Institutt außerdem seine Hauptaufgabe erfüllen: die Ausarbeitung meteorologischer Karten auf der Grundlage eingehender Wetterdaten, die Übertragung von Wetterwarnungen für das norwegische Festland und den Schiffsverkehr entlang der norwegischen Küste.

Die französische Flugzeugmannschaft hatte sich ausgeruht, gegessen und war bereit zum Start. Sie hatten einige Flaschen Wasser und Butterbrote mitgebracht und warteten nun bei der Latham. Dietrichson rief um zwei Uhr das Geofysisk Institutt an. Immer noch war der Leiter Krogness unsicher, was er empfehlen sollte, aber es sah so aus, als entwickelte sich das Tiefdruckgebiet zwischen Grönland und Spitzbergen langsamer als erwartet. Das Wetter um die Bjørnøya war ruhig, mit leichtem Wind und guter Sicht. Draußen über dem Meer westlich von Bjørnøya schien eine Nebelwand in einer Höhe von ungefähr dreihundert Metern zu liegen. Der Meteorologe war vorsichtig, riet Amundsen schließlich dazu, wenn er an diesem Montag starten wolle, dann müsse er das auf jeden Fall so schnell wie möglich tun. Außerdem war Maddalena um Viertel nach eins mit der S.55 im dritten Versuch von Vadsø aus mit Ziel Spitzbergen gestartet. Am Tag zuvor war er bis Bjørnøya gekommen, dann hatte er wegen des Nebels umkehren müssen. Dieses Mal hatte er die Funkausrüstung und den Funker zurückgelassen, um leichter zu sein, und eine Nachricht von ihm war erst nach seiner Landung im Kongsfjord zu erwarten.

Vielleicht war es diese letzte Information, die Amundsen dazu brachte, sich schnell zu entscheiden. Er sprach selbst einige Worte mit Krogness, gab dann jedoch das Telefon zurück an Dietrichson, damit dieser die letzten Absprachen mit dem Institut träfe. Der Institutsleiter fragte vorsichtig nach, ob Dietrichson etwas über Amundsens Pläne wisse. Würden sie mit den schwedischen Piloten sprechen, um eventuell mit ihnen und dem finnischen Flugzeug gemeinsam nach Norden zu fliegen? Er sah es als selbstverständlich an, dass die drei Flugzeuge Kings Bay ansteuern würden. Doch Dietrichson antwortete ausweichend, dass Amundsen wahrscheinlich möglichst unabhängig sein wolle und seinen eigenen Plänen folgte.[78]

Montag, der 18. Juni, ein schöner Nachmittag in Tromsø: Menschen hatten sich entlang des Kais und auf kleinen Booten auf dem Wasser zusammengefunden, um mit anzuschauen, wie Amundsen und Dietrichson an Bord gebracht wurden. Dietrichson stand aufrecht im Boot, ungeduldig, endlich an Bord des Flugzeugs klettern zu können. Amundsen saß etwas zusammengekauert auf der hintersten Ruderbank und betrachtete gedankenverloren alles, was um ihn herum geschah. Zapffe fand, er hatte sich schon den ganzen Tag merkwürdig verhalten. Sie hatten doch immer vollkommen offen über alles sprechen können, aber jetzt stand etwas Unausgesprochenes zwischen ihnen. Nun war der Polarforscher dran. Er kletterte an Bord der Latham, setzte sich ins Heck des Flugzeugs und zog den Gurt über dem Fliegeranzug fest. Er senkte den Kopf, drehte sich zur Seite und schaute Zapffe mit einem Blick an, der nur schwer zu deuten war.[79]

Es dauerte eine gefühlte Ewigkeit, bis alle Platz im Cockpit gefunden hatten, doch schließlich war alles für den Abflug bereit. Die Farman-Motoren wurden gestartet, die Latham glitt aus dem Sund hinaus. Später berichteten die Augenzeugen von ganz verschiedenen Bildern. Schien das Flugzeug nicht zu schwer zu sein? Hatte es Probleme abzuheben? Anscheinend ließen die Piloten die Motoren kräftig aufheulen. Zunächst durchpflügte das Flugboot das Wasser den Sund hinunter, wendete – dann kam es wieder zurück. Das geschah mehrere Male. Die Zuschauer, die zuvor kaum jemals ein Flugzeug gesehen hatten, begannen mit großer Sachkenntnis darüber zu diskutieren, ob die Latham möglicherweise überlastet sein könne. Doch dann, wenige Minuten vor vier Uhr, fuhr die Latham wieder den Sund hinunter. Und dieses Mal wendete sie nicht. Sie nahm an Fahrt auf, bis das Flugboot plötzlich in der Luft war. Einige berichteten später, dass es mehrere große Sprünge auf der Wasseroberfläche gemacht hätte, während andere nichts dergleichen gesehen hatten.

Die Latham stieg langsam auf eine Höhe, die von den Zuschauern als mindestens fünfzig Meter über dem Meeresspiegel geschätzt wurde. Die dunkle Silhouette wurde kleiner. Schließlich war sie nur noch als ein schwarzer Punkt am Himmel zu erkennen. In Malangen gab es Leute, die meinten, sie hätten gesehen, wie das Flugboot in nordwestliche Richtung geflogen sei.

Im Hafen von Tromsø hatten das schwedische und das finnische Flugzeug auch Fahrt aufgenommen, als ihnen klar wurde, dass die Latham bereits gestartet war. Eine Stunde später fuhren sie im Sund hin und her, sprangen über die kleinen Kräuselwellen auf der Wasseroberfläche. Doch es nützte nichts. In dem klaren, windstillen Wetter gelang es ihnen nicht, sich in die Luft zu erheben. Die S-AABG »Uppland« wie auch die K-SALG »Turku« waren schwer beladen und brauchten Gegenwind, um starten zu können. Die Flugboote wurden wieder an den Bojen vertäut und gaben den Plan auf, noch an diesem Abend dem französischen Flugboot zu folgen.

Das Funkgerät an Bord der Latham war ein Langwellensender, der unter normalen atmosphärischen Verhältnissen eine Reichweite von circa 900 Kilometer besaß, wenn das Flugzeug in der Luft war, und 100 Kilometer, wenn es sich auf dem Wasser befand. Es gab keinen Kurzwellensender an Bord.[80] Bevor sie Tromsø verließen, hatte Amundsen selbst mit Krogness verabredet, dass das Geofysisk Institutt jede volle Stunde zwischen zehn und zwanzig nach und zwanzig und zehn vor auf dem 600-Meter-Band auf Nachricht vom Flugzeug warten wollte – oder zumindest so oft sie konnten. Dennoch war es nur die Funkstation Ingøy auf Måsøy vor der Finnmarkküste (mit dem Sendesignal »lei«), die an diesem Nachmittag direkten Kontakt mit dem französischen Flugboot hatte. Um 17.40 Uhr empfingen sie folgendes Telegramm, unterzeichnet von Guilbaud: »Captain Amundsen aboard Latham 47, asks to have ice reports if any.«

Eine Viertelstunde später hörte der Funker von Ingøy Radio, dass Latham (mit Sendesignal »fmgp«) den Funksender in Longyearbyen (mit Sendesignal »tqe«) anrief, doch das klang wie eine Standard-Verkehrsmeldung. Aber Longyearbyen hörte sie nicht, und deshalb bekam das Flugzeug auch keine Antwort. Um 18.45 Uhr hörte das Geofysisk Institutt (mit dem Sendesignal »tut«), dass Latham den Kings Bay-Sender (mit dem Sendesignal »tuj«) zweimal anrief, mit der Nachricht, sie hätten einige Telegramme für Kings Bay.[81] Der Funker im Geofysisk Institutt meinte zu verstehen, dass es sich um sieben Telegramme handelte, die die Latham gern via Kings Bay-Sender weiterschicken wollte. Doch kurz darauf wurde seine Aufmerksamkeit auf meteorologische Telegramme gezogen, die von allen Eismeerstationen eintrafen, deshalb konnte er nicht weiter dem französischen Flugzeug lauschen.

Der Funker Ullring auf der Bjørnøya-Station (Sendesignal »lwp«) hörte die Nachrichten von der Latham nicht, vielleicht weil er die Station verlassen hatte, um meteorologische Daten einzusammeln. Er las die Lufttemperatur zu festen Messzeiten ab, die höchste und die niedrigste Temperatur seit der letzten Messung, überprüfte den Niederschlagsmesser und las den Windmesser ab, schaute sich um und beurteilte die Sicht und die Wolkendecke. Der mechanische Barograph stand im Büro und wurde dort abgelesen. Anschließend wurden alle Daten in meteorologische Codes übersetzt, ins Logbuch übertragen und ans Geofysisk Institutt in Tromsø geschickt. Ullring war ein geübter Beobachter und arbeitete schnell. Eine Viertelstunde später war er fertig mit seinen Observationen. Er rief die Latham an, bekam jedoch keine Antwort, danach ging er, um zu Abend zu essen. Ungefähr um acht Uhr abends war er zurück in der Funkstation und wartete bis Mitternacht auf mögliche Bescheide von der Latham oder anderen, die Bjørnøya anriefen. Doch es war nichts zu hören.

Das Forschungsschiff »Michael Sars« mit dem Geologen Adolf Hoel an Bord legte am gleichen Abend an der Bjørnøya an und entlud Ausrüstung. Das Schiff hatte einen neuen Funker dabei und den Steiger Syvertsen mit acht Bergarbeitern, die einen Probeabbau beginnen und Bleiglanz in dem stillgelegten Bergwerk in Tunheim herausbrechen sollten. Im Laufe des Nachmittags machte Kapitän Hermansen einen Spaziergang zur Funkstation und unterhielt sich mit dem Funker Ullring. In einem späteren Bericht an das Geofysisk Institutt nannte Ullring ihn als Zeugen für seine vielen Versuche, an diesem Abend auf Langwelle in Kontakt mit der Latham zu kommen.

Gegen sieben Uhr abends ging es geschäftig zu im Geofysisk Institutt in Tromsø. Die Funkstation war damit beschäftigt, die sogenannte Abendsendung von allen Stationen entgegenzunehmen, und die Meteorologen, die Abendwache hatten, bearbeiteten die Ergebnisse, um Wetterwarnungen geben zu können. Der wachhabende Funker hatte trotzdem geplant, das französische Flugzeug zu rufen, wenn er alle Observationen aus dem Eismeer entgegengenommen hatte. Die Latham sollte den Berechnungen nach jetzt ungefähr 450 Kilometer Luftlinie nördlich von Tromsø sein. Es gab keinen Grund zur Annahme, dass etwas schiefgegangen sein könnte. Der letzte Funkspruch von der Latham war vollkommen normal und undramatisch gewesen. Außerdem gab es genügend Zeit, später mit dem Funker in der Latham zu sprechen. Das Flugzeug würde nicht vor 21 Uhr über dem Kongsfjord sein und mit seinem Langwellensender erst einige Stunden danach aus der normalen Reichweite verschwinden.

Doch nur wenige Minuten, nachdem die meteorologischen Messungen der Eismeerstationen entgegengenommen worden waren, fiel im Geofysisk Institut in Tromsø der Strom aus. Der Funker verlor damit alle Funkverbindungen mit Flugzeugen, Schiffen und Stationen im gesamten Verantwortungsbereich. Erst gegen Mitternacht gab es wieder Strom.[82] Sollte die Latham versucht haben, das Geofysisk Institut zwischen 19 und 24 Uhr anzurufen, so hätte der Funker dort sie nicht hören können.

# KAPITEL 16

## Spitzbergen, 18. Juni 1928

Es gab nichts, was darauf hindeutete, dass Riiser-Larsen Roald Amundsen und die Latham am 18. Juni im Norden erwartete. Nichts in den Telegrammen, die er um dieses Datum herum verschickte, keine Meldung über den Kings Bay-Sender oder von der »Città di Milano«. Kein Kommentar über die Latham von diesem Tag in dem Bericht über die Suchaktion, den er später für den kommandierenden Admiral Berglund verfasste. Nichts, bis das Flugzeug einige Tage später als vermisst erklärt wurde.

Das einzige Telegramm von Riiser-Larsen direkt an Roald Amundsen ist datiert auf den 4. Juni und wurde von der »Ingerfire« an die Villa in Svartskog geschickt – eine höfliche Mitteilung über die Eisverhältnisse im Norden und Lützow-Holms erste Flüge mit der F.36.[83] Zu diesem Zeitpunkt glaubten alle, dass Amundsen und Dietrichson mit einer aus Amerika finanzierten Dornier Wal dazustoßen würden. Doch bevor Riiser-Larsen Ny-Ålesund mit der F.38 am 11. Juni verließ, war bereits klar, dass Amundsen seine private Expedition aufgrund fehlender Finanzierung hatte aufgeben müssen. Drei Tage später, als das französische Angebot bekannt wurde, war Riiser-Larsen bereits mit der Suche nördlich von Spitzbergen beschäftigt und hatte andere Dinge zu bedenken.

Riiser-Larsen und Lützow-Holm waren beide in den Nächten zwischen dem 15. und dem 18. Juni auf mehreren Suchexpeditionen in der Gegend um Kap Platen, Foynøya und Kap

Leigh Smith unterwegs. In Nobiles Zeltlager hatten sie die beiden Hansa-Flugzeuge gehört, aber nicht gesehen, wie sie im Zickzack vielleicht nur wenige Kilometer entfernt übers Eis geflogen waren. Diese aufmunternde Nachricht kam von einem frustrierten Biagi, der auf einer immer kleineren und nasseren Eisscholle herumkroch, über den Funker an Bord der »Città di Milano« in Ny-Ålesund und erreichte schließlich den Funker an Bord der »Hobby«. Auch wenn die Kommunikation mit den norwegischen Piloten Vorrang hatte, wurde es immer komplizierter, durch die Flut von Telegrammen durchzugelangen, die um einen Platz auf den überlasteten Kurzwellenfrequenzen kämpften.

Alle Funkstationen auf Spitzbergen wurden überschüttet mit Telegrammen von der Presse und Filmgesellschaften aus dem In- und Ausland. Am hartnäckigsten waren dabei NTB, Tidens Tegn und die amerikanische Filmgesellschaft Paramount. Anfangs hatten Riiser-Larsen und Lützow-Holm noch kurze Nachrichten geschickt, speziell an Tidens Tegn, wo der mächtige Redakteur Rolf Thommessen sich eine gewisse Anerkennung im Verteidigungsministerium verschafft hatte. Doch als die Suche begann, hatte Riiser-Larsen derartige Anfragen mit einem kurzen Telegrammbescheid abgewiesen, der sich an alle richtete, die sich an ihn gewandt hatten: »Sowohl aus formalen Gründen als auch aus praktischen Erwägungen hinsichtlich der Regeln des Funkverkehrs kann ich mich leider nicht um irgendwelche Korrespondenz kümmern, wenn ich an der Nordküste angekommen bin.«[84] Das war ein notwendiger Beschluss in Anbetracht der großen Unsicherheit und der Ängste, die unter den Familien aller herrschten, die an diesen riskanten Rettungsaktionen teilnahmen – aber keiner, der Riiser-Larsen in den folgenden Jahren viel Sympathie bei der Presse einbrachte.

Innerhalb der letzten Tage hatten sich für die norwegische Suchtruppe noch andere Schwierigkeiten ergeben. Ein ernstes Problem war, dass der Chartervertrag der »Hobby« auszulaufen drohte. Riiser-Larsen hatte das Polarschiff unter der Bedingung mieten können, dass es Ende Juni wieder zurück in Tromsø sein würde, weil es dann bereits von einer amerikanischen Entdeckungsreisenden, Frau Louise Arner Boyd, gebucht war. Sie war bekannt dafür, touristische Expeditionen mit Jagdmöglichkeiten zu organisieren und bezahlte immer großzügig für die Schiffe, die sie dafür anheuerte. Die Reederei Austad in Tromsø wollte sie nur äußerst ungern als Kundin verlieren, selbst wenn das Schiff für die Suche nach Überlebenden der »Italia«-Havarie gebraucht wurde. Deshalb hatten sie Riiser-Larsen in deutlichen Telegrammen daran erinnert, dass das Polarschiff so schnell wie möglich nach Tromsø zurückgebracht werden musste. Riiser-Larsen hatte in ebenso vielen eindringlichen Telegrammen den Reeder und das Verteidigungsministerium darum gebeten, das Polarschiff noch einige Tage zusätzlich zur Disposition gestellt zu bekommen. Er versuchte zu erklären, wie schwierig es sei, nur ein einziges Basisschiff zu haben, sowohl für die Hundeführer, die festes Eis brauchten, als auch für die Flugzeuge, die offenes Wasser um das Schiff herum benötigten. Schließlich kam die endgültige Antwort der Reederei: ein nicht zu diskutierendes Nein. Die »Hobby« musste spätestens am 30. Juni in Tromsø am Kai liegen.

Die »Braganza«, die beim Start von Nobiles Luftschiffexpedition als Basisschiff für die Italiener geheuert worden war, war einige Tage zuvor von Ny-Ålesund in den Norden gekommen, mit den Gebirgsjägern, geführt von Kapitän Sora, und Notproviant und Ausrüstung, um die Nobile selbst gebeten hatte. Der stellvertretende Leiter der Expedition, Kapitän Baldezoni, war auch an Bord. Die italienischen Behörden müssen großen Respekt gegenüber der norwegischen Rettungsexpedition gehabt haben. In einem Telegramm an Riiser-Larsen stellte Kapitän Romagna Manoia ihm seinen Stellvertreter, das Schiff und die Mannschaft zur Verfügung. Das akute Problem, das entstanden war, weil die »Hobby« in den Süden zurückbeordert wurde, konnte somit gelöst werden. Die Hansa Flugzeuge, Reserveteile und andere Ausrüstung wurden auf die »Braganza« überführt, und die Aufklärungsflüge vor der Nordküste von Spitzbergen konnten fortgesetzt werden.

Ein weiteres ernstes Problem für die norwegische Crew bestand darin, dass Flugboot und Motorenteile sich mit der Zeit abnutzten. Am Nachmittag des 17. Juni hoben beide Hansa-Maschinen vom offenen Wasser bei der »Braganza« im Beverlysund ab. Doch statt um das Schiff zu kreisen, bis sie die notwendige Höhe erreicht hatten, flogen sie gegen die Windrichtung mit nur wenig Steigung übers Eis. Damit konnten sie Flugbenzin einsparen, das besorgniserregend schnell zur Neige ging. Östlich des Nordkaps konnten die beiden Piloten kein offenes Wasser sehen, und nördlich von Kap Platen war das Eis dicht und aufgeworfen.

Nach nur fünfundzwanzigminütigem Flug wendete Lützow-Holm die F.36 und flog zurück zur »Braganza«. Da keines der Flugzeuge ein Funkgerät dabei hatte, konnte Lützow-Holm nicht mitteilen, warum er umkehrte. Deshalb drehten Riiser-Larsen und Bastøe auch bei und folgten ihm. Es stellte sich heraus, dass die Zündkerzen aus dem Motor der F.36 herausgeschossen waren und die ganze Achse verschwunden war. Nachdem sämtliche Zündkerzen erneuert und der Motor repariert worden war, hoben die Flugzeuge erneut ab – dieses Mal mit Kurs direkt auf die letzte angegebene Position von Nobiles

Zeltlager. Die Maschinen flogen niedrig über das Gebiet, das von schmelzendem Wintereis bedeckt war, hin und her. Große Risse zeigten sich kreuz und quer, Lachen aus schwarzem, funkelndem Schmelzwasser, aufgetürmtes Packeis und Löcher im Eis, die ein Muster aus Licht und Schatten bildeten. Es war so gut wie unmöglich, vom Flugzeug aus Menschen zu entdecken.

Die beiden Flugboote wollten bereits nach Westen abbiegen, als beide Piloten einen Gegenstand im Osten entdeckten, von dem sie meinten, es könnte sich um den havarierten Ballon handeln. Die Flugzeuge stiegen in eine Höhe von ungefähr tausend Metern, eine notwendige Vorsichtsmaßnahme, da die F.36 erneut Probleme mit dem Motor hatte. Sollte er ganz aussetzen, könnte die Hansa im Gleitflug einige Kilometer über das Meereseis segeln, um nach einem passenden Landeplatz auf einer Eisscholle zu suchen. Die Spannung stieg, je näher sie ihrer Entdeckung kamen, und die Enttäuschung war groß, als sich herausstellte, dass der große dunkle Schatten auf dem Eis nur ein tafelförmiger Eisberg war.

Die beiden norwegischen Piloten befanden sich jetzt weiter im Osten als je zuvor, ganz am Rand ihrer Reichweite, und das mit einem Motor in der F.36, der ständig aussetzte. Dennoch ergriffen sie die Chance, auf dem Rückweg noch einige Abstecher zu machen. Bei der Nordenskiøldbukta bemerkten beide Piloten die Schlittenspuren des Hundegespanns von Buchhalter Tandberg von der Store Norske und Jäger Hilmar Nøis. Diese hatten die »Hobby« vor fünf Tagen verlassen und bereits eine lange Observationstour entlang der Küste zurückgelegt. Die Fahrt über das Meereseis war gut verlaufen, und jetzt näherten sie sich Scoresbyøya. Selbst aus fünfhundert Meter Höhe sahen die Piloten noch andere, größere Spuren zwischen den Pfotenabdrücken und Kufenspuren. Ein oder mehrere Eisbären folgten dem Hundegespann. Doch darüber machte sich keiner der Piloten größere Sorgen. Tandberg wie auch Nøis waren Veteranen auf Spitzbergen mit der Erfahrung vieler Überwinterungen.

Nach mehr als vier Stunden Flug landeten beide Maschinen in der großen Wasserspalte neben der »Braganza« im Beverlysund. Inzwischen hatte der Motor der F.36 Risse in einem Zylinder. Den ganzen Montag, den 18. Juni, über arbeiteten die Mechaniker daran, den Motor auszutauschen. Nach mehreren Probeflügen stellte sich heraus, dass der Reservemotor den gleichen Fehler aufwies wie der Motor, den die Mechaniker gerade ausgetauscht hatten.

Nøis und Tandberg waren seit dem 13. Juni mit dem Hundegespann draußen, und erst als sie zurück nach Beverlysund kamen, erfuhren sie, dass die überlebenden Italiener draußen auf dem Meereseis sich in zwei Gruppen aufgeteilt hatten. Doch selbst von guten Aussichtspunkten hoch oben auf dem Inlandeis hatten sie keine Spur von Menschen auf dem Meereseis entdecken können. Alle an Bord der »Braganza« waren sich einig, dass die wahrscheinliche Position der Malmgren-Gruppe direkt vor Foynøya sein musste. Dorthin waren Kapitän Sora, Varming und van Dongen unterwegs. Sie waren vor vier Tagen mit dem anderen Hundegespann vom Wahlenbergfjord aus gestartet. Nachdem sie 75 Kilometer in 14 Stunden zurückgelegt hatten, konnten sie laut van Dongens Tagebuch[85] ein Lager am Kap Platen errichten. Das Hundegespann und ihr Lager wurden von Lützow-Holm bei einem Flug entdeckt, den er am 19. Juni mit der F.38 unternahm, während die Techniker immer noch damit beschäftigt waren, den Motor in seinem eigenen Flugzeug auszutauschen. Die Hansa flog mehrere Male über dieses Lager am Kap Platen und Lützow-Holm ließ einen Zylinder mit einer Nachricht von Riiser-Larsen hinunter.

Am 18. Juni kamen die beiden schwedischen Expeditionsfahrzeuge »Tanja« und »Quest« nach Virgohamna. Riiser-Larsen und Lützow-Holm begrüßten die Ankunft der schwedischen Suchexpedition freudig. »Willkommen hier oben liegen mit der Braganza in Beverlysund dort guter Abflugplatz für See- und Ski-Maschinen Stop Meteorologisch gesehen auch günstiger Platz.«[86]

Die beiden norwegischen Piloten hatten mehrere Wochen allein nach Überlebenden der »Italia«-Havarie gesucht. Die Ankunft der schwedischen Piloten war eine große Aufmunterung für sie. Natürlich hatten sie sich gewünscht, als Erste Nobiles Zeltlager draußen auf dem Meereseis zu finden, aber sie waren sich auch klar darüber, dass die Situation für die Überlebenden äußerst kritisch war. Mit den schwedischen Piloten vervielfachte sich die Chance, das Zeltlager zu finden. Der Ton zwischen den schwedischen und norwegischen Piloten war herzlich und formlos. Riiser-Larsen schickte Telegramme mit Informationen und Ratschlägen, basierend auf den eigenen Erfahrungen im Polargebiet, über die keiner der anderen Piloten verfügte.

Am folgenden Tag war die »Quest« in den Beverlysund gekommen, doch der schwedische Expeditionsleiter zweifelte daran, dass die »Tanja« stark genug war, um die Reibung und den Druck des unberechenbaren Meereseises auszuhalten. Deshalb gab Tornberg dem Kapitän den Befehl, bis auf Weiteres in Virgohamna zu bleiben. Später entstand aufgrund dieses Entschlusses heftiger Streit zwischen verschiedenen Gruppen in der schwedischen Expeditionsmannschaft, doch der kam den Marineoffizieren erst zu Ohren, als sie nach beendetem Auftrag wieder zurück in Schweden waren.

Die »Quest« stampfte weiter durch dichtes Treibeis aufs Nordkap zu. Dort wurden die beiden schwedischen Hansa-

Maschinen in großen Eisspalten zu Wasser gelassen, so dass sie ihre Flüge gen Osten in die Gebiete aufnehmen konnten, die von den norwegischen Flugzeugen noch nicht abgesucht worden waren.

Im Laufe der letzten Jahre waren in Ny-Ålesund Flugzeuge ganz unterschiedlicher Größe, Motorleistung und Konstruktion angekommen, jeweils auf dem Schiffsdeck, in Kisten verstaut, die aufs Eis gehoben und dort zusammengeschraubt wurden. Flugboote wie 1925 die beiden Dornier Wals N24 und N25, große Flugzeuge wie Richard Byrds zwei Fokker F.VII 1926, kleine Flugzeuge wie die Hansa-Maschinen, die jetzt nordöstlich von Spitzbergen flogen. Flugzeuge mit Skiern, mit Stützschwimmern, Schwimmerflugzeuge, Doppeldecker und Monodecker. Flugzeuge mit einem Rumpf aus Holz, Persenning oder Duraluminium. Doch dieses brüllende Ungeheuer von einem Flugzeug, das in hohen Wasserfontänen draußen auf dem Kongsfjord landete, war das erste, das jemals die gesamte Distanz Nord-Norwegen – Spitzbergen geflogen war.

Am 18. Juni, kurz nach acht Uhr abends, erreichte die Savoia-Marchetti S.55 Ny-Ålesund, so dass die Fensterscheiben in den kleinen Holzhäusern dort klirrten. Die Leute eilten zum Kai. Dort lag das Flugzeug, schaukelte in seinen eigenen Wellen draußen im Fjord. Das Dach des Cockpits wurde mit einem Knall geöffnet. Der Chefpilot Umberto Maddalena stieg aus. Er und sein Copilot waren über acht Stunden geflogen, zeigten aber keinerlei Zeichen von Müdigkeit. Ihre Augen strahlten wie glühende Kohlestücke. Er hatte den verblüfften Bewohnern nur ein Wort zu sagen: »*Carburante*« (Treibstoff). Einen halben Tag später war das Flugzeug wieder in der Luft, auf dem Weg in den Norden, um das Zeltlager von Umberto Nobile zu finden.

Es war Roald Amundsen, den sie erwartet hatten, die Bergarbeiter in Kings Bay. Es war die Latham, die wie ein leuchtender Vogel über der Stadt hätte auftauchen sollen. Doch es war die Savoia-Marchetti S.55, die gelandet und wieder gestartet war. Und man konnte es den Gesichtern von Kapitän Romagna Manoia, denen der Mannschaft an Bord der »Città di Milano« und der Hilfsmannschaft im Lager, dem Gesicht des Bruders des Generals, Amedeo Nobile, ablesen. Sie waren so stolz, dass sie ihre Freude nicht verbergen konnten. Man hatte die italienische Ingenieurskunst, die italienischen polaren Fähigkeiten, vielleicht auch die italienische Luftwaffe unterschätzt. Jetzt konnten die Norweger es mit eigenen Augen sehen: Umberto Maddalena war nach Ny-Ålesund gekommen, aber wo war Roald Amundsen?

Am nächsten Tag, dem 19. Juni, erschien nachmittags ein weiterer großer Schatten eines Flugzeugs über den Häusern von Ny-Ålesund – nicht mit dem Gebrüll eines italienischen Löwen, sondern mit dem tiefen Brummen eines schwedischen Bären. Es war eine dreimotorige Junkers G24, die landete und sich dann langsam dem Kai näherte. Ihr Chefpilot war Viktor Nilsson. Bei ihm war eine vierköpfige Mannschaft. Das Cockpit dieses Flugzeugs öffnete sich vorn und hinten, wie das Maul eines Hais. Nilsson stieg ruhig aus. Er entdeckte das italienische Flugboot, das in den Wellen schaukelte. Die »Uppland« war nicht die Erste gewesen. Dann war es halt so. Der Auftrag war das wichtigste. Die schwedische Expedition war nicht hier, um Rekorde einzustellen, sondern um ihren Landsmann Finn Malmgren zu retten. Viktor Nilsson blieb einen Moment lang in der Cockpitöffnung stehen und schaute über den Kongsfjord. »Aber wo ist Roald Amundsen? Ist die Latham nicht gestern in Tromsø gestartet?«[87]

Übrigens: Wo war das finnische Flugzeug »Turku«? Diese

Frage konnte Viktor Nilsson den Leuten in Ny-Ålesund beantworten. Der Expeditionsleiter Olavi Sarko, der Pilot Gunnar Lihr und der Mechaniker Uno Bachman hatten eine vernünftige Entscheidung getroffen. Nach mehreren missglückten Versuchen, im Tromsøsund zu starten, ließen sie sich davon überzeugen, dass es zu riskant war, mit einer schwerbeladenen einmotorigen Junkers direkt nach Kings Bay zu fliegen. Sie hatten die Gelegenheit bekommen, mit einem Frachter mitzufahren. Das finnische Flugzeug und seine Mannschaft befanden sich jetzt an Bord des DS »Maria« auf dem Weg nach Spitzbergen. Das Schiff hatte bereits Bjørnøya passiert und wurde irgendwann im Laufe des Abends im Adventfjord erwartet.

Maddalena und seine Mannschaft hoben am Morgen des 19. Juni wieder ab. Ein paar Stunden später waren sie nach ihrem ersten Erkundungsflug gen Norden wieder zurück. Maddalena war es nicht gelungen, Nobiles Zeltlager zu lokalisieren. Wie erwartet hatte der Pilot auch die Malmgren-Gruppe nicht entdecken können.

Die norwegischen Piloten hatten sowohl gesehen als auch gehört, wie die Savoia Richtung Osten vorbeiflog. Sie selbst waren auf dem Rückweg von einem weiteren missglückten Erkundungsflug. Die Hansa-Maschinen hatten kein Funkgerät, deshalb mussten sie warten, bis sie an Bord der »Hobby« angekommen waren, um zu erfahren, dass Maddalena das Nobile-Lager auch nicht entdeckt hatte. Die italienische Flugmannschaft hatte mit eigenen Augen das Phänomen erleben müssen, vor dem Riiser-Larsen sie bereits in mehreren Telegrammen gewarnt hatte: Es war so gut wie unmöglich, Menschen unten auf dem Eis zu erkennen.

Die Nobile-Gruppe sandte am 18. Juni aufgeregte Nachrichten an die »Città di Milano«, die an Riiser-Larsen weitergeschickt werden sollten. Sie hatten die beiden norwegischen Maschinen gehört und gesehen, sie waren nur wenige Kilometer südlich des Lagers vorbeigeflogen, ohne es zu entdecken. Die Situation der überlebenden Italiener war verzweifelt. In den letzten Tagen hatte starker Sturm geherrscht. Die Eisscholle hatte in den Wellen geschaukelt und gezittert, sie war mit anderen Schollen zusammengestoßen und im Laufe des gestrigen Tages in zwei Teile zerbrochen. Mit Müh und Not war es ihnen gelungen, den größten Teil der Ausrüstung auf den größeren Teil der Eisscholle zu retten, auf dem auch das Eisbärenskelett lag. Wenn sie nicht bald Hilfe bekamen, liefen sie Gefahr zu ertrinken. Nach all dem verzweifelten Warten und den Tagen der Unsicherheit waren sie sich so sicher gewesen, dass im Laufe kurzer Zeit Hilfe kommen würde.

Nobile diktierte Biagi lange Telegramme, die dieser weiter an die »Città di Milano« schickte, Listen mit Instruktionen für sichere Landeplätze sowohl für Flugboote als auch für kleinere Flugzeuge mit Skiern. Es hatte sich eine Kluft zwischen der Wahrnehmung der Männer auf der Eisscholle und der Funkzelle auf der »Città« gebildet. Die vielen detaillierten, umfangreichen Nachrichten von Nobile irritierten Kapitän Romagna Manoia, von seinem Standpunkt aus war das nur Generve von jemandem, der die Umstände der Rettungsversuche nicht begriff. Die Telegramme wurden kurz beantwortet oder auch mal vollständig ignoriert. Der Kapitän erklärte, dass die »Città« ab diesem Zeitpunkt nur noch um 08.55 Uhr jeden Morgen Meldungen entgegennehmen werde.

Was Nobile ignorierte, vermutlich weil die Stimmung im Zelt auf der Eisscholle so angespannt war, dass er der Meinung war, etwas tun zu müssen, um die Rettung zu beschleunigen.

Die Formulierungen in einem Telegramm, das er am 19. Juni abschickte, waren nicht gerade dazu geeignet, den Kapitän zu besänftigen:

> Wenn Sie Erfolg haben wollen, müssen Sie meinen Ratschlägen folgen. [Die Flugzeuge] müssen von Foynøya starten und geraden Kurs auf 59 Grad halten. Diesem Kurs 20 Kilometer lang folgen, dann wenden und in einem Abstand von 8 Kilometern von der Insel zurückfliegen. Das mehrere Male systematisch wiederholen, dabei vertikale Veränderungen machen, soweit sie notwendig sind. Mindestens zwei Flugzeuge werden benötigt, und sie müssen parallel zueinander fliegen. Maddalena hat auf jeden Fall genug Benzin, um vier Stunden lang um uns herum zu fliegen...[88]

Während der langen, nervenaufreibenden Wartezeit versuchten die Männer auf der Eisscholle, sich gegenseitig aufzumuntern, indem sie sich erzählten, wonach sie sich am meisten sehnten und was das Erste wäre, was sie tun würden, sobald sie gerettet worden waren. In den ersten Tagen auf dem Eis, in denen Biagi immer wieder unermüdlich die gleichen Hilferufe ausgesandt hatte, ohne Antwort zu erhalten, hatten die Überlebenden sich nicht vorstellen können, dass sie gehört werden könnten, aber trotzdem nicht gesehen oder geholt würden. Nobile erklärte mit ruhiger Stimme, wenn das Eis wirklich immer weiter breche, so weit, dass man keinen sicheren Lagerplatz mehr finden könnte, müssten sie ihn und Cecioni zurücklassen und versuchen, sich irgendwie so gut es ging zu retten.

Am folgenden Tag teilte die »Città« mit, dass jetzt insgesamt sechs Flugzeuge (ein italienisches, drei schwedische und zwei norwegische) über die gleichen Gebiete am Kap Leigh Smith flogen. Die Funkstationen liefen vor eingehenden Berichten heiß. Aber unglaublicherweise hatte noch immer keiner das Lager gesehen. Als Riiser-Larsen abends ein Telegramm von Nobile entgegennahm, in dem er mitteilte, wie nahe alle Flugzeuge gewesen seien, schickte er ein Telegramm zurück an die »Città di Milano« Er riet Maddalena, in seiner Maschine vor dem nächsten Flug einen Kurzwellensender zu installieren. Damit könnte die Savoia vielleicht direkten Kontakt mit der Nobile-Gruppe aufnehmen, um von ihnen Hilfe zu bekommen. Außerdem schlug er vor, dass die »Città« den Italienern im Zeltlager ein Telegramm schicke, in dem er sie darum bitten sollte, etwas Glänzendes zu suchen, mit dem sie Sonnenreflexe erzeugen könnten.

Oscar Wisting, der Materialverwalter der Latham-Expedition, befand sich am 18. Juni an Bord des Frachtschiffs »Ingeren« auf dem Weg zum Adventfjord und den Gebäuden der Store Norske dort. Er muss sich einsam gefühlt haben. Alles war so schnell gegangen. Erst am Abend zuvor hatte er in Bergen neben Roald Amundsens Neffen Gustav gestanden und der Latham zugewunken, als sie startete.

Der größte Teil des Flugbenzins, Proviants und der Ausrüstung, die während des geplanten Aufenthalts in Kings Bay gebraucht wurden, war an Bord des Frachters. Die »Ingeren« sollte mit der Last weiter nach Ny-Ålesund fahren, während Amundsen Wisting versprochen hatte, ihn selbst mit der Latham zu holen, sobald sich die Gelegenheit bot. Doch noch bevor Spitzbergen in Sicht kam, ging an Bord des Schiffes die Nachricht ein, dass Roald Amundsen zusammen mit Dietrichson und dem Rest der Mannschaft des französischen Flugzeugs vermisst wurde. Wisting beschrieb die Wartezeit, bevor er endlich in Spitzbergen an Land gehen konnte als mit das Schlimmste, was er je erlebt hatte: »Ungewissheit, Angst und Zweifel, und zum Schluss bittere Trauer.«[89]

Zappi, Mariano und Malmgren waren nun seit neunzehn Tagen auf dem Weg aufs Land zu. Es war ein Wunder, dass sie immer noch am Leben waren, doch jetzt gingen Malmgrens Kräfte zu Ende. Er hatte so starke Schmerzen in der verletzten Schulter, dass er seinen Teil des Proviants nicht mehr tragen konnte. Mehrere Male wurde er bewusstlos und fiel um. In der Nacht zum 17. Juni wuchs der Wind zu einem schrecklichen Schneesturm an. Die Männer suchten hinter einer Packeisbarriere Schutz und hofften, dass das Eis, auf dem sie hockten, nicht von den anderen Schollen ringsherum zermalmt wurde.

Als der Wind schließlich abnahm, hatte Malmgren einen Entschluss gefasst. Er bat die beiden Italiener, seinen Teil des Proviants an sich zu nehmen und ihn auf dem Eis zurückzulassen. Die beiden italienischen Offiziere protestierten. Er dürfe die Hoffnung nicht aufgeben, dass sie gerettet werden könnten. Vielleicht gelänge es ihnen nicht, das Land zu erreichen, aber es gebe trotz allem noch Hoffnung. Ganz gewiss habe die »Città di Milano« Suchtrupps nach ihnen ausgesandt. Die Gebirgsjäger auf ihren Skiern könnten jeden Moment mit Verpflegung und Ausrüstung auftauchen.

Laut Zappis späteren Berichten war Malmgren nicht von seinem Plan abzubringen.[90] Finstere Schwermut hatte sich auf seine Gesichtszüge gelegt, fast wie in den Stunden nach der Havarie der »Italia« vor drei Wochen. Kein Argument konnte ihn umstimmen. Er wollte sich hinlegen und sterben. Zappi und Mariano gruben widerstrebend neben der Packeisbarriere eine Grube. Malmgren zog einen Teil seiner Kleidung aus und gab sie den beiden Italienern. Er bat Zappi, seinen

Taschenkompass seiner Mutter zu bringen, die in einem Vorort von Stockholm lebte – wenn die anderen das Glück hatten zu überleben. Anschließend gab er ihnen den Befehl, den Marsch übers Eis fortzusetzen. Er selbst legte sich halbnackt in die Schneekuhle. Mariano deckte ihn mit einer Decke zu, damit er zumindest ein wenig geschützt wäre in den letzten Stunden seines Lebens.

Die beiden italienischen Offiziere hegten großen Zweifel, was sie tun sollten. Nach ungefähr hundert Metern Marsch übers Meereseis setzten sie sich hin und ruhten einige Stunden aus. Vielleicht schliefen sie auch ein. Als sie das nächste Mal zu Malmgren schauten, lebte er noch. Er hatte sich in der Schneekuhle halb aufgerichtet, gab ihnen aber durch ein Winken mit dem unverletzten Arm zu verstehen, dass sie weitergehen sollten. Schließlich sahen sie keine andere Möglichkeit, als das zu tun, was er ihnen sagte. Dieses Mal schleppten sie sich weiter vorwärts, bis sie das hohe Packeis nicht mehr sehen konnten, hinter dem Malmgren lag. Dann legten sie sich aufs Eis, um zu schlafen. Doch es fiel ihnen schwer, zur Ruhe zu kommen.

Mitten in der Nacht zwischen dem 18. und 19. Juni hörte Zappi Fluglärm.[91] Das kann eine Halluzination gewesen sein. Zu diesem Zeitpunkt war kein bekanntes Flugzeug in der Luft, um diese Gegend abzufliegen – weder die norwegischen Hansas noch das Flugzeug der Schweden und auch nicht Maddalenas Savoia. Welches Flugzeug mag Zappi gehört haben?

# KAPITEL 17

## Nichts gehört

Die erste Nachfrage nach der Latham kam vom Regierungsbevollmächtigten, gerichtet an Riiser-Larsen an Bord der »Braganza« am Nachmittag des 20. Juni. Das Telegramm war etwas zögerlich im Ton. Bassøe führte an, dass Roald Amundsen vor zwei Tagen um 15 Uhr von Tromsø aus gestartet war.* Wusste Riiser-Larsen etwas über Amundsens Pläne? Wusste er, ob die Latham direkt zur Position von Nobiles Zeltlager geflogen war?

Alles deutete darauf hin, dass die Anfrage des Regierungsbevollmächtigten vollkommen überraschend kam. Wenn Riiser-Larsen überhaupt an die drei Langstreckenflugzeuge, die auf dem Weg nach Spitzbergen waren, gedacht und über sie diskutiert hatte, geschah das höchstwahrscheinlich mit der Überzeugung, dass es nur eine Frage der Zeit war, dass diese Flugzeuge, wenn sie erst einmal im Norden angekommen waren, die Ehre haben würden, Nobiles Lager auf dem Eis zu lokalisieren. Wobei es seiner Meinung nach nur recht und billig wäre, könnten sie selbst ihre eigene umfassende Suche mit einem derartigen Triumph krönen.

Die letzten zwei Tage hatten Riiser-Larsen und Lützow-Holm ein zeitweise unverantwortlich enges Aufklärungspro-

---

\* Das Geofysisk Institutt in Tromsø operierte anfangs mit GMT, ging aber bald zu norwegischer Zeit über. Die Latham hob in Tromsø circa 15 Uhr GMT ab, 16 Uhr nach norwegischer Zeit.

gramm mit den abgenutzten Maschinen absolviert, die ihnen zur Verfügung standen. Der detaillierte Bericht, den Riiser-Larsen an die »Città di Milano« schickte, beschrieb drei Flüge zwischen dem 19. und 20. Juni mit dem Beverlysund als Ausgangspunkt. Die »Braganza« hatte mehrere Versuche unternommen, weiter in den Osten zu gelangen, jedesmal wurde das Schiff aber von dichtem Eis gestoppt, das vom Polarmeer herantrieb. Die Flüge der Hansa-Maschinen nach Foynøya brachten deshalb die Flugzeuge an die Grenzen ihrer Reichweite. Die norwegischen Piloten konnten sich nur Erkundungsflüge im näheren Umkreis der Insel erlauben. Dieses Problem betonte Riiser-Larsen in seinem Rapport an die »Città« und fügte die inständige Empfehlung hinzu, dass die drei Langstreckenflugzeuge so schnell wie möglich in den Norden kommen sollten, damit sie mehrere Stunden lang um Nobiles angenommene Position herum suchen könnten.

Riiser-Larsen versuchte außerdem, die kritische Situation rund um das italienische Zeltlager zu erklären, die im Laufe der letzten Tage entstanden war. Das Meereseis schmolz schnell, nur die dicksten Schollen trieben noch in einem Matsch aus schmelzendem Alteis herum. Die Überlebenden waren auf einer schnell schwindenden Eisscholle, bedeckt mit Wasserpfützen. Das hatte Nobile in verzweifelten Telegrammen berichtet. Die schlechte Hygiene und die primitiven Verhältnisse im Zeltlager führten dazu, dass auch die unverletzten Überlebenden nach und nach verschiedene Leiden bekamen. Běhounek hatte mittlerweile einen großen, schmerzenden Abszess am Arm, Trojani lag mit hohem Fieber im Zelt und war nicht in der Lage, es zu verlassen. Der Zustand von Nobile und Cecioni war sehr schmerzhaft, obwohl die Brüche der Arme und Beine geschient waren. Es war ausgeschlossen, dass sie einen Marsch aufs Land schaffen würden, selbst wenn das

Meereseis zusammenhängend genug gewesen wäre, was aber nicht der Fall war.

Am Nachmittag des 20. Juni antwortete Riiser-Larsen dem Regierungsbevollmächtigten, nachdem er bei der »Braganza« gelandet war und die eingegangenen Telegramme hatte lesen können: »Kenne Amundsens Pläne nicht, wenn er nicht an norwegische Küste umgekehrt ist, muss Suche mit Flugmaschinen Kingsbay Sørkap starten. Gütigst Geofysisk, Tromsø anweisen, wg. detaillierter Angabe des Wetters Montag und Dienstag. Hat Bjørnøyen ihn gesehen oder gehört. Hat Ingøy Verbindung zu ihm gehabt und welche. Suche mit welchen Fahrzeugen kann nötig sein.«[92]

Riiser-Larsen schickte eine Anfrage an seinen guten Freund Fritz Zapffe in Tromsø. »Wissen Sie etwas darüber, was Amundsen an Proviant, Waffen und Ausrüstung dabei hat und wie viele Männer an Bord sind sowie für wie viele Stunden Benzin und etwas über den Aktionsradius.«[93] Das Telegramm ist bezeichnend dafür, in welchem Grad Roald Amundsen auf eigene Faust operiert hatte und wie wenig Riiser-Larsen über diesen Flug wusste. Es muss für ihn überraschend gewesen sein, festzustellen, wie isoliert von allen anderen Erkundungsexpeditionen Roald Amundsens private Expedition durchgeführt wurde.

Drei Tage später kam die Antwort von Zapffe. Das Telegramm war nicht geeignet, Licht in die Situation zu bringen. Eher im Gegenteil: »Proviant unbekannt. Anscheinend brauchte Nobile auch Waffen. Sechs Mann. Aktionsradius 2300 Kilometer. Hat hier 1200 kg Benzin getankt.«[94]

Es war beunruhigend, dass die Latham nichts von sich hatte hören lassen, aber andererseits auch nicht wirklich überraschend. Roald Amundsen hatte schon früher auf seinen Expeditionen eigenwillige Entschlüsse gefasst. Und es war nicht das erste Mal, dass er vermisst wurde. Vorläufig gab es also kaum einen Grund, sich Sorgen zu machen. War nicht vor nur wenigen Wochen Lützow-Holm in guter Verfassung gefunden worden, nachdem er fast fünf Tage verschwunden war und niemand gewusst hatte, wo er sich aufhielt? Aber es war alles in Ordnung gewesen. Nur an Benzin hatte es gemangelt. Und was war mit Riiser-Larsen selbst – dem Helden der Lüfte von der Amundsen/Ellsworth-Expedition nach 88 Grad Nord? Da waren sie sogar ganze vier Wochen vermisst gewesen. Sicher, ihre Rückkehr hatte am seidenen Faden gehangen. Da gab es viel, was nicht in den offiziellen Berichten stand. Aber sie hatten es geschafft, sogar von einer Position weit draußen in der Terra nullius aus. Wenn Riiser-Larsen bei dem Gedanken daran ein kalter Schauder über den Rücken lief, dann nur privat. Es nützte niemandem, wenn die norwegischen Piloten herumliefen und unnötig Angst verbreiteten. Sicher hatte er eine Überraschung in der Hinterhand, dieser Amundsen.

Die Frustration im Zeltlager darüber, dass Maddalena sie bei seinem zweiten Flug am 19. Juni nicht gesehen hatte, kam in vielen langen Telegrammen an die »Città di Milano« klar und deutlich zum Ausdruck. Nobile hatte immer noch nicht begriffen, dass seine Rolle als Leiter der »Italia«-Expedition von Kapitän Romagna Manoia nicht länger akzeptiert wurde.

Am 20. Juni kam Maddalena mit seiner Savoia zurück, dieses Mal mit einem Kurzwellensender an Bord. Und auch anderen Ratschlägen von Riiser-Larsen waren die Italiener gefolgt. Cecioni hatte aus Aluminiumfolie, die er von den Schokoladentafeln abgewickelt hatte, eine Art Spiegel gebastelt. Als die Savoia wieder das Lager überflog und die sechs noch Überlebenden aus dem Zelt krochen, setzte Cecioni sich auf das schmutzige, rutschige Eis und bewegte den Spiegel hin und her, um Reflexe zu erzeugen, die die Flugzeugmannschaft sehen könnte. Doch vergebens, wie sich herausstellte. Das Flugzeug war auf dem Weg Richtung Norden, als Biagi über Funk Kontakt bekam. Viglieri folgte dem Flugzeug mit dem Fernglas und rief dem Funker Anweisungen zu, die dieser weitergab, »nach rechts«, »nach links«, »weiter geradeaus«. Schließlich konnte Biagi »VVV« senden, das verabredete Signal, das bedeutete, das Flugzeug war direkt über ihnen.

Es hätte ein Triumph sein sollen, ein Moment voller Glücksgefühle, doch Nobile empfand es als einen Augenblick der Demütigung und der Schmach. In den wenigen Sekunden, während die Savoia in ihrer Nähe war, sah er in einem der Fenster einen Kameramann, Otello Martelli, der sie mit einer großen Kamera filmte.[95] Es war dem Polarforscher klar, dass die Bilder der Überlebenden in den populären Wochenschauen über die ganze Welt verbreitet werden würden. Das würden ihre Familien also zu sehen bekommen – ein paar jämmerliche, bärtige, dreckige Gestalten, die verzweifelt winkten und auf der kleinen Eisscholle herumkrochen. Nobile schleppte sich zurück ins Zelt und suchte dort Schutz vor dem unbarmherzigen Auge der Filmkamera. Deshalb wurde er nicht Zeuge, wie Maddalena das Flugzeug über das Lager lenkte, wendete – und die Männer unglaublicherweise wieder aus den Augen verlor. Dieses Mal waren es die Reflexe von Cecionis gebasteltem Spiegel, die ihn das Lager wieder lokalisieren ließen.

Anschließend flog die Savoia noch mehrere Male über das Zelt und warf Proviant und Ausrüstung hinunter. Doch zu ihrem Entsetzen mussten die Überlebenden zusehen, wie der größte Teil der Pakete unter den kleinen gelben Fallschirmen im Wasser landete oder auf dem Eis zerschellte. Glücklicherweise wurde keiner der Männer getroffen von den wie Geschosse herabstürzenden Dingen. Die hohe Geschwindigkeit (275 Stundenkilometer) war der Grund für die schlechte Treffsicherheit und die rasante Fahrt der Proviantkisten. Zumindest gelang es den Überlebenden, ein Gewehr zu finden, zwei Schlafsäcke, ein kleines Gummiboot und Pakete mit Schokolade und norwegischem Knäckebrot, sowie ein paar Apfelsinen und Zitronen, wahrscheinlich beigefügt, um Skorbut zu verhindern. Am meisten freuten sich die Überlebenden über Stiefel aus Leder. Und das Nützlichste waren wahrscheinlich Patronen mit Rauchsignalen, die dem nächsten Flugzeug bei der Lokalisierung helfen konnten.

Außerdem wurden noch ein paar Tüten mit etwas hinuntergeworfen, das Nobile »Kuchen« nannte, Běhounek aber als »getrocknetes Brot« bezeichnete. Wahrscheinlich handelte es sich um norwegischen Zwieback.

Die schwedische Junkers »Uppland«, gesteuert von dem zivilen Piloten Viktor Nilsson, landete mitten in der Nacht des 19. Juni im Kongsfjord vor Ny-Ålesund, dicht gefolgt von der italienischen »Marina II«, geflogen von Pierluigi Penzo. Nach ein paar Stunden hob die »Uppland« wieder ab und flog weiter nach Virgohamna, wo sie um 02.30 Uhr morgens am 20. Juni landete. Die Mannschaft der »Tanja« wurde vom Motorenlärm geweckt und kam eilig an Deck. In der klaren Mitternachtssonne wurden Viktor Nilsson und die anderen Männer an Bord des Flugzeugs jubelnd begrüßt.

Die Freude war auch groß, als die schwedische Expedition ein Telegramm von der »Città« bekam, in der mitgeteilt wurde, dass Maddalena endlich Nobiles Zeltlager gefunden hatte. Sollten sie enttäuscht darüber gewesen sein, nicht als Erste Nobile gefunden zu haben, so machten sie doch gute Miene dazu und feierten mit Portwein und Sekt zum Abendessen. Schließlich hatte für sie ja auch Malmgrens Rettung höchste Priorität. Jetzt, nachdem sie so ungefähr wussten, wo die drei Männer das Zeltlager verlassen hatten, wuchs die Chance, ihn zu finden, beträchtlich.

Doch das Telegramm enthielt außerdem Informationen, die den schwedischen Piloten Sorgen bereiteten. Das Zeltlager war auf einer ganz anderen Position gefunden worden, als Nobile in seinen Telegrammen angegeben hatte. Was hieß, dass man sich nicht auf die früheren Navigationsangaben verlassen konnte, die bezüglich der Eisscholle gemacht worden waren. Die Position, die Nobile genannt hatte, als Malmgren und die beiden italienischen Offiziere das Zeltlager verlassen hatten, war also höchstwahrscheinlich falsch.

Um sieben Uhr morgens flog die »Uppland« am folgenden Tag in Formation mit den beiden schwedischen Hansa-Maschinen, Nummer 256 und 257. Die Suche nach Malmgren konzentrierte sich auf die Gebiete zwischen Foynøya und dem Zeltlager. Stunden später kehrten die schwedischen Piloten zurück, ohne auch nur eine Spur auf dem Eis entdeckt zu haben.

Am Abend des 21. Juni empfing Riiser-Larsen folgenden förmlichen Befehl aus dem norwegischen Verteidigungsministerium: »Lützow-Holm und Sie müssen so schnell wie möglich das Gebiet von Westspitzbergen nach der Latham absuchen. Sie müssen versuchen, sich ein passendes Basisschiff zu besorgen.«[96]

An sich war nichts verkehrt an den Überlegungen, die hinter dem Befehl aus dem Ministerium standen. Das Zeltlager von Nobile war lokalisiert. Es gab niemanden, der meinte, die Hansa-Flugzeuge könnten an der Evakuierung der Italiener selbst von der Eisscholle mitwirken. Außerdem wurden die norwegischen Flugzeuge gebraucht, um nach Roald Amundsen zu suchen. In den ersten Tagen nach dem Verschwinden der Latham gab es viele, die glaubten, das Flugboot könnte in einem der Fjorde südwestlich von Spitzbergen gelandet sein.

Die norwegische Suche nach Überlebenden der »Italia«-Havarie war damit so gut wie beendet. Drei schwedische und italienische Langstreckenflugzeuge und zwei schwedische Hansas übernahmen die Arbeit. Vom italienischen Marineminister Sirianni und dem mächtigen Luftfahrtminister Balbo kam ein Dankestelegramm für den norwegischen Einsatz, der ihrer Meinung nach berechtigterweise als Grundlage für Maddalenas Erfolg angesehen werden konnte: »Das von Major Maddalena erreichte Ergebnis ist auch Ihrem generösen und tapferen Einsatz zu verdanken, den wir immer zu würdigen wissen und niemals vergessen werden. Wir danken Ihnen beide. Sirianni – Balbo.«[97]

Dennoch zögerte Riiser-Larsen, die norwegische Rettungsoperation gen Norden zu beenden. Nobiles Lager war zwar gefunden worden, doch die Malmgren-Gruppe wurde immer noch vermisst. Und niemand schien viel Zeit und Gedanken auf die Suche nach dem »Italia«-Ballon und den sechs Italienern zu verwenden, die mit ihm verschwunden waren. Vielleicht gab es ja in deren Gruppe auch noch Überlebende.

Auf Riiser-Larsens Aufforderung hin übernahm Kapitän Tornberg die Suche nach der Latham an der Westküste von Spitzbergen. Der schwedische Expeditionsleiter konnte schon einen Tag später berichten, dass eines der schwedischen Flugzeuge die Aufgabe übernommen, aber keine Spur des französischen Flugzeugs gefunden hatte. Außerdem hatte es ein Stück vom Sørkapp entfernt die Ostküste abgesucht, ohne etwas zu finden.

Das Hundegespann von Green Harbour mit Sora, Varming und van Dongen war in Richtung Foynøya aufgebrochen und noch nicht wieder zur »Braganza« zurückgekommen. Riiser-Larsen meinte, das Schiff müsse natürlich warten, bis sie wieder an Bord seien. In der Wartezeit schickte Riiser-Larsen das Hundegespann mit Tandberg und Nøis auf eine weitere Erkundungstour nach vier Gebirgsjägern, die sich zum Nordkap aufgemacht hatten und von denen Riiser-Larsen Spuren auf dem Meereseis gesehen hatte. Es muss für Riiser-Larsen nicht leicht gewesen sein, die Koordinierung all der internationalen Aktivitäten, die nördlich von Spitzbergen vor sich gingen, aus der Hand zu geben, und schon gar nicht, als von allen Seiten Telegramme eintrafen, die um Wettervorhersagen und Ratschläge bezüglich der Eisverhältnisse baten. Es ist wohl nicht so erstaunlich, dass Riiser-Larsen in diesem Strom von Anfragen nach einer Weile diejenigen zur Seite schob, von denen er der Meinung war, sie seien nicht so wichtig. Leider waren darunter ein paar Eilmeldungen von Green Harbour. Die Informationen von dieser Funkstation, die Riiser-Larsen also nicht erhielt, waren vielleicht die wichtigsten unter allen Telegrammen in den ersten Tagen nach der Meldung, dass die Latham vermisst wurde.

Riiser-Larsen war nicht besonders glücklich darüber, die »Braganza« als Basisschiff zu verlieren, wie ihm ja direkt vom Verteidigungsministerium befohlen worden war. Voller Eifer, eine Beobachtung auszunutzen, die er und Lützow-Holm vom Flugzeug aus gemacht hatten, dass es nämlich Richtung Nordosten breite, durchgängige Wasserspalten im Eis gab, beorderte er das Polarschiff in dieses Fahrwasser. Doch das sollte sich als Fehleinschätzung herausstellen. Die Wasserrinnen waren nur Tidenrisse in einer dicken Eisdecke, die vom Nördlichen Polarmeer herangetrieben wurde. Die »Braganza« fuhr sich im Eis fest, die Wasserspalten schlossen sich, und als das Schiff wendete, um Richtung Westen zurückzufahren, hatte sich auch in dieser Richtung bereits das Eis geschlossen. Die »Braganza« saß im Packeis wie in einer Eisenzange fest und lief Gefahr, von ihm zerdrückt zu werden. Diese nervenzehrende Wartezeit benutzte Riiser-Larsen, um sich technische Informationen über die Latham zu verschaffen. Doch das war schwieriger als erwartet.

Die Informationen, die Riiser-Larsen als Erstes haben wollte, waren der Benzinverbrauch und die Fluggeschwindigkeit – und außerdem, wieviel Treibstoff die Latham bei ihrem Start in Tromsø geladen hatte. Die Latham 47.02 war der zweite Prototyp der französischen Flugzeugfabrik Société Latham & Cie vor den Toren von Paris und konnte auf unterschiedliche Art und Weise ausgerüstet werden. Von der Fabrik wurde der Verbrauch mit 80 Liter pro Stunde bei einer Reisegeschwindigkeit von 145 Kilometer die Stunde angegeben. Die Höchstgeschwindigkeit betrug 170 Kilometer die Stunde. Verglichen mit der Höchstgeschwindigkeit der »Uppland« von 245 Stundenkilometer und der Savoia-Marchetti S.55 von unglaublichen 279 Kilometern die Stunde war die Latham nicht gerade ein schnelles Flugzeug.

Riiser-Larsen und Lützow-Holm waren beide skeptisch, was die Zahlen aus Frankreich anging. Wahrscheinlich war der genannte Verbrauch von 90 Liter pro Stunde viel zu niedrig, besonders wenn das Flugzeug schwer beladen war oder Gegenwind herrschte. Die angegebene Reisegeschwindigkeit konnte auch zu hoch angegeben worden sein.

Als Roald Amundsen das Flugzeug am 14. Juni 1928 angeboten worden war, sollte es gerade ein Testprogramm durchlaufen, um herauszufinden, welche Ausrüstung optimal für eine Atlantiküberquerung wäre. Die zu diesem Zeitpunkt bereits ins Flugzeug eingebauten Benzintanks waren deshalb für die größtmögliche Reichweite dimensioniert. Es gibt gute Gründe für die Annahme, dass im Hinblick auf die Benzintanks keine Veränderungen gemacht wurden. Außerdem waren die Flüge nach Spitzbergen über Bergen und Tromsø ja Langstreckenflüge.

Aus den originalen technischen Handbüchern für das Flugzeug und die beiden Farman-Motoren in ihm geht hervor, dass die Benzintanks hinter dem Cockpit in den Flugzeugrumpf eingebaut waren, symmetrisch zur Längsachse. Das Volumen jedes Tanks konnte entweder 600 Liter, 500 oder 250 Liter betragen. Aus den Informationen über das Nachtanken in Bergen und Tromsø war es wahrscheinlich, dass die Latham sechs Benzintanks besaß mit einem Gesamtvolumen von 3200 Liter.

In Tromsø wurden 1224 Kilo Flugbenzin getankt, was 1748 Liter entspricht.* In Bergen hatte man 1428 Kilo Benzin getankt (2040 Liter). Es gibt Grund zur Annahme, dass die Tanks zu diesem Zeitpunkt nicht leer waren. Der Flug von Bergen nach Tromsø hatte ungefähr neun Stunden gedauert. Wenn der durchschnittliche Verbrauch circa 130 Liter pro Stunde betrug, hatte das Flugzeug bei seiner Ankunft vor Tromsø 1170 Liter verbraucht und war 1305 Kilometer geflogen, was stimmen kann, wenn die Latham größtenteils der Küste gefolgt war (Luftlinie beträgt der Abstand zwischen den beiden Städten 1208 Kilometer). In einem Telegramm an Riiser-Larsen gibt Fritz Zapffe an, dass die Latham bei ihrem Start in Tromsø eine Reichweite von 2300 Kilometern hatte. Diese Zahl ist höchstwahrscheinlich zu niedrig. Spätere offizielle Informationen von den französischen Behörden nennen eine höhere Zahl.

---

* Laut Handbuch der Farman-Fabrik darüber, welche Sorte Flugbenzin für diesen Typ von Motor benutzt werden sollte.

Nur wenige dieser Angaben waren für Riiser-Larsen zugänglich, während er sich an Bord der »Braganza« befand und auf Neuigkeiten bezüglich Roald Amundsens Verschwinden wartete. In der Zwischenzeit erreichten ihn weitere Telegramme vom Verteidigungsministerium mit Anweisungen. Könnte er nicht selbst ein passendes, eisfähiges Fahrzeug als Ersatz für die »Braganza« finden, die ja von den Italienern gechartert und einen bindenden Vertrag mit ihnen eingegangen war? Riiser-Larsen nahm noch einmal Kontakt zum Reeder der »Hobby« auf und erfuhr zu seiner Überraschung von Louise Boyds Einverständnis, das Schiff den norwegischen Behörden zur Verfügung zu stellen. Es stellte sich heraus, dass sie bereits seit vielen Jahren eine große Bewunderin von Roald Amundsen war.

Die Latham 47 hätte ungefähr drei Stunden nach Maddalenas Savoia-Marchetti im Kongsfjord landen müssen. Das italienische Flugzeug war mehrere Stunden vor Amundsen gestartet (um 12.30 Uhr von Vadsø), hatte aber einen Zwischenstopp an der Südspitze der Bjørnøya gegen vier Uhr nachmittags am 18. Juni gemacht. Dort hatte der Mechaniker die Zündkerzen ausgetauscht, damit die beiden Isotta-Motoren optimal funktionierten. Eine Stunde später war das Flugzeug wieder gestartet und ohne Probleme zum Kongsfjord geflogen, wo es kurz nach acht Uhr abends landete.

Maddalena und seine Mannschaft hatten die Latham nicht gesehen. Es hatte einige Zeit raue See und ein paar Nebelbänke gegeben, die jedoch verschwanden, als sie sich Spitzbergen näherten. Sie hatten dagegen die meteorologische Station auf der Bäreninsel gesehen und waren von ihr gesehen worden, wie auch vom Forschungsschiff »Michael Sars«, das übrigens selbst gutes, ruhiges Wetter gemeldet hatte.

Als die Latham nicht in Kings Bay angekommen war, erschien es selbstverständlich, als Erstes entlang der Westküste von Spitzbergen zu suchen, in den vielen Fjordarmen und auf dem Meereseis. Am ersten Tag waren die Menschen eigentlich eher verwundert als beunruhigt. Doch obwohl die »Uppland« und auch die »Marina II« Erkundungsflüge absolvierten, wurde keine Spur gefunden.

Nachdem das Geofysisk Institutt den Funker der Latham kurz vor sieben Uhr abends gehört hatte, als der Telegraphist Valette versuchte, in Kontakt mit dem Kings Bay-Sender zu kommen, hatte keine andere Funkstation mehr etwas von dem französischen Flugzeug gehört. Es musste eine Erklärung dafür geben, warum die Latham keinen Kontakt aufgenommen hatte, falls sie irgendwo auf der Strecke von Bjørnøya zur Südspitze Spitzbergens unterwegs war. Der Gedanke, das Flugzeug könnte ungefähr zu diesem Zeitpunkt havariert sein, begann sich im Unterbewusstsein der Menschen festzusetzen.

Riiser-Larsen schickte ein weiteres Telegramm an Zapffe. Wenn es jemanden gab, der wusste, was Roald Amundsen bei seiner Abreise von Tromsø geplant hatte, dann musste es sein ältester und wahrscheinlich engster Freund sein. Doch die Antwort des Apothekers war enttäuschend unpräzise. »Nein. Etwas anderes deutet darauf hin, dass er möglicherweise den Direktkurs genommen hat. Meine Hoffnung ist, dass er die Ballongruppe angesteuert hat.«[98]

Dem Geofysisk Institutt in Tromsø wurde die gleiche Frage gestellt, die konkreter beantwortet wurde. Amundsen hatte mehrere Male nach Meereseisberichten von Kings Bay gefragt. Und er hatte um keine Eiswarnungen für andere Gebiete gebeten. Alle im Institut waren überzeugt davon, dass die Latham auf dem Weg zum Kongsfjord sein musste. Es gab nur eine Kleinigkeit, die verwunderte: Auf direkte Fragen, ob sie nicht mit dem schwedischen Flugboot zusammen fliegen wollten, was doch als sehr viel sicherer angesehen wurde als ein Alleinflug, hatten Guilbaud wie auch Dietrichson nur ausweichend geantwortet. Außerdem hatte Amundsen zur Eile gedrängt, als er hörte, dass Maddalena mit seiner deutlich schnelleren Savoia-Marchetti von Vadsø aus gestartet war. Das Gleiche war auch geschehen, als die »Uppland« erfuhr, dass die Latham im Tromsøsund abhob.

Offenbar sahen die drei Flugmannschaften das Ganze als einen Wettbewerb an, auch wenn keiner von ihnen das jemals zugegeben hätte. Die Spannung war groß, auch in der Presse. Welches Flugzeug würde als Erstes das Meer zwischen der norwegischen Küste und Spitzbergen überqueren? Wer würde Nobiles Lager zuerst finden? Wo war Malmgren? Würde man jemals die unglückselige Ballongruppe mit den sechs Italienern orten können?

Und plötzlich wurde noch ein Flugzeug vermisst. Der weltberühmte Polarforscher Roald Amundsen war ganz einfach verschwunden. Wieder, wie einige meinten. Die Zeitungsredaktionen wurden von Tipps, Ratschlägen und Spekulationen überschwemmt. Trotz allem konnte doch ein so großes Flugzeug wie die Latham nicht einfach spurlos verschwinden.

# KAPITEL 18

## Nichts gesehen

Am Abend des 20. Juni wurde eine Konferenz im Arbeitszimmer des Verteidigungsministers Anderssen-Rysst einberufen. Neben dem Verteidigungsminister selbst waren unter anderem Otto Sverdrup und Adolf Hoel anwesend. Die meisten, die sich im Vorwege eine Meinung gebildet hatten, gingen davon aus, dass Roald Amundsen sich entschieden hatte, nach Kings Bay zu fliegen. Da er nun dort nicht angekommen war und niemand auch nach mehreren Tagen des Abwartens etwas von ihm gehört oder gesehen hatte, musste etwas mit dem Flugzeug geschehen sein. Dessen Verschwinden wurde sehr ernst genommen. Es herrschte eine finstere Stimmung unter den Konferenzteilnehmern.

Die wenigen Informationen, die der Regierungsbevollmächtigte Bassøe auf Spitzbergen hatte besorgen können, lagen auf dem Tisch. Nachdem das Geofysisk Institutt um 18.45 Uhr einen Anruf von dem französischen Flugzeug erhalten hatte, war nichts mehr von ihm gehört worden. Da hatte der Telegraphist, Emile Valette, den Sender von Kings Bay angerufen, sogar zweimal. Doch dann gab es im Institut für mehrere Stunden einen Stromausfall und später wurden keine Signale mehr von der Latham empfangen.

Der Telegraphist in Ny-Ålesund, Ludvig Saltnes, hatte am Abend des 18. Juni keinen der Funksprüche gehört. Was vielleicht nicht so verwunderlich war. Er kann in den letzten Wochen nicht viel Schlaf bekommen haben. Laut Regierungsbevollmächtigten Bassøe, der in der Direktorenvilla mit guter Sicht auf den Marktplatz mitten im Ort wohnte, muss der Telegraphist in diesem Sommer der meistbeschäftigte Mann Spitzbergens gewesen sein. Zu allen Tages- und Nachtzeiten war Saltnes zu sehen – bei jedem Wetter mit seinem halbblinden schwarzen Hund an den Fersen auf dem Weg hinunter zum blauen Telegraphenhaus am Kai. Doch viel Zeit blieb ihm nicht, um nach schwachen Langwellensignalen zu suchen. Viele der Schiffe und die Flugzeuge, die Funkgeräte besaßen, hatten Kurzwellensender. Wie auch die größten Fischkutter. Ansonsten gab es altmodische Löschfunkensender, die Morsecodes mit einer derartigen Signalstärke senden konnten, dass alle anderen Anrufe übertönt wurden.

Im Verteidigungsministerium kamen die Karten auf den Tisch. Man sammelte die Informationen, die man über das Flugzeug zu haben glaubte. Die meisten Quellen waren sich darin einig, dass die Reisegeschwindigkeit unter idealen Verhältnissen ungefähr 145 Kilometer die Stunde betrug. Deshalb war die letzte Meldung wahrscheinlich von einer Position südlich der Bjørnøya geschickt worden. Wie waren eigentlich die Verhältnisse in diesem Gebiet am Nachmittag des 18. Juni gewesen? War das Flugzeug vielleicht umgekehrt und hatte versucht, zurück zur norwegischen Küste zu gelangen? Zu diesem Zeitpunkt wurde keine noch so vage Theorie verworfen.

Von Fritz Zapffe kam die Information, dass Roald Amundsen im Laufe des Montags mehrere Male die Wettermeldungen vom Geofysisk Institutt angefordert hatte. Dessen Leiter Ole Krogness bestätigte nicht nur, was das Institut bereits über Telefon mitgeteilt hatte, sondern auch, wie sich das Wetter tatsächlich entwickelt hatte. Morgens hatten vor der Bjørnøya Nebel und schwere See geherrscht, jedoch mit der Aussicht, aufzuklaren. Ein kleines Tiefdruckgebiet zwischen

Grönland und Spitzbergen war dort an Ort und Stelle geblieben. Dagegen wurden später am Abend Nebelbänke nordwestlich der norwegischen Küste gemeldet, zwischen Tromsø und Bjørnøya. Die Meldungen stammten von Fischkuttern, die dort in der Gegend waren. Außerdem hatte man Umberto Maddalenas Beschreibungen des Wetters rund um die Bjørnøya von seinem Flug von Vadsø nach Kings Bay. Die Savoia war kurz vor 17.00 Uhr in der Nähe der Insel gelandet, weil die Mannschaft die Zündkerzen wechseln wollte. Maddalena hatte eine Nebelbank in nördlicher Richtung östlich von Bjørnøya bestätigt. Vielleicht war es diese Nebelbank, die auf die Westseite gezogen und von den Fischkuttern registriert worden war? Außerdem hatte der italienische Pilot von schwierigen Wetterverhältnissen und Dünungen berichtet, als die Savoia wieder abheben wollte. Doch der Kapitän des Aufklärers der Marine, der »Michael Sars«, der an diesem Tag auch vor der Bjørnøya lag und später am Nachmittag am Kai der meteorologischen Station festmachte, konnte berichten, dass das Wetter bei leichtem Seegang ruhig war.[99]

Verschiedene Theorien wurden während der Konferenz mit dem Verteidigungsminister diskutiert. Konnte Roald Amundsen doch beschlossen haben, mit der Latham direkt zu Nobiles Zeltposition vor Kap Leigh Smith zu fliegen? Ein großes Problem für die Anwesenden war, dass es so wenige Beobachtungen gab, die diese Erklärung für das Verschwinden der Latham stützten. Es wäre ja ziemlich peinlich, wenn eine große Suchaktion im Norden auf die Beine gestellt wurde und dann das Flugzeug doch einen Tag später in Ny-Ålesund landete. Aber was konnte die Ursache dafür sein, dass Leif Dietrichson und die erfahrenen französischen Piloten nicht über den Langwellensender angegeben hatten, wohin sie flogen und wann sie ihre Ankunft erwarteten?

Und sie konnten nicht ignorieren, dass die letzten beiden Meldungen von der Latham in der Auffassung der Leute nach und nach den Charakter von Notrufen bekommen hatten – was sie gar nicht gewesen waren. Der Funker an Bord des französischen Flugzeugs hatte Kings Bay angerufen, weil es zu viele Anfragen hatte. Der Telegraphist im Geofysisk Institutt meinte, es hätte sich um sieben Telegramme gehandelt, die an den Adressaten in Ny-Ålesund verschickt werden sollten. Merkwürdigerweise gab es eine Frage, die nie im Büro des Verteidigungsministers gestellt, und auch nicht in den Zeitungen diskutiert oder in irgendeinem Bericht aufgegriffen wurde: Was war nach Meinung eines Besatzungsmitglieds der Latham so wichtig, dass sie insgesamt sieben Telegramme diesbezüglich nach Ny-Ålesund schicken mussten, wo sie doch sowieso ein paar Stunden später landen sollten? Die ersten drei Stunden ihres Fluges waren sie ja nicht gerade redselig gewesen. Und trotz der Frage vom Ingøy Radio hatten sie nicht ihre Position angegeben.* Warum nicht?

Es herrschte eine sonderbare Stimmung bezüglich des plötzlichen Verschwindens der Latham, ein Gefühl, dass mit dem französischen Flugzeug etwas Schreckliches passiert sein musste. Die norwegischen Behörden reagierten mit bemerkenswerter Geschwindigkeit. Aber es können auch noch andere Faktoren mit im Spiel gewesen sein. Die Aftenposten hatte am gleichen Tag die Nachricht verbreitet, dass zu einer Spendensammlung für eine private Expedition aufgerufen wurde, um nach Roald Amundsen zu suchen. Besorgte Freunde von ihm – der Botschafter Herman Gade, der Großhändler Fredrik

---

* Diese Funkstation war die einzige, die offenbar gegenseitigen Kontakt mit der Latham gehabt hatte, und zwar um 16.45 Uhr am 18. Juni 1928.

Peterson, Otto Sverdrup, der Polarschiffskapitän Johan Olsen, Tryggve Gran und sein Neffe Gustav Amundsen – hatten am Abend zuvor darüber diskutiert, was man machen könnte. Mit vereinter Kraft wandten sie sich an die Regierung, machten aber gleichzeitig deutlich, dass sie nicht auf eine offizielle Initiative warten wollten.

Nur zwei Tage nachdem die Lathman vermisst gemeldet worden war, wurde ein Komitee ins Leben gerufen, bestehend aus dem Redakteur Knut Domaas von der Zeitung Handels- og Sjøfartstidene, dem Chefredakteur Frøisland von der Aftenposten, dem Generalkonsul Arthur Mathiesen und Gustav Amundsen. Der Redakteur der Aftenposten mag sich schuldig gefühlt haben, weil er möglicherweise Roald Amundsen zu sehr ermuntert und gedrängt hatte. Als der Neffe einen allgemeinen Aufruf an das Volk vorschlug, stimmte Frøisland im Namen seiner Zeitung sofort zu. Bereits am 22. Juni hatte die Aftenposten die Organisation der privaten Spendenaktion übernommen. Der Umfang und die Schnelligkeit des Eingangs der Spenden zeigte deutlich, wie groß die Sorge um die Sicherheit des Polarforschers in der norwegischen Bevölkerung war.

Eine der Aufgaben des Komitees war es, dafür zu sorgen, dass das einströmende Geld auf vernünftige Weise genutzt wurde. Nicht zuletzt musste man einen erfahrenen Expeditionsleiter auswählen. Wie üblich wurde Otto Sverdrup gefragt, der früher bereits abgelehnt hatte. Adolf Hoel hatte dessen Platz als Gastratgeber auf der »Krassin« eingenommen und kam deshalb nicht in Frage. Riiser Larsen und Oscar Wisting waren bereits auf Spitzbergen, Leif Dietrichson wurde zusammen mit Roald Amundsen vermisst. Es standen nicht mehr viele erfahrene Männer zur Wahl. Auch Tryggve Gran wurde gefragt und sagte ohne zu zögern zu. Aber sicher war das nicht die Rolle, die er sich bei all den Operationen auf Spitzbergen in diesem Sommer gewünscht hatte.

Täglich schrieben die Aftenposten und die meisten anderen norwegischen Zeitungen über die Gelder, die auf das Expeditionskonto eingingen – von der Schwerindustrie, von Banken, von Seefahrtsorganisationen, doch der größte Teil kam von ganz normalen Bürgern. Zeitungen im ganzen Land hatten sich der Spendenaktion angeschlossen und druckten Spendenappelle auf der Titelseite ab. Es hieß, der Fonds brauche ungefähr 80000 Kronen, um sich ein Schiff für die Suche beschaffen zu können. Am 27. Juni hatte der Fonds die Mittel, ein Polarschiff anzuheuern, das als bestens geeignet angesehen wurde, das Meereseis nördlich von Spitzbergen zu durchdringen.

1928 war die »Veslekari« eine Legende unter den Polarschiffen. Das 134 Fuß lange und 27 Fuß breite Polarschiff war nicht mehr ganz jung, aber als es 1918 von Christian Jensen gebaut worden war, wurde es als Norwegens stärkstes Holzschiff angesehen, vergleichbar mit der »Fram« und der »Gjøa«. Ein Teil des Holzmaterials stammte aus dem Überschuss vom Bau der »Maud«, die von derselben Werft stammte. Die Maschine war ein 2-zylindrischer Compound, der 357 Pferdestärken leisten konnte, und zusätzlich war das Fahrzeug noch wie eine Galeasse mit Sturmsegel, Besan, Fock und Klüver bestückt. Nur über wenige Polarschiffe wurde so viel geschrieben und geredet wie über die »Veslekari«. Sie fuhr stolz im Licht des eigenen Ruhms und genoss das volle Vertrauen ihrer Mannschaft.

Otto Sverdrup war auch zufrieden mit der Wahl, dabei jedoch pessimistisch, was die Suche anging. In einem Interview mit der Aftenposten am 27. Juni sprach er über die »Veslekari«, die nunmehr startbereit in Ålesund lag: »Das ist das beste Fahrzeug, das wir in Norwegen kriegen können. Wenn man die ›Veslekari‹ auf Kurs gebracht hat, dann hat man getan, was man tun kann. Aber es eilt.«[100]

Riiser-Larsen hatte sich in Tromsø an Zapffe gewandt und ihn gefragt, welche Absichten der Polarforscher wohl gehabt hatte, bevor er nach Spitzbergen aufbrach. Wenn jemand Details von Amundsens äußerst vertraulichen Plänen kannte, dann doch wohl er. Aber Zapffe wusste ebenso wenig wie die anderen. Amundsen hatte kein Wort darüber fallen lassen, welchen Kurs er einzuschlagen gedachte. Viele indirekte Beobachtungen traten mit der Zeit aus dem Nebel der Unwissenheit hervor, der verbarg, wohin Amundsen seine private Suchaktion eigentlich führen wollte. Zapffe berichtete wahrheitsgemäß, dass die schwedischen und finnischen Piloten, die sich gleichzeitig mit Amundsen in Tromsø aufgehalten hatten, keinen Versuch machten, Kontakt mit ihm aufzunehmen, um eventuell einen gemeinsamen Flug nach Spitzbergen vorzuschlagen.

Und es stimmte wohl, dass es keine weiteren Anfragen gegeben hatte, beispielsweise in Form von Telefongesprächen. Dennoch war Dietrichson von Direktor Krogness gefragt worden, ob die Latham nicht lieber zusammen mit den zwei Junker-Maschinen fliegen solle. Worauf dieser geantwortet hatte, dass Amundsen sich nicht durch eine Zusammenarbeit binden wollte.[101] Auch der Korrespondent der Aftenposten in Ny-Ålesund berichtete, dass Roald Amundsen den Vorschlag des Chefpiloten Viktor Nilsson, doch zusammen zu fliegen, abgelehnt habe. Die Quelle für die Information waren die schwedischen Piloten der »Uppland«.[102] Laut Nilsson soll Amundsen gesagt haben, er sei der Meinung, es sei besser allein zu arbeiten, weil die Zeit dränge, endlich den Italienern zu Hilfe zu kommen.

Mehrere Zeitungsschlagzeilen wiesen darauf hin, dass Amundsen sich vor dem Abflug von Bergen und in Tromsø unklar ausgedrückt habe, als er von Journalisten gefragt wurde, ob er direkt zu Nobiles Zeltlager fliegen wolle. Folgendermaßen beschrieb der Korrespondent der Aftenposten das Interview:

»Was ist Ihr Eindruck von der Maschine*?«, fragen wir Amundsen.
»Sehr gut.«
»Aber sie kann nicht auf Eis landen«, bemerken wir.
»Das ist nach den letzten Meldungen, die besagen, dass sich rings um Nobiles Position Wasserspalten gebildet haben, auch nicht nötig. Ich war die ganze Zeit der Meinung, dass Wasserflugzeuge das Richtige sind.«[103]

Sowohl Krogness als auch Zapffe bestätigten, dass Amundsen sich nach den Eisrapporten rund um die Bjørnøya, vor der Südspitze von Spitzbergen und im Kongsfjord erkundigt hat – außerdem sollen sie noch nach der Eisdecke in den vielen kleinen Seen im Inneren der Bjørnøya gefragt haben. Sie gingen davon aus, dass Amundsen es nicht gewagt hatte, weiterzufliegen, nachdem das Flugzeug keinen Kontakt mit Bjørnøya oder Kings Bay Radio bekam. Aber Maddalena war auch ohne Funkkontakt von Vadsø nach Spitzbergen geflogen. Er hatte den Funker und den Sender in Vadsø zurückgelassen, damit das Flugzeug für seinen letzten, erfolgreichen Suchversuch leichter war.

---

* 1928 wurde das Wort »Maschine« als Synonym für »Flugzeug« benutzt. Es ist also die Latham als Ganzes, von der Amundsen spricht, und nicht die beiden Farman-Motoren.

Die Wahrheit war wohl, dass Amundsen sich benommen hat, wie auf vielen seiner früheren Expeditionen auch – geheimnisvoll und ohne sich in die Karten schauen zu lassen.

Das alte Panzerschiff DS »Tordenskjold« der norwegischen Marine sollte eigentlich einige Wochen später zu einer Reise in die Gewässer nördlich der Finnmarkküste aufbrechen. Jetzt wurde die Abreise verschoben, weil das Schiff an der Suche nach der Latham teilnehmen sollte. Zwei einsitzige Jagdflugzeuge vom Typ Sopwith Baby (F.100 und F.102) mit den Marinepiloten Finn Lambrechts und dem Oberstleutnant Lars Ingebrigtsen wurden aufs Schiff beordert. Am späten Abend des 22. Juni legte das Schiff in Horten ab mit Kurs auf Kristiansand und Tromsø. Es dauerte trotz allem mehrere Tage, bis das Schiff im Suchgebiet angekommen war.

Aufgrund der Anweisung norwegischer staatlicher Stellen hatten bereits mehrere andere Schiffe die Suche aufgenommen oder waren in der Nähe und konnten in eine vorläufige Suche einbezogen werden. An erster Stelle sind dabei die »Michael Sars« zu erwähnen, die vom Büro für Norges Svalbard- og Ishavsundersøkelser ausgeliehen wurde, das Polardampfschiff »Heimland«, das jetzt als Fischereikontrollschiff fungierte, und außerdem die »Hobby«, die ja eigentlich für eine private Expedition unter der Leitung von Louise Boyd gechartert worden war.

Parallel zu den norwegischen Behörden, die Kriegsschiffe wie auch zivile Fahrzeuge nach Spitzbergen umgelenkt hatten, hatten die französischen Behörden mit der gleichen ängstlichen Eile reagiert. Das Fischereikontrollschiff »Quentin Roosevelt«, das sich auf Charmeoffensive und Marinebesuch in einer Reihe nordischer Städte befand, legte am 22. Juni am Kai von Oslo an. Laut Plan sollte das Schiff ein paar Tage in der Hauptstadt verweilen. Jetzt wurde es jedoch nach hastiger Proviantierung gleich am nächsten Tag gen Norden geschickt. Der französische Kreuzer »Strasbourg« wurde auch beauftragt, an der Suche teilzunehmen. Das Schiff, das ursprünglich deutsch gewesen war*, lag im Hafen von Nizza und konnte deshalb erst nach einigen Wochen in Tromsø erwartet werden. Die »Strasbourg« maß 468 Fuß, mit zwei kohlebetriebenen Dampfturbinen mit zusammen 26000 Pferdestärken, betrieben von einer großen Mannschaft von 385 Männern. Das Ausrüsten für eine Polarexpedition würde seine Zeit dauern.

Der französische Ozeanograph und Polarforscher Jean-Baptiste Charcot stellte sein eistaugliches Segel- und Dampfschiff »Pourquoi Pas?« zur Disposition. Das Schiff war 1907 nach speziellen Plänen des Polarforschers so gebaut worden, dass es Überwinterungen in der Antarktis überstehen konnte, und es hatte bereits viele Proben in schwerem Eis im Norden wie im Süden überstanden. Das Schiff war nur 131 Fuß lang und mit zwei Haupt- und einem Besansegel achtern getakelt. Die Maschine mit 450 Pferdestärken war fast als ein Hilfsmotor anzusehen und wurde bei der Fahrt in offenem Wasser kaum benutzt. Die durchschnittliche Reisegeschwindigkeit betrug bescheidene 7.5 Knoten. Weil die »Pourqoui pas?« in erster Linie ein Segelboot war, war sie kaum geeignet für dichtes Eis. Sie hatte auch kein Flugzeug an Bord. Deshalb hatte das Schiff die Aufgabe – als es endlich im Suchgebiet angekommen war – entlang des Eisrandes im offenen Wasser zu suchen.

---

* Ursprünglich SMS »Regensburg«, 1912 in Kiel gebaut und von der französischen Marine als Teil der Kriegsbeute nach dem Ersten Weltkrieg übernommen.

Zwei große militärische Suchexpeditionen waren auf dem Weg nach Spitzbergen. Doch die Operationen hatten drei Schwachstellen, vielleicht sogar noch eine vierte: Zum Ersten waren die Schiffe groß, mit umfassender Logistik und zahlreicher Besatzung. Es würde seine Zeit dauern, alle ausreichend auszurüsten. Außerdem befanden sich einige der Schiffe auf einer Position weit von Spitzbergen entfernt. Da es sich um Marineschiffe handelte, wurde erwartet, dass sie zuvor die Häfen entlang der norwegischen Küste anliefen, um Verbrauchsgüter zu laden, aber auch, um eine gewisse Höflichkeit den norwegischen Behörden gegenüber zu zeigen. Das dritte Problem hing mit dem nationalen Prestige zusammen. Wer sollte die Suche koordinieren – Norwegen oder Frankreich? Die vierte mögliche Schwäche wurde ziemlich schnell sichtbar: Die Schiffe und die Mannschaften waren so unterschiedlich, dass es eine große Herausforderung darstellte, sie so zu disponieren, dass jedes Schiff optimal eingesetzt wurde.

Anfangs wurde die Suchaktion des norwegischen Staates vom Büro des Verteidigungsministers Anderssen-Rysst aus geleitet. Doch nach nur wenigen Tagen wurde es unmöglich, die Menge der Aufgaben von dort aus zu handhaben. Deshalb wurde die Kontrolle auf den kommandierenden Admiral Berglund übertragen, der über einen großen Stab kompetenter Adjutanten verfügte. Einer dieser Adjutanten, Gunnar Hovdenak, wurde dazu auserkoren, den norwegischen Einsatz an Ort und Stelle zu leiten und mit der französischen Suche zu koordinieren.

Am Morgen des 23. Juni hatte das Verteidigungsministerium eine Bitte des französischen Marinedepartements entgegengenommen, zwei norwegische Marineoffiziere auf die französischen Marineschiffe, die in den Norden auf die Suche nach der Latham aufbrechen sollten, zu überstellen. Die Offiziere mussten mit den Verhältnissen um Spitzbergen vertraut und außerdem sprachkundig sein. Es wurde beschlossen, dass Gunnar Hovdenak als Koordinator an Bord der »Strasbourg« fungieren sollte, während Oscar Wisting, der niedergeschlagen mit einem Kohledampfer der Bergwerksgesellschaft von Longyearbyen nach Ny-Ålesund gereist war, bei der ersten Gelegenheit an Bord der »Quentin Roosevelt« gehen sollte.

Der Befehl des kommandierenden Admirals besagte, dass die Fahrzeuge mit Ausgangspunkt Bjørneøya bestimmte Quadranten absuchen sollten. Man hatte keine sicheren Informationen darüber, wo die Latham eigentlich entlang geflogen war, und in diesem Gebiet hatte man das letzte Mal von ihr gehört. Gunnar Hovdenak sollte so schnell wie möglich mit dem Fregattenkapitän Mørch auf der KNM »Tordenskjold« und Kapitän Hermansen auf der »Michael Sars« Kontakt aufnehmen. Beide Fahrzeuge sollten jeweils die Suche in ihrem Quadranten aufnehmen, ohne auf die »Strasbourg« zu warten. Gleichzeitig wurde Hovdenak die Verantwortung dafür übertragen, dass die Zusammenarbeit mit den Franzosen möglichst reibungsfrei vonstatten ging. Kein Kompetenzgerangel, so lautete der Befehl von Admiral Berglund. Doch das war, bevor ihm klar wurde, dass Frankreich an Bord der »Strasbourg« einen Konteradmiral mitgesandt hatte.

# KAPITEL 19

## Die dritte Fehlentscheidung

Die Anzahl an Schiffen, Flugzeugen und Mannschaften, die nach den Überlebenden der »Italia«-Havarie und der Latham suchten, wuchs ins Unkontrollierbare. Von Anfang an nahmen ein italienisches Marineschiff (die »Città di Milano«) und ein gechartertes Polarschiff (die »Braganza«) an der Suche teil. Die »Hobby«, bisher Hauptquartier der norwegischen Piloten, war gerade erst von Spitzbergen abgereist. Doch jetzt war sie wieder auf dem Weg zurück in den Norden. Die schwedische Expedition umfasste den Frachter »Tanja« und ein weiteres Polarschiff, die »Quest«. Zwei sowjetische Eisbrecher, die »Krassin« und die »Malygin«, und ein russisches Versorgungsschiff, die »Sedov«, waren auf dem Weg in den Norden, um an der Suche teilzunehmen.

In den letzten Junitagen verlief die Suche nach der Latham im Hintergrund all der anderen Operationen nördlich von Spitzbergen. Doch bald waren zwei norwegische Marinefahrzeuge (die »Tordenskjold« und die »Heimland«), zwei Polarschiffe (die »Hobby« und die »Veslekari«), das Forschungsschiff »Michael Sars« und das kleine Schiff »Svalbard« des Regierungsbevollmächtigten Bassøe in dem Gebiet, in dem das französische Flugzeug verschwunden sein könnte. Kurz darauf trafen vier französische Schiffe unterschiedlicher Zugehörigkeit ein: Der Marinekreuzer »Strasbourg«, das Ölversorgungsschiff »Durance«, das Fischereiaufsichtsschiff »Quentin Roosevelt« und das Segelschiff »Pourquoi Pas?«.

An Bord der verschiedenen Schiffe und Eisbrecher, draußen im Kongsfjord, im Whalenbergfjord und auf verschiedenen Positionen nördlich, in der Nähe der Polarschiffe, operierten insgesamt 23 Flugzeuge unterschiedlicher Größe, Reichweite, Kapazität und Landeausrüstung. Die Logistik, was die Versorgung mit Flugbenzin, Reserveteilen, Motoröl, Kohle und Diesel für die Schiffe betraf, war unfassbar kompliziert. Es handelte sich um die größte Suchaktion, die jemals in den Polargebieten organisiert worden war. Ein treibender Faktor für die vielen Teilnehmer mag der Wunsch gewesen sein, nationale Interessen an der Arktis zu markieren und zu zeigen, dass man tatsächlich genügend Ressourcen hatte, um derartige Rettungsaktionen durchzuführen, auch weit entfernt vom eigenen Land. Wahrscheinlich gab es auch starke persönliche Motive bei den einzelnen Teilnehmern. Aktuelle Vorbilder, denen es nachzueifern galt, gab es genügend – legendäre Kapitäne und Eislotsen, mythenumwobene Jäger und berühmte Piloten. Das Jahr 1928 war eine fieberhafte, geradezu surreal optimistische Zeit in der westlichen Welt. Nichts war unmöglich, alle wollten zu Helden werden. Viele der Teilnehmer wollten sich auszeichnen, sich Ehre, Ruhm und Medaillen verdienen – und hofften nicht zuletzt auf eine Belohnung in Form von Geld.

Ohne dass es ausgesprochen oder geschrieben wurde, wussten sicher die meisten, dass General Nobile und die Teilnehmer der »Italia«-Expedition hoch versichert waren. Der Preis dafür war hoch gewesen – 500 000 italienische Lire, ca. 100 000 norwegische Kronen nach dem damaligen Währungskurs* – und hatte damit die Hälfte der gesamten Ausgaben an Lohn und Boni für die gesamte Mannschaft ausgemacht. Die

---

* Das entspricht heute ungefähr 3 Millionen norwegischen Kronen.

Versicherungsgesellschaften mussten astronomische Summen zahlen, sollte einer der Teilnehmer umkommen. Deshalb gab es auch hohe Belohnungen für die Rettung der Männer, besonders für Nobile. Es waren Gerüchte im Umlauf, nach denen derjenige, der ihn zurück in die Zivilisation brachte, eine Summe zu erwarten hatte, die nahe an 50 000 schwedische Kronen herankam (ca. 53 000 norwegische Kronen zum damaligen Währungskurs*). Gerüchte über derartige Summen verbreiteten sich rasch in den Spitzbergen-Kreisen.

Es war nicht leicht, eine klare Linie zu erkennen, die hinter der Koordinierung und Führung all der an den Rettungsaktionen beteiligten Schiffe, Flugzeuge und Mannschaften stand – aber es gab sie. Zunächst einmal hatte die italienische Expedition nach einem norwegischen Gesetz, das erst im vorherigen Frühling verabschiedet worden war, das Recht, ohne Einmischung von Norwegen für die eigene Rettung zu sorgen. Und zwar, weil es keinen Norweger unter der Mannschaft gab. Da der ursprüngliche Leiter schwer verletzt und isoliert mit nur schlechter Funkverbindung auf einer Eisscholle nördlich von Spitzbergen festsaß, war Kapitän Romagna Manoia an Bord der »Città di Milano« nunmehr der Leiter der italienischen Rettungsaktion.

Die Schweden hatten auch das juristisch und international anerkannte Recht, eine nationale Aktion durchzuführen, um ihren berühmten Landsmann, Finn Malmgren, zu retten. Sie hatten ihre Expedition nach militärischen Prinzipien mit einem Marineoffizier als Leiter organisiert. Doch die »Uppland« war ein ziviles Flugzeug, und die private Gesellschaft AB Aerotransport, die Linienflüge zwischen Stockholm und

---

* Das entspricht heute ungefähr 1,5 Millionen norwegischen Kronen.

Helsingfors durchführte, hatte die wertvolle Junkers nur mit ihrem vertrauenswürdigsten zivilen Piloten, Viktor Nilsson, am Steuerknüppel zur Verfügung gestellt. Die herablassende Behandlung, die ihm während der schwedischen Rettungsoperation auf Spitzbergen zuteilwurde, sorgte noch lange, nachdem die Teilnehmer ins Heimatland zurückgekehrt waren, für große Verbitterung.

Die Norweger hatten das übergeordnete Recht, an Ort und Stelle zu sein, um den Italienern zu helfen. Dieses Recht beruhte auf zwei Grundlagen. Zum einen waren die norwegischen Behörden formal von den italienischen Behörden um Assistenz gebeten worden. Auch wenn die zunächst vorgeschlagene Expedition mit Roald Amundsen als Leiter verworfen worden war, waren die eher bescheidenen Pläne mit den Hansa-Maschinen, dem Polarschiff »Hobby« und den zwei Hundegespannen von den italienischen staatlichen Stellen akzeptiert worden. Zum anderen unterlag Spitzbergen aufgrund eines Vertrags, den die Italiener selbst als eine der ersten Nationen unterzeichnet hatten, der norwegischen Souveränität.

Der wichtigste Beitrag zur Zusammenarbeit zwischen den Italienern und Norwegern war trotz allem Riiser-Larsens Einsatz und dass er auf seine diplomatische Art mittels einer Flut von Telegrammen von der »Braganza« aus alle Teile zur Zusammenarbeit hatte bewegen können. Kapitän Romagna Manoia, der ansonsten nicht so schnell jemandem vertraute, der kein Italiener war, machte bei Riiser-Larsen eine Ausnahme und folgte seinem Rat.

Das Hauptanliegen der Schweden war es, Malmgren und die beiden italienischen Marineoffiziere zu lokalisieren. Nachdem sich die Expeditionsschiffe »Tanja« und »Quest« langsam durch das dichte Treibeis Richtung Nordosten gekämpft hatten, konnten auch Flugzeuge mit einer geringeren Reichweite für die Aufklärung rings um Nobiles Zeltposition bei Foynøya benutzt werden. Die Junkers »Uppland« wurde Richtung Süden geschickt und begann mit der Suche nach Roald Amundsen und der Latham.

An Deck der »Tanja« standen auch ein paar kleine Flugzeuge, die mit Skiern landen konnten. Einar Lundborg war Pilot eines Doppeldeckers Fokker CVM mit der Nummer 31, und Birger Schyberg lenkte eine de Havilland 60 Moth mit dem Kennzeichen S-AABN. Beide Flugzeuge waren gedacht für Aufklärungs- und Trainingsflüge und hatten jeweils Platz für zwei Personen in dem offenen Cockpit. Lundborgs Fokker war die schnellste Maschine und hatte die größte Reichweite, und zwar 250 Stundenkilometer und 1000 Kilometer. Die Moth dagegen schaffte ungefähr nur die Hälfte.

Am Abend des 23. Juni war die »Quest« auf dem Weg zur Hinlopenstraße. Um Viertel nach acht hoben drei Flugzeuge ab. Das Wasserflugzeug »255« mit Tornberg am Knüppel flog allein weiter Richtung Murchisonfjord mit dem Auftrag, eine passende Position für ein vorgelagertes Camp zu finden, von dem aus die Flugzeuge mit kleinerer Reichweite fliegen konnten.

Das Wasserflugzeug »257« mit Jakobsson am Steuerknüppel und die Fokker »31« mit Einar Lundborg als Pilot und Birger Schyberg als Observateur flogen Richtung Nobile-Lager. Die »Quest« kämpfte sich weiter durch das Treibeis voran zur Hinlopenstraße.

Das Wetter rund um die Eisscholle mit dem Zelt, dem Bärenskelett und all den dreckigen, öligen Kuhlen, in denen die Männer Essen zubereitet und Wasser geschmolzen hatten, hatte sich beruhigt. Die Überlebenden hatten den Tag-und-Nacht-Rhythmus auf den Kopf gestellt. Die Luft war klarer und kälter in der Nacht. Tagsüber ließ die Sonne die Schneeoberfläche zu einem unüberwindbaren Matsch schmelzen. Die Italiener waren bereits seit 27 Tagen auf dem Eis. Wunder um Wunder war geschehen. Zuerst hatten sie Ausrüstung und Proviant genug gefunden, um am Leben zu bleiben, dann hatten sie das Funkgerät zum Laufen gebracht. Nach Tagen voller Verzweiflung hatten sie Kontakt mit der »Città di Milano« aufnehmen können. Vor nur wenigen Tagen hatte Maddalena sie mit seiner Savoia-Marchetti gefunden. Der Rettung so nahe, und doch konnte immer noch alles schiefgehen. Sie konnten immer noch hier draußen in der Eisödnis sterben.

In der Nacht zum 22. Juni hatte das Langstreckenflugzeug »Uppland« die Versorgung des Zeltlagers aufgegeben. Die kleinen roten Fallschirme der Schweden funktionierten deutlich besser als diejenigen, die Maddalena abgeworfen hatte. Der größte Teil des Proviants kam unbeschadet bei den Männern an. Laut Nobile hatten die Schweden eine vernünftige Auswahl getroffen: ein Boot aus Segeltuch, Trockenbatterien für den Funksender, ein Gewehr mit Munition, Zigaretten und zwei Flaschen Whisky – von denen eine heil unten ankam.[104] Unter den Dingen, die die Schweden hinunterließen, gab es auch eine reichliche und umfassende Auswahl an Medikamenten und Verbandssachen. Am glücklichsten war Viglieri, der endlich ein Paar Stiefel bekam, die ihm bei seinen großen Füßen passten.

Obwohl sie jetzt etwas zu essen hatten, das sie auch hinunterbekamen (das verrottete Bärenfleisch war nicht mehr genießbar), machte Nobile sich immer noch große Sorgen, dass mehrere der Männer auf der Eisscholle umkommen könnten. Trojanis hohes Fieber ließ sich nicht senken, Běhouneks Entzündung im Arm könnte eine Blutvergiftung zur Folge haben, die Brüche bei Cecioni und bei Nobile selbst waren nicht zusammengewachsen, weil sie sich immer wieder bewegen mussten. Außerdem hatten mehrere von ihnen ernsthafte Verstopfung. Viglieri bat um kleine Portionen Butter für die äußere Anwendung, während Běhounek Seewasser herunterzwang, weil er meinte, es könnte die Verstopfung lösen.

Aber vor allem gab Nobile in hektischem Wortschwall Anweisungen bezüglich der Evakuierung. Die Telegramme waren so zahlreich und so lang, dass es nicht verwunderlich war, dass der Sender auf der Eisscholle nach einer Weile Probleme mit den Batterien hatte. Außerdem bewirkten sie genau das Gegenteil von dem, was Nobile sich erhoffte.

Die schwedischen Flugzeuge hatten am Tag zuvor eine kurze Mitteilung mitgebracht, auf braunes Packpapier geschrieben, das um einen der vielen Proviantkartons gewickelt war: »Von der schwedischen Expedition, östliche Gruppe. Könnt ihr einen Landeplatz für ein Flugzeug mit Skiern finden (Minimum 250 Meter) und dort rote Fallschirme in T-Form im Lee des Winds auslegen.«[105]

Zum großen Glück für alle hatten Trojani und Viglieri auf einer ihrer vielen Inspektionstouren auf den nahe gelegenen Eisschollen tatsächlich ein flaches, mit Schnee bedecktes Gebiet gefunden, ohne große Packeisbarrieren oder Schmelzwassergruben. Das Gelände lag ungefähr 150 Meter vom Zeltplatz entfernt. Nobile versuchte, den Schweden eine Nachricht zurückzusenden. Er konnte es nicht lassen, diese mit vielen Dankesfloskeln für die Verpflegung einzuleiten und zu beenden, außerdem machte er darauf aufmerksam, dass sie wegen der Schneeschmelze tagsüber lieber nachts kommen sollten. Die Antwort kam nicht umgehend. Wieder sank der Mut bei den

Überlebenden. Hatten die Schweden überhaupt ihre Nachricht hinsichtlich des Landeplatzes erhalten? Wann würden sie zurückkommen?

Der Abend des 23. Juni, die hellste Nacht des Jahres. Eine leichte Brise blies von Nordwest und spielte mit dem Zelttuch. Es war der Zeitpunkt für den Kontakt mit der »Città« gekommen und verstrichen, ohne eine Nachricht von der Umwelt. Im Zelt hatten die Überlebenden die Debatte mit den abendlichen Anklagen und Spekulationen beendet. Ab und zu wurde das Schweigen von einem der Männer unterbrochen, der nach dem Barometerstand fragte. Der Luftdruck war den ganzen Tag über gleichmäßig gefallen. Ein Unwetter war zu erwarten. Ausnahmsweise fehlten Nobile dieses Mal tröstende und optimistische Argumente. Er fragte sich, was sie machen sollten, wenn die Eisscholle mit dem Landeplatz durchbrach und eine Landung mit dem schwedischen Ski-Flugzeug unmöglich wurde.

Dann waren plötzlich die Flugzeuge da. Ein leises Brummen wuchs zu einem ohrenbetäubenden, rhythmischen Dröhnen der Propeller an. Viglieri und Biagi waren als Erste aus dem Zelt, ihnen folgten Běhounek und Nobile. Cecioni zog sich an den Armen durch die Zeltöffnung hinaus aufs Eis. Nobile gab Befehl, die Rauchsignale anzuzünden und zum Landeplatz zu gehen – nein, zu laufen! Das war leichter gesagt als getan. Aber die Flugzeuge hatten sie gesehen. Die schwedische Hansa kreiste in engen Kurven hoch über dem Zeltplatz, die Fokker machte sich bereit zur Landung.

Der Pilot begann den Landeanflug auf das markierte Gelände mit ebenem Eis. Der heiß ersehnte, fantastische Augenblick war gekommen – Nobile und die anderen konnten kaum ihren Augen trauen. Aber das Flugzeug landete tatsächlich, hüpfte und rutschte übers Eis, bremste mit einem Aufheulen des kräftigen Rolls-Royce-Motors, holperte ein Stück weiter, kehrte um und hielt an. Der Motor lief weiter in leisem, brummendem Leerlauf. Lundborg wagte es nicht, ihn ganz abzuschalten, und ließ Schyberg im Cockpit zurück, falls die Eisscholle auseinanderbrechen sollte.

Es vergingen fast zwanzig Minuten, bis Einar Lundborg sich endlich zeigte und in seinem braunen Pilotenoverall aufs Eis sprang. Er ging geradewegs auf Nobile zu, grüßte ihn militärisch und sprach den General auf Englisch an. »Ich bin der schwedische Pilot Einar Lundborg und bin gekommen, um Sie alle zu retten. Der Landeplatz ist ausgezeichnet. Ich werde im Laufe dieser Nacht mehrere Male landen und starten können. Sie müssen als Erster hier raus.«[106]

Die Geschichten darüber, was anschließend folgte, sind zahlreich. Alle sind sich darin einig, dass Nobile dagegen protestierte, als Erster evakuiert zu werden. Er hatte eine Liste aufgestellt, in welcher Reihenfolge die Mannschaft gerettet werden sollte. Als Erster stand Cecioni auf der Liste, der als am schwersten verletzt angesehen wurde. Mit zwei gebrochenen und amateurhaft geschienten Beinen konnte er sich selbstständig nicht weit vom Zelt wegbewegen. Sollte es für die Überlebenden nötig sein, selbst an Land zu kommen, würde er eine ernsthafte Behinderung darstellen. Als Nummer zwei hatte Nobile den tschechischen Forscher Běhounek angegeben, der groß und schwer war und außerdem so kurzsichtig, dass es für ihn ein ernstes Handicap war. Darauf folgte der kranke Trojani. Als Letzten hatte Nobile Biagi mit dem Funkgerät auf der Liste, als Vorletzten Viglieri, der zweifellos der beste Nautiker war. Aber wo hatte er sich selbst auf die Liste gesetzt?

Nobile selbst befand sich in einer jämmerlichen Verfassung, er stand auf Běhounek und Viglieri gestützt da, trug aber dennoch Lundborg seinen Entschluss vor. Alle Überlebenden hatten sich um den schwedischen Piloten versammelt, mit Ausnahme von Trojani, der im Zelt lag. Cecioni saß wie üblich auf einem Haufen aus Müll und unbrauchbarer Ausrüstung, die Beine vor sich ausgestreckt. Nobile teilte Lundborg mit, wie seine Liste aussah. Cecioni sollte als Erster gerettet werden.[107]

Der schwedische Pilot hatte einen genauso feststehenden Plan. Cecioni dieses Mal mitzunehmen kam gar nicht in Frage. Es befanden sich bereits zwei Mann im Flugzeug, und sie hatten Ausrüstung und zusätzlichen Treibstoff an Bord. Die Fokker musste so wenig wie nur möglich beladen werden, um von dem kleinen Landeplatz abheben zu können. Cecioni war ein großer, schwerer Mann. Er wog ganz einfach zu viel. Außerdem hatte der Leiter der schwedischen Expedition, Kapitän Tornberg, bereits den Befehl erteilt, Nobile als Ersten herauszuholen.[108] Nobile wurde an Bord der »Quest« erwartet, um die weitere Suche nach der Malmgren-Gruppe zu leiten, aber auch, um bei der Lokalisierung der Ballongruppe zu helfen.

Nobile hatte seine Zweifel. Er beriet sich mit seinen Kameraden. Welcher Meinung waren Běhounek, Viglieri und nicht zuletzt Cecioni? Es gab sicher keinen Einzigen unter den Überlebenden, dessen größter Wunsch es nicht war, vom Eis gerettet zu werden. Doch sonderbar genug – sie waren schon zu lange dort gewesen. Vier Wochen nach der »Italia«-Havarie meinten die Überlebenden, dass sie gut und gern noch ein paar Tage ausharren konnten. Außerdem war allein die Landung des kleinen Flugzeugs schon ein freudiges Ereignis. Und sie waren alle der festen Überzeugung, bald geholt zu werden. Deshalb waren die Antworten, die sie Nobile gaben, äußerst positiv. Er sollte mit Lundborg gehen und die Leitung der Rettungsoperationen von der »Città di Milano« leiten. Die Überlebenden waren nämlich der Meinung, dass die Koordinierung der Suchaktionen vom Expeditionsschiff aus unbegreiflich fehlerhaft verlaufen war.

Nobile nahm aus dem Lager auf der Eisscholle nur ein Bild seiner Tochter Maria und die beiden Funklogbücher mit. Mit deren Hilfe wollte er Kapitän Romagna Manoia beweisen, wie elendig der Funkkontakt mit der »Città« gewesen war, wie wenig man unternommen hatte, um sie zu retten.

Außerdem nahm Nobile seinen kleinen Hund Titina mit, ohne zu bedenken, wie die Umwelt das Symbolische an dieser Handlung sehen würde, und ließ sich von Běhounek und Biagi die knapp zweihundert Meter vom Zelt zum Landeplatz stützen und tragen. Sie brauchten eine Dreiviertelstunde, bevor sie das Flugzeug erreichten. Einmal musste Nobile über eine kleine Eisscholle gehoben und über eine Wasserspalte gepaddelt werden.

Lundborg wurde nervös und ungeduldig, weil es so langsam voranging, er war zurück zum Flugzeug gelaufen und hatte Schyberg losgeschickt, dem General zu helfen. Er selbst begann mit den Takeoff-Prozeduren. Das Letzte, was der schwedische Pilot den zurückbleibenden Überlebenden zurief, war das Versprechen, sobald er konnte zurückzukommen, um sie zu holen. Nobile wusste es noch nicht, aber er hatte soeben seine dritte Fehlentscheidung im Laufe der »Italia«-Expedition getroffen.

Anfangs muss dem italienischen Expeditionsleiter alles wie ein Traum erschienen sein. Die Fokker flog zusammen mit der Hansa »257«, die vorher über dem Lager gekreist war, durch die eiskalte, klare Nacht. Es dauerte einige Stunden, zu dem vorgeschobenen Camp der schwedischen Flieger auf Ryssøya* zurückzukommen.[109] Hier wurde Nobile unter Jubel und Glückwunschrufen aus dem Flugzeug gehoben und in dem tiefen Schnee zur Uferzone getragen, Titina immer hinter ihm herlaufend. Der General wurde in der Mitte der Pilotengruppe platziert und von allen Seiten fotografiert. Da saß er, verewigt mit Schybergs gestricktem Schal um den Kopf, einer Wolldecke über den Schultern, neben Lundborg, der Titina auf den Schoß genommen hatte. Wenn es erniedrigend gewesen war, vor einigen Tagen von Maddalena auf der Eisscholle gefilmt zu werden, was war dann das hier? Nobile erkannte es nicht, aber er war zu einer Trophäe geworden, und die Schweden hatten ihn den anderen Suchexpeditionen direkt vor der Nase weggeschnappt.

Die schwedischen Piloten erwärmten etwas zu essen auf dem Primuskocher. Sie schoben Nobiles Beine vorsichtig in einen Schlafsack aus Rentierfell. Dem italienischen General wurde von den vielen Eindrücken ganz schwindlig, von dem Anblick all der großen, blauäugigen Männer, die um ihn herumwuselten. Es wurde gesungen und mit Whisky auf Italien und Schweden angestoßen, Lundborg bekam für seinen großartigen Flug ein dreifaches Hurra. Kapitän Tornberg stellte sich als Leiter der schwedischen Operation vor und erklärte sich zufrieden, dass Nobile als Erster vom Eis geholt worden war. Er konnte berichten, dass die »Città di Milano« sich erneut aus dem Kongsfjord herausgewagt hatte und jetzt auf dem Weg nach Virgohamna war. Alles würde so viel besser werden, wenn Nobile dorthin überführt wäre und die Leitung der Suche nach der Malmgren-Gruppe und der Ballongruppe übernommen hatte.

* Auf neueren Karten markiert als Søre Russøya im Murchisonfjord.

Der General wurde in ein Bett aus Schlafsäcken und Wolldecken gelegt. Neben ihm brannte ein kleines Feuer aus Treibholz, über ihm erstreckte sich der strahlend blaue arktische Nachthimmel, vom Ufer her waren die Wellen zu hören, die gegen die Eisschollen stießen ... zum Schluss schlief er in der zufriedenen Überzeugung ein, dass Lundborg sein Versprechen halten und die anderen noch in derselben Nacht von der Eisscholle holen werde.

Kurz nach 3 Uhr nachts startete Lundborg wieder mit der Fokker, dieses Mal allein im Cockpit. Leutnant Jacobsson flog die Hansa in Formation direkt hinter Lundborg.

Im Zeltlager hatten die Italiener sich darauf vorbereitet, dass Cecioni als Nächster geholt werden sollte. Sie hatten ihn mit sich geschleppt und Planken über die Wasserspalten gelegt, so dass er auf Händen und Knien über das Eiswasser kriechen konnte. Irgendwann nach fünf Uhr morgens konnten sie wieder Fluggeräusche hören. Lundborg war zurückgekommen, wie er es versprochen hatte.

Die Fokker ging in Kreisen immer tiefer hinunter und bereitete sich auf die Landung vor. Dieses Mal flog die Maschine jedoch zu hoch über den Packeisbarrieren heran und stieß mitten auf dem offenen Gelände aufs Eis. Lundborg machte einen Versuch, das Flugzeug in eine scharfe Kurve zu bringen, um die Eisbarrieren auf der anderen Seite zu umgehen, was ihm jedoch misslang. Das Flugzeug machte einen kräftigen Hüpfer, wirbelte herum und landete auf dem Rücken, mit dem Cockpit auf dem Eis. Sprachlos starrten die Italiener das havarierte Flugzeug an. War der schwedische Pilot tot? Doch Lundborg sprang schnell heraus und winkte der Hansa zu, die dicht über der Unglücksstelle kreiste, um zu signalisieren, dass er unverletzt war. Anschließend ging er unsicher und leicht torkelnd zu den Italienern, die geschockt schweigend in einer Gruppe um Cecioni standen. Wieder waren es sechs Mann auf der Eisscholle.

Der Kontrast zwischen dem primitiven, schmutzigen Lager der Italiener und dem wohlorganisierten Camp der Schweden am Ufer von Ryssøya muss für Einar Lundborg ein Schock gewesen sein. Augenblicklich begann er seine eigene Rettung vorzubereiten. Er erklärte den Italienern, dass es absolut notwendig sei, ihn als Ersten zu retten. Somit könne er zurückkommen und weitere Rettungsflüge lenken. Die Fokker war verloren, der Propeller zerbrochen, und die Flügel waren so stark beschädigt, dass sie nicht mehr zu reparieren waren. Aber die Schweden hatten noch andere Flugzeuge, denen sie Skier unterschnallen konnten. Deshalb war es zwingend notwendig, dass er als Erster gerettet werden musste. Noch einmal musste Cecioni warten, was dieser mit bewunderungswürdiger Ruhe aufnahm.

Früh am Morgen des 24. Juni entschied sich Kapitän Tornberg zu einem Flug nach Virgohamna mit der »255« und Leutnant Christell als Observateur, um Nobile auf der »Città di Milano« abzuliefern. Der General wurde an Deck des Expeditionsschiffes gehievt. Die Mannschaft jubelte und applaudierte, aber die Atmosphäre an Bord war eine ganz andere. Diese merkwürdige Stimmung erklärte sich unter anderem aus Kapitän Tornbergs Tagebuchnotizen.

Nobile wurde in eine Kabine gebracht. Der Kapitän rief zu einer Besprechung mit Amedeo Nobile und Kapitän Tornberg. Der Ton während dieses Gesprächs war eisig. Kapitän Romagna Manoia beschimpfte unablässig Nobile, während dieser selbst hemmungslos den Einsatz der Schweden lobte, ohne ein gutes Wort für die Leitung des italienischen Basisapparats in Ny-Ålesund zu haben. Es war dem schwedischen Expeditionsleiter Tornberg peinlich, Zeuge zu sein, wie Nobile an Bord der »Città« zum Passagier degradiert wurde.

Später sollte sich herausstellen, dass Mussolini selbst direkt in diese Entscheidung involviert war. Die italienischen Behörden waren beschämt über die vielen höhnischen Presseschlagzeilen darüber, dass Nobile sich als Erster aus dem Eis hatte retten lassen und dass er seinen Hund statt einen der anderen Verletzten mitgenommen hatte. Bereits zu diesem Zeitpunkt gab es Prozesse in Rom unter Nobiles vielen Feinden. Die Havarie des Luftschiffs »Italia« brauchte einen Sündenbock, und es wurde eifrig daran gearbeitet, dass dieser Nobile selbst sein würde.

In Telegrammen vom Marineminister Sirianni wurde der knapp 28 Jahre alte Viglieri als Leiter der Zeltgruppe bestimmt. Nobile selbst wurde jede leitende Funktion bei der Rettungsarbeit entzogen, all das geschah jedoch nicht in aller Öffentlichkeit. Es wurde Kapitän Romagna Manoia überlassen, diese Entscheidung dem General zu überbringen. Nobile selbst beschrieb das in seinem Buch folgendermaßen:

> Mir wurden langsam die Augen geöffnet, und ich sah die Wirklichkeit – schmutzig wie sie war – mit deutlichen Zeichen für eine unheimliche Konspiration... ein Wort hier, ein Wort da... ein paar vage Sätze. Der Schock ließ mich wie gelähmt zurück.[110]

Am gleichen Abend, dem 24. Juni, landete Maddalenas Savoia-Marchetti neben der »Città« in Virgohamna. Das finnische Flugzeug »Turku« war bereits an Ort und Stelle und bekam Skier montiert. Aber nun nahm das günstige Flugwetter ein Ende. Dicker Eismeernebel trieb aus dem Norden heran. Mehrere Tage fanden keine Suchflüge mehr statt, weder mit italienischen noch mit finnischen oder schwedischen Flugzeugen. Es konnte weder nach der Malmgren-Gruppe noch nach der Ballongruppe oder der Latham gesucht werden, und auch Lundborg konnte nicht aus seinem unfreiwilligen Aufenthalt im Zeltlager der Italiener erlöst werden.

Der schwedische Pilot machte all die Qualen durch, die die Italiener bereits hinter sich gelassen hatten. Aufgebrachtheit, Nervosität und Wut. Unruhe darüber, dass er nicht augenblicklich von den Kollegen im Murchisonfjord geholt worden war, und Angst darüber, dass er nur so wenige Telegramme über das Funkgerät erhielt, an dem Biagi nun inzwischen den dreiunddreißigsten Tag Wache hielt. Plötzlich bestand er darauf, sich zu dem Landstreifen aufzumachen, den er am Horizont sehen konnte. Lundborg hatte den meisten Kontakt mit Běhounek, weil er mit diesem am einfachsten Englisch sprechen konnte. Deshalb war es der Tscheche, dem er erzählte, er habe zwischen dem Zeltlager und Foynøya Spuren auf dem Meereseis gesehen. Konnte es sein, dass Malmgren und die beiden italienischen Offiziere tatsächlich Land erreicht hatten?

Lundborg berichtete außerdem, dass er vor der Abreise der Schweden nach Spitzbergen mit Finn Malmgrens Mutter gesprochen habe. Sie sei guten Mutes gewesen. Der Sohn hatte ihr erzählt, sie solle sich keine Sorgen machen, wenn sie über Wochen nichts von ihm hörte, ja bis zu einem halben Jahr könnte das sein. So sei es in der Arktis, hatte Malmgren ihr versichert. Man verschwand nicht. Man wurde fast immer gefunden.

Die Tage vergingen – oft mit klarem Wetter über der Eisscholle, aber Nebel dort, wo die Flugzeuge auf ihren Einsatz warteten. Die Eisströmung war stärker geworden. An einem einzelnen Tag schob sich das Zeltlager mehr als zwanzig Kilometer in südöstliche Richtung. Die Frustration im Zelt wuchs. Viglieri hatte dem Schweden nur mürrische kurze Worte zu vermitteln, doch als Lundborg vorschlug, man solle doch versuchen, sich übers Eis dem Land zu nähern, verbot der junge Italiener energisch jede weitere Diskussion dieser Sache. Die Gruppe der Überlebenden durfte nicht weiter aufgesplittert werden.

Große Wasserspalten hatten sich direkt neben der Funkstation und dem Zelt geöffnet. Viglieri beschloss, dass das Zelt näher an das abgestürzte Flugzeug gerückt werden solle. Die mühsame Arbeit in dem nassen Schnee dauerte mehr als einen Tag. Als Letztes wurde das Zelt umgesetzt. Ein paar Stunden lag Cecioni allein in dem alten Lager, um ein wenig zu schlafen. Doch das gelang ihm nicht, weil er die ganze Zeit Angst hatte, ein Eisbär könnte kommen. Und diese Angst erwies sich als berechtigt. Am Morgen danach entdeckte er, dass ein Eisbär direkt am Zelt vorbeispaziert war und im Provianthaufen herumgewühlt hatte, ohne dass jemand etwas gehört hatte. Danach wurde auf den Flügeln des umgestürzten Flugzeugs eine Eisbärenwache platziert.

Elf Tage nach Lundborgs Havarie kamen endlich die schwedischen Flugzeuge zurück. Leutnant Birger Schyberg flog eine de Havilland Moth, begleitet von der Junkers »Uppland«, die über dem Lager kreiste. Die Italiener hatten in aller Eile alles darangesetzt, einen sicheren Landeplatz auf der Eisscholle um das Zelt zu markieren, doch Schyberg ignorierte die Markierungen und landete ein Stück entfernt. Er stellte den Motor nicht ab, stieg nicht aus, sondern winkte nur Lundborg zu sich.

Dieser nahm nichts von seiner Ausrüstung mit, sondern kroch stattdessen zurück ins Zelt, um die Kamera zu holen. Schyberg war verärgert und ängstlich wegen der Verzögerung.

Als Letztes erklärte er den Italienern, die auf der Eisscholle beieinander standen, dass er im Laufe der Nacht zurückkommen werde, um weitere Männer zu holen.

Das Motorengebrumm der schwedischen Flugzeuge erstarb. Wieder waren sie zu fünft auf der Eisscholle. Es wurde nicht viel gesagt, man versuchte, den Mut zu behalten, indem man berechnete, zu welchem Zeitpunkt die schwedischen Flugzeuge frühestens zurück sein konnten. Viglieri schwieg. Als er am folgenden Tag ein Telegramm von der »Città di Milano« mit der Frage erhielt, welcher der Italiener beim nächsten Mal von den Schweden vom Eis gerettet werden sollte, antwortete er mit eiskalter Würde: »Viglieri, Běhounek, Trojani, Cecioni und Biagi bitten um Information über die Position der ›Krassin‹.«[111]

Die fünf Männer, die sich seit nunmehr einundvierzig Tagen auf dem Eis am Leben gehalten hatten, schienen jeglichen Glauben, mit dem Flugzeug gerettet zu werden, verloren zu haben. Aber es gab noch eine letzte, verzweifelte Hoffnung: Der russische Eisbrecher »Krassin« näherte sich Spitzbergen.

# KAPITEL 20

## Die »Krassin«

Anfang Juni hatten die italienischen Behörden eine schriftliche Anfrage losgeschickt mit der Bitte um Hilfe bei der Suche nach der »Italia« durch den sowjetischen Eisbrecher »Krassin«. Zu diesem Zeitpunkt lag die »Krassin« außer Dienst in Leningrad. Deshalb vergingen mehrere Tage, bis der Eisbrecher fahrbereit war, aber am 16. Juni war er endlich in offenem Wasser, und fünf Tage später lag er am Kai von Bergen. Geplant war, direkt an die Nordküste von Spitzbergen zu fahren.

Der norwegische Meeresforscher Adolf Hoel war soeben von einer Konferenz in Berlin zurückgekommen, an der auch Fridtjof Nansen teilgenommen hatte und wo man die Möglichkeit diskutiert hatte, die überlebenden Italiener mit einem deutschen Luftschiff zu bergen. Dieser Plan wurde später verworfen, zum einen, weil die Ausrüstung einer derartigen Expedition zu viel Zeit in Anspruch nehmen würde, und zum anderen, weil sie bei den italienischen Behörden keine besonders große Begeisterung weckte.

Wohlbehalten von der Konferenz heimgekommen, nahm der Dozent Hoel Kontakt mit dem norwegischen Premierminister Johan L. Mowinckel auf und wiederholte seinen Vorschlag, den er bereits vielfach in Briefen und Zeitungsinterviews vorgebracht hatte. Es war gar keine Frage, dass Otto Sverdrup Leiter der Rettungsexpedition mit der »Krassin« sein sollte. Aber inzwischen waren fünfzehn Jahre vergangen, seit dieser von einer russischen Rettungsexpedition in der

Karasee zurückgekehrt war. Er war jetzt 74 Jahre alt und wohl selbst der Meinung, dass er nicht der Richtige sei für eine so herausfordernde Aufgabe. Außerdem hatte er nur das Angebot bekommen, als »beratender Gast« an Bord zu kommen. Adolf Hoel schlug schnell sich selbst für diese Funktion vor und wurde von den russischen Behörden akzeptiert. Bereits zwei Tage später ging er an Bord des Eisbrechers.

Nach dem Bunkern von Kohle und Proviant verließ die »Krassin« Bergen in der Nacht zum Sonntag, dem 24. Juni, mit 134 Männern und zwei Frauen an Bord, zwanzig davon Passagiere, der Rest Mannschaft. Trotz der Mittsommernacht war es bedeckt und dunkel. Das Deck des Eisbrechers war voll mit Last, die noch nicht verstaut worden war. Es lag Regen in der Luft, dennoch hatte sich eine große Menschenmenge entlang der Kais versammelt, und der Hafen war voller Ruder- und Motorboote. Adolf Hoel beschrieb die Stimmung an Bord des Eisbrechers als eigentümlich. Draußen aus der dunklen Nacht hörte er Stimmen, die riefen: »Denk an Amundsen! Rette Amundsen!«[112] Die »Krassin« löste sich langsam vom Kai und fuhr hinaus auf den Fjord, bugsiert von drei Schleppern.

Die Funktelegramme von der »Città di Milano« an Riiser-Larsen an Bord der »Braganza«, aber auch die an die Überlebenden im Zeltlager waren geradezu irreführend, was die Routenpläne der »Krassin« betraf. Hinterher erklärte Kapitän Romagna Manoia dies damit, dass man die besten Intentionen damit verfolgt habe, viel zu optimistische Zeitangaben zu nennen, was die Ankunft des russischen Eisbrechers an der Nordküste von Spitzbergen betraf. Man wollte den Überlebenden nämlich nicht die Hoffnung auf Rettung nehmen. Diese sonderbare Taktik wurde von Cecioni, Viglieri und den anderen, die auf dem Eis festsaßen und sehr sorgfältig die Route des

Eisbrechers auf einer abgenutzten, dreckigen Karte verfolgten, schnell durchschaut.

1928 war der Sowjetstaat eine Großmacht in der Arktis, mehrere seiner Eisbrecher waren in der Lage, sich durch dickes, mehrjähriges Eis zu kämpfen. Die Sowjetunion hatte den Status der größten Polarnation der Welt. Die Flotte der eisgängigen Fahrzeuge, die sie sich angeschafft hatte, wurde benutzt, um die Häfen entlang der sibirischen Küste und an den großen Flüssen Ob und Jenissei so lange wie möglich offen zu halten. Der Eisbrecher »Krassin« war zwölf Jahre alt, 1916 gebaut, mitten im Ersten Weltkrieg, auf der Schiffswerft Armstrong, Witworth & Co. in Newcastle. Das Schiff, das zunächst den Namen »Sviatogor« nach einem mythischen Riesen der russischen Volksmärchen trug, sollte einen wichtigen Beitrag darstellen, um den Kontakt zwischen den alliierten Nationen und den russischen Häfen am Arktischen Ozean aufrechtzuerhalten. Seine Länge betrug 98,6 Meter, die Breite 21,7 Meter und die Höhe fast 13 Meter. Mit voller Ladung lag es mehr als 9 Meter tief. Das Schiff fuhr mit drei Maschinen mit insgesamt 10 000 Pferdestärken. Jeder der Motoren trieb Schiffsschrauben aus Nickelstahl mit vier gewaltigen Blättern an. Bei voller Maschinenkraft betrug die Höchstgeschwindigkeit ganze 15 Knoten, bei wirtschaftlicher Fahrt, bei der 100 Tonnen Kohle am Tag verbraucht wurden, betrug die Geschwindigkeit circa 11 Knoten. Der Eisbrecher konnte 3200 Tonnen Kohle bunkern und hatte somit bei wirtschaftlicher Geschwindigkeit eine Reichweite von circa 32 Tagen – das jedoch nur in eisfreiem Fahrwasser. Im Sommer 1928 war die »Krassin« der größte kohlebetriebene Eisbrecher der Welt.

Die kleinere und ältere »Malygin«, ursprünglich die SS »Bruce«, war 1912 in Neufundland gebaut und 1915 an Russland verkauft worden. Auch dieser Eisbrecher hatte überragende Fahreigenschaften in dichtem Treibeis. Als endlich die offizielle Bitte um Hilfe für die Überlebenden der Luftschiffhavarie aus Italien an den Sowjetstaat gestellt wurde, kam diese Anfrage nicht überraschend. Die »Malygin« änderte sofort den Kurs und fuhr zur Südostküste von Spitzbergen.

Ungefähr 15 Seemeilen von der kleinen Insel Hopen entfernt stieß die »Malygin« auf undurchdringliches Meereseis, das aus dem Norden in die Barentssee getrieben worden war. Hier musste das Schiff anhalten und versuchen, sich langsam weiter voran zu bewegen. Dieses Stoßen des Eises war ein übliches Eisbrechermanöver – zurückweichen, vorsichtig, dass keine größeren Eisschollen achtern die Schiffsschraube beschädigten, Fahrt aufnehmen und sich ein paar Meter weit vorarbeiten. Das Wasser in den Ballasttanks von einer Seite zur anderen verlagern, um das Schiff los zu schaukeln. Zuerst nach achtern, dann wieder volle Fahrt voraus. Das Eis kratzte an den Rumpfseiten, es knallte wie ein Kanonenschuss, wenn der Bug die Schollen traf, die Motoren heulten laut auf, wenn sie rückwärts fuhren... Das Getöse Tag und Nacht war für die Mannschaft kaum auszuhalten. Und der Kohlevorrat an Bord wurde schnell kleiner. Schließlich beschloss der Kapitän, dass der Eisbrecher zum Franz-Josef-Land zurückkehren und eine nördlichere Route versuchen sollte.

Die Presse und die Wochenschauen verfolgten mit Spannung die Fahrt der beiden Eisbrecher zur Nordseite von Spitzbergen. Am 28. Juni näherte sich die »Krassin« der Bjørnøya. Kapitän an Bord war der 25-jährige Karl T. Eggi, aber es war der Expeditionsleiter, Professor Rudolf I. Samoilowitsch, der die übergeordnete Planung verantwortete. In einem Telegramm an die Sowjetbehörden in Leningrad hatte er vorgeschlagen, auf dem Weg in den Norden im Fahrwasser auch nach der Latham zu suchen: »Im Hinblick auf die in Aussicht gestellte Suche nach Amundsen sollten wir besondere Aufmerksamkeit auf das Gebiet um die Bjørnøya haben, wo nach Meinung der Norweger Amundsen ein Unglück widerfahren sein könnte.«[113]

Die Suche vor der Bjørnøya nahm nicht viel Zeit in Anspruch und beschränkte sich darauf, von der Brücke und von Deck aus »Ausguck zu halten«. Die Bjørnøya ist nicht besonders groß, umfasst nur eine Fläche von 178 Quadratkilometern und hat einen Umfang von ungefähr 50 Kilometern. Sicherheitshalber hatten die Belegschaft der Tunheim-Grube und der meteorologischen Station auf den vielen kleinen Gewässern auf der Insel auch schon nach der Latham gesucht, aber ohne Erfolg. Amundsen hatte sich tatsächlich via Dietrichson beim Geofysisk Instiutt nach der Eisdecke der kleinen Binnenseen auf der Insel erkundigt. Die Idee war gut, aber das Resultat wie zu erwarten – keine Spur von der Latham.[114]

Am Sørkapp begegnete der »Krassin« das erste Treibeis. Zu Hoels Verwunderung behielt der Kapitän dennoch den Kurs direkt in den Norden bei. Auch wenn die Eisschollen groß und dick waren, gab es zwischen ihnen breite Wasserspalten. Der russische Eisbrecher pflügte das Eis zur Seite, ohne groß an Geschwindigkeit zu verlieren. Hoel schrieb bewundernd in dem Bericht über die Fahrt, dass norwegische Kohledampfer oder auch eisgängige Fahrzeuge große Probleme haben würden, dieses Gebiet zu durchqueren.

Als die »Krassin« an Ny-Ålesund mit Kurs auf Virgohamna vorbeifuhr, hatte sich Hoel bereits seit sieben Tagen auf dem Eisbrecher aufgehalten und gut zurechtgefunden. Es befanden sich zwanzig Gäste an Bord, und es war so eng, dass Hoel sich eine Ecke der großen Mannschaftsmesse mittschiffs mit dem italienischen Journalisten Davide Giudici teilen musste. Dort war ihnen jeweils eine Sitzbank als Koje zugewiesen worden. Die Ecke war von dem übrigen großen Raum mit einem Vorhang abgetrennt, aber Tag und Nacht kamen und gingen Mannschaftsangehörige. Besonders Giudici hatte Probleme mit dem Schlaf. Die Mahlzeiten der Gäste wurden in der Offiziersmesse serviert: Frühstück, Mittag, Nachmittags- und Abendessen – und Tee, Massen an Tee zu allen Tages- und Nachtzeiten.

Die Kost war von kräftiger russischer Art – Brot, Butter, Wurst und Käse. Zum Mittagessen wurden drei Gerichte serviert, meistens russische Konserven, die nicht immer von bester Qualität waren. Hoel notierte in seinem Bericht, dass er das Essen gut vertrug, der italienische Journalist jedoch oft Magenprobleme hatte. Wein oder Schnaps wurde nicht serviert, aber Saft stand zur Disposition. Pro Woche wurden unter allen an Bord zehn Päckchen Zigaretten ausgeteilt. Nachdem Hoel bereits zwei Wochen an Bord war, wurde auch Schokolade verteilt. Alle wurden gleich behandelt, vom jüngsten Matrosen bis zum Kapitän des Schiffs. Es war ein Komitee eingerichtet worden, das für eine gerechte Verteilung des Proviants sorgen sollte.

Fast jeden Abend gab es ein Unterhaltungsprogramm und soziale Zusammenkünfte in der großen Messe – Vorführungen von russischen Volkstänzen mit dazugehörigem Balalaikaorchester oder Vorträge von den Forschern an Bord. Für eine Besatzung von 136 Mann – und zwei Frauen – war die Disziplin äußerst hoch. Wenn Unterhaltung auf dem Programm stand, strömten alle in ihrer Arbeitskleidung herbei: Heizer, Köche, Funker und Steuermänner. Die Mannschaften waren auch äußerst interessiert an Neuigkeiten, sowohl aus dem Heimatland als auch Details, was den Auftrag des Eisbrechers anging. Damit alle auf dem Laufenden waren, wurde eine interne Zeitung erstellt mit dem Namen *Unsere Expedition*. Außerdem wurden Zettel mit Nachrichten und Neuigkeiten an die Anschlagtafeln überall auf dem Schiff geheftet. Und da acht Journalisten sowie der berühmte Kameramann V. Bluvstein vom Büro Lenfilm an Bord waren und alle im engen Kontakt mit ihren Heimatbüros standen, mangelte es nicht an Nachrichten.

Ein Telegramm aus Moskau an den Expeditionsleiter unterstrich, wie stark interessiert die russischen Behörden daran waren, wirklich alles für die Rettungsaktionen zu unternehmen:

»Krassin«, Samoilowitsch, Ingøy Radio. Wiederhole zum zweiten Mal: Setzen Sie die Reise in den Norden von Spitzbergen ohne Aufenthalt fort, Ziel ist das Erreichen des Suchgebiets sowohl für die »Italia«-Mannschaft als auch für Amundsen, wobei die Rettung der Nobile-Gruppe, die Verletzte bei sich hat, die Priorität hat. Weiter nach Spitzbergen, Aufnahme der Suche nach Amundsen mit den für Ihren Kurs entsprechenden Mitteln. Die Amundsen-Katastrophe ist höchstwahrscheinlich im Eis östlich von Nordostland passiert. Nehmen Sie die Verbindung mit der »Città di Milano« auf. Nehmen Sie Nobile an Bord, wenn es gewünscht wird. Verantwortung und Leitung bleibt Ihnen vorbehalten, dem Hilfskomitee, Unschlich.[115]

Die Verbindung mit der »Città di Milano« wurde bereits hergestellt, als die »Krassin« die Bjørnøya passierte. Jetzt lag das italienische Expeditionsschiff in Virgohamna – mit Nobile an Bord. Er war äußerst interessiert daran, an Bord des russischen Eisbrechers zu kommen, um mit seinem Rat behilflich zu sein, aber auch, weil er sich an Bord der »Città« nicht wohlfühlte. Viglieri versuchte aus dem Zeltlager auch in Kontakt mit den Russen zu kommen, doch Biagis schwache Signale wurden meistens von den großen Funksendern an Bord der »Città« und der »Krassin« übertönt. Die fünf Überlebenden hatten resigniert, was den Mangel an Kommunikation mit ihrem eigenen Basisschiff betraf. Sie hatten häufigere Informationen hinsichtlich der Aussichten für eine Rettung erwartet und wussten nicht, dass Nobile quasi unter Hausarrest in seiner eigenen Kabine hockte.

Kapitän Romagna Manoia schlug vor, die »Krassin« solle nach Green Harbour fahren und dort Schlittenhunde an Bord nehmen, doch Samoilowitsch lehnte das ab. Er wollte keine Zeit verschwenden mit etwas, das sie nicht brauchten, sagte das aber nicht offiziell. Die italienische Expeditionsleitung schlug außerdem vor, die »Krassin« solle in Ny-Ålesund den norwegischen Jäger Waldemar Kræmer an Bord nehmen. Auch dies wurde höflich abgelehnt, doch die »Città« ließ sich nicht beirren und machte weiter mit ihren mehr oder weniger guten Ratschlägen: »Wir haben nicht verstanden. Brauchen Sie einen Lotsen oder nicht?«[116]

Dieses Mal war Samoilowitsch der Ansicht, er müsse sich deutlicher ausdrücken. »Ebenso wenig (wie Hunde) brauchen wir einen Lotsen. Wir haben Leute genug an Bord, die sich im Polareis auskennen. Sicher gibt es in Norwegen viele hervorragende Eislotsen, aber von denen ist keiner vertraut mit den Arbeitsmethoden eines Eisbrechers.«[117]

Als die »Krassin« die Einfahrt nach Virgohamna passierte, startete eine neue Flut von Telegrammen von der »Città«: »Kommen Sie nicht hierher? Wir erwarten Sie in Virgohamna.«

Samoilowitsch antwortete, der russische Eisbrecher habe die Order erhalten, so schnell wie möglich zum Kap Leigh

Smith an der nordöstlichen Spitze von Spitzbergen zu fahren, und dass sie sich momentan in dichtem Treibeis auf der Position 80 Grad Nord, 13 Grad West befänden.

Doch Kapitän Romagna Manoia ließ nicht locker: »Samoilowitsch. General Nobile möchte gern zu Ihnen an Bord kommen und Ihnen Informationen geben.«

Mit ausgeprägtem Sarkasmus antwortete darauf der russische Professor: »Wir legen großen Wert auf General Nobiles Wünsche... Kann die ›Città di Milano‹ nicht zu uns kommen?«

Was das italienische Basisschiff natürlich nicht konnte. Die »Città« war ein alter Kabelleger, ihr übliches Arbeitsgebiet lag vor Mailand, und sie war kein eisgängiges Fahrzeug. Sie hatten sich nur bis nach Virgohamna hochgewagt, weil das Treibeis dort weniger dicht war und schmolz, sie hätten aber keine Chance gegen das schwere, mehrjährige Eis nördlich von Spitzbergen.

Nördlich der Amsterdamøya an der nordwestlichen Spitze von Spitzbergen geriet die »Krassin« in schweres Eis, und die Geschwindigkeit musste drastisch reduziert werden. Selbst für diesen Koloss mit 10 000 Pferdestärken war das mehrjährige Eis, das vom Polarmeer herangetrieben wurde, eine Herausforderung, und der Eisbrecher geriet an seine Grenzen. Bläuliches Eis von mehreren Metern Stärke drückte gegen den Schiffsrumpf. Die Eisbarrieren waren turmhoch und unmöglich zu durchdringen. Die »Krassin« kämpfte sich in schmalen Wasserspalten langsam voran und schaffte es nach ein paar Tagen bis zum Nordkap. In der Ferne konnten sie die Silhouette eines anderen Schiffes sehen. Es stellte sich heraus, dass es die »Braganza« war, die in der gleichen dicken Eisdecke feststeckte.

Kurz danach erhielt Samoilowitsch ein Telegramm von Riiser-Larsen, der sich weiterhin an Bord des norwegischen

Robbenfängers aufhielt: »Wir befinden uns südöstlich von euch und östlich vom Nordkap. Zwischen uns und dem Nordkap ist das Wasser eisfrei. Von hier bis zum Kap Platen ist nur dünnes Eis, das für euch leicht zu passieren sein sollte. Viel Glück.«[118]

An Bord der »Krassin« war die Führung – Kapitän Eggi, Professor Samoilowitsch und Kulturattaché Paul Oras – sich vollkommen klar darüber, dass das Leben der fünf Überlebenden auf der Eisscholle einzig und allein davon abhing, ob der Eisbrecher sich rechtzeitig zu ihnen durcharbeiten konnte. Außerdem wäre es für den russischen Eisbrecher von großer politischer Bedeutung, der ganzen Welt zu zeigen, dass es die Sowjetunion war, die die Kraft hatte, im Polarmeer hinzufahren, wohin sie wollte. Mit schnell sinkendem Kohlevorrat kämpfte sich das Schiff langsam Richtung Osten vor.

Die schwedische Expedition flog weiterhin Erkundungsflüge auf der Suche nach der Malmgren-Gruppe und der Latham, von ihrer Basis im Murchisonfjord aus. Sie sprachen es zwar nicht offen aus, aber nachdem Schyberg Lundborg zurück auf ihre Basis geholt hatte, hatten sie aufgegeben, erneut auf der Eisscholle zu landen. Die Norweger an Bord der »Braganza« waren auf dem Weg aus dem Fahrwasser heraus, sie wollten sich der französisch-norwegischen Expedition anschließen, die von der »Strasbourg« aus organisiert wurde. Die beiden norwegischen Hansa-Maschinen standen deshalb im Laderaum an Bord. Die italienischen Langstreckenflugzeuge taten ihre Pflicht von Virgohamna aus, wo noch immer die »Città« lag, sie hatten aber keine Pläne, in der Nähe des Zeltlagers zu landen. Der zweite russische Eisbrecher, die »Malygin«, der sich dem Zeltlager der Italiener von Osten her näherte, saß bombenfest im Meereseis südlich von Storøya.

An Bord der »Krassin« wie auch der »Malygin« befanden sich ein Flugzeug und dessen Mannschaft – eine Junkers G23 (Roter Bär) mit Schwimmern an Deck der »Krassin« und eine Junkers F.13 mit Schwimmern und dem Kennzeichen RR-DAS an Bord der »Malygin«. Der Pilot Mikhail Babuschkin hatte bereits eine Woche lang westlich von Hopen Erkundungsflüge unternommen, ohne ein Zeichen von Leben zu entdecken. Von dieser Position aus konnte die Junkers nicht ganz bis Foynøya fliegen. Deshalb sah der Plan vor, auf König-Karl-Land ein Treibstoffdepot zu errichten. Die Schwimmer der Junkers waren auf der Unterseite flach, so dass das Flugzeug sowohl auf glattem Untergrund an Land, auf Meereseisschollen als auch auf dem Wasser landen konnte, ein Vorteil für eine eventuelle Rettungsaktion am Zeltlager der Italiener.

Drei Tage später, nachdem die »Malygin« zum Franz-Josef-Land zurückgekehrt war, um eine bessere Route Richtung Norden zu finden, hob Babuschkin erneut ab, dieses Mal mit dem Mechaniker Grosjew und dem Kameramann Wallentej an Bord. Sie landeten auf einer Insel vor Kap Altman und entluden dort fünf Tonnen mit Treibstoff. Während des kurzen Aufenthalts kamen mehrere Eisbären auf die Insel und zeigten großes Interesse an dem Flugzeug. Die Männer mussten möglichst schnell von dort wegkommen, aber die Schwimmer waren an der Schneedecke festgefroren. In letzter Minute gelang es den Piloten, sie loszuschlagen und abzuheben. Auf dem Rückweg zum Schiff gerieten sie in dichten Nebel und mussten auf dem Treibeis notlanden. Einen Tag später hatte sich der Nebel so weit gelichtet, dass sie starten und wohlbehalten wieder neben dem Eisbrecher landen konnten.

Bei den vielen Flugzeugen, die landeten und wieder starteten, vermisst wurden, aber in gutem Zustand zurückkamen, konnte man meinen, dass die zahlreichen Suchaktionen in sicherem Rahmen operierten. Aber das war ganz und gar nicht der Fall. Im Laufe von nur einer Woche Ende Juni und Anfang Juli ging bei der »Braganza« eine Winde kaputt bei dem Versuch, sich vom Eis loszuziehen, an der »Krassin« wurde eine der Schiffsschrauben beschädigt, so dass der Eisbrecher nicht mehr mit voller Kraft voraus fahren konnte, und die »Malygin« trieb hilflos im mehrjährigen Eis herum und lief Gefahr, zerdrückt zu werden. Gleichzeitig machte sich der Pilot Babuschkin zu einer weiteren Tour auf. Wieder einmal kam er nicht zur erwarteten Zeit zurück. Er war bereits den dritten Tag weg, als der Expeditionsleiter Wladimir Wiese ein Telegramm an Samoilowitsch an Bord der »Krassin« schickte und darum bat, nach dem Flugzeug Ausschau zu halten.

Auch an Bord der »Krassin« war die Lage ernst. Das Schiff traf östlich von Kap Platen auf zusammenhängendes, undurchdringliches mehrjähriges Eis, und die kräftigen Motoren wurden angehalten. Die Führung beratschlagte, was man in dieser kritischen Situation nach der Beschädigung der Schiffsschraube machen sollte. Der Lärm der mächtigen Motoren, das Zerbersten des Eises, das Manövrieren vor Eisbarrieren hatte ein jähes Ende. Die Stille drückte auf die Ohren und ließ die Leute schwindlig werden. Um die Moral unter der Besatzung zu stärken, bekamen alle die Erlaubnis, auf dem Eis spazieren zu gehen. Die Mannschaft bekam Skier und Stöcke ausgeteilt, aber nicht alle konnten damit umgehen. Als der Abend kam, lagen draußen auf den Eisschollen diverse zerbrochene Skier und Stöcke herum.

Außerdem bekam die Mannschaft Extrarationen guten Essens ausgeteilt. Zum ersten Mal, seit sie in der Arktis angekommen waren, wurde eine Ration Wodka verteilt – 50 Gramm für jeden in einer kleinen braunen Medizinflasche. Es wurden Reden gehalten und Toasts ausgesprochen, und am Abend gab es ein großes Konzert in der Messe. Die Heizer hatten ein großes Balalaika- und Mandolinenorchester organisiert. Der Kulturattaché Paul Oras tanzte Volkstänze zu alten Liedern.

Am folgenden Tag, dem 5. Juli, lag der Eisbrecher immer noch unbeweglich da. Ein Taucher wurde ins Wasser gelassen, um den Schaden an der Schraube zu untersuchen. Es stellte sich heraus, dass er sehr viel größer war als erwartet. Ein Blatt der Schraube war quer abgebrochen. Auch das Ruder und die Steuerungsdrähte waren beschädigt. Kapitän Eggi schickte ein Telegramm nach Moskau und fragte, ob es nicht das Beste sei, in den Isfjord nach Longyearbyen umzukehren, um die Schäden zu reparieren. An diesem Abend hielt Professor Samoilowitsch selbst einen Vortrag in der Messe vor der versammelten Mannschaft. Er handelte von Spitzbergen und der Rettungsaktion.

Am folgenden Tag kam die Antwort auf Samoilowitschs Anfrage. Das Telegramm aus Moskau war eindeutig: »Keine Umkehr. Suchen Sie eine Eisscholle, die eben genug ist, damit ein Aeroplan dort ohne größeres Risiko starten und landen kann. Der Pilot Tschuknowski soll die Erlaubnis erhalten für den Versuch, die Viglieri-Gruppe mit der Flugmaschine zu retten. Fahren Sie mit intensivster Aktivität mit den Rettungsarbeiten fort, bis nur noch 1000 Tonnen Kohle an Bord sind, die gebraucht werden für die Rückreise.«[119]

Aber die Behörden in Moskau hatten nicht den vollen Überblick über die Situation. Im Bauch der »Krassin« befanden sich nur noch 1700 Tonnen Kohle. Die Bewegungsfreiheit in dem dicken Eis war deutlich eingeschränkt.

# KAPITEL 21

# Gerettet

Endlich konnte der dreißigjährige Boris Grigoriewitsch Tschuknowski mit seiner Mannschaft abheben. Seit die »Krassin« an der Bjørnøya vorbeigefahren war, hatte er immer wieder darum gebeten und war bis an die Grenzen einer Meuterei ungeduldig geworden, weil er nicht die Erlaubnis bekam, sich zum Start bereit zu machen. Nachdem die Leitung das kurz gefasste Telegramm aus Moskau mit dem Befehl, Richtung Osten zu fahren, bekommen hatte – trotz des Schadens an der Schiffsschraube und dem geringen Kohlevorrat –, wurde die Stille an Bord des Eisbrechers wieder gebrochen. Der ohrenbetäubende Lärm der Maschinen setzte von Neuem ein. Der saure Geruch verbrannter Kohle füllte die halb dunklen Treppenaufgänge und Flure. Leute liefen von einem Posten zum anderen, während sie sich an Wänden und Geländern festhielten. Der Riese war mit einem lauten Brüllen wieder zum Leben erwacht und hatte den Kampf gegen das Eis aufgenommen.

Der Ausguck oben in der Tonne hatte nicht weit vom Eisbrecher entfernt eine große flache Eisscholle entdeckt, die sich möglicherweise als Start- und Landebahn für die Junkers eignen könnte. Um acht Uhr morgens begann sich das Schiff wieder durch das Eis zu kämpfen, doch es dauerte mehrere Stunden, bevor die »Krassin« die Eisscholle erreichte, die nur 1,5 Seemeilen entfernt war. Wie viel Kohle sie für dieses Manöver brauchte, wurde nicht berichtet. Die Junkers wurde aus dem Laderaum gehievt und für die Erkundungsflüge fertig gemacht. Die G23 »Roter Bär« war mit drei Motoren und größerer Ladekapazität ein größeres Flugzeug als die Junkers, sie befand sich an Bord der »Malygin«. Die neu entwickelten Schwimmer, von denen Babuschkin so geschwärmt hatte, waren auch unter Tschuknowskis Junkers montiert worden. Die Reichweite der beiden Flugzeuge war ungefähr gleich, aber die Position der »Krassin« auf 80° 47' Nord, 23° 7' Ost war deutlich näher am italienischen Zeltlager.

Am 8. Juli morgens war Boris Tschuknowski bereit für einen Probeflug. Die Eisscholle war nicht so eben, wie sie aus der Entfernung ausgesehen hatte, sie war bedeckt mit Eisbarrieren und kleinen Pfützen voller Schneematsch. Doch die merkwürdig aussehenden Schwimmer, die mit kräftigen, federnden Streben direkt am Flugkörper befestigt worden waren, erwiesen sich als ideal für diese Verhältnisse. Die Junkers brauchte nur 250 Meter auf der Eisscholle, um abzuheben. Tschuknowski und seine Mannschaft flogen eine kleine Runde um den Eisbrecher und landeten nach wenigen Minuten wieder. Der Pilot erklärte zufrieden, die Landung sei ebenso einfach gewesen wie der Start, und er sei sicher, die Italiener im Zeltlager retten zu können. Beim Abendessen wurde die doppelte Ration Wodka ausgeschenkt, um den Triumph des Piloten und die mechanische Überlegenheit des Flugzeugs zu feiern.

Doch zur großen Enttäuschung Tschuknowskis und der Mannschaft war weder an diesem noch am nächsten Tag aufgrund des dichten Nebels ein Flug möglich, aber am Nachmittag des 10. Juli hob die Maschine mit fünf Mann an Bord ab: Boris Tschuknowski als Chefpilot, Georg Straube als Copilot, Anatolii Alexejew als Beobachter, Alexander Schelagin als Mechaniker sowie der Kameramann Bluvstein von LenaFilm in Moskau. Als Erstes wollten sie einen Erkundungsflug machen, außerdem hatten sie Briefe an Bord, die sie der Viglieri-

Gruppe zukommen lassen wollten. In ihnen stand, wie diese das Gelände für eine sichere Landung markieren sollten. Die Junkers kreiste einige Male um den Eisbrecher, dann verschwand sie Richtung Osten.

Kaum war das Flugzeug außer Sichtweite, schon zog erneut dichter Nebel vom Eis her und hüllte die »Krassin« in einen undurchdringlichen Schleier aus feuchter, grauer Luft. Kapitän Eggi und Expeditionsleiter Samoilowitsch liefen unruhig und besorgt auf der Brücke hin und her, riefen jedoch das Flugzeug nicht zurück. Nur wenige Minuten später kam das erste Telegramm von der Junkers. Sie hatten das Inlandeis auf Nordostland passiert. Eine halbe Stunde später berichteten sie, dass sie über der Karl-XII-Insel waren. Nach einer Stunde trafen zwei Nachrichten kurz nacheinander ein. Die Piloten hatten das Zeltlager der italienischen Überlebenden nicht gefunden und kehrten jetzt zurück zum Eisbrecher.

Kapitän Eggi ordnete erleichtert die Vorbereitungen an, um die Junkers in Empfang zu nehmen. Die großen Scheinwerfer wischten durch den Nebel nach oben. Die Kohleverbrennung in den Kesseln wurde verstärkt, um schwarzen Rauch durch die Schornsteine auszustoßen. Auf dem Eis wurden Tonnen voll Teer in Brand gesetzt. Doch um 18.45 kam eine unerwartete und verblüffende, aber äußerst kurz gehaltene Nachricht vom Flugzeug. Nur ein Wort: »Malmgren-Gruppe«. Und ebenso kurz gefasst kam wenige Minuten später: »Karl«. Dann erhielten sie ein etwas längeres Telegramm: »Aufgrund des Nebels können wir nicht zur ›Krassin‹ zurückkehren. Wir haben die Malmgren-Gruppe gesehen. Suchen einen Landeplatz bei den Sjuøyane.« Danach war nichts mehr von der Junkers zu hören, trotz mehrfacher Anrufe von der »Krassin«.

An Bord des Eisbrechers wechselte die Stimmung zwischen Besorgnis und Spannung. Was war mit dem Flugzeug passiert, und wo hatten sie die Malmgren-Gruppe gesehen? Es sollten mehr als vier Stunden bis zum nächsten Telegramm vergehen. »Wir befinden uns auf Position 80° 25'n.Br. 23° 30' ö.L. bei der Wredehalvøya. Bei der Landung ist das Untergestell der Maschine zerbrochen.«[120]

Erst spät in der Nacht konnten die Insassen an Bord des Flugzeugs weitere Informationen senden. Durch einen Glückstreffer hatten sie die Malmgren-Gruppe draußen in sehr weit auseinandertreibendem Eis gefunden, ungefähr fünf Seemeilen Ost-Südost vor der Karl-XII-Insel. Zwei Männer hatten mit der Flagge in der Hand dort gestanden, ein dritter Mann lag auf dem Schnee auf einer kleinen, spitzen Eisscholle. Die Junkers hatte die Männer fünfmal umkreist, um sich zu vergewissern, dass das Flugzeug gesehen worden war und dass sie die richtige Position der Gruppe hatten. Anschließend hatten sie versucht, zurück zur »Krassin« zu kommen, waren aber durch den dichten Nebel gestoppt worden. Während der Landung auf dem Eis im Rijpfjord war das Untergestell zerbrochen. Keiner von ihnen war verletzt, und sie hatten Verpflegung für vierzehn Tage. Folgendermaßen beendete Tschuknowski das Telegramm: »Halten es für nötig, der Malmgren-Gruppe so schnell wie möglich zu Hilfe zu kommen, bevor Sie sich um uns kümmern.«[121]

Die Journalisten an Bord der »Krassin« erfuhren schnell von dem Inhalt des Telegramms aus dem Flugzeug. Die sensationelle Nachricht wurde von verblüfften Zeitungsredaktionen aufgenommen und verbreitet. In Norwegen machten die Zeitungen die Titelseiten frei für große Schlagzeilen über das wundersame Ereignis, von dem eigentlich niemand geglaubt hatte, dass es möglich sein könnte. Die Malmgren-Gruppe, unbewaffnet, mit wenig Proviant und Ausrüstung und ohne Funksender, mit dem sie hätten melden können, wo sie sich befanden, war von den meisten Polarexperten schon seit Langem als tot abgeschrieben worden. Umso größer war die Freude darüber, dass sie gefunden worden und am Leben waren – nicht zuletzt in Schweden und unter den schwedischen Suchmannschaften nördlich von Spitzbergen.

Es sollte sich herausstellen, dass sie sich zu früh gefreut hatten. Als die Männer auf der spitzen Eisscholle endlich gerettet werden konnten, hatte das bittere Konsequenzen.

Nur wenn es der »Krassin« gelang, zu den Männern durchzudringen, hatten sie überhaupt eine Chance. Der Eisbrecher hatte kein Hundegespann an Bord, Tschuknowski hatte berichtet, dass sich das Meereis in dieser Gegend in Auflösung befand und Skiläufer sich den Männern deshalb nicht nähern könnten. Das Flugzeug stand mit zerbrochenem Untergestell im Rijpfjord und konnte nicht zu Hilfe kommen. In aller Eile wurde das Eis rund um die »Krassin« von der Landungsausrüstung geräumt, die man herausgeholt hatte, um die Rückkehr des Flugzeugs vorzubereiten. Adolf Hoel stand an der Reling und schaute zu. Er bemerkte später in seinem Bericht, dass er noch nie ein solches Arbeitstempo erlebt hatte. Die Mannschaft des Eisbrechers war wie wild vor Anspannung.

Sirenen heulten, der schwarze Kohlerauch stieg aus den Schornsteinen auf. Niemand dachte an den Verbrauch des dramatisch schrumpfenden Kohlevorrats. Die »Krassin« kämpfte sich weiter durchs Eis, zunächst langsam, dann mit höherer Geschwindigkeit. Und dann wieder langsam. Die ganze Nacht hindurch. Niemand bekam viel Schlaf. Alle an Bord hatten ein gemischtes Gefühl von Feierlichkeit und Grauen – Angst, sie könnten zu spät kommen, Erwartungen, sie könnten genau an diesem Tag Polargeschichte schreiben. Die Mannschaft hatte das oberste Deck belegt, und wer dort keinen Platz mehr fand, hing in den Masten und der Takelage. Der Kapitän hatte eine Belohnung von 100 Rubel für denjenigen ausgelobt, der die Malmgren-Gruppe als Erster entdeckte. Der zweite Steuermann August Breinkopf konnte das Geld einkassieren. Am Morgen des Dienstag, des 12. Juli um 05.20 schrie er plötzlich laut: »Ein Mensch, ein Mensch. Ich kann ihn sehen!«[122]

Alle wandten ihren Blick in die Richtung, die der zweite Steuermann zeigte. Anfangs sahen sie nur einen schwarzen Punkt, doch nach einer Weile nahm der Punkt menschliche Gestalt an. Schließlich war der Eisbrecher so nahe, dass sie sehen konnten, wie der Mann sich hinunterbeugte und mit einer anderen Gestalt auf dem Eis sprach. Das Schiff stoppte ungefähr auf 100 Metern Abstand. Hätten sie sich weiter herangekämpft, wären sie Gefahr gelaufen, das Eis vor sich her zu schieben und somit die kleine Scholle umzustoßen, auf der die Männer sich aufhielten. Schnell kletterte die Mannschaft auf das Meereseis und benutzte Leitern und Planken, um über die Wasserspalten an die Männer heranzukommen.

Von diesem Punkt an gibt es ganz unterschiedliche Versionen dessen, was die Leute vom Eisbrecher aus zu sehen glaubten. Adolf Hoel erreichte ziemlich spät das merkwürdig aussehende Lager. Er fragte den aufrecht stehenden Mann, ob er Malmgren sei. Wörtlich erhielt er laut eigenem Bericht folgende Antwort: »Nein, Malmgren ist vor einem Monat gestorben. Ich bin Korvettenkapitän Zappi, und mein kranker Kamerad ist Korvettenkapitän Mariano.«[123] Hoel machte einige Fotos, ihm war bereits in dem Moment, als er auf dem Eis stand und die Umgebung betrachtete, bewusst, dass dies eine der dramatischsten Episoden in der Geschichte der Polarforschung sein würde.[124]

Gerade weil der Anblick, der sich den Männern der Rettungsmannschaft bot, so überraschend war und nicht zuletzt, weil Korvettenkapitän Zappi sich so sonderbar verhielt, war die Leitung des Eisbrechers äußerst bedacht darauf, jedes noch so kleine Detail dessen, was sie sagten und taten, zu dokumentieren. Alle Gegenstände, die sich auf dem Eis befanden, wurden zunächst fotografiert und dann vorsichtig eingepackt und an Bord gebracht. Diese Arbeit musste schnell vonstattengehen, weil die Eisscholle instabil war und jeden Moment umzukippen drohte. Die Fläche war nach Hoels Eindruck nur zehn mal zehn Meter groß. Und dabei ragte die oberste Spitze ca. fünf Meter über den Meeresspiegel hoch. Geht man davon aus, dass reines Eis die größte Dichte von ungefähr 0,9 hat, konnte das bedeuten, dass die Eisscholle mindestens dreißig bis vierzig Meter tief ins Wasser hinunterragte. Wahrscheinlich waren es Reste einer durch die Schmelze geschrumpften Eisbarriere, auf der die Malmgren-Gruppe Zuflucht gesucht hatte.

Eine der größten Überraschungen war für die russischen Helfer gewesen, dass sich nur zwei Männer auf der Eisscholle befanden. Korvettenkapitän Zappi erklärte, dass er Malmgrens Fliegeroverall aufs Eis gelegt hatte, um von einem der Flugzeuge gesehen zu werden, die er schon mehrere Male gehört hatte. Zappi erwähnte gleichzeitig, dass er in der Nacht vom 18. auf den 19. Juni ein Flugzeug gehört habe.[125] Keiner der Russen dachte weiter über diese Informationen nach, denn Ende Juni waren norwegische, italienische und schwedische Flugzeuge auf der Suche nach Nobiles Zeltlager in diesem Bereich geflogen.

Es wurde als Bestätigung von Zappis Geschichte gesehen, dass die Russen ein Stück weiter einige Fetzen fanden, die so aufs Eis gelegt worden waren, dass sie die Worte »HELP FOOD ZAPPI MARIANO« bildeten. Die Flugzeugbesatzung hatte nichts davon erwähnt, sie waren der Meinung gewesen, zwei aufrecht stehende Männer und einen auf dem Eis liegend gesehen zu haben. Später gab es hitzige Diskussionen über alle Einzelheiten des Lagers der Italiener. Den Beobachtungen aus dem russischen Flugzeug wurde später von italienischer Seite aufs Schärfste widersprochen. Deshalb war es von großer Bedeutung, dass der Kameramann Bluvstein Fotos und Filmaufnahmen machte, die später in Leningrad entwickelt wurden.

Es war offensichtlich, dass etwas mit den beiden Italienern nicht stimmte. Adolf Hoel, ein nüchterner Mann, beschrieb später die Szene, die sich ihnen bot, auf eine äußerst sachliche Art und Weise. Doch selbst er konnte nicht umhin, die grauenvollen Details festzuhalten. Zappi wirkte hektisch. Er war gut angezogen, schmutzig und trug einen langen schwarzen Bart, der den größten Teil seines Gesichts verbarg. Seine Augen glänzten, und er bewegte sich rastlos auf der kleinen Eisscholle hin und her, während er unzusammenhängend vor sich hin redete. Mariano lag in einer Kuhle voll mit eiskaltem Schmelzwasser. Er trug nur wenig Kleidung, die Knöchel lagen nackt auf dem Schnee. Er war abgemagert und sagte anfangs nicht ein Wort. Auch er hatte starre, glänzende Augen, und das Gesicht schien in einer verzerrten Grimasse festgefroren zu sein. Später registrierten mehrere der Augenzeugen das erstarrte Lächeln, eine Art unheimliches Dreieck mit halb geöffnetem Mund. Er war nicht in der Lage zu gehen, musste übers Eis getragen und auf einer Trage an Bord des Eisbrechers gehievt werden. Zappi dagegen kletterte schnell und ohne Hilfe zu benötigen die fünf Meter lange Strickleiter aufs Deck hinauf.

Die Journalisten an Bord witterten eine aufsehenerregende Pressestory, wie es sie selten gab, und umschwirrten dementsprechend die beiden Italiener. Doch der Bordarzt, Anton Wladimirowitsch Srednewski, griff augenblicklich ein. Mariano wurde in die Krankenstation gebracht, mit ihm durfte niemand sprechen. Zappi kam in die Offiziersmesse, wo er sich weiterhin sonderbar gehetzt verhielt. Dem Arzt war schnell klar, dass dieses Verhalten alles andere als normal für den italienischen Marineoffizier war, er verbot deshalb den Journalisten, mit ihm zu sprechen. Aber ohne Erfolg. Es schien, als hätte Zappi selbst den innigen Wunsch, von seinem Marsch übers Eis zu berichten. Giudici bekam den engsten Kontakt zu ihm, da er selbst Italiener war, ein bekannter Starreporter in seinem Heimatland, und außerdem besaß er ein angenehmes, ruhiges Wesen. Zappi wollte am liebsten mit Adolf Hoel sprechen. Er sah den norwegischen Dozenten als eine neutrale Person an, die seiner Geschichte Gerechtigkeit zukommen lassen würde.

Immer wieder berichtete Zappi von den Prüfungen, die sie hatten überstehen müssen, nachdem sie das Zeltlager verlassen hatten. Das Problem für die Zuhörer wie auch für ihn selbst war, dass er ständig die Erklärungen änderte und Details einfügte, die sich schon dort oder später als falsch oder sich selbst widersprechend erweisen sollten. Immer wieder schlug er mit den Fäusten auf den Tisch und rief laut nach Essen und Trinken. Der Arzt verweigerte ihm jedoch alles bis auf ein kleines Glas Cognac und eine Tasse Kaffee, solange er noch nicht gründlich untersucht worden war.

Aufgrund der sonderbaren Umstände rund um die Rettung der beiden Italiener sorgte der Arzt für eine sorgfältige Dokumentation und Zeugen bei allen Untersuchungen, die er machte. Mariano wurde als Erster untersucht. Er hatte aufgrund von Erfrierungen Fieber und Gangrän in einem Fuß.*

---

\* Es war dem Arzt augenblicklich klar, dass Marianos Fuß amputiert werden musste, doch das wurde erst in Ny-Ålesund gemacht, an Bord der »Città di Milano«. Begründung dafür war, dass das italienische Schiff sehr viel besser für eine derartige Operation ausgerüstet war.

Außerdem war er vollständig abgemagert und hatte schwere Verstopfung, wie sich später herausstellte, weil er so lange nichts mehr gegessen hatte. Der Arzt verweigerte ihm alles bis auf Tee und Löffel mit Öl, schließlich ein wenig dünne Suppe. Als die Verdauung nach einigen Tagen wieder zu arbeiten begann, nahm der Arzt Proben vom Stuhl und untersuchte diese im Labor an Bord. Dr. Srednewski zog daraus den Schluss, dass Mariano höchstwahrscheinlich seit bis zu zwei Wochen nichts mehr gegessen hatte. Wäre der Eisbrecher zwölf Stunden später gekommen, er wäre wahrscheinlich tot gewesen, wie der Arzt nüchtern feststellte.

Die Untersuchungen von Zappis Stuhl zeigten, dass er noch im Laufe der letzten Stunden etwas gegessen hatte. Er war physisch in relativ guter Form, mit der Verdauung hatte er keine Probleme. Deshalb konnte er nach der ärztlichen Untersuchung etwas leichte Kost zu sich nehmen. Um seinen psychischen Zustand war es dagegen schlechter gestellt. Erst nach mehreren Tagen kam er ein wenig zur Ruhe. Deshalb war er eine leichte Beute für die Journalisten, die mit den unglaublichsten Behauptungen kamen, um ihn zum Reden zu provozieren. Leider brauchte er dazu gar nicht besonders viel Aufmunterung.

Die Mannschaft an Bord der »Krassin« war verärgert und empört über das, was sie auf der Eisscholle, in der Messe und auf der Krankenstation gesehen hatten. Schnell erzählten sie es weiter an diejenigen, die bei der Rettung nicht hatten dabei sein können. Spekulationen und Gerüchte verbreiteten sich bis in die hinterste Ecke des Eisbrechers. Als der Arzt Zappi auszog, um ihn zu untersuchen, zeigte sich, dass er zusätzlich zu seiner eigenen Kleidung noch einen Teil von Malmgrens und Marianos Kleidungsstücken trug. Er hatte drei Uhren und Malmgrens Taschenkompass. Mariano hatte so wenig

Kleidung an sich, dass man sagen musste, er war halb nackt. Auf dem Eis hatte man bemerkt, dass Mariano keine Stiefel trug, seine Hose war so zerrissen, dass die Beine bloß lagen, und die Wollstrümpfe waren so zerlöchert, dass die Füße nackt auf dem Schnee lagen.

Dr. Srednewski bemühte sich die ganze Zeit, einen objektiven, gerechten Bericht zu verfassen. Er stellte eine Liste darüber auf, was jeder der italienischen Offiziere trug, als man sie fand:

| *Zappi:* | *Mariano:* |
|---|---|
| Eine Fellmütze | Ein Fellwamst |
| Ein Anorak mit Kapuze | Ein isländischer Wollpullover |
| Ein Fellwamst | Eine Lederhose |
| Ein isländischer Wollpullover | Ein Paar Wollstrümpfe |
| Eine winddichte Hose | Eine Wollkombination (Unterwäsche) |
| Eine Lederhose | |
| Zwei Paar Finnschuhe aus Rentierleder | |
| Zwei Paar Wollstrümpfe | |

Adolf Hoel war sich bewusst, dass die norwegischen Behörden großen Wert auf seine Beschreibungen der Ereignisse auf der Eisscholle legen würden. Zwischen den Zeilen kann ein Gewissenskonflikt zwischen einem diplomatischen Bericht und einer wahrheitsgemäßen Beschreibung dessen, was er gesehen hatte, erahnt werden. Weder Adolf Hoel noch später Gunnar Hovdenak verurteilten Mariano, Zappi oder Malmgren wegen ihres Marsches aufs Land zu. Und sie kritisierten auch Nobile nicht für die Entscheidung, die Gruppe der Überlebenden zu teilen und den drei Männern zu erlauben, die Hauptgruppe zu verlassen. Hovdenak betonte, dass die Situation im Zeltlager äußerst schwierig gewesen sei, als die Malmgren-Gruppe auf eigene Faust aufbrach. Die Argumente dafür, den Stärksten zu erlauben, einen Versuch zu machen, Suchmannschaften oder Jäger auf dem Festland zu erreichen, konnten vernünftig geklungen haben. Zu diesem Zeitpunkt war es Biagi noch nicht gelungen, über Funk den Kontakt mit der Außenwelt herzustellen. Damals war es unmöglich einzuschätzen, ob sie jemals gehört werden würden.

Eines der vielen Probleme bei der Entscheidung, die Überlebenden in zwei Gruppen zu teilen, war, dass die Dinge, die sie aus dem Wrack der Luftschiffgondel hatten retten können, nicht für beide Gruppen ausreichten. Deshalb mussten sich Malmgren, Zappi und Mariano ohne Waffe, ohne Zelt, nur mit der Kleidung, die sie am Leibe trugen, und mit einer ziemlich ungenügenden Ausrüstung für die Navigation (ein paar Karten, ein Sextant, drei persönliche Uhren und Malmgrens Taschenkompass) auf den Weg machen. Eigentlich war es ein Wunder, dass es zumindest zwei von ihnen so relativ gut ergangen war.

Das zweite große Problem war Malmgrens Gesundheitszustand gewesen. Der Schwede war kein kräftiger Mann, das hatte er seit seiner Jugend selbst gewusst. Dennoch hatte ihn Amundsen mit auf die Expedition mit der »Maud« in das nordöstliche Polarmeer genommen. Im Laufe des vier Jahre langen Aufenthalts in der Nordostpassage nahmen alle Rücksicht auf ihn, weil er seit Geburt ein schwaches Herz hatte, und ließen ihn keine zu anstrengende Arbeit ausführen oder besonders schwer unter schwierigen Verhältnissen leiden. Was Nobile wahrscheinlich nicht gewusst hatte. Ein etwas merkwürdiger Fakt war, dass alle, die 1928 an der Luftschiffexpedition teilnehmen wollten, einen gründlichen Gesundheitscheck hatten durchmachen müssen – nur Malmgren nicht. Vielleicht ging ja Nobile davon aus, dass ein so erfahrener Polarfahrer nicht untersucht werden musste. Außerdem hatte Malmgren sich bei seinem Sturz auf das Eis die Schulter verletzt. Und wie die anderen Männer stand er unter Schock. Doch bei ihm zeigte er sich als ein heftiges Schuldgefühl, das ihn hin bis zur tiefen Verzweiflung und zu Selbstmordgedanken trieb.

Wenn man außerdem in Betracht zog, wie langsam die drei Männer sich über die Eisbarrieren, Wasserspalten und Schmelzwasserpfützen bewegten, so war Nobiles Entscheidung, sie gehen zu lassen, falsch gewesen. Der Eistrieb konnte um ein Mehrfaches schneller sein als der Abstand, den die Männer an einem Tag bewältigen konnten. Doch das wusste man erst im Nachhinein, und das war Hovdenak wie auch Adolf Hoel bewusst.

Nachdem Zappi und Mariano auf der »Krassin« in Sicherheit gebracht worden waren, gab es besonders eine Geschichte, hinter der die Journalisten her waren: Was war mit Malmgren geschehen? Wo und wann starb er? Und warum? Schweden hatte nach der »Italia«-Tragödie die größte aller Hilfstrupps geschickt. Zwei Schiffe, sieben Flugzeuge und eine umfangreiche Mannschaft, die Tag und Nacht emsig damit beschäftigt war, Malmgren zu finden. Das war ihre Hauptaufgabe, auch wenn sie diese mit der Suche nach dem Nobile-Lager und der Ballongruppe verbanden.

Die ersten Informationen von Zappi über Malmgrens Tod widersprachen sich selbst und waren ohne Zusammenhang, doch der Leitung des Eisbrechers und Adolf Hoel gelang es schließlich, eine Beschreibung dessen zu bekommen, was wohl tatsächlich passiert war. Zappi betonte hartnäckig, dass es Malmgren gewesen sei, der die Initiative zum Marsch gen

Land ergriffen hatte. In seinem späteren Bericht stellte Hoel dann jedoch fest, dass das so nicht stimmte, dem widersprachen andere Augenzeugen aus Nobiles Zeltlager – besonders Nobile selbst und František Běhounek, außerdem aber auch Viglieri, Biagi und Cecioni. Alle diese Zeugen berichteten dasselbe – Zappi und Mariano hatten die Initiative ergriffen und den Plan vorangetrieben, zum Land zu gehen, um Hilfe zu holen.

Zappi gab Malmgren die Schuld, dass die drei so schlecht ausgerüstet waren, und betonte, dass Malmgren selbst physisch ungeeignet für einen Marsch über das Meereseis gewesen war. Als sie im Lager aufbrachen, hatten sie Proviant für etwas mehr als einen Monat dabei. Bereits zwei Tage nach ihrem Start war Malmgren schwach gewesen und hatte mehrere Schwindelanfälle gehabt. Laut Zappi war es Malmgren selbst gewesen, der nicht umkehren und zu den anderen zurückgehen wollte. Er hatte behauptet, sie würden niemals das Lager wiederfinden können.

Zweieinhalb Wochen, nachdem sie das Zeltlager verlassen hatten, fiel Malmgren auf dem Eis um und konnte nicht mehr weitergehen. Zappi erzählte – und das wurde später von Mariano bestätigt –, dass Malmgren die beiden gebeten hatte, den Rest des Proviants und der Ausrüstung an sich zu nehmen und weiter Richtung Land zu gehen. Zappi grub eine Vertiefung in den Schnee und legte Malmgren hinein. Er schaufelte Schnee über den kranken Schweden und bereitete sich darauf vor, ihn zu verlassen. All das tat er nach eigenen Aussagen, weil Malmgren darauf bestand (was Mariano auch bestätigte). Die beiden italienischen Offiziere gingen ein Stück weiter – Zappi gab an, es seien circa 100 Meter gewesen – und verbrachten dort die Nacht. Am nächsten Morgen hatte Malmgren sie gesehen, sich halb erhoben und ihnen zugerufen, sie sollten weitermarschieren. Als Letztes sahen die beiden Italiener von Malmgren einen erhobenen Arm, mit dem er sie aufforderte wegzugehen.

Das schrieb Hoel in seinen Bericht. Seine Version von Zappis Erzählung war vorsichtig verkürzt und redigiert. Zappi verschwieg auch nicht, dass er den größten Teil von Malmgrens Kleidung an sich genommen hatte, bevor sie ihn verlassen hatten, so dass der schwedische Forscher halb nackt zurückblieb. Später berichtete Zappi außerdem, dass der Schwede ihm seinen Taschenkompass gegeben und ihn gebeten habe, ihn Malmgrens Mutter in Schweden zu bringen. Doch bereits beim Abmarsch aus Nobiles Zeltlager hatte Malmgren im Beisein vieler Zeugen Mariano den Taschenkompass gegeben, weil dieser der beste Nautiker von den Dreien war.

Zappi vermutete, dass Malmgren, kurz nachdem sie ihn verlassen hatten, gestorben war, um den 18. Juni herum. Zu diesem Zeitpunkt war Mariano schneeblind und schwach gewesen. Sie hatten nur eine Sonnenbrille, aus der ein Glas herausgefallen war, die Zappi benutzte. Sie versuchten sich aufs Land zu zu bewegen, schlugen dann aber ihr Lager auf der Eisscholle auf, wo die Flugzeuge der »Krassin« sie gefunden hatten. Mariano war nicht in der Lage weiterzugehen, obwohl der Eistrieb sie ab und zu dicht an die Brochøya geführt hatte, vielleicht nur wenige hundert Meter entfernt. An den folgenden Tagen trieben sie im Zickzack zwischen der Brochøya, Kap Leigh Smith und der Foynøya hin und her. Zu diesem Zeitpunkt hatte Mariano Zappi gebeten, allein aufs Land zu zu gehen, was Zappi auch versuchte. Doch der Versuch war missglückt, weil es ihm nicht möglich gewesen war, über das Meereseis näher ans Land zu kommen, weil das Eis sich inzwischen mehr und mehr auflöste.

Als die beiden italienischen Offiziere von der »Krassin«

gerettet wurden, hatten sie ungefähr seit zehn Tagen an der gleichen Stelle gelegen und seit dreizehn Tagen nichts mehr zu essen gehabt, wie Zappi berichtete. Er schloss seinen Bericht mit einer Frage an Hoel ab: »Sie haben doch selbst Erfahrung mit arktischen Verhältnissen, was hätten Sie an unserer Stelle getan? Hätten Sie Malmgren zurückgelassen?«[126] Hoel antwortete taktvoll, dass es schwer sei, in so einer Sache ein Urteil zu fällen.

Zum Schaden des Renommees von Zappi, von Mariano und der gesamten »Italia«-Expedition hatte Zappi außerdem Giudici und anderen Journalisten an Bord des Eisbrechers Interviews gegeben. Dadurch war es nicht zu vermeiden, dass große Teile der westlichen Welt, gefüttert mit den Schlagzeilen der Zeitungen über die eher pikanten Details der Halluzinationen der beiden Offiziere, ihr Urteil fällten und weitere Spekulationen darüber anstellten, was wohl wirklich mit der Malmgren-Gruppe geschehen war.

## KAPITEL 22

## Gerüchte und Hoffnung

In den letzten Junitagen 1928 löste sich Riiser-Larsens informelle, aber effektive Koordination der Suche nördlich von Spitzbergen langsam auf. Die »Braganza« war endlich aus dem festen Griff des Polareises befreit und fuhr bei stürmischer See westwärts nach Virgohamna. Aufgrund der kaputten Winsch konnte sie nicht mehr als Basisschiff für die beiden norwegischen Hansa-Maschinen bei der Suche nach der Latham verwendet werden. Riiser-Larsen wünschte sich die »Hobby«. Das Problem war nur, dass sowohl das Verteidigungsministerium als auch die Ratgeber des kommandierenden Admirals der Meinung waren, das Polarschiff könne nicht beide Hansa-Maschinen an Bord nehmen. Riiser-Larsen wiederum meinte, es sei zu unsicher, nur mit einem einzigen kleinen Flugzeug über die unwirtlichen Gegenden im südlichen Nordpolarmeer zu fliegen. Er war der Auffassung, seine Anwesenheit auf der »Hobby« sei von keinerlei Nutzen, was er in einem verärgerten Telegramm nach dem anderen immer wieder betonte. Dieser Zwist entwickelte sich zu einem Tauziehen zwischen der systematischen Organisation durch den kommandierenden Admiral und dem erfahrenen, eigenwilligen Riiser-Larsen.

Das Marineschiff »Tordenskjold« und das französische Fischereiaufsichtsschiff »Quentin Roosevelt« waren in diesen Tagen auf dem Weg die norwegische Küste entlang nach Tromsø. Der französische Kreuzer »Strasbourg« näherte sich den Lofoten. Der norwegische Eismeerdampfer »Heimland«, der von der französischen Regierung gechartert worden war, hatte direkt das vereinbarte Suchgebiet östlich der Bjørnøya angesteuert. Das Meeresforschungsschiff »Michael Sars« suchte bereits seit mehreren Tagen entlang der Eiskante nördlich der Bjørnøya und weiter gen Westen. Das Polarschiff »Hobby« war auf dem Weg nach Süden, Richtung Tromsø, um dort die Boyd-Expedition aufzunehmen. Ende Juni schien es, als klinke sie sich aus der Suche nach all den vermissten Expeditionen auf Spitzbergen aus.

Die gecharterten Schiffe »Tanja« und »Quest« befanden sich in Virgohamna beziehungsweise im Murchisonfjord, bei dem Vorposten der schwedischen Flugzeuge. Die »Città di Milano« lag in Virgohamna mit Nobile an Bord und wartete, dass die russische »Krassin« die Zeltgruppe bei Foynøya erreichte. Der zweite russische Eisbrecher, die »Malygin«, kämpfte weiterhin in schwerem Meereseis östlich von Spitzbergen, wohingegen der Pilot Babuschkin nach vier Tagen Abwesenheit zum Schiff zurückgekommen war. Ein drittes eistaugliches russisches Schiff, die »Zedov«, suchte entlang der Küste des Franz-Josefs-Lands sowohl nach der Ballongruppe der Italiener als auch nach Roald Amundsens Latham.

Die Bark »Pourquoi Pas?«, das vierte Schiff in Folge mit demselben Namen, war – wie von allen bis auf den Expeditionsleiter erwartet – im Vergleich zu den anderen Schiffen verspätet. Der Holzrumpf des Schiffes, das sich in Privatbesitz des französischen Polarforschers Jean-Baptiste Charcot befand, war in schlechtem Zustand. Es wurde auf Kosten der französischen Marine mit Eisenplatten entlang der Wasserlinie ausgerüstet. Anschließend bewegte es sich langsam, mit der unerschütterlichen Eleganz eines Segelschiffs, gen Norden auf die norwegische Küste und auf Tromsø zu.

Die private, vom Volk finanzierte Expedition mit dem Robbenfänger »Veslekari«, geführt von Tryggve Gran, war im Verhältnis zu den anderen Schiffen auch sehr verspätet. Sie verließ Ålesund erst am 20. Juni. Der Plan war gewesen, zunächst nach Tromsø zu fahren, um von dort Kurs auf das eigene Suchgebiet zu nehmen. Nach diversen Diskussionen landete das Schiff schließlich am Eisrand der Ostseite von Spitzbergen. Und sie dachten gar nicht daran, sich auf diese Gegend zu beschränken. Tryggve Gran vertrat die Theorie, dass Roald Amundsen beschlossen habe, östlich von Spitzbergen direkt mit Kurs auf Nobiles Zeltgruppe zu fliegen. Die Expedition war außerdem so rücksichtsvoll, Oscar Wisting in Ny-Ålesund abzuholen, damit Roald Amundsens alter Freund sich bei der Suche nützlich machen konnte. Das war eine viel bessere Lösung als Wisting, der vor Sorgen und Angst fast von Sinnen war, an Bord der französischen »Quentin Roosevelt« zu lassen, wie es ursprünglich geplant gewesen war.

Maddalena suchte mit der »Savoia S.55« und Pierluigi Penzo mit der »Marina II« sowohl im Norden als auch im Süden mit der »Città di Milano« als Basisschiff. Am 10. Juli fuhr das Expeditionsschiff zurück zum Kongsfjord, um die eigenen Aktivitäten mit denen der inzwischen dort eingetroffenen norwegischen und französischen Marineschiffe zu koordinieren. Die »Marina I«, gelenkt vom Chefpiloten Ivo Ravazzoni, war in Tromsø angekommen und nahm an der Suche nach Roald Amundsens Gruppe entlang der norwegischen Küste und weiter nördlich bis zur Bjørnøya teil. Diese Suche wurde vom Verteidigungsministerium scharf kritisiert, und verblüffenderweise war es Riiser-Larsen, dem die Schuld zugeschoben wurde.

Vom kommandierenden Admiral an Riiser-Larsen: »Wer hat die italienische Flugmaschine »Marina I« darum gebeten, die Latham mit Basis Tromsø zu suchen?«

Von Riiser-Larsen an den kommandierenden Admiral:

Kam am Vormittag an*. Chef von »Città di Milano« teilte mit, Pilot der Flugmaschine Marina hat ihn gebeten, mit Station Bjørnøya Suche nach Latham aufzunehmen, was bewilligt wurde. Anwesende italienische Verbindungsoffiziere nehmen an, der Pilot habe Order von seiner Regierung. Hier erfahren, dass Amundsen bei Ingøy Radio nach Eisverhältnissen bei Bjørnøya angefragt hat. Interesse am Eis wegen eventueller Landung, Gründe dafür höchstwahrscheinlich Motorprobleme, deshalb möglicherweise Überlegungen, Bjørnøya zu erreichen oder nach Norwegen umzukehren. Von denkbaren Möglichkeiten leider größte Wahrscheinlichkeit Notlandung zwischen Bjørnøya und norwegischer Küste.

Riiser-Larsens Antwort stoppte weitere Diskussionen über die Suche der »Marina I« nach der Latham. Bjørnøya war ein Teil von Spitzbergen, und damit brauchten die italienischen Behörden keine Erlaubnis, in diesem Gebiet zu fliegen. Es gehört zu dieser Geschichte, dass die »Hobby« auf Anraten von Riiser-Larsen kein Depot mit Flugbenzin auf Bjørnøya anlegte. Ravazzoni flog deshalb weiterhin von Tromsø aus.

In aller Bescheidenheit setzten zwei Hundegespanne ihre Erkundungen entlang der Nordküste von Nordostland fort. Eine der Gruppen hatte sich geteilt, weil der eine Hundeführer, der Büroleiter von Store Norske, Ludvig Varming, schneeblind geworden war. Er wurde allein am Kap Platen mit Proviant für acht Tage zurückgelassen, behielt aber außerdem ein Zelt, einen Schlafsack und ein Gewehr mit Munition. Am ersten Tag schoss er einen Eisbären, der zu aufdringlich geworden

---

* Mit der »Braganza« in Kings Bay.

war. Nach ein paar Tagen ging es ihm besser mit der Schneeblindheit, und er baute sich aus Treibholz einen Schlitten und machte sich entlang der Küste auf den Weg, um eventuell zur »Braganza« zurückzufinden. Er schaffte es in vierzehn Tagen bis zum Hauptdepot im Beverlysund.

Nachdem der italienische Gebirgsjäger Gennaro Sora und der relativ unerfahrene holländische Hundeführer Sjef van Dongen aus Green Harbour Varming am Kap Platen zurückgelassen hatten, fuhren sie weiter mit dem Hundegespann in Richtung Foynøya, um diese gut sichtbare Landmarke als Basis für die weitere Suche nach der Malmgren-Gruppe zu nutzen. Lützow-Holm hatte sie auf einem seiner letzten Flüge in dem Gebiet mit der Hansa Brandenburg F.38 entdeckt. Er hatte eine Nachricht von Riiser-Larsen hinuntergelassen, die besagte, dass die frühere Erlaubnis, in der Gegend nördlich von Foynøya zu suchen, nunmehr zurückgezogen worden war, weil sich das Meereseis in Auflösung befand. Doch darauf hörten die beiden Männer nicht. Sie machten mehrere lebensgefährliche und missglückte Versuche, sich Richtung Norden zu bewegen. Später behaupteten sie, nie die Nachricht von Lützow-Holm bekommen zu haben.

In Tromsø hatte Gunnar Hovdenak die Zeit gut genutzt, solange er darauf warten musste, an Bord des stark verspäteten französischen Kreuzers »Strasbourg« gehen zu können. Da die »Quentin Roosevelt« und die »Tordenskjold« bereits im Hafen von Tromsø lagen, ergriff er die Gelegenheit, die beiden Marinekapitäne Duroch und Mørch zu treffen, die beide dem vorläufigen Plan zustimmten, die Gebiete um die Bjørnøya in Quadranten aufzuteilen, die dann abgesucht werden sollten. Beide Schiffe machten sich am nächsten Morgen auf in die Suchgebiete.

Hovdenak knüpfte formelle wie auch informelle Kontakte in

Tromsø – in erster Linie mit dem Geofysisk Institutt und dem französischen Konsul Thomas Thiis. Als Erstes konzentrierte er sich darauf, Absprachen zu treffen darüber, wie die Funkkontakte zwischen den Schiffen, die an der Suche beteiligt waren, organisiert werden sollten, anschließend, wie alle Zugang zu Wettermeldungen und Eisberichten vom Institut bekommen konnten, und schließlich, wie die Schiffe ihre Rückmeldungen über Wetter- und Eisverhältnisse in den Suchgebieten geben könnten. Ein paar Tage später schickte der Leiter Krogness einen Bericht an alle Teilnehmer über die Wetterverhältnisse vor, während und nach dem Abflug der Latham aus Tromsø.

Wahrscheinlich war das Wichtigste, was Hovdenak während seiner Wartezeit in Tromsø unternahm, eine informelle Suche nach der Latham unter allen Fahrzeugen anzuschieben, die um die Bjørnøya herum fischten. Jeden Tag ging er zu den Fischkuttern, die im Laufe der Nacht am Kai angelegt hatten, und fragte, ob sie etwas von dem französischen Flugzeug gesehen hätten. Mehrere Fischer erfuhren von Roald Amundsens Verschwinden erst jetzt, nachdem sie aus den Fischereigebieten zurückgekehrt waren. Und viele der Boote hatten gar keinen Funk an Bord.

Die Informationen von den Fischern, dazu Berichte von Privatbooten, Frachtern und anderen Fahrzeugen auf dem Weg von und nach Spitzbergen sollten später ein Gerüst von Beobachtungen bilden, das sich als äußerst wichtig bei der Suche nach der Latham herausstellen würde. Die Qualität der Beobachtungen war nicht immer gut, und oft auch nicht korrekt im Hinblick auf Positionen und Daten. Gerüchte machten einen Teil der Berichte aus. Deshalb sorgte Hovdenak dafür, dass alle Meldungen als offizielle Zeugenaussagen abgegeben wurden. Das sollte einem Wunschdenken und sensationsheischenden Berichten vorbeugen. Nach einiger Zeit war es nicht mehr zu vermeiden, dass die großen Schlagzeilen der Zeitungen selbst der unwahrscheinlichsten Beobachtungen zu einem gewissen Grad von Massenhysterie führten. Man wünschte sich ja so sehr, dass Amundsen (und natürlich auch Dietrichson und die Franzosen) gefunden wurden – oder dass sie, wie schon so oft zuvor, nach langer Zeit aus der Ödnis auftauchten.

Gunnar Hovdenak wohnte während seines Aufenthalts in Tromsø im Grand Hotel in der Storgata. Wie auch die Piloten Ravazzoni und Baldini und außerdem auch Louise Boyd mit Gefolge, die die »Hobby« übernehmen sollte, sobald sie zurück nach Tromsø kam. Hovdenaks informelle Kontakte im Hotel führten unter anderem zu der Abmachung, dass die »Hobby« Flugbenzin nach Bjørnøya bringen sollte. Das könnte möglicherweise die Reichweite der italienischen Flugzeuge deutlich erhöhen, doch Riiser-Larsen setzte dieser Idee einen Riegel vor, weil er der Meinung war, Sørhamna auf Bjørnøya sei ungeeignet als Startplatz.

Nach weiteren Gesprächen mit Hovdenak machte Louise Boyd den norwegischen Behörden ein großzügiges Angebot: Die »Hobby« sollte für die Rettungsaktion zur Verfügung gestellt werden – unter der Voraussetzung, dass sie und ihre Gäste mit an Bord sein dürften. In aller Eile wurde ein Aufbau an Deck hinter der Brücke organisiert, in dem die Kabinen ihrer Gäste untergebracht werden sollten, Mr. und Mrs. Colhoun und der schottische Ingenieur Gisbert.

Die »Hobby« fuhr am 26. Juni von Tromsø zurück nach Spitzbergen und ankerte drei Tage später im Kongsfjord, dieses Mal mit zwei Kapitänen, Kristian Johansen und Astrup Holm, an Bord. Louise Boyd sollte während der Suche die Expeditionsleitung innehaben, was Gunnar Hovdenak mit großer Sorge betrachtete. Was würde der konservative Konteradmiral an Bord der »Strasbourg« dazu sagen, dass einer seiner Expeditionsleiter eine Frau war? Eine andere Bedingung, die Louise Boyd durchgesetzt hatte, war, dass die »Hobby« während der Suche unter amerikanischer Flagge fuhr. Auf diese Art und Weise waren auch die Vereinigten Staaten offiziell bei der großen internationalen Suche nach Roald Amundsen rund um Spitzbergen dabei.

Die norwegisch-französische Suche nach der Latham wurde von dem kommandierenden Admiral Berglund gesteuert, eine logische Wahl, da so viele Marineschiffe aus Frankreich und Norwegen beteiligt waren. Dennoch war es eine sehr breit gefächerte Operation, die koordiniert und geleitet werden musste. Ein französisches Kriegsschiff mit einem Konteradmiral an Bord sollte die übergeordnete Führung im Feld haben – aber mit einem norwegischen Adjutanten als Berater. Unter ihrem Befehl standen mehrere Kommandeure der norwegischen, italienischen und französischen Marine, ein amerikanischer Expeditionsleiter mit einem norwegischen Adjutanten (zu dem Riiser-Larsen mittlerweile ernannt worden war), mehrere Polarschiffe, die es nicht gewohnt waren, unter militärischem Kommando zu operieren, eine private Expedition mit dem Leiter Tryggve Gran aus dem norwegischen Heer, zwei gecharterte Schiffe und sieben Flugzeuge mit Mannschaften aus der schwedischen Marine und privaten Fluggesellschaften, drei russische Eisbrecher, ein italienisches Marinefahrzeug und italienische Marinepiloten. Die meiste Zeit nahmen mehr als 1500 Mann teil (darunter vier Frauen – zwei Amerikanerinnen und zwei Russinnen) und insgesamt 23 Flugzeuge, 20 Schiffe, zwei Hundegespanne und mehrere Skipatrouillen mit italienischen Gebirgsjägern. Der wichtigste Job wurde aber trotz allem von mehr als 200 Fischkuttern, Frachtern und Yachten erledigt, die sich rund um Spitzbergen auf dem Meer befanden. Es war das Verdienst des Geofysisk Institutt und Gunnar Hovdenaks, dass die informellen Berichte zwischen diesem Gewimmel von Flugzeugen und Fahrzeugen so früh und mit so umfassenden Ergebnissen durchkamen.

Obwohl Riiser-Larsen zum Monatswechsel Juni-Juli die informelle Koordinierung der Suche nördlich von Spitzbergen entzogen wurde, musste er weiterhin eine ganze Anzahl administrativer Dienstwege befolgen: Auf norwegischer Seite berichtete er dem Regierungsbevollmächtigten, dem Verteidigungsministerium und dem kommandierenden General via Gunnar Hovdenak. Eher formlos berichtete er mittels des Netzwerks, das bereits bei der Suche nach Nobiles Zeltlager gut funktioniert hatte – dem Kapitän auf der »Città di Milano«, dem Leiter der schwedischen Expedition, dem Kapitän Egmont Tornberg und der russischen Führung an Bord der »Krassin«. Außerdem war Riiser-Larsen wahrscheinlich der erfahrenste Polarpilot Norwegens, wenn nicht der ganzen Welt. Er hatte den Pilotenschein und das Zertifikat für Luftschiffe und außerdem zwei schwere, langwierige Polarexpeditionen als stellvertretender Leiter hinter sich. Und vielleicht das Wichtigste: Viele Jahre lang war er ein enger Freund von Roald Amundsen gewesen. Er wusste besser als die meisten anderen, wie der alte Polarforscher dachte.

Am 3. Juli kam die »Braganza« in den Kongsfjord zurück. Die beiden Hansa-Maschinen F.36 und F.38 wurden aus dem Schiff gehievt und in einer Bucht östlich des Kohleumschlagkais aufs Wasser gesetzt. Die F.38 wurde dann an Land gezogen und vollkommen überholt, bevor Lützow-Holm einen Probeflug startete. Er erklärte das Flugzeug für so gut wie neu und bereit, an Bord der »Hobby« genommen zu werden. Ganz so gut verlief es mit den Reparaturen der F.36 nicht, doch Lützow-Holm meinte, sie könne auf Tour gehen, wenn man nur Flugbenzin verwendete und nicht die schlechtere Qualität, Autobenzin, das seiner Meinung nach daran schuld war, dass die Motoren heiß liefen.

Die Zusammenarbeit zwischen Riiser-Larsen und Hovdenak gestaltete sich auch in der Zukunft schwierig. Es trafen weitere offizielle Telegramme in Ny-Ålesund ein, zu denen Riiser-Larsen Stellung nehmen musste, aber er dachte gar nicht daran, sich nach ihnen zu richten.

Vom kommandierenden Admiral an Riiser-Larsen: »Sie werden autorisiert, Lambrechts zu behalten und Lützow-Holm eventuell auf der ›Strasbourg‹ einzuschiffen.«

Von Riiser-Larsen an den kommandierenden Admiral: »Lützow-Holm kann der ›Strasbourg‹ folgen, wenn sein Motor morgen beim Probeflug wieder in Ordnung ist.«

In dem Bericht an den kommandierenden Admiral, verfasst, nachdem die Suchexpeditionen beendet worden waren, konnte Riiser-Larsen es nicht lassen, ein paar kritische Bemerkungen einzuflechten: »Da es auf offener See nie ruhig genug für das Wassern sein wird und da die ›Strasbourg‹ nicht ins Eis gehen kann, um solche Verhältnisse zu finden, wird man auf der ›Strasbourg‹ nicht mehr Nutzen von den Flugmaschinen haben als auf der ›Tordenskjold‹.«[127]

Riiser-Larsen diskutierte die Sache nicht weiter mit dem kommandierenden Admiral, das heißt, in der Realität mit Gunnar Hovdenak. Weil die »Hobby« jetzt draußen im Kongsfjord lag, drängte er darauf, dass der Kapitän versuchen sollte, beide Hansa-Maschinen an Deck des Polarschiffes zu hieven. Er war sich klar darüber, wie wenig Platz dort war, aber es gelang ihm dennoch, die beiden Flugzeuge wie Teile eines Puzzlespiels um die Brücke und den Anbau mit den Kabinen herum zu manövrieren. Der kommandierende Admiral gab zum Schluss nach.

Riiser-Larsen bekam seine beiden Flugzeuge mit Lützow-Holm und Myhre an Bord der »Hobby«.

Doch damit nicht genug. Auch die »Tordenskjold« war mit zwei einsitzigen Sopwith Baby Jagdflugzeugen nach Kings Bay gekommen, dem Piloten Finn Lambrechts und dem Mechaniker Lars Ingebrigtsen. Riiser-Larsen war der Meinung, es sei unverantwortlich, mit diesen beiden Flugzeugen mit so geringer Reichweite übers Eis zu fliegen. Die »Tordenskjold« war kein Eisbrecher, also wurde ihr ein Suchgebiet im offenen Wasser entlang des Eisrands zugeteilt. Kürzere Flüge von der »Tordenskjold« waren nach Riiser-Larsens Meinung zu nichts nutze. Deshalb schickte er ein Telegramm an den kommandierenden Admiral und bat darum, dass Lambrechts und Ingebrigtsen als dritte Flugmannschaft an Bord der »Hobby« kommen sollten. Dieses Mal war es einfacher, eine Zustimmung zu erhalten. Am 4. Juli verließ die »Hobby« den Kongsfjord und fuhr Richtung Nordwest hin zum Eisrand vor Ost-Grönland.

Endlich, am 5. Juli, war auch die »Strasbourg« auf dem Weg in den Norden. Gunnar Hovdenak bemerkte trocken, dass es nicht so einfach sein würde, eine so umfassende Suchaktion zu koordinieren. Doch es lief besser als erwartet.

Die Suche nach der Latham wurde auf andere Weise organisiert als die Suche nach Überlebenden der »Italia«-Havarie. Im Laufe der gut vierzigtägigen Suche nach den Italienern verlief diese in immer engeren Kreisen rund um die angenommene Position des Zeltlagers. Grund dafür war, dass man früh Funkkontakt mit den Überlebenden bekommen hatte und damit ungefähr wusste, wo sie sich befanden. Die Suche nach der Latham konnte nicht auf einen solchen Vorteil zurückgreifen. Die wenigen Funkkontakte mit dem Flugzeug hatten keine sicheren Hinweise darauf gegeben, wohin es eigentlich flog – und auch nicht darauf, wo es sich zum Zeitpunkt des Kontaktes befand. Der Telegraphist Valette hatte nie seine eigene Position angegeben, selbst auf eine direkte diesbezügliche Frage vom Ingøy Radio hin nicht.

Das Gebiet, in dem die Latham sich befinden *könnte*, war riesig und erstreckte sich vom Franz-Josef-Land im Osten bis Grönland im Westen, von der norwegischen Küste im Süden bis zum Meereseis vor Nordostland im Norden. Die Methode, die Gunnar Hovdenak in Zusammenarbeit mit Admiral Herr an Bord der »Strasbourg« entwickelte, hatte zum Ziel, die Bereiche auszuschließen, in denen sich Roald Amundsen und das französische Flugzeug *nicht* befand. Das war ein komplizierter Handlungsplan, weil eine der am stichhaltigsten Theorien davon ausging, dass die Latham aus unterschiedlichen und nicht bekannten Ursachen bei der Bjørnøya gelandet war. Demzufolge konnte das Flugzeug durch Wind und Strömung in nur wenigen Tage weit abgetrieben worden sein.

Um die *zweite* aktuelle Theorie zu untersuchen, derzufolge Roald Amundsen beschlossen hatte, dass die Latham direkt zu Nobiles Zeltlager fliegen sollte, musste man Schiffe aussenden, die sich in dichtem Eis vorwärtsbewegen konnten – das heißt die »Hobby«, die »Heimland« und die »Veslekari«. Außerdem hatten die Russen versprochen, sowohl von der »Krassin« als auch von der »Malygin« aus an der Ostseite von Spitzbergen nach Amundsen zu suchen.

Gunnar Hovdenaks Arbeit in Tromsø, seine Kontakte zu der Fischereiflotte, begann Resultate zu bringen. Die ersten konkreten Berichte über Observationen der Latham trafen zum Monatswechsel Juni/Juli bei der Leitung der Suche ein. Wie bereits zuvor war es am einfachsten, zu den negativen Resultaten Stellung zu nehmen: Die »Michael Sars« hatte sich den ganzen 18. Juni vor der Bjørnøya aufgehalten, auch am Nachmittag, als die Latham verschwand. Niemand an Bord hatte das französische Flugzeug gesehen, dagegen aber Maddalenas Flugzeug. Die Savoia war aus einer anderen Richtung gekommen, von Badsø, und war nach einer Stunde bei Bjørnøya gelandet, aber Maddalena selbst hatte das französische Flugzeug nicht gesehen. Am 19. Juni waren sowohl die »Marina II« als auch die »Uppland« mit Mannschaft an der Bjørnøya vorbeigeflogen, ohne die Latham zu sehen oder zu hören. Dazu kam ein anhaltender Strom an Zeugenbefragungen der Mannschaften auf den Fischkuttern im Büro des kommandierenden Admirals herein. Die meisten hatten keine Beobachtungen zu melden.

Unter den negativen Berichten befanden sich auch einige wesentliche Beobachtungen, die möglicherweise positiv hätten sein können – wenn sie nur gestimmt hätten. Am 30. Juni meldete das Morgenbladet, dass der Maschinist an Bord des Fischereiboots »Liv« aus Svolvær die Latham ungefähr 24 Seemeilen nordwestlich von der Bjørnøya in der Luft gesehen habe. Das Flugzeug sei dicht über dem Meer geflogen. In diesem Gebiet hatten starker Wind und Nebel geherrscht. Am folgenden Tag hatten die gleichen Fischer auch das Motorenbrummen der »Uppland« gehört, sie aber nicht sehen können, weil die Sicht so schlecht war.

Nachdem diese Observationen bekannt geworden waren, wurde der Polizeidirektor in Harstad kontaktiert, damit er eine offizielle Zeugenaussage aufnehme. Doch das stellte sich als schwierig heraus. Der Maschinist war mit der lokalen Fähre nach Hause gefahren. Als er endlich befragt werden konnte, gab es keinen Grund, daran zu zweifeln, dass er tatsächlich die Latham gesehen hatte, wie das Morgenbladet es beschrieben hatte. Der Polizeidirektor in Harstad sah den Maschinisten als vertrauenswürdigen Mann an. Die Beobachtung wurde in der

Suchexpedition und in der Presse voll Freude aufgenommen. Es wurde daraus geschlossen, dass man jetzt möglicherweise die Latham ein gutes Stück weiter nördlich verorten könnte, als nach dem letzten Funkkontakt berechnet worden war. Doch als der Polizeidirektor in Senja ein paar Tage später noch einmal mit dem Maschinisten sprach, stellte sich leider heraus, dass es der Morgen des 19. Juni gewesen war, als er den grauen Doppeldecker vermeinte, gesehen zu haben. Es könnte *vielleicht* die Latham gewesen sein, erschien jedoch als wahrscheinlicher, dass es Penzo mit der »Marina II« gewesen war, die sich zu dieser Zeit in der Gegend befunden hatte – kein Doppeldecker, sondern eine graue Dornier Wal mit großen Schwimmern, direkt am Rumpf befestigt.

Eine andere Beobachtung, die für eine Weile Hoffnung aufkeimen ließ, war eine Mitteilung vom Frachter »Marita«. Dieser war am 19. Juni von Tromsø aus in See gestochen und hatte die Südspitze des Prins-Karls-Forland, populär als Forlandet bezeichnet, am 22. Juni mit dem finnischen Flugzeug »Turku« an Bord passiert. Der Expeditionsleiter Olavi Sarko, ein ausgebildeter Funker, hatte an Deck im Flugzeug gesessen und dem Funkempfänger gelauscht, als er kurz vor Mitternacht SOS-Signale auffing. Er berichtete augenblicklich davon und meinte, sie könnten von der Latham stammen. Sollte er tatsächlich das französische Flugzeug gehört haben, könnte das bedeuten, dass Roald Amundsen und seine Besatzung vielleicht Ny-Ålesund viel näher waren, als man geglaubt hatte. Leider wurde diese Beobachtung ziemlich schnell beiseitegeschoben, weil der finnische Expeditionsleiter die Signale von einem Kurzwellensender empfangen hatte. Das Funkgerät an Bord der Latham war jedoch ein Langwellensender, der auf dem 600-Meter-Band sendete.

Die Tage vergingen. Die meisten Gerüchte hinsichtlich des

französischen Flugzeugs stellten sich als Sackgasse heraus. Ende Juni meldete der dänische Polarforscher Peter Freuchen, der auf einer Konferenz in Murmansk gewesen war, dass er Gerüchte hinsichtlich eines russischen Fischerbootes gehört habe, das ein Flugzeug auf dem Eis gesehen habe und dabei Männer, die versuchten, es zu reparieren. Der Fischkutter war nicht näher herangefahren, weil es ausgesehen hätte, als wüssten die Männer, was sie tun, so die Nachricht. Die Position der Beobachtung war östlich von Spitzbergen, aber es wurde kein Datum und kein Zeitpunkt genannt. Da Babuschkin von der »Malygin« in diesem Gebiet mehrere Male auf dem Eis gelandet war, konnte es seine Junkers F.13 gewesen sein, die die Fischer gesehen hatten. Natürlich konnte es auch die Latham gewesen sein, obwohl davon auszugehen war, dass Guilbaud und die Mannschaft höchstwahrscheinlich nicht freiwillig auf Meereseis gelandet wären. Das französische Flugzeug war als Flugboot konstruiert und musste eigentlich auf Wasser landen, um nicht den Rumpf kaputt zu machen. Bei so wenigen konkreten Informationen waren diese vagen Beobachtungen kaum von Bedeutung. Die Suchexpedition untersuchte dennoch das betreffende Gebiet östlich von Spitzbergen mit mehreren Schiffen und Flugzeugen.

Ein anderes, mehr oder weniger vertrauliches Gerücht wurde ungläubig von Amundsens Familie und Freunden aufgenommen. Am 3. Juli kam eine Anfrage von Ingøy Radio an das Geofysisk Institutt, ein Telegramm betreffend, das sie von der britischen Yacht »Albion« aufgeschnappt hatten, die sich ungefähr zehn Seemeilen vor der norwegischen Küste befand.[128]

1. »Amundsen picked up in the sea somewhere in the North Coast of Norway.« Empfangen von der englischen Yacht

Der französische Chefpilot des Flugboots Latham René Guilbaud spaziert zusammen mit Roald Amundsen am 18. Juni 1928 am Kai von Tromsø entlang. Die beiden hatten sich erst am Vortag kennengelernt.

Das französische Flugboot Latham im Tromsøsund, 18. Juni 1928.

Letzte Besprechungen vor dem Abflug. Amundsen rechts.

Das letzte Foto von Roald Amundsen, gemacht kurz vor 16.00 Uhr am 18. Juni 1928.

Die beiden Piloten Hjalmar Riiser-Larsen (links) und Finn Lützow-Holm, irgendwo auf Nordostland fotografiert. Am 18. Juni hatten die beiden Piloten seit drei Wochen bereits fast tägliche lange Suchflüge hinter sich. Die beiden Piloten waren sehr gute Freunde.

Der größte Eisbrecher der Welt, die »Krassin«, im Eis nordöstlich von Spitzbergen Anfang Juli 1928. Der russische Eisbrecher rettete am 12. Juli die beiden italienischen Offiziere Mariano und Zappi von der Malmgren-Gruppe wie auch die sechs Männer im Zeltlager der Überlebenden der »Italia«-Havarie.

Das Foto wurde gemacht während der Rettung der beiden italienischen Offiziere Adalberto Mariano (auf einer Trage im Vordergrund liegend) und Filippe Zappi (eine Leiter zwischen zwei Eisschollen hochkletternd). Die übrigen Männer gehören zur Mannschaft des Eisbrechers »Krassin«.

Am späten Abend des 12. Juli 1928 war der Eisbrecher bis zur Position des Zeltlagers vorgedrungen. In der Ferne sind die Konturen der schwedischen Fokker »31« zu erkennen, die von Einar Lundborg geflogen wurde, als er Nobile am 23. Juni 1928 rettete...

...Nach ein paar Stunden kehrte Lundborg zurück, um weitere Überlebende zu evakuieren, doch da geriet einer der Skier der Maschine in eine Schneewehe, und das Flugzeug überschlug sich. Lundborg selbst wurde nach elf Tagen auf der Eisscholle gerettet. Die Fokker wurde am 12. Juli von der »Krassin« aufgenommen, als die übrigen Überlebenden im Zeltlager gerettet waren.

*Fotograf: Scherl/ Süddeutsche Zeitung Photo/NTB Scanpix*

Als die sechs Männer im Zeltlager gerettet wurden, hatten sie seit 47 Tagen auf der Eisscholle in einem kleinen Zelt gelebt. In Vordergrund der tschechische Forscher František Běhounek. Im Hintergrund ist das Skelett eines Eisbären zu erkennen, der an einem der ersten Tage auf dem Eis geschossen wurde.

Foto: Science Photo Library/NTB Scanpix

Dozent Finn Malmgren von der Universität Uppsala war ein schwedischer Meteorologe und Meereseisforscher, der an mehreren Expeditionen von Roald Amundsen teilgenommen hatte, mit dem Polarschiff »Maud« und mit dem Luftschiff »Norge«. Er war als Forscher und Polarkenner höchst angesehen und der Einzige an Bord der »Italia«, der praktische Erfahrungen mit der Arktis hatte. Am 30. Mai, nur vier Tage nach der Havarie des Luftschiffs, begab er sich mit zwei italienischen Offizieren auf den Marsch nach Foynøya, das sie in der Ferne gesehen hatten. Zu diesem Zeitpunkt hatten die Überlebenden im Zeltlager noch keinen Funkkontakt mit der Außenwelt herstellen können. Die drei Männer sollten auf das Land zugehen, um Hilfe bei den Jägern weiter im Südwesten von Spitzbergen zu suchen. Malmgren starb 16 Tage später, ungefähr am 15. Juni 1928.

23. Juni 1928. Umberto Nobile im Lager der schwedischen Piloten auf Søre Russøya im Murchinsonfjord, nachdem er von Einar Lundborg gerettet worden war. Er hat Schybergs Wollschal um den Kopf gewickelt (das Cockpit der Fokker war offen) und füttert seinen Terrier Titina, der auch gerettet wurde.

Von links: Natale Cicioni, Felice Trojani und Giuseppe Biagi. Die Reise von Narvik zurück nach Italien war ein demütigendes Erlebnis für die überlebenden Italiener. Mussolini hatte persönlich den Befehl gegeben, dass die Eisenbahnwaggons versiegelt werden sollten, damit die Männer den Zug nicht verlassen konnten. Aber die Fenster konnten sie öffnen. Und besonders in Schweden war der Empfang auf den Bahnhöfen warmherzig.

Telegramm vom 22. Juni von Fritz Zapffe in Tromsø über Green Harbour an Riiser-Larsen an Bord der »Braganza«.

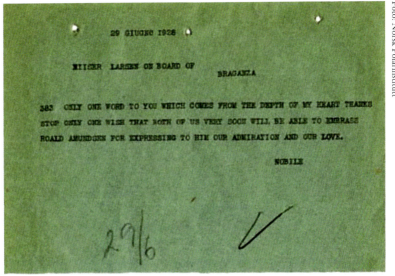

Kondolenztelegramm von Umberto Nobile an Bord der »Città di Milano« an Riiser-Larsen auf der »Braganza«.

Am Montag, dem 3. September 1928, stellt Aftenposten seine gesamte Titelseite für einen Gedenkartikel über Roald Amundsen zur Verfügung. Erst vier Tage zuvor war ein Schwimmer, der von der Latham stammte, im Meer vor Trosvåg treibend gefunden worden. So gut wie alle norwegischen Zeitungen verkündeten ähnliche Botschaften, und in ganz Europa stellten die Zeitungen fest, dass Amundsen zusammen mit Leif Dietrichson und der vierköpfigen französischen Flugmannschaft ums Leben gekommen war.

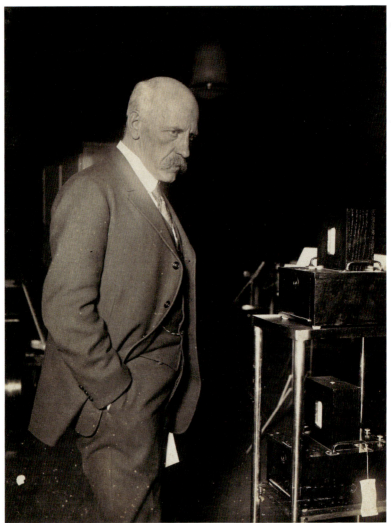

Am 24. Oktober 1928 hielt Fridtjof Nansen seine berühmte Rede – »Zum Gedenken an Roald Amundsen«. Die Rede wurde im Radio gehalten und konnte in ganz Norwegen gehört werden:

»Und nun, da das Werk vollbracht war, kehrte er zurück in die Weiten des Polarmeeres, wo er sein Lebenswerk geleistet hat. Er fand ein unbekanntes Grab unter dem klaren Himmel der Eiswelt mit dem Schwingenschlag der Ewigkeit. Doch aus der großen weißen Stille wird sein Name im Glanz des Polarlichts für Norwegens Jugend noch durch Hunderte von Jahren leuchten. Es sind Männer mit Mut, mit Willen, mit einer Kraft, wie er sie besaß, die uns Glauben an das Geschlecht schenken, Vertrauen in die Zukunft. – Die Welt, die solche Söhne gebiert, ist immer noch jung.«

»Albion« 3-7-28. Außerdem gehört, dass es wiederholt wurde, aber schwächer. Information von Journalist Bjørseth von Aftenposten.
2. von gdqr (Albion) 12.40 Uhr 3-7-28: »No confirmation regarding reports on Amundsen.«

Das waren schockierende Neuigkeiten, aber wie das zweite Telegramm konstatierte, waren diese Informationen nicht bestätigt worden. Nach diversen Telegrammwechseln war klar, dass es nicht die englische Yacht selbst gewesen war, die einen toten Mann im Meer gefunden hatte. Sowohl die Leitung der Suchexpeditionen als auch die Presse begriff schnell, dass diese Nachrichten nicht weiterverbreitet werden durften, bevor ihre Grundlage nicht genauer untersucht worden war. Wer hatte die Leiche im Meer gefunden? Und warum glaubte die unbekannte Quelle, vermittelt via »Albion«, dass es sich um den norwegischen Polfahrer handelte?

Und trotzdem: Der Inhalt der Telegramme war so sensationell, dass einige dementsprechende Schlagzeilen in norwegischen und englischen Zeitungen nicht zu vermeiden waren. Aber die Nachricht selbst war nur kurz und mit vielen Vorbehalten.

Noch etwas anderes überraschte die Leitung der Suchexpeditionen an den Telegrammen. Die Yacht »Albion« war vollkommen unbekannt. Von dieser Funkstation waren bis dato keinerlei Nachrichten und Berichte gekommen. War das die Art, in der Großbritannien an der Suche nach Roald Amundsen teilnahm?

Eine Woche zuvor, am 28. Juni, hatte die Aftenposten von einer bereits seit geraumer Zeit geführten Kampagne der englischen Zeitung Daily News berichtet, die Großbritannien dazu hatte bringen sollen, an der Suche nach Roald Amundsen teilzunehmen. Zum Schluss hatte sie tatsächlich einige konkrete Resultate erbracht: Es kam zu einer Anfrage im Unterhaus, warum die britischen Behörden nicht an den internationalen Expeditionen nördlich von Spitzbergen teilgenommen hatten. Daily News konnte sich in dieser Frage auf die breite Unterstützung von englischen Polarforschern und anderen bekannten Persönlichkeiten berufen. Der zweiundvierzigjährige Joseph Kenworthy, ehemaliges Mitglied der liberalen Partei, inzwischen jedoch Mitglied des Unterhauses für die Labour Party, war derjenige, dem die Ehre zuteilwurde, diese Frage zu stellen. Der Luftfahrtminister Samuel Hoare antwortete darauf im Namen der konservativen Regierung. Hoare erklärte, dass man keine offizielle Anfrage hinsichtlich einer Teilnahme an den Suchunternehmungen von Norwegen erhalten habe. Außerdem behauptete er, England habe kein passendes Flugzeug, um an der Suche teilzunehmen, was die meisten als ziemlich schlechte Entschuldigung durchschauten – denn es stimmte einfach nicht.

Diese beiden Ereignisse, das Telegramm der »Albion« dahingehend, dass Roald Amundsen tot im Meer gefunden worden sei, und die Kritik an den britischen Behörden hatten anscheinend nichts miteinander zu tun. Die »Albion« war eine Yacht in Privatbesitz, sie gehörte dem wohlhabenden Lord William Leverhulme, Anteilseigner an der Gesellschaft Unilever. Es gab keinerlei Anzeichen dafür, dass der reiche Besitzer selbst an Bord war. Wahrscheinlich war die Yacht für andere Zwecke angeheuert worden.

Die »Albion« war eine hochmoderne Yacht, ursprünglich gebaut 1927 für große Fahrt, ein Dreimaster mit Stahlkörper und höchster Eisklasse. Die Maschine war für Kohle gedacht, konnte aber sehr einfach für Dieselbefeuerung umgerüstet werden. Das Schiff war mit außergewöhnlich großem Vorratsraum ausgestattet und konnte deshalb große Entfernungen überwinden, ohne zwischendurch in einem Hafen anlegen zu müssen. Mit anderen Worten: die »Albion« könnte diskret und ohne offiziellen Auftrag fahren, wenn die Mannschaft es wünschte. Das Telegramm, das am 3. Juli über Roald Amundsen berichtet hatte, sorgte zumindest nachdrücklich dafür, die Anwesenheit der »Albion« vor der norwegischen Küste in die Welt zu tragen.

Die Welt der Zeitungen berichtete von der traurigen Nachricht, auch wenn es nur Notizen unter vielen anderen Gerüchten waren. Englische Zeitungen offerierten mehr Details um die sensationelle Neuigkeit betreff Amundsen. Ein Fischerboot soll angeblich zuvor Funksignale von Amundsen und Guilbaud aufgefangen haben. Laut der Yorkshire Evening Post soll Amundsen gefunden und von einem nicht mit Namen benannten Fischerboot aufgenommen worden sein.[129]

Nur einen Tag später wurden alle Meldungen von oberster Stelle in Norwegen dementiert. Das Verteidigungsministerium und der befehlshabende Admiral gingen mit einer offiziellen Mitteilung an die Öffentlichkeit und erklärten, dass die »Albion« eine rein spekulative Nachricht von einem Funksender in England aufgefangen habe. Das merkwürdige Gerücht verschwand – zusammen mit der geheimnisvollen britischen Yacht – aus den Nachrichten und war später nicht mehr zurückzuverfolgen.

Während seines Aufenthalts in Ny-Ålesund konnte Riiser-Larsen selbst ein anderes Gerücht dementieren, das auf Spitzbergen entstanden war und das zu untersuchen der Regierungsbevollmächtigte Bassøe ihn gebeten hatte: Zwei Personen, die am 19. Juni gegen 18 Uhr im Adventfjord ankamen, meinten, sie hätten ein Flugzeug beim Hornsund abstürzen sehen. Riiser-Larsen schickte ein paar Tage später die Antwort: Das Gebiet, in dem das Flugzeug abgestürzt sein sollte, war gründlich untersucht worden, unter anderem von Penzo mit der »Marina II«, ohne dass eine Spur von der Latham oder einem anderen Flugzeugwrack gefunden worden war.

Die meisten Meldungen bezüglich der Latham-Suche wurden gründlich überprüft und dann dementiert. Aber nicht alle. Den gesamten Tag über hatte Green Harbour am 19. Juni versucht, Kontakt zu Riiser-Larsen zu bekommen. Weil dieser gerade mehrere Tage und Nächte mit anstrengenden Flügen hinter sich hatte, antwortete er der Funkstation nicht. Denn am selben Tag hatte er eine große Menge an Telegrammen von den verschiedensten Sendern erhalten. Die meisten mussten sofort beantwortet werden. Riiser-Larsen erhielt deshalb nicht die Meldung mit der Beobachtung, die jemand in Green Harbour später vor lauter Frustration an mehrere norwegische Zeitungen schickte – an die Bergens Tidende, die Adresseavisen und die Aftenposten: Die Observation beinhaltete, dass der Funker, der die Nachtwache in Green Harbour gehabt hatte, in der Nacht vom 18. zum 19. Juni um drei Uhr einen Funkspruch von der Latham erhalten hatte. Der Funker war sich so sicher gewesen, dass es das französische Flugzeug gewesen war, dass er die Latham gebeten hatte, ihre Position anzugeben. Aber er hatte keine Antwort erhalten.

Obwohl die Zeitungsberichte über den Green-Harbour-Kontakt kaum unbeachtet geblieben sein können, gab es kein Dementi. Sie wurden auch nicht in Riiser-Larsens Bericht an den befehlshabenden Admiral erwähnt. In späteren Zeitungsartikeln meldete Green Harbour, dass sie die Latham den gesamten 19. Juni über nicht gehört hatten. Aber war das ein Dementi des früher erwähnten Anrufs? Schließlich war es die

*Nacht* des 19. Juni, in der der Funker von Green Harbour darauf beharrte, die Latham gehört zu haben.

Sehr viel weniger verwunderlich war, dass niemand sonst den Anruf in der Nacht zwischen dem 18. und 19. Juni gehört hatte. Von allen Funkstationen auf Spitzbergen hatte nur Green Harbour einen Funkdienst rund um die Uhr organisiert. Ingøy Radio hatte das auch, aber die Distanz zwischen Spitzbergen und der Küste der Finnmark war zu groß für den Langwellensender der Latham, der nur über eine maximale Reichweite von 1000 Kilometern verfügte. Sollte das Signal tatsächlich von der Latham stammen, dann wäre das französische Flugzeug seit elf Stunden in der Luft gewesen und hätte sich nördlich von Spitzbergen befunden.

Auch Zappis Bemerkung, er und Mariano hätten in der Nacht zwischen dem 18. und 19. Juni ein Flugzeug gehört, wurde nicht näher untersucht. Die Beobachtung ging unter in dem Lärm all der anderen Details dessen, was mit Malmgren und den beiden italienischen Offizieren auf ihrem Marsch aufs Land zu geschehen war. Wahrscheinlich gingen alle (Hoel, Samoilowitsch, Kapitän Romagna Manoia und später auch Nobile) davon aus, dass es schwedische oder italienische Flugzeuge gewesen sein mussten, die Zappi gehört hatte.

Die norwegisch-französische Suchexpedition mit ihren gewaltigen Ressourcen fuhr fort, ständig größere Meeresbereiche abzusuchen, speziell um die Bjørnøya. Das Svenska Dagbladet hatte ausgerechnet, dass die gesamten offiziellen Suchaktionen 10 000 schwedische Kronen pro Tag kosteten. Es wurde nichts gefunden, und die meisten der Beobachtungen erwiesen sich schnell als falsch. Die Hoffnung, Roald Amundsen und die Latham zu finden, wurde mit jedem Tag geringer. Die Menschen in Norwegen bereiteten sich darauf vor, traurige Nachrichten zu erhalten.

## KAPITEL 23

# Das Schicksal der Ballongruppe

Anfang Juli, als die »Braganza« auf dem Weg zur Kings Bay war, hatte Riiser-Larsen die Gelegenheit, an Bord der »Città di Milano« mit Nobile zu sprechen, während das Schiff vor Virgohamna lag und auf die Resultate der Suche der »Krassin« im Osten wartete. Nachdem der General ausführlich hatte erklären können, wie dankbar er für die unermüdliche Suche der Norweger nach ihm selbst und der Zeltgruppe war und wie schrecklich es doch sei, dass Amundsen und das französische Flugzeug verschwunden waren, kamen die beiden auf das Schicksal der Ballongruppe zu sprechen. Es war das erste Mal, dass Riiser-Larsen Details darüber erfuhr, was eigentlich geschehen war, als die »Italia« auf dem Meereseis havariert war.

Nobile berichtete von den dramatischen Momenten, als der Mann am Höhenruder plötzlich meldete, dass das Luftschiff absackte. Er hatte volle Fahrt für alle Motoren befohlen und den Bug nach oben zu ziehen, um das Schiff durch die Aerodynamik in der Luft zu halten, was aber nichts geholfen hatte. Die »Italia« sank weiter, und schnell war ihm klar geworden, dass es sich um eine größere Gasleckage in einer oder in mehreren der Gaszellen handeln musste. Er begriff, dass sie aufs Eis stürzen würden, und er hatte Befehl gegeben, alle drei Motoren auszustellen, um eine Zündung beim Aufprall zu vermeiden. Sekunden später stieß die hintere Motorgondel aufs Eis, danach die Führergondel. Beide Gondeln zerbrachen. Der Maschinist Pomella in der hinteren Motorgondel wurde bei dem Zusammenstoß getötet. Die Männer, die sich in der Führergondel aufgehalten hatten, wurden aufs Eis geschleudert.

Die Ballonhülle, die jetzt von einem großen Gewicht befreit war – Nobile schätzte, dass es sich um ganze drei Tonnen gehandelt haben könnte –, stieg wieder in die Luft und verschwand. Sechs Männer blieben an und in ihr, jetzt ohne jede Steuerung – der italienische Forscher Aldo Pontremoli, der Journalist Ugo Lago, die beiden Maschinisten Attilio Caratti und Calisto Ciocca, der Takler Renato Alessandrini und der Chefmechaniker Ettore Arduino.

Ungefähr zwanzig Minuten später hatten einige der Männer auf der Eisscholle eine Rauchsäule in der Richtung gesehen, in der der Ballon verschwunden war. Nobile nahm an, dass der Ballon wahrscheinlich explodiert sei. Riiser-Larsen selbst hatte eine Fahrlizenz für Luftschiffe und war anderer Meinung. Doch zu diesem Zeitpunkt begnügte er sich damit, mit Nobile einer Meinung zu sein, dass die Suche nach der Ballonhülle in östlicher Richtung kombiniert werden konnte mit der Suche nach der Latham im gleichen Bereich. Was sich als nicht so einfach herausstellen sollte, unter anderem weil Nobile die ganze Zeit eine falsche Position für das Zeltlager angegeben hatte. Damit war die angenommene Stelle, wo die Ballonhülle auf das Eis getroffen war, doppelt ungenau.

Erst am 21. August gab Kapitän Romagna Manoia in einem Telegramm an den Konteradmiral Herr ein mögliches Gebiet an, in dem der Ballon sich befinden könnte, geschätzt zwischen 80° 14' nördlicher Breite, 28° 14' östlicher Länge. Später stellte sich heraus, dass diese Angaben höchstwahrscheinlich falsch waren. Zu keinem Zeitpunkt hatte das Zeltlager seine richtige Position angegeben, abgesehen davon, dass sie ganz in der Nähe von Foynøya und später Brochøya waren.

Am 20. Juni lokalisierte Maddalena das Zeltlager von seiner Savoia-Marchetti aus. Anfang Juli hörten die überlebenden Italiener mehrere Male die Flugzeuge von Riiser-Larsen und Lützow-Holm, ohne sie zu sehen. Von diesen Informationen ausgehend konnte man Mitte Juli die Position des Zeltlagers ziemlich genau festlegen. Und mit diesen Daten konnte man zu einer mehr oder weniger korrekten Position der Havarie zurückrechnen. Wenn man dann die Beobachtungen der Überlebenden bezüglich der Richtung, die der Ballon genommen hatte und später die Richtung der Rauchsäule mit einbezog, hatte man zumindest eine Art Ausgangspunkt für die Stelle, wo der Ballon aufs Eis gestürzt sein könnte.

Ein anderes Problem war, den Zug der Eisschollen dort, wo der Ballon gelandet war, zu berechnen. Das Zeltlager hatte sich auf der Nordseite von Spitzbergen befunden, aber der Ballon konnte in dem Eis gestrandet sein, das nordöstlich von Storøya lag. Lokale Strömungen und Windrichtungen konnten im Laufe der Wochen nach der »Italia«-Havarie an den beiden Orten grundverschieden gewesen sein. Gunnar Hovdenak meinte, dass das Gebiet, das Kapitän Manoia angegeben hatte, von schwedischen wie norwegischen Flugzeugen auf ihren Beobachtungsflügen gründlich durchsucht worden war.[130] Was wahrscheinlich nicht zutraf. Also wurden die Polarschiffe, die dem Druck des Polareises standhalten konnten, darum gebeten, in den Norden zu fahren, um das gesamte Gebiet noch einmal zu durchsuchen. An erster Stelle waren das die »Veslekari« und die »Heimland«. Die Kapitäne der beiden Schiffe waren sich vollkommen einig in dieser Entscheidung, nicht zuletzt, weil sie immer noch die Hoffnung hatten, die Latham und ihre Mannschaft am gleichen Ort finden zu können wie die Ballongruppe.

Es gab mehrere Dinge zu bedenken. Die »Braganza« hatte

Teile des aktuellen Gebiets von Anfang bis Mitte Juli durchsucht. Riiser-Larsen, Lützow-Holm und die beiden Hansa-Maschinen befanden sich zu der Zeit auf dem Schiff. In dieser Periode war das angegebene Areal, auf dem sich die Ballongruppe hätte befinden können, so gut wie eisfrei. Gunnar Hovdenak war der Meinung, wenn der Ballon in diesen Fahrwassern abgestürzt wäre, müssten die Überlebenden ertrunken sein. Er ging wohl davon aus, dass die Schmelze dieses große eisfreie Gebiet geschaffen hatte. Was wahrscheinlich falsch war, selbst wenn sich Wirbel warmen Meereswassers in küstennahen Bereichen bilden können.\*

Südlich des offenen Gebiets östlich von Spitzbergen lag erneut eine dicke Eisdecke. Das berichtete Gunnar Hovdenak selbst und wies auf die Eiskarte hin, die sowohl vom Skipper des Seehundfängers »Gugnir« gezeichnet worden war, der sich zufällig in dieser Gegend befunden hatte, als auch von Oscar Wisting, der an Bord der »Veslekari« war. Während eines kräftigen Sturms wurde das Eis zwischen dem 20. und 29. August zurück in den Norden getrieben. Es waren also in erster Linie wechselnde Windverhältnisse, die große Spalten in die Eisdecke dort hoch im Norden gerissen hatten, nicht die Eisschmelze.

Die »Heimland« hatte nach dem Sturm Ende August den unteren Teil der Olgastraße abgesucht, ein großes Meeresgebiet zwischen der Barentsøya und König-Karl-Land im südlichen Ausläufer der Hinlopenstraße. Kapitän Jacobsen konstatierte, dass das Eis im Norden ungebrochen dalag. Er meinte, wenn die Ballonmänner den Sturm überlebt hätten, könnten

---

\* Das Phänomen wird Polynja genannt, ein russisches Wort, das eine offene Meereswasserfläche bezeichnet, die von Meereis umgeben ist.

sie aufs König-Karls-Land gekommen sein, doch diese Insel hatte die Mannschaft der »Heimland« untersucht, ohne ein Lebenszeichen zu finden. Eine andere Theorie des Kapitäns besagte, dass Überlebende der Ballongruppe oder der Latham an das Ufer Nordostlands gelangt sein könnten. Kapitän Jacobsen meinte, wohl etwas zu optimistisch, dass die Italiener sich dann weiter bis zu den großen Fjorden im Westen durchgekämpft haben könnten, wo viele überwinternde Jäger zu finden waren.

Ein anderes Problem bei der Suche nach der Ballongruppe war die nur ungefähr berechnete Position des Ballons bei seinem letzten Zusammentreffen mit dem Eis. Wahrscheinlich war sie sowohl ungenau als auch auf falschen Angaben basierend. Als die »Italia« das erste Mal kollidierte und die Führergondel zerschmettert wurde, waren die Überlebenden, die auf dem Eis landeten, benommen und vom Schock gezeichnet. Wegen mangelnder Landmarkierungen war es außerdem nicht anzunehmen, dass sie in dieser Situation hatten beurteilen können, in welche Richtung die Ballonhülle verschwand. Dahingegen bemerkten alle, dass unten auf dem Eis ein scharfer Gegenwind blies – wahrscheinlich der gleiche Gegenwind, mit dem sie gekämpft hatten, als sie sich Spitzbergen näherten. Das zigarrenförmige Luftschiff konnte seine Fahrtrichtung nur mit Motorenkraft beibehalten, und alle drei Motoren waren im Kollisionsmoment ausgeschaltet gewesen. Ohne Möglichkeit, die Ruder zu lenken, war es deshalb eher wahrscheinlich, dass die Ballonhülle mit dem Wind verschwand, also Richtung Nord-Nordost und nicht Ost-Südost wie angegeben.

Die Hülle des Luftschiffs und sein Skelett mit der Gangway, den Streben, Motoren, Rohrleitungen und Treibstoff hatten ursprünglich knapp 9 Tonnen gewogen.[131] Die Tragkapazität wurde gewiss schnell reduziert durch die gleichen Leckagen, die die erste Kollision mit dem Eis verursacht hatten. Wie lange konnte die Ballonhülle durch die Luft geweht worden sein, bevor sie auf dem Eis landete?

Die erste Methode, das zu berechnen, ging von einer geschätzten Windstärke aus, die mit der Zeit multipliziert wurde, die es dauerte, bis die Überlebenden aus der Führergondel die Rauchsäule sahen. Die meisten gaben dafür zwanzig Minuten an. Die Windgeschwindigkeit war, zumindest etwas höher in der Luft, geringer als die Normalgeschwindigkeit des Luftschiffes bei laufenden Motoren. Beaufort Stärke 6, leichter Sturm, war eine vorsichtige Schätzung. Die Windstärke belief sich dann auf ungefähr 40 bis 50 Kilometer die Stunde. Ausgehend von diesen Annahmen besagte die Rechnung, dass die Ballonhülle 13 bis 17 Kilometer weit getrieben worden war.

Die zweite Methode nimmt ihren Ausgangspunkt in der Überlegung, wie weit man Gegenstände auf der Eisoberfläche erkennen kann. Die Erdkrümmung führt dazu, dass sehr weit entfernte Gegenstände hinter dem Horizont verschwinden. Was von der Größe des Beobachters und den Unebenheiten des Meereseises, der Höhe von Eisbarrieren, der Sicht, etwaigem Dunst und anderen Faktoren abhängt. Der Durchmesser der Ballonhülle der »Italia« betrug unter 20 Meter. Wenn man annahm, dass die Höhe der Augen eines Beobachters sich ungefähr auf 170 Zentimeter befand, würde eine einfache Berechnung einen minimalen Abstand von ungefähr 16 Kilometer bei vollkommen glatter Oberfläche und guter Sicht ergeben. Keiner der Männer, die die Rauchsäule gesehen hatten, erwähnte, dass er irgendeinen Gegenstand oder eine Silhouette gesehen hätte. Demzufolge musste die Ballonhülle mindestens 16 Kilometer entfernt gewesen sein, als die Rauchsäule entdeckt wurde.

Bei der Suche nach der Ballonhülle wurde wahrscheinlich die richtige Entfernung für den Abstand von der abgestürzten Führergondel benutzt (circa 20 Kilometer), aber eine falsche Position der Zeltgruppe und eine falsche Annahme, in welche Richtung der Ballon verschwunden war. Eine mögliche Folgerung war, dass der Aufprallort der Ballonhülle viel weiter nördlich und ein wenig weiter westlich lag als ursprünglich angenommen.

Das Letzte, was der tschechische Forscher Běhounek gesehen hatte, als er verletzt auf dem Eis lag, waren die weit aufgerissenen blauen Augen des Chefmechanikers Ettore Arduino und sein entsetztes Gesicht in einem großen Loch im Bauch der Ballonhülle. Es gibt Grund anzunehmen, dass alle sechs Männer, die sich in der Ballonhülle befanden, am Leben und relativ unverletzt waren, als der Ballon von der Aufprallstelle verschwand. Es ist auch anzunehmen, dass die mechanische Anlage im Balloninneren beim Aufprall keinen Schaden erlitten hatte. In Anbetracht des großen Gewichts des Luftschiffs war die Kollision ein leichter Stoß gewesen, die gleichzeitig die Führergondel vom Ballonbauch wegrasiert und Löcher in einen Teil des Kiels gerissen hatte.

Niemand weiß, was die vier erfahrenen Luftschiffleute, Dr. Pontremoli und der junge Journalist Ugo Lago während des zwanzig Minuten während Flugs unternahmen. Aber sie werden sich kaum passiv verhalten haben. Der Schock kann sie für einige Minuten gelähmt haben, doch dann siegte wahrscheinlich der Überlebensinstinkt.

Im Inneren der Hülle befanden sich insgesamt sechs sogenannte Gasballonnettes oder Gaszellen – jede von ihnen mit manuellen wie auch mechanischen Ventilen. Wahrscheinlich waren sie alle intakt, genau wie vor der Kollision. Laut Nobile leckte aus einem oder mehreren der Zellen Gas. Wofür die wahrscheinlichste Ursache gewesen sein kann, dass eines oder mehrere der Ventile in offener Stellung vereist waren.

Deshalb verlor der Ballon schnell an Auftrieb, als die Ballonhülle vom Eis befreit von der ersten Kollisionsstelle aufstieg, schließlich waren ja beide Motoren abgestellt und die Ballonhülle war ohne jede Steuerung. Was können die sechs Männer gemacht haben, um irgendwie Kontrolle über die Situation zu bekommen? Eine mögliche Antwort auf diese Frage hängt unter anderem davon ab, welche Schlüsse die Männer für sich zogen und wer die Führung in dieser schwierigen Situation übernahm. In zwanzig Minuten kann man viel erreichen.

Die fehlende Lenkung des Ballons war ihr größtes Problem. Selbst wenn es theoretisch gesehen möglich gewesen wäre, den Ballon zu drehen, indem man zuerst den einen, dann den anderen Seitenmotor benutzte, war es wahrscheinlich eine andere Lösung, die ihnen am ehesten einfiel – so schnell wie möglich auf dem Eis zu landen, um an die Stelle zurückzugelangen, wo die Führergondel zerbrochen war. Arduino hatte mit eigenen Augen gesehen, dass die meisten der Männer überlebt hatten. In dieser Situation wäre es eine logische Entscheidung, die Gruppe möglichst zusammenzuhalten. Die Ventile in den Gaszellen konnten per Hand geöffnet werden. Genau das tat der Takler wahrscheinlich, sobald er an die verschiedenen Punkte klettern konnte. Es gibt keinen Grund, etwas anderes anzunehmen, als dass die Ballonhülle mit der inwendigen Takelage sich zumindest anfangs ruhig und stabil bewegte. Deshalb kann Alessandrini nur ein paar Minuten gebraucht haben, um die Ventile zu öffnen.

Es ist anzunehmen, dass danach der Ballon schnell sank und übers Eis geschleift wurde, bis der fehlende Auftrieb und das Gewicht der Ballonhülle mit ihrer Ausrüstung ausreichten, um ihn anzuhalten. Ein Beispiel dafür, wie das passiert sein könnte, ist die Landung des Luftschiffs »Norge« vor der Inuitsiedlung Teller in Alaska. Das war damals ein gelenkter, gewollter Abstieg gewesen, ohne die Hilfsmannschaft, die normalerweise bei einer kontrollierten und assistierten Landung bei einem Andockpfahl oder einem Hangar assistierte. Die Steuerung der »Norge« vor der Landung war eine der vielen Episoden, die zu dem erbitterten Streit zwischen Nobile als Luftschiffsführer und Roald Amundsen als Expeditionsleiter führte. Die Landung selbst wurde erfolgreich von Nobile durchgeführt, das musste sogar Roald Amundsen einräumen. Unmittelbar danach gab Amundsen den Befehl, die Gaszellen zu leeren, damit das Luftschiff demontiert und eingepackt werden konnte. Es dauerte nur ein paar Minuten, dann hatte sich der schwere, gummierte Stoff über die Führergondel gelegt. Hjalmar Riiser-Larsen war stellvertretender Befehlshaber bei der Expedition gewesen. Deshalb hatte er eigene, relevante Erfahrungen bezüglich dessen, was mit der Ballonhülle der »Italia« auf dem Eis passiert sein könnte.

Doch selbst für Riiser-Larsen war es unmöglich, im Nachhinein zu rekonstruieren, was mit den sechs Italienern *nach* dem Absturz der Ballonhülle aufs Eis passiert sein könnte. Nobile und viele mit ihm deuteten die Rauchsäule als einen Beweis, dass die Ballonhülle beim Kontakt mit dem Eis explodiert sei. Das aus den Gaszellen ausströmende Wasserstoffgas war hochexplosiv. Aber es musste entzündet werden, um zu explodieren. Beide Motoren waren abgeschaltet worden, nachdem die Führergondel vom Ballon gerissen worden war, und es ließen sich nur schwer andere Möglichkeiten für eine Zündung denken – wenn man nicht in Betracht zieht, dass Funken hätten entstehen können, wenn Metalldrähte und

Streben aneinander rieben. In diesem Fall wäre die Explosion gewaltig und nicht zu übersehen gewesen. Doch ein derartiges Bild wurde von der Absturzstelle nicht berichtet. Riiser-Larsen gehörte zu denjenigen, die der Meinung waren, dass die Ballonhülle *nicht* explodiert war.

Wahrscheinlich war der Aufprall aufs Eis brutal, und es ist sehr wahrscheinlich, dass die Männer verletzt wurden, vielleicht sogar getötet. Einige könnten versucht haben, vor der Kollision durch das Loch im Kiel hinauszuspringen, andere könnten auf der Gangway geblieben sein. Angenommen, einige der Männer in der Ballonhülle hätten überlebt, welche Möglichkeiten gab es für sie, gerettet zu werden? Ihr erster Gedanke musste gewesen sein, Kontakt mit den Männern aufzunehmen, die sich in der Führergondel aufgehalten hatten. Die Rauchsäule, die von der ersten Havariestelle aus beobachtet worden war, kann das Ergebnis einer bewussten Handlung gewesen sein, etwa der Versuch, Motoröl zu verbrennen, um die Aufmerksamkeit auf sich zu ziehen.

Alle diese Informationen hatte die Welt bereits Mitte Juni, nachdem die ersten Berichte über das Unglück aus Nobiles Zeltlager bekannt wurden. Aber es war zugleich nur folgerichtig, dass die Suche und die Erkundungsexpeditionen sich zunächst auf den Punkt konzentrierten, von dem man wusste, dass sich hier Überlebende befanden. Und selbst deren Position so genau zu lokalisieren, dass man das Zeltlager finden konnte, hatte sich als äußerst schwierig erwiesen.

Am Morgen nachdem die italienischen Offiziere Mariano und Zappi von der unstabilen Eisscholle gerettet worden waren, kämpfte die »Krassin« sich weiter durchs Eis auf die zuletzt angegebene Position der Zeltgruppe zu. Jetzt diskutierte Adolf Hoel mit dem Expeditionsleiter Samoilowitsch das Schicksal zweier anderer Männer, die zu diesem Zeitpunkt als vermisst gemeldet waren – der italienische Gebirgsjäger Sora und der niederländische Bergmann van Dongen. Der dritte Mann, der ursprünglich mit dem Hundegespann von Green Harbour aufgebrochen war, Büroleiter Varming, war wegen seiner Schneeblindheit am Kap Platen zurückgelassen worden. Er war von den norwegischen Flugzeugen observiert worden. Aus eigener Kraft, mit nur wenig Ausrüstung und so gut wie keinem Proviant war es ihm gelungen, bis zur Scoresbyøya zu kommen. Nachdem er sich dort eine Weile ausgeruht hatte, machte er sich auf zum Beverlysund, wo er am 11. Juli von der »Braganza« aufgenommen wurde. Aber seit langer Zeit hatte niemand Sora und van Dongen gesehen oder etwas von ihnen gehört, nicht mehr, seit Lützow-Holm auf Foynøya über sie geflogen und ihnen einen Brief hinuntergeworfen hatte mit dem Befehl, sich nicht aufs Meereseis zu begeben.

Als die »Krassin« sich Foynøya näherte, entdeckte der Erste Steuermann zwei Gestalten auf dem höchsten Punkt der Insel. Sie schwenkten eine Stange mit einer Flagge. Das konnte niemand anderes als der Italiener und der Holländer sein. Aber selbst wenn es kein Problem für den russischen Eisbrecher gewesen wäre, die beiden havarierten Männer aufzunehmen, beschloss Samoilowitsch dennoch, dass die »Krassin« so schnell wie möglich weiter zu Viglieri fahren und die vier anderen Überlebenden aus dem Zeltlager aufnehmen sollte. Nach dem, was die Russen bei der Rettung von Mariano und Zappi erlebt hatten, eilte es mit der Aufnahme der anderen Italiener, die inzwischen seit 47 Tagen auf dem Eis waren. Die beiden Männer, die von der Bergspitze aus ihre Signale geschickt hatten, konnten später aufgenommen werden.

Südöstlich von Foynøya fuhr die »Krassin« in dünnes Meereseis. Als sie nördlich von Kap Leigh Smith gelangten, war das Eis vollkommen verschwunden. Der Ozeanograph Adolf Hoel wunderte sich, dass der Eisbrecher in dieser Gegend in eisfreiem Wasser fuhr, ein seltener Anblick in so nördlichen Breitengraden. Das musste bedeuten, dass auch an der Position des Zeltlagers offenes Wasser herrschte – eine äußerst kritische Situation für die überlebenden Italiener.

Der Nachmittag verging. Eisschollen, groß genug, um ein Zeltlager aufzunehmen, waren nirgends zu sehen. Die Stimmung an Bord des Eisbrechers war gedämpft. Waren sie zu spät gekommen? Doch um fünf Uhr am Nachmittag empfing Samoilowitsch ein Telegramm von der »Città di Milano« mit erfreulichen Neuigkeiten: »Das Zelt hat Krassin gesehen. Ortung Südwest in 10 km Abstand.«[132]

Die Spannung an Bord stieg ins Unerträgliche. In der Ferne sahen sie einen glänzenden Streifen Eis. Ein paar Stunden später waren sie zu ihrer großen Erleichterung von Eisschollen umgeben. Die Sirenen des Eisbrechers wurden eingeschaltet und für mehrere Stunden mit einem unerträglich grellen Lärm in Gang gehalten. Und endlich entdeckte der Posten auf dem Ausguck eine schwarze Rauchsäule und den Funkmast am Zelt. Außerdem konnte er berichten, dass eines der schwedischen Flugzeuge zu ihrer Unterstützung über dem Lager kreiste. Die »Krassin« näherte sich so langsam, dass das Schiff fast nur noch nach vorn trieb. Der Kapitän fürchtete, die Bugwellen des russischen Riesen könnten die Eisscholle zerbrechen. Erst viertel vor zehn Uhr abends legte er am Zeltlager an, auf Position 80° 38' nördlicher Breite, 29° 13' östlicher Länge.

Es war ein ergreifender Moment, sowohl für die überlebenden Italiener als auch für die Russen, als drei schmutzige, bärtige Gestalten – Viglieri, Trojani und Běhounek – vom Zelt über das Eis auf den Eisbrecher zukamen. Am Zelt stand

Cecioni, auf ein Paar Ruder gestützt, die ihm als Krücken dienten. Der Funker Biagi hockte neben dem Funksender und telegraphierte die letzte Nachricht von »Der Scholle des weißen Bären«. Viglieri hatte das feierliche Telegramm verfasst: »Während wir das Eis verlassen, sind unsere dankbaren Gedanken an alle gerichtet, die zu unserer Rettung beigetragen haben. Unser Gruß und unsere Glückwünsche richten sich an unseren geliebten General Nobile. Wir stimmen wie immer in den Ruf ein: Es lebe Italien! Es lebe der König! Es lebe der Duce!«

Ein Fallreep wurde bereit gemacht und aufs Eis hintergelassen. Der Expeditionsleiter Samoilowitsch und der Kulturattaché Oras gingen als Erste aufs Eis hinunter, umarmten und küssten die Überlebenden und gingen anschließend zum Zelt. Journalisten und Mannschaftsangehörige eilten die Leiter hinunter aufs Eis. Adolf Hoel lief herum und fotografierte, so gut er konnte, um alles zu dokumentieren, die Journalisten stürzten sich auf die Überlebenden, um die ersten Schilderungen nach dem nunmehr 48 Tage langen Aufenthalt auf dem Eis zu erhalten. Běhounek rief zu dem italienischen Journalisten Giudici hoch, der immer noch an der Reling hoch über ihnen stand: »Was ist mit Malmgren?« Die Antwort war niederschmetternd: »*È morto*« (Er ist tot.) Jäh war die erste Freude über die Rettung für den tschechischen Forscher getrübt. Sollte tatsächlich Malmgren mit all seiner Polarerfahrung und seinem unerschütterlichen Willen umgekommen sein? Und der physisch schwache, unerfahrene Mariano hatte überlebt?

An Bord der »Krassin« wurden Tee, Brot und Butter serviert und mit Cognac angestoßen. Der Esstisch in der Offiziersmesse war geschmückt mit schwarzen Wolltüchern und roter Eichenblattdekoration. Anschließend bekamen die fünf Überlebenden aus der Zeltgruppe die Gelegenheit zu baden, sich zu rasieren und neu einzukleiden – in Kleidungsstücke, die mit großem Optimismus in Bergen besorgt worden waren, bevor die »Krassin« von dort in See stach. Die Italiener waren gelassen und ruhig, gleichzeitig aber von tiefstem Herzen dankbar darüber, endlich gerettet worden zu sein. Sie berichteten von dem Wechsel zwischen Hoffnung, Verzweiflung und Resignation, als aus den Tagen Wochen wurden, ohne dass man sie lokalisiert hatte. Der Kontrast zwischen den fünf Männern aus dem Zeltlager und den beiden Überlebenden der Malmgren-Gruppe konnte kaum größer sein. Dabei trennte nicht viel mehr als ein Tag die beiden Rettungsaktionen.

Mariano und Zappi befanden sich in der großen Krankenstation. Auch Viglieri, Trojani und Běhounek wurden dort untergebracht, während Biagi und Cecioni Kojen in einer Kabine ganz in der Nähe zugewiesen wurden. Mariano und Zappi waren psychisch wie auch physisch stark gezeichnet. Der Arzt hatte Mariano noch keine feste Nahrung gegeben. Zappi war physisch stark, führte sich aber hektisch und unkontrolliert auf. Er redete viel, hatte fieberglänzende Augen und wiederholte immer wieder, dass er alles über die Zeit auf dem Eis erzählen wolle, aber später. Mariano ertrug keinen Lärm und keine lauten Stimmen, worauf Zappi aber kaum Rücksicht nahm. Nach einer Weile wurde sein Verhalten so laut und aggressiv, dass man vorschlug, Zappi gegen Cecioni auszutauschen, damit Mariano seine Ruhe finden konnte. Doch Zappi weigerte sich entschieden, Mariano zu verlassen, und beruhigte sich danach ein wenig.

Aufgrund der Enge an Bord war es so gut wie unmöglich für den Arzt zu verhindern, dass einige der unrealistischsten

Behauptungen von Mariano und Zappi bis zu den Journalisten durchdrangen. Unter anderem erzählte Mariano, dass er an einem der letzten Tage, bevor die »Krassin« sie gerettet hatte, Zappi die Erlaubnis erteilt habe, ihn zu essen – aber erst, wenn er tot war. Die Details waren so grotesk und unwahrscheinlich, dass viele der Journalisten Rücksicht auf die Verfassung des Mannes nahmen und diese Geschichten nicht weitertrugen. Aber nicht alle waren gleich diskret, wofür Nobile später einen hohen Preis zahlen musste. Es waren diese Schlagzeilen, die später die Begründung für die Gerüchte über Kannibalismus während der letzten Phase der »Italia«-Expedition gaben.

Es war für alle an Bord offensichtlich, dass die beiden italienischen Offiziere aus der Malmgren-Gruppe an mangelndem Realitätssinn litten. Adolf Hoel meinte, sie könnten eine Form von Polarpsychose haben. Ein anderer, eigentlich ganz offensichtlicher Grund für das merkwürdige Verhalten der Männer wurde sonderbarerweise nicht entdeckt. Nachdem die drei Männer das Zeltlager verlassen hatten, blieben ihnen nur die Pfützen mit Schmelzwasser auf den Eisschollen als Flüssigkeitsquelle. Malmgren selbst hatte davor gewarnt, dieses Wasser zu trinken, weil es Salz enthielt. Ein wahrscheinlicher Grund für den deliriumähnlichen Zustand der beiden Offiziere, in dem sie sich befanden, als man sie fand, kann ganz einfach dieser Tatsache geschuldet gewesen sein.* Später, nachdem die Männer einige Tage frisches Wasser getrunken hatten, besserte sich ihr psychischer Zustand langsam.

---

* Die Aufnahme von Salzwasser führt zu Dehydrierung, die wiederum zu Verwirrung und nach einiger Zeit zum Delirium führt. Das ist ein akuter Zustand, der durch wechselnde Hyperaktivität und Lethargie, mangelnde kognitive Funktionen, Halluzinationen und Zwangsvorstellungen charakterisiert wird.

Der russische Eisbrecher blieb zwei Tage lang an der Eisscholle liegen. Der Nebel war zurückgekehrt und hing in dichten, grauweißen Schleiern um das Schiff. Lundborgs havarierte Fokker wurde an Bord gehievt, das Lager wurde geräumt, und alles – jeder sichtbare Gegenstand, ganz gleich wie unbedeutend er erschien – wurde in Kisten verpackt und an Bord genommen. In der Zwischenzeit strömten Glückwunschtelegramme über das Schiffsfunkgerät herein. Mussolini dankte Samoilowitsch von ganzem Herzen. Nobiles Telegramm war natürlich voll überströmender Dankbarkeit, gleichzeitig bat der General jedoch darum, dass das Flugzeug, das auf der »Krassin« stationiert war, in der Nähe des Zeltlagers nach der Ballongruppe suchen sollte. Er schlug vor, einen Sektor zwischen 80 und 140 Grad bis zu einer Entfernung von 10 bis 15 Seemeilen mit Ausgangspunkt der Stelle, wo der Eisbrecher lag, abzusuchen. Samoilowitsch musste die traurige Nachricht überbringen, dass die Junkers sich mit gebrochenem Untergestell im Rijpfjord befand. Und der Eisbrecher konnte mit einer beschädigten Schiffsschraube und kritisch geringem Kohlevorrat nicht weiter gen Osten fahren. Deshalb schlug der Expeditionsleiter vor, die »Krassin« könne auf ihrer Position vor dem Zeltlager als Landmarke liegen bleiben – bis italienische Langstreckenflugzeuge herkommen und die Suche fortsetzen konnten.

Es dauerte eine ganze Weile, bis Samoilowitsch eine Antwort von der »Città di Milano« bekam. Später kam heraus, dass auch Zappi in telegraphischem Kontakt mit dem italienischen Expeditionsschiff gestanden hatte und gefragt worden war, was er vom Schicksal der Ballongruppe halte. Zappi hatte geantwortet, dass sie ziemlich sicher tot seien. Das hatte die Antwort von Kapitän Romagna Manoia beeinflusst. Als das Telegramm von dem italienischen Expeditionsschiff endlich eintraf, wurde Samoilowitschs Vorschlag abgelehnt. Der Befehl kam von höchster Stelle, von der italienischen Regierung. Man sah es nicht als zweckmäßig an, nach der Ballongruppe zu suchen. Die »Krassin« wurde gebeten, zum Kongsfjord, respektive zum Adventfjord zurückzukehren.

Samoilowitsch war, vorsichtig ausgedrückt, schockiert. Gleichzeitig erfuhr er, dass auch die schwedischen Piloten, die sich immer noch auf der Nordseite von Spitzbergen befanden, die Ansage von den italienischen Behörden erhalten hatten, sich nicht länger an der Suche nach der Ballongruppe zu beteiligen. Die sechs Italiener, die mit der kaputten Hülle der »Italia« verschwunden waren, wurden damit einem ungewissen Schicksal überlassen.

Für die Leitung der »Krassin« gab es keine andere Option, als den Kurs Richtung Westen zu nehmen. Vor dem Rijpfjord traf der Eisbrecher erneut auf dickes Eis. Mit der kaputten Schiffsschraube und dem geringen Kohlevorrat mussten sie sich frustrierend langsam vorwärtsbewegen. Es war nicht mehr länger die Rede davon, das Eis zu brechen, sondern es vorsichtig zur Seite zu schieben. Erst am 15. Juli konnte das Schiff den russischen Piloten im Rijpfjord zu Hilfe kommen. Diese hatten geduldig vier Tage lang bei der Junkers mit dem zerbrochenen Untergestell ausgeharrt. Männer aus der Mannschaft wurden auf Skiern losgeschickt, um die Piloten zu holen. Nach einer Stunde kamen sie mit nicht weniger als neun Männern zurück. Neben der Flugzeugcrew von fünf Mann waren außerdem der Jäger Hilmar Nøis und drei italienische Gebirgsjäger mit dabei. Riiser-Larsen hatte sie von der »Braganza« mit Proviant und Polarausrüstung versehen zu den russischen Piloten geschickt.

Nachdem dieses Flugzeug auch an Bord des Eisbrechers geborgen worden war, wurde ein Treffen mit der »Braganza«

verabredet, damit die vier Extrapassagiere dorthin überführt werden konnten. Adolf Hoel bemerkte bekümmert: »Dieses Treffen war wie eine kleine Machtdemonstration von norwegischer und russischer Seite im Eismeer. Die ›Braganza‹ war eines der größten und stärksten norwegischen Polarfahrzeuge, aber neben der ›Krassin‹ sah es aus wie eine Jolle.«[133]

# KAPITEL 24

## Verschwunden, für tot erklärt

Eine große Anzahl vermeintlicher Zeugen glaubte, die Latham gesehen zu haben, und meldete sich in einer Tour. Die ersten Informationen über den Fund möglicher Wrackreste des Flugzeugs trudelten auch im Büro des kommandierenden Admirals ein. In den meisten Fällen stellten sich die Beobachtungen als falsch heraus. Einige waren in gutem Glauben gemeldet worden, andere waren bewusste Fälschungsversuche. Am 15. August wurde an der niederländischen Küste eine Flaschenpost gefunden, die angeblich einen Gruß von Roald Amundsen enthielt. Die Nachricht war relativ kurz, mit Bleistift auf französisches Toilettenpapier geschrieben, wie man später herauszufinden glaubte: »Latham 1/7-28, 84 gr. 23 min Ost Roald Amundsen.«[134] Die Botschaft selbst ergab keinen Sinn, weil die Positionsangaben weder wahrscheinlich noch korrekt angegeben waren, ganz gleich, wie man die Zahlen auch interpretieren mochte. Sie wurde in einer Weinflasche gefunden, französischen Ursprungs. Die Flasche war mit dem Korken einer Whiskyflasche versiegelt. Der Zettel wurde einem norwegischen Schriftexperten vorgelegt, der feststellte, dass es sich nicht um Amundsens Handschrift handelte, die Nachricht aber wahrscheinlich von einem Norweger geschrieben worden war. Mit anderen Worten: Es handelte sich um eine Fälschung. Bereits 1928 war diese Art von Funden und Fälschungen bei großen Unglücken nicht unüblich, besonders wenn berühmte Personen verschwanden oder umkamen.

Den Gerüchten des 29. August, nach denen Wrackreste der Latham vor Ytre Vesterålen gefunden worden waren, wurde deshalb mit einer gewissen Skepsis begegnet. Dennoch mussten die Zeitungen spekulieren, was wohl mit dem französischen Flugzeug geschehen sei, sollten sich die Funde als echt herausstellen. Die Möglichkeit, dass Wrackreste der Latham bis nach Vesterålen getrieben sein könnten, wurde mit Kapitän Bøhmer diskutiert, der 1928 als Chef von Norges Sjøkartverket fungierte, der norwegischen Seekartenbehörde. Auch Adolf Hoel wurde um eine Stellungnahme gebeten. Er war erst vor Kurzem von einer Reise mit der »Krassin« zurückgekommen und wurde oft konsultiert, wenn es um das Verschwinden der Latham ging.

Bøhmer äußerte sich skeptisch, glaubte nicht, dass die Wrackreste von der Latham stammen könnten. Er wies auf die Meeresströmung vor der norwegischen Küste hin, die Teil des Golfstroms war und in die entgegengesetzte Richtung verlief – also Richtung Norden. Aber er fügte hinzu, dass es lokal Unterschiede zwischen den Oberflächenströmungen und den tieferen Meeresströmungen geben konnte und auch die Gezeitenströmung die Richtung von im Wasser treibenden Wrackresten beeinflussen konnte. Doch der Ozeanograph Adolf Hoel war sehr viel kritischer gegenüber dem angeblichen Fund. Er erklärte der Aftenposten gegenüber: »Es besteht kein Grund anzunehmen, dass die Strömung die Latham nach Vesterålen getrieben haben könnte. Sie verläuft in der entgegengesetzten Richtung […] Und nahe am Ufer gibt es keine südliche Strömung. Als die Latham flog, herrschte östlicher Wind. Ich muss diese Gerüchte deshalb als höchst unwahrscheinlich einstufen.«[135]

Der Kommandant Edgar Otto, der im Büro des Kommandierenden Admirals in Oslo als Adjutant fungierte, wurde nach seiner Meinung gefragt. Und er lancierte zum ersten Mal öffentlich eine Theorie, die später viele Anhänger bekommen sollte. »Sollte es sich tatsächlich um Wrackreste der Latham handeln, mit denen wir es hier zu tun haben – und das ist ja verhältnismäßig einfach herauszufinden – dann deutet das darauf hin, dass die Maschine nahe der norwegischen Küste abgestürzt ist.«[136]

Die Aftenposten hatte das Gefühl, hier handele es sich nicht um eine der gewöhnlichen Falschmeldungen und ging mit großem Apparat daran, die Gerüchte näher zu untersuchen. Alle Korrespondenten der Zeitung – das heißt Leute, die die Zeitung anrufen und nach interessanten lokalen Neuigkeiten befragen konnte – wurden kontaktiert und darum gebeten, die Informationen zu überprüfen. Doch selbst diese umfassenden Nachforschungen brachten kein anderes Resultat als die Erkenntnis, dass ein Mann von Vesterålen von dem Fund in Harstad berichtet haben soll. Kurz vor der Sperrfrist und bevor die Zeitung in Druck ging, wurde Dozent Hoel noch einmal befragt. Sein Kommentar war kurz und knapp: Der Absturz der Latham war aller Wahrscheinlichkeit nach im Meer vor Bjørnøya passiert, und dort herrschte eine nordwestliche Meeresströmung.

Doch dieses Mal irrten sich die Sachkundigen. Am 31. August konnten mehrere norwegische Zeitungen die traurige Nachricht verkünden. Es waren tatsächlich Wrackreste von der Latham, die vor dem Leuchtturm von Torsvåg in der Gemeinde Karlsøy gefunden worden waren. Der Fischkutter »Brodd« aus Hareide war nach einer äußerst erfolgreichen Fischsaison auf dem Heimweg von Bjørnøya gewesen, als der Kapitän einen großen Gegenstand entdeckte, der auf der Meeresfläche trieb und hoch herausragte. Das war an einem Freitagabend um viertel vor acht. Zuerst glaubte der Kapitän, es handele sich um ein Ölfass, aber dann beschloss er, den Fund doch näher in Augenschein zu nehmen. Die Spekulationen über die Havariestelle der Latham kamen ihm schnell in den Sinn, wie der Kapitän der Zeitung Tidens Tegn erklärte.[137]

Als die »Brodd« näher herankam, sahen sie, dass es sich um einen langen Gegenstand handelte, der im Wasser dümpelte, abgenutzt und fast ohne die ursprüngliche grauweiße Farbe. Es wurde ganz still an Bord, als man vorsichtig den Gegenstand an Bord hievte. Sofort erkannte die Mannschaft, dass es sich um den Schwimmer eines Flugzeugs handeln musste. Aber stammte er von der Latham?

Der Schwimmer wurde so an Deck festgezurrt, dass die vier Streben in die Luft ragten und die Bardunen kreuz und quer zeigten. Dem Kapitän fiel auf, dass versucht worden war, den einen Streben ganz oben mit einem zurechtgeschnitzten Holzstück zu reparieren. Vorn auf der Backbordseite war der Schwimmer beschädigt, ein fast viereckiges Loch von circa zwanzig Zentimetern Länge und Breite mit spitzen Holzstücken, die am Rand hervorstachen. An anderer Stelle gab es Zeichen einer früheren Reparatur. Eine Metallplatte war am Schwimmerkörper befestigt. Die Platte war in der gleichen grauweißen Farbe wie der Schwimmer gestrichen.

Die »Brodd« nahm Kurs auf Tromsø und kam dort am Samstag, dem 1. September um halb drei Uhr nachts an. Bei ihrer Ankunft wurden der Schwimmer und alle seine Kennzeichen sorgfältig von Journalisten fotografiert, die sich am Kai versammelt hatten. Der französische Konsul Thiis wurde benachrichtigt und der Schwimmer an Land auf den eigenen Anleger des Konsuls transportiert. Da war er bereits von der Mannschaft der »Michael Sars« untersucht worden, die sich zufällig in der Nähe von Torsvåg befand. Der zweite Befehlshaber an Bord, Oberstleutnant Sundt, war Pilot und hatte außerdem eine Ausbildung als Flugzeugkonstrukteur in Paris durchlaufen. Er stellte mit großer Sicherheit fest, dass der Schwimmer von der Latham stammte.

Dennoch kam auch noch die »Strasbourg« mit dem Oberbefehlshaber der Suchexpedition, Konteradmiral Herr, nach Tromsø, um sich persönlich zu vergewissern, dass der Gegenstand von dem französischen Flugzeug stammte. Wenn der Schwimmer von der Latham stammte, war das seiner Meinung nach der entscheidende Beweis dafür, was passiert war. Deshalb entschied der Konteradmiral, den französischen Teil der Suche als beendet zu erklären.

Das norwegische Marineschiff »Tordenskjold« hatte bereits vor knapp einem Monat »das Geschwader verlassen«. Dieses Manöver hatte das alte norwegische Panzerschiff mit so einer Eleganz, mit militärisch korrekter Flaggenführung und der Mannschaft in weißer Marineuniform in einer Reihe auf dem Hauptdeck ausgeführt, dass Admiral Herr voller Bewunderung gewesen war. Er wie auch die anderen Offiziere prahlten ungehemmt mit der norwegischen Teilnahme an der Suchaktion.

Der wahre Grund, warum die »Tordenskjold« sich bereits am 3. August von der Suche verabschiedete, war nicht so schmeichelhaft. Das Schiff war nicht geeignet dafür gewesen, es mit dem Eis aufzunehmen, es hatte nur eine begrenzte Reichweite, bevor es wieder Kohle bunkern musste, und war generell nur von begrenztem Nutzen. Zum Glück für die nationale Ehre und Norwegens Rolle als Verwalter von Spitzbergen waren die anderen norwegischen Schiffe und Fischkutter sehr viel effektiver und stürzten sich in den Kampf gegen das Polareis östlich von Spitzbergen mit frischem Mut und unerschütterlicher Hartnäckigkeit.

Am 3. September konnte das norwegische Volk große Schlagzeilen auf den Titelseiten der meisten Zeitungen lesen. Es wurde konstatiert, dass Roald Amundsen und die anderen an Bord der Latham umgekommen waren. So gut wie die gesamte Abendausgabe der Aftenposten war gefüllt mit Gedenkreden und Kommentaren von Leuten, die Amundsen gekannt und bewundert hatten. Um ganz deutlich zu machen, worum es sich drehte, hatte der Zeichner der Zeitung ein Porträt von Roald Amundsen auf der Titelseite gleich mit einem großen schwarzen Kreuz versehen. Die wenigen, die widersprachen und der Meinung waren, dass es zu früh war, um das französische Flugzeug aufzugeben, konnten das in kurzen Notizen in der Morgenausgabe der Aftenposten am folgenden Tag erklären. Sowohl Helmer Hanssen als auch Olav Bjaaland gehörten zu denjenigen, die die Hoffnung nicht aufgeben wollten.

Amundsen war am Leben, das glaubte Helmer Hanssen und begründete seine Behauptung mit der persönlichen Untersuchung des Schwimmers. Da Hanssen in Tromsø lebte, war er im Laufe des Wochenendes einfach hinunter zum Kai spaziert und hatte ihn untersucht. Besonders das Loch vorn rechts im Schwimmer war ihm aufgefallen. Der Schaden musste von einer Kollision mit einem harten Gegenstand resultieren, wie er feststellte. Deshalb war es eher wahrscheinlich, dass der Schwimmer mit Eis statt mit Wellen zusammengestoßen war. Woraus er den Schluss zog, dass die Latham zu einem bestimmten Zeitpunkt in einem Gebiet mit Meereseis gelandet war. Selbst wenn das Flugboot hinterher gesunken sein sollte, hätte Amundsen das Allernotwendigste retten können, beispielsweise das Gewehr und die Munition, wie er meinte.[138]

Olav Bjaaland dagegen spekulierte nicht und stellte keine neuen Theorien auf, wie der Schwimmer wohl vor Torsvåg gelandet sein konnte. Er drückte nur seine inbrünstige Hoffnung in seinem weichen, freundlichen Telemarkdialekt aus: »Auch wenn die Wartezeit lang und voller Spannung ist, glaube ich, dass Amundsen mit seinen Leuten auch dieses Mal aus der Ödnis und der Nebelwelt herausfinden wird.«[139]

Kapitän Hermansen an Bord der »Michael Sars« hatte einen anderen Blickwinkel. Als das Forschungsschiff Fugløy passierte, in der Nähe des Punktes, wo der Schwimmer gefunden worden war, herrschte Unwetter. Und da der stellvertretende Befehlshaber schnell entschieden hatte, dass es sich hier um Wrackreste der Latham handelte, spekulierte Hermansen weiter hinsichtlich der Ursachen der Havarie. Seiner Meinung nach war es am wahrscheinlichsten, dass das französische Flugzeug in eine Nebelbank geraten war, die sie nicht hatten überfliegen können, weil sie zu schwer beladen waren. Vielleicht hatten sie versucht zu landen und dabei war der eine untere Flügel nach unten gekippt und das Flugzeug gesunken. Kapitän Hermansen war ein erfahrener Polarmann. Es gab keinen Grund, nicht auf seine Argumente zu hören, auch wenn seine Spekulationen allein auf Grundlage des Funds des Schwimmers ziemlich weitreichend waren. Es gab Gegenargumente, doch die Zeitungen eröffneten keine detaillierte Diskussion. Dieser Tag war dazu bestimmt worden, die verschwundenen Teilnehmer an Bord der Latham für tot zu erklären, mit offiziellen Würdigungen und Nachrufen, die bereits vor einer Weile vorbereitet worden waren.

Im Großen und Ganzen nutzten die meisten Sprachführer diese Gelegenheit für eine Hommage in traditionellem Sinne. Der Chefredakteur Frøis Frøisland hatte dafür die gesamte Titelseite der Morgenausgabe der Aftenposten am 3. September zur Verfügung gestellt und weitere acht Seiten weiter hinten in der Zeitung, um detaillierten und wohlgewählten Beiträgen vom Vorsitzenden der Geographischen Gesellschaft,

O.J. Skattum, dem Sonderkorrespondenten Odd Arnesen, der sich so viele Monate in Ny-Ålesund aufgehalten hatte, von Freunden und der Familie, von Künstlern und Autoren Raum zu geben. Die Gedenkworte übertrafen einander in feierlichen und poetischen Huldigungen – von Amundsens Person und seinem Charakter, seiner Karriere und der Art und Weise, wie er verschwand. Im Namen des Anstands wurden außerdem Nachrufe auf Leif Dietrichson und die französische Flugzeugmannschaft abgedruckt, aber es herrschte kein Zweifel daran, wer im Mittelpunkt der Trauer und Verzweiflung stand, die sich unter dem norwegischen Volk ausbreitete.

Skattums Gedenkworte bildeten den Hauptartikel. Er leitete sie mit einigen feierlichen Zeilen ein, die das traurige Ereignis einordnen sollten: »Ein Menschenleben mit so großen und stolzen Linien kann nicht in einer schmalen Zeitungsspalte widergespiegelt werden.« Anschließend versuchte er genau das zu tun. Er durchlief Amundsens Leben von dessen Geburt bis zu seinem angenommenen Tod, alle Expeditionen, Amundsens Triumphe und Probleme, Spalte für Spalte. Der Text endete mit einer Beschreibung Amundsens als ein Mann mit gesundem Verstand und einem einnehmenden Wesen, der ganz selbstverständlich alles und alle leitete. »Deshalb geschah es in Freiheit, ohne strenge Disziplin, dass sich das Ganze vollkommen natürlich seiner Führung unterordnete«, endete Skattum, Worte, die wohl so einige Leser der Aftenposten dazu brachten, sich an ihrem Kaffee zu verschlucken.

Knut Hamsun erklärte, dass Roald Amundsen das große Vorbild seiner Söhne sei. Der Chef des Marinens Flyvevesen, Kommandant von der Lippe, behauptete, Amundsen nahegestanden zu haben. Er fand auch noch Platz für ein paar Worte zu Leif Dietrichson, der in seinen Augen ein unerschrockener Pilot, ein einnehmender, guter Kamerad gewesen sei. Der

Maler Henrik Sørensen bemerkte kurz und knapp: »so sollen Adler sterben und Märchen enden«, während der Verteidigungsminister Anderssen-Rysst meinte, Roald Amundsen sei der Olav Tryggvason seiner Zeit gewesen.

Seitenweise eine feierliche Würdigung nach der anderen. Es muss für die Familie und die engeren Freunde des alten Polarfahrers merkwürdig gewesen sein, wie viel Wärme und Bewunderung Roald Amundsen zuteilwurde, jetzt, nachdem er für tot erklärt worden war, und gleichzeitig zu wissen, dass diese Unterstützung im letzten Jahr des Polfahrers gefehlt hatte und äußerst willkommen gewesen wäre.

Man musste schon einiges aufbieten, um die Aftenposten zu übertrumpfen, aber auch die anderen norwegischen Zeitungen gaben ihr Bestes, um die nationale Tragödie in bombastischer Art und Weise zu präsentieren.

Die Adresseavisen, die die Suche nach der Latham engmaschig begleitet hatte, stellte auf ihrer Titelseite fest: »Das norwegische Volk ist in Trauer. Amundsen, Dietrichson und die vier Franzosen hat bei dem Versuch, Nobile zu Hilfe zu kommen, der Heldentod ereilt.« Bergens Aftenblad richtete den Fokus auf die Beweise, auf deren Basis Amundsen für tot erklärt worden war, schrieb, dass der Schwimmer der Latham eine Todesbotschaft gewesen sei. Die Morgenavisen schrieb, es gebe nicht länger Hoffnung, dass auch nur ein Mann aus dem französischen Flugzeug am Leben sein könne, und stellte fest, dass Roald Amundsen tot war. Und so fuhr eine ganze Reihe von Schlagzeilen ununterbrochen fort, den Lesern ins Bewusstsein zu hämmern, dass es vorbei war. Roald Amundsen würde sie nie wieder überraschen oder irritieren, keine geografischen Pole mehr erobern, sich nicht mehr stur und verwegen in neue Abenteuer stürzen. Natürlich würde er in den Schlagzeilen und Zeitungsspalten vermisst werden, aber es waren nur wenige Redakteure, die bereits zu diesem Zeitpunkt voraussahen, in welch hohem Maße er vom norwegischen Volk vermisst werden würde.

Es waren nicht nur die norwegischen Zeitungen, die den Fund des Schwimmers kommentierten. Natürlich berichteten auch französische Zeitungen mit großen Schlagzeilen darüber, dass kein Zweifel am Absturz der Latham herrschen konnte. Alle Flugzeugpassagiere wurden für tot erklärt. Wie traurig das auch war, so muss es dennoch eine Erleichterung für die Familien gewesen sein, eine Art Antwort darauf erhalten zu haben, was mit der Latham geschehen war. Trotzdem wollten die französischen Behörden nicht offiziell erklären, dass die Flugzeugmannschaft tatsächlich als nicht mehr am Leben angesehen werden musste. Man warte noch auf eine abschließende Mitteilung des Konteradmirals Herr an Bord der »Strasbourg«, wie es hieß.

Der italienische Sondergesandte in Oslo, Graf Senni, sprach mit warmen Worten von Roald Amundsens Expedition, die er unternommen hatte, um die italienischen Überlebenden zu retten. Das sei eine Handlung größter Aufopferung und größter Hingebung gewesen, wie der Graf erklärte. Ein ehrenvoller Tod hatte Amundsens Lebenswerk gekrönt. Die gleiche Haltung brachten viele deutsche Zeitungen zum Ausdruck: Die Frankfurter Zeitung schrieb, Amundsen habe sein Leben aufs Spiel gesetzt, um die Schiffbrüchigen zu retten. Die Deutsche Allgemeine Zeitung hob die Tat in gewichtigen, feierlichen Redewendungen hervor.[140]

Schwedische und dänische Zeitungen zeigten ähnliche Schlagzeilen. Die dänische Zeitung Politiken bemerkte, dass die letzten Jahre für Roald Amundsen nicht leicht gewesen sein konnten und beschrieb auch die Jahre zwischen der Südpolreise und der Nordpolexpedition mit der »Norge« als schwierig. Andere dänische Zeitungen legten das Hauptaugenmerk darauf, dass Amundsen ein Wikinger gewesen war, ein stolzer Mann und der größte Polarforscher der Welt, der einen schönen Tod in den Gebieten erlitten hatte, in denen er die größten Einsätze seines Lebens gemacht hatte. Schwedische Zeitungen zeigten die gleichen Schlagzeilen. »Amundsen – der Mann der Heldentaten«, schrieb Stockholms Dagblad. »So handelt ein Mann«, erklärte die Stockholms-Tidningen.

Auch englische Zeitungen und Polarforscher fanden größtenteils ehrende Worte für den, mit dem das englische Polarforschungsmilieu gelinde gesagt im Streit gelegen hatte. Die Sunday Times – die wohl zu den ersten Zeitungen gehörte, die Amundsen für tot erklärten – schrieb: »Die Welt verbeugt sich in Ehrfurcht vor diesen Männern, die ihr Leben geopfert haben, um das anderer zu retten. Amundsens Leben ist nunmehr zu Ende ... Sein Name wird nie vergessen sein.« Der Präsident der Royal Geographical Society, Sir Charles Close, betonte, dass Amundsens Tod ein großer Verlust für die arktische Forschung sei.

Es muss im Nachhinein erlaubt sein, sich über die unisono verkündeten feierlichen Ehrbezeugungen zu wundern, die an jenem Montag in norwegischen und europäischen Zeitungen zu finden waren – als wäre Amundsens und Dietrichsons Tod und der der französischen Crew einstimmig von den vielen unterschiedlichen Zeitungsredaktionen akzeptiert worden. Es dauert seine Zeit und braucht diverse Ressourcen, so viele Nachrufe und Interviews zu schreiben und zu redigieren. Das heißt also, dass sie bereits seit einiger Zeit vorbereitet gewesen waren. Und es war auch kein Zufall, dass so viele Zeitungen in so vielen Ländern am gleichen Tag, dem 4. September 1928, die gleiche Hauptbotschaft verkündeten. Wrackreste waren gefunden worden, die Latham war abgestürzt. Roald Amundsen, Leif Dietrichson und die vier Franzosen der Bordmannschaft mussten als umgekommen angesehen werden.

Amundsens Bruder Gustav war einer der wenigen, die protestierten: »Ich bin kein Fachmann, aber für mich sieht es so aus, dass der Schwimmer aufs Eis geschlagen sein muss, was heißt, dass die Piloten über Eis gewesen sein müssen und überlebt haben könnten. Man kann sich an diese Hoffnung klammern, aber Sicheres weiß man nicht.[141]

Anfang September verließen die meisten der Schiffe, die an der Suchaktion beteiligt gewesen waren, Spitzbergen Richtung Süden. Auch die »Hobby« beendete ihre Suche. Riiser-Larsen und Lützow-Holm konnten endlich zu ihren Familien fahren – nach mehr als drei Monaten Aufenthalt auf Spitzbergen. Die norwegische Erkundungsexpedition hatte gezeigt, dass man selbst mit bescheidenen Ressourcen viel zu einer Suche im Nordpolarmeer beitragen kann. Norwegen war kein reiches Land, aber es hatte Kompetenzen im Polarbereich und nationale Eigenschaften, durch die sich die Nation als würdig erwies, Spitzbergen zu verwalten. Mit dem umfassenden Einsatz der norwegischen Piloten, Hundegespannführer, Organisatoren und Seeleute wuchsen auch das nationale Selbstvertrauen und der Stolz. Daheim in Norwegen warteten Anerkennung und Ehrenbezeugungen auf die Teilnehmer der größten Suchaktion, die jemals in der Arktis durchgeführt worden war.

Die »Veslekari« und die »Heimland« waren die einzigen der norwegischen Schiffe, die immer noch nordöstlich von Spitzbergen im Eis ausharrten. Die Führung an Bord hatte die Hoffnung nicht aufgegeben, dass die Latham trotz allem nach Norden in das Gebiet um Nobiles Zeltlager geflogen war.

# KAPITEL 25

## Wrackreste

Vielleicht hätten die Zeitungen nicht so schnell mit ihrem Urteil sein sollen, dass Amundsen, Dietrichson und die vier Franzosen umgekommen seien. Versteckt zwischen all der offiziellen Trauer gab es Bilder und detaillierte Beschreibungen des Schwimmers, wie er draußen am Torsvåg Leuchtturm gefunden worden war. Am oberen Ende einer der Streben war ein Holzstück befestigt gewesen. Es sah aus, als gehörte es zu einer Reparatur, die dazu dienen sollte, die Strebe besser an den Flugzeugkörper zu stützen. Wäre das der Fall, konnte das Flugzeug unmöglich abgestürzt und unmittelbar danach gesunken sein. Es hat die Mannschaft sicher Zeit gekostet, den abgerissenen Schwimmer zu bergen, einen Versuch zu starten, ihn zu reparieren und erneut an dem unteren Flügel zu befestigen. Eine derartige Reparatur konnte nicht nachgewiesen werden, weder in Bergen noch in Tromsø, aber sie wurde auch nicht weiter diskutiert. Und wurde auch in späteren Berichten oder in Hovdenaks Buch mit keinem Wort erwähnt.

Eine andere Reparatur war wahrscheinlicher und einfacher nachzuweisen. Ein übermaltes Metallteil war auf der rechten Unterseite des Schwimmers befestigt. Der Kommandeur der Marinebasis vor Bergen, vor der die Latham in der Nacht zwischen dem 16. und 17. Juni gelegen hatte, bestätigte schnell, dass die Reparatur mit einer Messingplatte dort ausgeführt worden war.[142] Der Schwimmer hatte mehrere Geheimnisse, die später entdeckt wurden. Aus den Fotos, die aufgenommen wurden, als die »Brodd« in Tromsø ankam, ging deutlich hervor, dass der obere Teil der Streben durch einen kräftigen Ruck vom Flugzeugkörper getrennt worden war, aber dass es von *hinten* und nach vorne geschehen war.[143] Die Zeitungen versuchten sich gar nicht erst an Spekulationen über diese sonderbare Entdeckung. Aber schließlich waren sie auch mit einem ganz anderen Blickwinkel der Geschichte von dem Schwimmer beschäftigt – dass er als Beweis dafür diente, dass Roald Amundsen, Leif Dietrichson und die vier Franzosen ihrer Mannschaft als tot anzusehen wären. Damit gab es keinen vernünftigen Grund mehr, die kostspielige und Ressourcen fordernde Suche rund um Spitzbergen fortzusetzen.

Doch die Dramatik um das Verschwinden der Latham war mit dem Fund des Schwimmers nicht beendet. Ein paar Tage später begannen die Gerüchte unter den Mannschaften auf den Fischkuttern und den Zeitungskorrespondenten in Nordnorwegen wieder zu kursieren. Ein Fischkutter aus Ibestad hatte auf dem Weg von Bjørnøya am 3. September einen bootsähnlichen Gegenstand in der Nähe des Punktes gesehen, wo der erste Schwimmer der Latham gefunden worden war. Doch obwohl der Kapitän bestätigte, dass der Gegenstand dem ersten Fund ähnelte, wurde diese Spur nicht weiter verfolgt.[144]

Zehn Tage später wurden Teile einer Flugzeugschwinge im südlichen Teil des Tromsøsunds gefunden. Das Wrackteil war ungefähr 2 Meter lang und 5 Zentimeter breit und sah aus, als wäre es das Randstück eines aus Schichtholz konstruierten Flügels. Ein anderes Holzteil wurde als ungefähr 120 Zentimeter lang und auch ziemlich schmal bezeichnet.[145] Die Funde führten ein paar Tage lang zu heftigen Spekulationen, ob damit der Körper der Latham endlich doch lokalisiert werden könnte. Die häufig benutzte Expertenriege wurde angerufen und nach ihrer Meinung befragt. Die meisten waren vorsichtig, den Ursprung der Wrackreste zu benennen, bevor die Flugzeugspezialisten sie überhaupt angeschaut hatten. Am folgenden Tag konnte die Aftenposten berichten, dass die Holzteile *nicht* von der Latham stammten, sondern wahrscheinlich von einem der kleineren Flugzeuge von der »Strasbourg« vom Typ Schreck, das bei seiner Landung in der Nähe des Schiffes Schaden erlitten hatte. Es war der Konteradmiral selbst, der darüber informierte.

Es sollten mehrere Wochen vergehen, bis der nächste Fund gemacht wurde, der möglicherweise mit der Latham in Verbindung gebracht werden konnte. Aber statt zur Aufklärung beizutragen, was mit dem französischen Flugzeug passiert war, wuchs dadurch nur die Verwirrung. Am 17. Oktober wurde ein an der Oberfläche schwimmender Benzintank weit im Süden gefunden, nämlich bei der Haltenbanken vor Nord-Trøndelag. Es war der Fischkutter »Leif« mit acht Mann Besatzung, der ihn fand. Kapitän Leonard Olsen berichtete der Adresseavisen,[146] dass sein Schiff seit einigen Wochen ungefähr 14 Seemeilen nördlich von Halten fischte, als sie etwas entdeckten, das wie ein Tank aussah. Sie konnten den Gegenstand an Deck holen, um ihn zu untersuchen, und danach herrschte kein Zweifel mehr.

Der Tank war aus Metall, in graublauer Farbe gestrichen. Der Kapitän erzählte, dass er so gut wie leer war, vielleicht noch 30 Liter Benzin enthielt. An einem Rohr, das benutzt wurde, um den Tank mit Benzin zu füllen, war eine kleine Messingplatte festgeschraubt (1,5 Zentimeter breit und 4 Zentimeter lang) mit folgender eingravierter Inschrift: »Essence. Comptenance 600 liter, Hydroaeroplan Latham«. Die Maße des Tanks selbst wurden mit circa 150 Zentimetern Länge, 60 bis 70 Zentimetern Breite und ungefähr 70 Zentimetern Höhe angegeben. Er war schwach gewölbt, hatte laut dem Kapitän fast die Form einer Badewanne. Der Tank war heil, wies aber einige Dellen auf. Später gab der Kapitän an, dass der Tank auf der Position 64° 52' nördlicher Breite und 8° 50' östlicher Länge gefunden worden war. Nach dem Fund nahm der Kutter sofort Kurs auf Valdersund, erreichte den Hafen jedoch aufgrund besonders schlechten Wetters erst vier Tage später.

Immer mehr Details über den Tank kamen ans Tageslicht, nachdem Kapitän Olsen mehrfach mit der Presse gesprochen hatte. Zwei Aufschriften mit Bleistift gehörten zu den Informationen, die die größte Aufmerksamkeit weckten. Da die Worte auf Französisch geschrieben und nur schwer zu entziffern waren, hatte sich die Mannschaft auf der »Leif« anfangs nicht weiter darum gekümmert. Doch die Kritzeleien weckten das Interesse der Allgemeinheit. Konnte es sich um eine Art Nachricht von Amundsen oder Guilbaud handeln? Nach hartnäckigen Nachfragen ging Kapitän Olsen zurück an Bord der »Leif«, die am Kai von Valdersund lag, und versuchte, die Inschriften mittels eines Vergrößerungsglases zu entziffern. Leider war das meiste der Bleistiftschrift unleserlich, doch auf einer der Seiten war es noch möglich, einige Zahlen und Buchstaben zu erkennen: »AC-CIE 20XI«. Der Rest der Inschrift war weg, weil die Farbe abgeblättert war. Außerdem war sie schwer zu lesen, weil der Tank feucht war.

Der Kapitän berichtete außerdem allen, die Interesse zeigten, dass die Heimfahrt hart gewesen sei und sie während ihres gesamten Aufenthalts in den Fischgründen extrem schlechtes Wetter gehabt hatten. Trotzdem waren sie mit gutem Fang heimgekehrt, 5000 bis 6000 Kilo Heilbutt, Lumb und Lengfisch. Der Fang sollte am Vormittag in Valdersund verkauft werden. Erst für den Nachmittag hatte der Kapitän geplant, nach Süden zu fahren, nach Trondheim. Die berechnete Ankunftszeit sollte gegen 22 Uhr am gleichen Abend sein. Journalisten und Neugierige versammelten sich auf dem Kai, aber sie mussten lange warten. Der Fischkutter kam nicht vor Mitternacht. Am nächsten Morgen, als der Tank getrocknet und mehr von der Schrift hervorgetreten war, konnte man diverse Buchstaben und Zahlen rundherum auf den Metallseiten erkennen: »*accie 6/a, frne 20 x I, I/II – 22/12 heut, res ---aute---ar, ocp 7/3 ts*«.[147]

Später kam eine Erklärung der Bleistiftnotizen aus Frankreich. Es war üblich, dass der für den Benzinverbrauch, den Druck und die Treibstoffreserve in jedem einzelnen Tank verantwortliche Mechaniker diese Zahlen notierte und an die Piloten weitergab. Außerdem waren die Tanks ja jeweils auf der rechten und linken Seite im Flugzeug montiert, deshalb war es wichtig, die Seitenstabilität während des Flugs zu bewahren. Dafür wurde ständig abwechselnd aus den Tanks Benzin gezapft. Und es war nicht ungewöhnlich, dass die Mechaniker jedes Mal, wenn die Piloten die Information erhielten, die abgelesenen Zahlen auf Papier oder irgendwelchen Gegenständen in der Nähe notierten. In diesem Fall auf dem rechten Tank Nummer eins vorn.

Konnte der Tank aus der Latham auf ihrem Weg in den Norden aus der Maschine geworfen worden sein? Die Aftenposten, die vor knapp sieben Wochen Amundsen und seine Mannschaft für tot erklärt hatte, war nicht gleich der Meinung, dass die Bleistiftzeichen eine Nachricht von einem lebenden Polarfahrer sein könnten. Die Zeitung schrieb, dass sowohl der Tank als auch der Schwimmer aller Wahrscheinlichkeit nach vom Flugzeug bei einer Kollision mit dem Wasser abgerissen worden waren. Damit wies sie alle Andeutungen von sich, das Flugzeug könnte auf einem Gebiet mit treibendem Meereis runtergegangen sein. Dann wären beide Flugzeugteile vollkommen zerstört gewesen, meinte der Journalist und legte die Behauptung dem am häufigsten Befragten unter den Experten vor, Adolf Hoel. Er antwortete, der neue Fund bestärke die Annahme, dass die Latham vor der norwegischen Küste abgestürzt sei, fügte jedoch hinzu, dass man es unmöglich mit letzter Sicherheit sagen könnte. Und in dieser Schlussfolgerung waren sich alle einig.

Die Details in Bezug auf den Benzintank wurden Carsten Borchgrevink vorgelegt, einem 63-jährigen norwegischen Polarfahrer und Antarktisforscher mit viel Erfahrung aus früheren Expeditionen in den Süden, die letzte zur Jahrhundertwende. Es ist schwer zu sagen, was er nach Meinung der Aftenposten wohl zur Diskussion beitragen könnte und was er über die zeitgenössischen Flugzeugtypen wisse. Aber mangelnde aktuelle Erfahrung hielt Borchgrevink nicht davon ab, ein paar vernünftige Fragen zu stellen: »Es wäre von Bedeutung zu wissen, ob jemand sagen kann, welche Benzintanks der Latham zuerst während des Flugs benutzt wurden. Daraus könnte man eventuell schließen, wie lange das Aeroplan in der Luft gewesen ist. Entweder war der Tank bis auf 30 Liter leer, weil der Treibstoff verbraucht wurde, es kann aber auch sein, dass er gelöst worden ist, um als Flaschenpost zu dienen«.[148]

Genau das. Aber Borchgrevink führte seine Überlegungen nicht zu Ende. Wenn man wüsste, wieviel Benzin die Latham verbraucht hatte und wie lange das Flugzeug sich in der Luft gehalten hatte, könnte man daraus vielleicht schließen, *wo* es gelandet war – wenn man nicht davon ausging, dass das Flugzeug aus irgendeinem Grund über einer bestimmten Position gekreist war.

Zwei Probleme machten die Fortführung dieser Überlegungen schwierig. Zum einen wussten die wenigsten etwas über die Details der Konstruktion der Latham. Nur eine geringe Anzahl Maschinen dieses Typs war hergestellt worden. Bei dem Flugzeug, das Roald Amundsen zur Verfügung gestellt worden war, handelte es sich um den Prototypen Nr. 2. In norwegischen Pilotenkreisen wurde behauptet, dass es sich bei dem Benzintank von 600 Liter, der bei Haltenbanken gefunden worden war, um einen Reservetank gehandelt habe. Doch das stimmte nicht.

Die Flugzeugfabrik in Caudebec hatte ein kleines verkaufsförderndes Heft über dieses Flugzeug zusammengestellt. Darin waren als Standard für die Benzinzufuhr zwei Tanks mit 600 Litern und zwei mit 250 Litern angegeben.[149] Wahrscheinlich war man dabei, das Flugzeug mit weiteren Benzintanks zu testen, als die Frage nach einer Teilnahme an der Suche in Verbindung mit der »Italia«-Havarie eintraf. Schließlich hatte das französische Marineministerium eine Überquerung des Atlantiks geplant (von Paris über die Azoren und weiter nach Bermuda). Spätere Funde deuten darauf hin, dass das Flugzeug bereits für diesen Auftrag ausgestattet war.

Man konnte also nicht mit Sicherheit sagen, wie viele und wie große Benzintanks an Bord der Latham gewesen waren, als sie Tromsø verließ. Es sollte sich herausstellen, dass auch der *Verbrauch* von Benzin nicht so leicht anzugeben war. Lützow-Holm und Riiser-Larsen, die nach ihrem langen Aufenthalt im Norden am Tag zuvor in dem norwegischen Hafen angekommen waren, waren beide der Meinung, dass der Verbrauch bei ungefähr 200 bis 250 Liter die Stunde liegen müsste. In dem kleinen Heft mit den Basisinformationen über die Latham war der Verbrauch mit ungefähr 90 Liter pro Stunde angegeben. Was äußerst wenig war, wenn man in Betracht zog, dass das Flugzeug mit zwei Farman-Motoren von jeweils 500 Pferdestärken ausgerüstet war. Wahrscheinlich wurde in dem Heft eine vorteilhafte Zahl angegeben, basierend auf einer ressourcensparenden Geschwindigkeit (140 km/h) mit einem nur leicht beladenen Flugzeug unter guten Wetterverhältnissen ohne Turbulenzen oder Gegenwind. Auch beim Start und Abrollen auf See war der Treibstoffverbrauch wahrscheinlich sehr viel höher. Der Benzinverbrauch war also bei jedem Flug von einer ganzen Menge von Faktoren abhängig, Wellen und Meeresströmung, Wind und Wetter. Das Einzige, was man mit Sicherheit wusste und dokumentieren konnte, war, wie viel Benzin die Latham in Bergen und in Tromsø getankt hatte.

Am 20. Oktober fand vormittags in Tromsø eine offizielle Kapitänserklärung zum Fund des Benzintanks statt. Als diese beendet war, wurde der Tank für Untersuchungen weiter nach Frankreich geschickt – an Le Service des Ètudes et Constructions Aèriennes. Aus diesen gründlichen Untersuchungen gingen einige neue Informationen über den Benzintank hervor, die für den Skipper der »Leif« nicht zu erkennen gewesen waren.[150]

Aufgrund der Bleistiftmarkierungen hatte man bei der offiziellen Erklärung verkündet, dass es der vordere rechte Tank Nummer 1 war, den man gefunden hatte. Was später vom französischen Institut bestätigt wurde. Der Tank war konstruiert worden in Caudebec, wo alle Tanks der Latham vor der Reise nach Norwegen herausgenommen und untersucht worden waren. In Frankreich verwies man außerdem darauf, dass der Tank zwar diverse Dellen aufwies, aber kein Zeichen eines heftigen Stoßes. Am Boden war der Zapfhahn vom Tank abgetrennt. Doch das war an Bord der »Leif« geschehen. Der Kapitän hatte berichtet, dass sie den Tank auf Deck mit einem Seil um den Zapfhahn und den Einfüllstutzen befestigt hatten. Während der Fahrt von Haltenbaken nach Valdersund hatten so raue See und so heftiges Schlingern geherrscht, dass beide Stutzen abgerissen waren. Der Kapitän hatte sie aber beide retten können und sie zur offiziellen Erklärung mitgebracht. Der Vorsprung, an dem der Zapfhahn gesessen hatte, war oxidiert und dicht. Ein anderer Vorsprung, dort, wo das Benzin in die Motoren gepumpt wurde, war beschädigt. Der Kapitän der »Leif« versicherte, dass der Zapfhahn bereits in diesem Zustand gewesen war, als der Tank an Bord geholt wurde.

Bei näheren Untersuchungen sollte sich herausstellen, dass der Einfüllstutzen, der an Bord des Fischkutters im Sturm abgerissen war, mehrere Geheimnisse barg. Ein kleines Kupferrohr diente als Entlüftung und war an den Verschluss des Stutzens gelötet. Dieses kleine Rohr war wiederum mit einem Holzpfropfen verschlossen. Indem das Kupferrohr durchgetrennt wurde, konnte man den Holzkeil unbeschadet herausholen. Und es stellte sich heraus, dass er aus einem ganz normalen hellen Holzstück bestand und Spuren eines Messers vorwies. Der Keil war plan zur Mündung des Kupferrohrs abgebrochen.

Um den Einfüllstutzen herum klebte immer noch angedrückter Kautschuk, der mit einer ringförmigen Klemme festgehalten wurde. Diese Dichtung befand sich normalerweise zwischen dem Flugzeugdeck und dem Einfüllstutzen und ragte ungefähr 2 Zentimeter aus dem Hals des Stutzens heraus. Am Ende dieser Dichtung war normalerweise ein Aluminiumring befestigt sowie Bolzen, die quer durch die Dichtung liefen. Am Einfüllstutzen dieses Benzintanks war die Dichtung kurz über der Klemme, die sie am Stutzen festhielt, abgeschnitten (circa 8 Millimeter darüber). Am Kupfer waren deutliche Spuren einer Messerspitze zu erkennen.

Der rechte Tank Nummer 1 war der Benzintank, der am nächsten an einer Luke hinter dem Cockpit lag. Alle Benzintanks konnten durch diese Öffnung herausgenommen werden. Die Luke hinter dem Cockpit war mit Bolzen festgeschraubt, und alle Tanks waren mit Metallbändern an längslaufenden kräftigen Streben im Flugzeug befestigt. Die offizielle Erklärung in Trondheim und weitere Untersuchungen in Frankreich kamen zu dem Ergebnis, dass, wenn der Tank ins Meer geworfen worden sein sollte, er sich so gedreht hätte, dass die Seite mit dem schweren Einfüllstutzen nach unten gekommen wäre. Und der Holzpflock hätte verhindert, dass Meereswasser in den Tank eindränge. Spätere Untersuchungen und Befragungen konnten feststellen, dass der Holzkeil nicht vor der Abreise in Caudebec in die Entlüftungsröhre gesteckt worden war.

Die Schlussfolgerungen aus den Untersuchungen des Benzintanks wurden unter vielen Vorbehalten gezogen, waren aber trotz allem höchst dramatisch. Konkret gesehen gab es nur zwei Möglichkeiten, entweder hatte sich der Tank von dem zerschmetterten Flugzeugrumpf losgerissen, oder er war von der Mannschaft der Latham herausgenommen worden. Und die zweite Alternative war am wahrscheinlichsten. Französische Flugzeugexperten und Repräsentanten der Fabrik in Caudebec waren sich in ihren Kommentaren absolut sicher. Es war so gut wie unmöglich, dass der Benzintank sich bei einer Havarie aus seiner Verankerung gelöst haben könnte, und auch später nicht, sollte das Flugzeug auf den Grund gesunken sein.[151] Die Latham war nicht abgestürzt und gesunken, zumindest nicht sofort. Die Mannschaft hatte Zeit gehabt, den einen Benzintank herauszunehmen und Reparaturen vorzunehmen.

Nach den Untersuchungen in Frankreich tauchte außerdem eine Geschichte auf, die der stellvertretende Kommandant der Latham, de Cuverville, selbst bereits mehrfach erzählt hatte.

Einer der unter seinem Kommando stehende Pilot hatte während eines Flugs einen Schwimmer verloren. Er war auf die Idee gekommen, ihn durch einen der Benzintanks zu ersetzen, um so die Querstabilität des Flugzeugs wiederherzustellen. Auf diese Art und Weise hatte der Pilot das Flugzeug bergen können, wofür er großes Lob und Anerkennung von seinem Vorgesetzten für seinen Erfindungsgeist erhielt.[152]

Der Fund des Benzintanks hatte zu keinerlei Aufklärung geführt. Ganz im Gegenteil erschien das Schicksal der Latham weiterhin rätselhaft und unverständlich. Diejenigen, die an der Theorie eines heftigen Absturzes festhielten, entweder bei Bjørnøya oder vor der norwegischen Küste, begutachteten alle Wrackrestfunde – und so gut wie jeden Tag wurde von einem neuen berichtet. Die meisten waren entweder Täuschungsversuche oder Gegenstände ohne jeden Zusammenhang mit dem französischen Flugzeug. Was offensichtlich das Interesse, alle möglichen Wrackreste abzuliefern, die im Meer schwammen, noch bestärkt hatte, war eine Belohnung, die das »Veslekari«-Komitee für jeden Fund ausgelobt hatte, der das Verschwinden der Latham erklären könnte. Als die Suchaktion vorüber war, wurden der Mannschaft des Fischkutters »Brodd« 10000 Kronen zugesprochen. Ungefähr gleichzeitig erhielten die Hinterbliebenen der Latham-Mannschaft 100000 französische Franc und Leif Dietrichsons Sohn 10000 norwegische Kronen. Zuschüsse für die Suche nach der Latham und ihrer Mannschaft gingen aus allen Landesteilen Norwegens und aus dem Ausland ein. Es blieb so viel Geld übrig, dass ein Fonds zum Gedenken an Roald Amundsen eingerichtet wurde. Im Laufe des Jahres 1928 wurde der Name des Komitees in den Roald-Amundsen-Gedächtnisfonds geändert, der heute noch existiert.

Die Mannschaft der »Leif« erhielt auch eine Belohnung, doch erst nach einer erbitterten Diskussion in der Presse. Der Skipper, Leonard Olsen, hatte den Eindruck bekommen, das Komitee dächte gar nicht daran, sie für den Fund des Benzintanks zu belohnen, und sich an einen Rechtsanwalt in Oslo gewandt, um seine Sache und die seiner Mannschaft vorzutragen. Der Vorsitzende im »Veslekari«-Komitee, Knut Domaas, Redakteur der Norges Handels- og Sjøfartstidende, meinte, der Mannschaft der »Leif« stehe keine Belohnung zu, weil der Fund des Benzintanks nicht dazu geführt habe, das Flugzeug zu finden. Schließlich wisse man immer noch nicht mehr über das Schicksal der Latham. Da es dem Komitee jedoch nicht an Geld mangelte, wurde der Betrag dennoch ausbezahlt.

Langsam sank die Aufmerksamkeit rund um das Schicksal der Latham auf ein weniger dramatisches Niveau mit nur sporadischen Funden und Berichten. Der Flugzeugkörper selbst wurde nicht lokalisiert. Norwegische Behörden ermunterten zu einer Reihe weiterer Gedenkveranstaltungen. Am 24. Oktober lud die Geographische Gesellschaft zu einer großartigen Zusammenkunft in der schönen Universitätsaula. Alle Sitzreihen waren bis auf den letzten Platz und darüber hinaus gefüllt. Die Regierung war mit dem Ministerpräsidenten Mowinckel an der Spitze anwesend. Außerdem fanden sich Parlamentsvertreter, das Königshaus und die erste Garde der norwegischen Forscher sowie andere gesellschaftliche Größen ein. Familienmitglieder von Roald Amundsen und seine engsten Freunde waren gekommen. Riiser-Larsen, Lützow-Holm und die anderen Piloten und Mannschaften, die an der »Italia«-Suche und der nach der Latham teilgenommen hatten, waren zu sehen. Diplomaten und ausländische Gesandte waren da.

Natürlich war auch Otto Sverdrup anwesend sowie der amtierende Vorsitzende des Norsk Aeroklubb, Christian Doxrud.

Dr. Skattum, der Präsident der Geographischen Gesellschaft, hielt eine lange, detaillierte Rede über alle Leistungen Roald Amundsens. Fridtjof Nansen hielt eine Rede, die von der Aftenposten am folgenden Tag als äußerst gelungen bezeichnet wurde: »Dann bestieg der Vater der norwegischen Polarforschung, Fridtjof Nansen, das Rednerpult, und seine Rede fand einen Widerhall in den Herzen aller. Über Amundsen schwebte, wie er sagte, der Glanz der Heldentaten und des Abenteuers. Er war ein Mann der Tat. Ein echter Spross aus einem alten Stamm. Er besaß die kühne Verwegenheit der alten Norweger, ihre sichere Tatkraft.«[153]

Die Gedenkreden legten sich wie ein blasses Tuch über jeden Gedanken, dass sich die Mannschaft der Latham trotz allem noch lebend irgendwo auf dem Eis befinden könnte. In einer der Bankreihen der Aula saß Louise Boyd, die erst wenige Tage zuvor in der Aftenposten erklärt hatte, dass sie auf keinen Fall glaubte, Amundsen sei tot.[154] In dieser Gesellschaft war sie jedoch taktvoll genug, derartige Gedanken nicht zu äußern.

Aber Zeitungsschlagzeilen über Funde von Wrackresten tauchten weiterhin auf – nicht mehr auf der Titelseite, doch sie wurden auch nicht ignoriert. Ein Flugzeug war beobachtet worden, das vor Neufundland im Meer trieb. Wrackreste eines anderen Flugzeugs wurden vor der dänischen Küste aus dem Wasser gefischt. Keines davon war die Latham. Wochen vergingen und wurden zu Monaten. Das Jahr 1929 begann.

Am 10. Januar, mitten in der dunklen Zeit und den Winterstürmen, kam wieder eine Nachricht über einen Schwimmer, von dem man meinte, er könnte von der Latham stammen. Er war bei Tunes an der Westseite des Nordkaps von dem Fischer Johan Olsen Tunes gefunden worden, nahe dem Meeresufer. Dieser konnte berichten, dass es sich nicht nur um einen, sondern um zwei kleine Schwimmer handelte, die mit etwas zusammengebunden worden waren, das aussah wie Tang, und in einen waren die Buchstaben »Latham Paris« eingeritzt.

Johan Olsen Tunes wurde von der Adresseavisen interviewt und konnte weiter berichten, dass die Wrackteile mit einer Art von Ringen an zwei röhrenförmigen Metallteilen festgebunden waren, die fast wie Ofenrohre aussahen. Die Zeitung schloss daraus, dass es sich nicht um Teile des anderen Schwimmers der Latham handeln konnte. Denn dieser war aus Sperrholz gefertigt gewesen. Gleichzeitig betonte die Zeitung, dass Tunes ein zuverlässiger und respektierter Mann im Ort war. Der Polizeidirektor von Ost-Finnmark holte diese Schwimmer nach Hammerfest, wo sie untersucht wurden. Einige der meist gefragten Experten, der Kommandeur der Marinebasis vor Bergen Moe, Professor Helland-Hansen und Riiser-Larsen, erklärten erwartungsgemäß, dass man nicht sicher sein könne, aber die Eingravierung »Latham Paris« höre sich ja vielversprechend an. Doch als die sonderbaren Schwimmer endlich in Hammerfest ankamen, stellten sich die Informationen über eine Eingravierung schlicht und einfach als eine Lüge heraus. Die einzige Inschrift war eine Markierung, Pat.Nr. 286573. Die beiden zusammengebundenen Ofenrohre stammten *nicht* von dem französischen Seeflugzeug. Der Zeitungsjournalist wurde wütend über den Betrug und forderte auf, die Schwindler zu entlarven und zu bestrafen.

Das Flugboot Latham war am 10. Januar 1929 seit fast sieben Monaten verschwunden. Die wenigsten erwarteten, dass nach so langer Zeit ein neuer Fund gemacht werden könnte, der sich als echt herausstellte. Doch die Latham hatte immer noch Überraschungen zu bieten. Am 11. Januar 1929 fand der vierundsiebzigjährige Martin Jørgensen einen Benzintank am Ufer bei Borge in der Gemeinde Vestvagby, gut 60 Kilometer von Sortland entfernt. Dieser Tank stammte tatsächlich von dem französischen Flugzeug, und es war ein Tank, der 500 Liter aufnehmen konnte. Die kleine Messingplatte am Einfüllstutzen wies den gleichen Text auf wie der frühere Fund bei Haltenbanken – mit dem Unterschied, dass hier 500 l und nicht 600 l stand. Zapf- wie Füllrohr waren verschlossen und mit Metalldraht plombiert. Aus den Bildern, die gleich nach dem Fund des Benzintanks gemacht wurden, geht hervor, dass die Messingkappe, die normalerweise auf dem Rohr fürs Einfüllen saß, auch bei diesem Tank nicht an ihrem Platz war.

Der 500-Liter-Tank war vollkommen leer und von innen trocken. Aufgrund der Plombierung aller geschlossenen Zapfkräne mit dem Metalldraht konnte er also durch Abzapfen für die beiden Farman-Motoren der Latham geleert worden sein.[155] Das war ein vollkommen neuer und aufsehenerregender Fund. Man näherte sich jetzt einer Basis für die Spekulation, wie weit die Latham eigentlich geflogen war, bevor die Benzintanks aus dem Flugzeugkörper genommen worden waren.

# KAPITEL 26

# Ein Mysterium im Nordpolarmeer

Am Nachmittag des 18. Juni 1928. Plötzlich hatte die norwegisch-französische Expeditionsgruppe es eilig zu starten. Das berichteten Fritz Zapffe und auch Krogness, der Leiter des Geofysisk Institutt, im Nachhinein. Beide interpretierten die Eile als Folge einer zeitweiligen und kurz währenden Besserung der Wetteraussichten. Aber ein Handlungsverlauf, der aus dem Einsammeln von Informationen, warten, zögern und plötzlicher Aktivität besteht, ist auch für eine andere Situation im Laufe von Expeditionen typisch – dass man verschiedene Alternativen prüft und sich dann für eine von ihnen entschließt. Nachdem eine wichtige Entscheidung getroffen worden ist, folgt gern eine Periode hektischer Aktivität.

Die Beschreibung des Latham-Unternehmens in den Stunden nach 14 Uhr an diesem Nachmittag ist bezeichnend für genau so eine Periode. Man hatte die letzten Wetterprognosen und Eisberichte eingeholt, man hatte die französische Mannschaft zu einem baldigen Start gedrängt. Gemeinsam zogen sie alle hinunter zum Kai am Sund, wo die Latham startbereit lag. Die Mannschaft wurde mit verschiedenen Booten hingebracht. Als Letzte kamen Dietrichson und Amundsen in dem schnellen Motorboot von Großhändler Aune. Fritz Zapffe war als Passagier dabei. Er schrieb später, dass er ein komisches Gefühl hatte und besorgt war, weil er nicht den üblichen engen Kontakt mit seinem alten Freund hatte. »Ich werde auch nie den Ausdruck in seinem Gesicht vergessen, als er vor dem Start achtern auf der Latham saß, er hatte etwas Fernes, Resigniertes an sich. Es sah aus, als ginge das Ganze ihn gar nichts an, und dabei ging es doch möglicherweise gerade um ihn. Ohne etwas zu sagen, saß er nur ganz still da und schaute mich an.«[156] Aber man muss dabei bedenken: Dieser Eindruck wurde natürlich erst später aufgeschrieben, nachdem ein trauriger Apotheker Zapffe akzeptiert hatte, dass sein Freund tot war.

Roald Amundsen stieg als Letzter ins Flugzeug. Er zog den Fliegeroverall zurecht, richtete den Gürtel, blieb eine Weile auf dem Flugzeugdeck stehen und posierte für die vielen Fotografen. Anschließend ging er nach hinten zum Heck. Im Cockpit war es so eng, dass er noch eine Weile draußen auf dem Deck hinter den kräftigen Streben saß, die die Motoren oben hielten. Im Cockpit wurden die letzten Justierungen und Tests vorgenommen. Das Gepäck war bereits fertig verstaut. Augenzeugen berichteten, dass Amundsen wehmütig wirkte. Bilder zeigen ihn mit schräg geneigtem Kopf. Mit fernem Blick schaute er über die Bucht und alle Schiffe, die sich versammelt hatten. Es wimmelte von Menschen, die den Start der Rettungsexpedition mit ansehen wollten.

Es ist schwer, die Gemütslage eines anderen Menschen und seine Gedanken allein nach einem freundlichen Gesichtsausdruck oder einer zusammengesunkenen Körperhaltung auf einem Foto zu beurteilen. Sollte der Polarfahrer wehmütig gewesen sein, kann es dafür viele Gründe gegeben haben. Amundsen muss sich darüber klar gewesen sein, dass es an diesem Tag vielleicht das letzte Mal war, dass er eine Polarexpedition leitete. Am Tag zuvor hatte es ein 25-jähriges Jubiläum des Starts der »Gjøa«-Fahrt in Oslo gegeben. Nach dieser Expedition hatte er die meisten seiner Ziele angepackt und erreicht – als Erster durch die Nordwestpassage, als Erster am

Südpol, durch die Nordostpassage, als Erster auf dem Luftweg über das Nordpolarmeer und wahrscheinlich als Erster über dem Nordpol. Aber er hatte auch viel Widerstand erfahren und hatte wiederholte Male experimentelle und anstrengende Krebsbehandlungen über sich ergehen lassen müssen.

Im Laufe des Frühlings hatte er eine Reihe von Entscheidungen getroffen, die sein Leben in eine andere Richtung führen sollten. Er hatte seine Medaillensammlung an einen Advokaten übergeben, damit dieser sie verkaufen und damit den Rest von Amundsens Schulden begleichen sollte. Er hatte überlegt, ob Oscar Wisting und seine Frau nicht nach Svartskog ziehen sollten. In diesem Zusammenhang hatte er damit begonnen, ein Grundstück von seinem Landbesitz abzutrennen. Frau Wisting war anfangs dem Gedanken gegenüber, dass ihr Mann so nahe bei seinem alten Chef wohnen sollte, äußerst negativ eingestellt, dann aber deutlich positiver, nachdem Amundsen ihr erzählte, dass er plane, die beiden Pflegetöchter Camilla und Kakonita zurück nach Svartskog zu holen.[157] Und nicht zuletzt – Bess Magids war mit dem Schiff der Amerikalinie auf dem Weg nach Norwegen und wurde in den nächsten Tagen in Bergen erwartet. Daran mag Amundsen gedacht haben, als er dort saß und um sich schaute. Außerdem war es ein außergewöhnlich schöner Tag am Tromsøsund. Das Wasser lag spiegelblank und still da, die Luft war klar, und die Sonne wärmte.

Die Ruhe kann auch einen anderen Ursprung gehabt haben. Roald Amundsen war selbstverständlich der Leiter des Latham-Flugs geworden. Spätere Behauptungen, dass er nur als Passagier dabei gewesen wäre, sind ganz offensichtlich falsch. Er nahm bei dieser Expedition die gleiche Rolle ein, wie er sie bei der N24/N25-Expedition und der »Norge«-Reise gehabt hatte. Er war der Chef. Vielleicht hatte er soeben eine schwierige Entscheidung hinsichtlich des nächsten Ziels des Flugs getroffen. Dem folgten die Ruhe und das Gefühl, dass die Reise nun endlich beginnen konnte.

Der alte Polarfahrer hatte keinen Außenstehenden in seine Pläne eingeweiht, nur Leif Dietrichson und vielleicht die vier Franzosen der Mannschaft. Nicht weit entfernt lag die schwedische Junkers G24 »Uppland« und die finnische Junkers F13 »Turku« an Bojen vertäut. Die Mannschaften, geführt von dem zivilen Chefpiloten Viktor Nilsson, hatten noch gar nicht bemerkt, dass die norwegisch-französische Expedition bereit zum Start war. In Vadsø hatte die italienische Maschine Savoia-Marchetti bereits zweimal versucht, Richtung Norden zu starten. Am Tag zuvor hatte der Chefpilot Maddalena oben bei Bjørnøya umkehren müssen. Es bestand kein Zweifel daran, dass es eine Konkurrenz zwischen den großen Flugzeugen gab, wer als Erster nach Spitzbergen kam. Roald Amundsen selbst hatte keinen Kontakt mit den schwedischen und finnischen Piloten gehabt, doch ihnen durch Leif Dietrichsons zögernde und ausweichende Antworten zu verstehen gegeben, dass von einem gemeinsamen Flug von Tromsø aus nicht die Rede sein konnte. Er hatte sich für etwas anderes entschieden – aber was mag nach Roald Amundsens Entscheidung das nächste Ziel gewesen sein? Wohin war die Latham auf dem Weg?

Die Theorien darüber, was mit der Latham geschah, nachdem sie in Tromsø abhob, waren zahlreich und sehr unterschiedlich. Die französischen und norwegischen Suchexpeditionen, die von Konteradmiral Herr an Bord der »Strasbourg« geleitet wurden, hatten eine unmögliche Aufgabe. Da es so wenige Spuren gab, denen man hätte nachgehen können, entschied sich die Leitung dazu, das gesamte Gebiet rund um

Spitzbergen abzusuchen. Diese Strategie stellte sich als nicht erfolgreich heraus. Es war nur sehr wenig, was man nach dem enormen Einsatz in Händen hatte – ein paar Zeugen vom Start der Latham in Tromsø, einige Gebiete, von denen man annahm, dass die Latham dort *nicht* gelandet war. Die besten Spuren wurden durch Zufall gefunden und weil Menschen aufmerksam gewesen waren, nicht als Ergebnis einer systematischen Suche. Aber charakteristische Zeichen an den Funden hatten es schwerer – nicht leichter – gemacht, sichere Schlüsse zu ziehen.

Basierend auf verschiedenen Annahmen schälten sich drei Haupttheorien über das Schicksal der Latham heraus: 1) Die Latham war bei Bjørnøya abgestürzt. 2) Das Flugzeug hatte Probleme bekommen und war zur norwegischen Küste umgekehrt, wo es abgestürzt war, oder 3) die Latham war auf dem Weg zur Ballongruppe nicht weit von Nobiles Zeltlager abgestürzt.

Die erste Theorie, nach der die Latham vor der Bjørnøya abgestürzt sein müsste, basierte hauptsächlich auf dem Funkkontakt mit dem Funker der Latham in den Stunden nach dem Abflug in Tromsø. Das Wenige, was es an Funkbescheiden gab, schien zu bestätigen, dass die Latham mehrere Male unterschiedliche Funkstationen angerufen, Nachrichten empfangen und um Eiswarnungen gebeten hatte. Im Geofysisk Institutt hatte der Leiter selbst, Ole Andreas Krogness, einen kurzen Bericht darüber verfasst, von wem die Latham gehört worden war, die Funkstationen die Meldungen des Flugzeugs empfangen hatten und über die Zeitpunkte dieser Kontakte.[158]

- Weder Bjørnøya (lwp) noch Svalbard Radio (Green Harbour) hatten irgendetwas von der Latham (mit dem Funkrufsignal fmgp) gehört.

- Ingøy Radio (lei) hatte berichtet, dass sie um 17.40 Uhr eine Verbindung zu dem Flugzeug hatten und eine Viertelstunde später hörten, wie das Flugzeug tqe anrief (die Funkstation in Longyearbyen). Die Meldung, die Ingøy Radio entgegengenommen hatte (auf einer Wellenlänge kurz unter 600 Meter), war adressiert an Bjørnøya, sie war auf Englisch und lautete folgendermaßen: »Captain Amundsen aboard Latham 47, asks to have ice reports ›if any‹.«
- Das Geofysisk Institutt (tut) hörte um circa 18.45 Uhr zweimal einen Funkspruch der Latham für die private Funkstation in Kings Bay (tuj) mit der Information, dass sie einige (der Funker verstand, dass es sieben waren) Telegramme zu senden hätten.

Kurze Zeit später war der wachhabende Funker des Geofysisk Institutt so sehr damit beschäftigt, meteorologische Daten von den Polarstationen aufzunehmen, dass er nichts weiter hörte. Und gegen sieben Uhr abends fiel der Strom im Institut aus. Ihr Funksender hatte für mehrere Stunden keine Verbindung mehr zur Außenwelt.

Aber das ist nicht das *ganze* Bild. Krogness' Bericht war so kurz gefasst, dass später vertiefende Details ein ganz anderes Bild des Funkkontakts mit der Latham boten. Ingøys diensthabender Funker Fjeldstad berichtete, dass die Station, nachdem sie die Latham gehört hatte, das Flugzeug zweimal anrief und darum bat, seine Position anzugeben. Aber sie erhielt keine Antwort. Bjørnøyas diensthabender Funker Ullring gab noch weitere Details hinsichtlich der Zeitpunkte an, wann er versucht hatte, etwas von dem französischen Flugzeug zu hören, bestätigte aber, dass er nie etwas gehört hatte – weder einen Anruf an seine eigene Station noch andere eventuelle Anrufe. Er hatte um circa 17.00 Uhr von dem Geofysisk Institutt den Bescheid bekommen, auf dem 600-Meter-Band nach dem Flugzeug zu forschen. Gegen 20 Uhr schickte Bjørnøya Radio die Eiswarnungen, um die es von der Latham gebeten worden war. Aber es war Ingøy Radio, das diese Anfrage aufgefangen und dann weiter nach Bjørnøya übermittelt hatte. Anschließend rief Ullring die Latham mehrere Male im Zeitraum zwischen 20 Uhr und Mitternacht an, ohne eine Antwort zu erhalten.

Der Anruf der Latham, von dem Green Harbour behauptete, ihn in der Nacht vom 18. auf den 19. Juni um circa 3 Uhr gehört zu haben, wurde im Bericht des Geofysisk Institutts gar nicht erwähnt und scheint auch in der späteren Diskussion darüber, wo die Latham gelandet sein könnte, offenbar ignoriert worden zu sein. Es ist schwer zu sagen, warum dieser Anruf übersehen wurde, aber der Funker von Green Harbour war sich seiner Sache so sicher, dass Telegramme mit Informationen über diesen Kontakt an eine Reihe von Zeitungen geschickt wurden (Adresseavisen, Bergens Tidende, Aftenposten),[159] in denen sowohl der Anruf als auch die Rückmeldung der Funkstation wiedergegeben wurden. Nachdem Green Harbour die Latham gehört hatte, aber so schwach, dass sie den Inhalt der Meldung nicht hatten verstehen können, riefen sie mehrere Male das Flugzeug und baten um Angabe der Position. Sie erhielten keine Antwort.

Die Latham wurde also mehrere Male gehört (Ingøy Radio, Geofysisk Institutt und möglicherweise Green Harbour), aber es sieht so aus, als hätte niemand gegenseitige *Kommunikation* mit dem Flugzeug gehabt. Man könnte annehmen, dass die Latham keinen davon gehört hat. Und damit kann man zu dem Schluss kommen, dass der Funksender an Bord des französischen Flugzeugs so funktionierte, wie er sollte, der Empfänger jedoch nicht gut genug arbeitete, dass das Flugzeug andere Funkstationen hören konnte.

In seinem Buch *Roald Amundsens letzte Reise* von 1934 schreibt Gunnar Hovdenak, dass er einfach nicht glauben könne, dass Roald Amundsen den Flug fortgesetzt hätte, nachdem ihm klar geworden war, dass die Latham keinen umfassenden Funkkontakt hatte. Er war der Meinung, Amundsen hätte eingesehen, dass das nicht zu verantworten war. Aber war nicht gerade das Gegenteil der Fall – dass Roald Amundsen schon früher die Bedeutung von Funkkontakt bagatellisiert hatte? Bei seinen ersten Expeditionen, in dem Zeitalter der klassischen Expeditionen, hatte Amundsen kein Funkgerät bei sich gehabt, weder auf der »Gjøa«, bei der »Fram«-Reise in die Antarktis noch an Bord der »Maud«, zumindest zu Anfang nicht. Die beiden Dornier Wal-Flugzeuge N24 und N25 hatten auch keinen Funk an Bord gehabt, zum einen, weil diese Technologie zu dieser Zeit (1925) noch kaum benutzt wurde, und zum anderen, weil die Expedition in Gegenden führen sollte, in denen es kein Funknetz gab. Während der »Norge«-Fahrt verlor das Luftschiff jeden Funkkontakt, als es sich der Küste Alaskas näherte. Misstrauische Journalisten behaupteten, dass die Funkstille selbst gewollt sein könnte, um ein wenig Dramatik in die ansonsten ziemlich ereignislose Expedition zu bringen.

Der Zeitpunkt, den das Geofysisk Institutt angab, wann man dort das letzte Mal die Latham gehört hatte, war 18.45 Uhr. Da war das Flugzeug ungefähr 2 Stunden und 45 Minuten in der Luft gewesen. Bei einer durchschnittlichen Reisegeschwindigkeit von circa 140 Kilometern in der Stunde (wie es in einem Brief des französischen Marinekapitäns Jean-Pierre Esteva angegeben wurde)[160] konnte man davon ausgehen, dass das Flugzeug etwa 400 Kilometer von Tromsø und 220 Kilometer von der Südspitze der Bjørnøya entfernt war.\* Die erste Theorie ging davon aus, dass die Latham dort havarierte, kurz nachdem das Geofysisk Institutt sie gehört hatte. Gunnar Hovdenak unterstützte diese Ansicht. Das war auch die offizielle Schlussfolgerung in den Berichten der französischen Behörden und des kommandierenden Admirals.[161] Die Ursachen für den Absturz wurden entweder in einem Motorschaden vermutet, oder es wurde angenommen, dass das Flugzeug in dem dichten Nebel den Horizont nicht mehr hatte sehen können. Erfahrene norwegische und französische Piloten behaupteten, dass selbst der erfahrenste Pilot Probleme haben würde, müsste er mehr als eine Stunde mit den damaligen Instrumenten durch Nebel fliegen.[162]

Die Latham war ausgerüstet mit einem Radiogoniometer\*\* und Instrumenten für den Blindflug. Dieser Richtungsmesser bestand aus einem Empfänger und einer rotierenden Loopantenne unter dem Flugzeug mit einer hängenden Peitschenantenne, die die Signalstärke maß. Diese beiden Antennen konnten zusammen bestimmen, aus welcher Richtung ein Funksignal kam und ob das Flugzeug sich dem Sender näherte.

Leider war es nicht möglich, das Fabrikat des Blindfluginstruments der Latham zu bestimmen. Im Prinzip gingen derartige Instrumente davon aus, die Bewegungen des Flugzeugs in drei Richtungen zu messen – horizontale Bewegung *(yaw)*, vertikale Bewegung *(pitch)* und die Bewegung um die Längs-

---

\* Die treibstoffsparende Geschwindigkeit war von der Fabrik mit 140 km/h und die Höchstgeschwindigkeit mit 170 km/h angegeben worden.
\*\* Ein Winkelmesser für die Funkpeilung, um die Richtung unterschiedlicher Funkstationen zu suchen.

achse *(roll)*. Andere wichtige Instrumente, mit denen das Flugzeug ausgerüstet war, waren das Barometer, das den Luftdruck maß, der Höhenmesser und ein magnetischer Kompass. Beim Flug im Nebel waren die Höhe über der Wasseroberfläche sowie die vertikale Bewegung am wichtigsten, damit das Flugzeug nicht in unkontrollierten Krängungen über dem Wasser stieg oder fiel.

Zwei Augenzeugenschilderungen wurden in Hovdenaks Buch von 1934 hervorgehoben – beide von Fischkuttern aus dem Kattfjord. Beide Schiffe waren auf Fischfang im Malangsgrunnen, als sie am Nachmittag des 18. Juni Motorengeräusche hörten. Später berichteten der Skipper Peder Hansen von der »Maage« und der Skipper Harald Bertheussen von der »Maud«, dass sie die Latham auf ihrem Weg in den Norden beobachtet hätten. Der Zeitpunkt stimmte mit dem Abflug in Tromsø überein. Beide Kapitäne erklärten, dass das französische Flugzeug einen deutlich erkennbaren nordwestlichen Kurs nahm. Hovdenak zeichnete eine Karte, die die vermutete Route der Latham auf der Grundlage dieser beiden Beobachtungen zeigte. Diese Karte galt dann als Beweis, dass die Latham offenbar auf dem Weg nach Ny-Ålesund gewesen war, das Flugzeug aber anscheinend einen auffallend nach Westen orientierten Kurs genommen hatte.

Die beiden Mannschaften an Bord der »Maage« und der »Maud« waren wahrscheinlich die Letzten, die die Latham gesehen haben. Eine andere Beobachtung der Mannschaften auf den Fischkuttern schien Hovdenaks Theorie zu bestätigen, dass das Flugzeug schon früh Probleme hatte – entweder weil es so schwer beladen war oder weil es Motorenprobleme gab. Kurz bevor die Latham vor dem Malangsgrunnen in eine Nebelbank flog, berichteten die Augenzeugen, dass das Flugzeug mehrere Male seine Höhe veränderte. Aber das konnte nicht nur ein Zeichen dafür sein, dass das Flugzeug Probleme hatte, sondern eher ein Zeichen dafür, dass der Chefpilot Guilbaud das Blindfluginstrument vor Eintritt in die Nebelwand testete, um zu sehen, ob die Ausschläge mit seinen eigenen Beobachtungen übereinstimmten. Eine derartige Möglichkeit wurde in Hovdenaks Buch gar nicht erwähnt.

Die zweite Theorie über das Schicksal der Latham entstand, nachdem mehrere Wochen vergangen waren und man im Meer zwischen Spitzbergen und der Ostküste Grönlands keine Spur des Flugzeugs gefunden hatte. Die Theorie wurde bekräftigt durch den Fund von Wrackresten, basierte aber zu großen Teilen auf den gleichen Tatsachen wie die erste. In beiden Theorien spielte übrigens die Entwicklung des Wetters zwischen Tromsø und Bjørnøya eine entscheidende Rolle. Der Leiter des Geofysisk Institutt, Krogness, war der Meinung, dass der extrem westliche Kurs der Latham über dem Malangsgrunnen damit erklärt werden könne, dass das Flugzeug versucht hatte, dem Nebel zu entgehen.

Hovdenak gibt mehrere Augenzeugen wieder, die von rauer See und hoher Brandung an der Bjørnøya und weiter hoch nach Spitzbergen berichteten.[163] Aber im Isfjord wie auch im Kongsfjord war es ruhig und schön gewesen mit der Mitternachtssonne über dem glänzenden Meer. Maddalena berichtete, dass es an der Südspitze der Bjørnøya starke Brandung gegeben hatte, als er am 18. Juni gegen fünf Uhr nachmittags dort landete. Dagegen erklärte Kapitän Hermansen von der »Michael Sars«, dass das Löschen der Ladung bei der Bergwerksanlage von Tunheim einige Stunden später problemlos verlief, weil die See ruhig und das Wetter schön war.

Krogness, der anfangs Anhänger der Theorie gewesen war, dass die Latham bei Bjørnøya abgestürzt wäre, änderte seine

Meinung nach dem Fund des Schwimmers bei Torsvåg am 31. August 1928. Er wies darauf hin, dass in den Tagen, nachdem das Flugzeug als vermisst gemeldet worden war, starker Wind an der norwegischen Küste und um die Bjørnøya geherrscht hatte. Damit war es ziemlich sicher, dass der Schwimmer nach Norden getrieben worden wäre, sollte die Latham bei Bjørnøya ins Meer gestürzt sein. Da die Strömungsrichtung entlang der norwegischen Küste in Ufernähe Richtung Nordosten verlief, war er der Meinung, dass die Latham nahe der Gegend abgestürzt sein musste, wo der Schwimmer gefunden worden war. Mehrere Schiffe suchten deshalb äußerst gründlich in diesem Gebiet nach irgendwelchen weiteren Wrackresten, konnten aber keine finden.

Der Fund des ersten Benzintanks bei der Haltenbanken am 17. Oktober 1928 schien diese Theorie ins Wanken zu bringen. Sollte die Latham bei Torsvåg abgestürzt sein, wo der Schwimmer gefunden worden war, wie konnte dann der Benzintank mit der Strömung über mehrere Monate bis hinunter an die Trøndelagküste gespült worden sein? Außerdem zeigte der Tank deutliche Spuren eines Versuchs, einzelne Teile an ihm zu modifizieren. Hovdenak beschrieb die Kratzer einer Messerspitze am Mundstück des Einfüllstutzens. Französische Experten bestätigten das und betonten, dass der Benzintank sich nicht in dem Zustand, in dem er sich befand, vom Flugzeug hätte losreißen können. Hätte der Tank sich aus den Metallbändern, mit denen er an der längs verlaufenden Konstruktion des Flugzeugs befestigt gewesen war, losgerissen, müsste das gesamte Flugzeug beim Aufprall auf die Meeresoberfläche zertrümmert worden sein. Die französischen Experten waren außerdem der Meinung, dass in so einem Fall auch der Tank zerschmettert worden wäre. Was jedoch nicht mit dem Zustand des Tanks übereinstimmte. Auch wenn er diverse Dellen hatte, so war er heil. Das Zapfrohr und der Füllstutzen waren intakt.

Nähere Untersuchungen des Benzintanks brachten auch denjenigen Probleme, die an der Theorie festhielten, das Flugzeug wäre bei Bjørnøya gelandet. Was war dann die Erklärung dafür, dass nur circa 30 Liter Benzin im Tank waren? Die Latham hatte Tromsø mit vollgefüllten Tanks verlassen. Die Benzintanks befanden sich auf beiden Seiten des Flugzeugkörpers. Eine übliche Methode beim Treibstoffverbrauch war, zwischen den Tanks der rechten und der linken Seite abzuwechseln, um die Querstabilität des Flugzeugs zu erhalten. Auch wenn man nur aus dem rechten 600-Liter-Tank (A1, rechts vorn, laut Bleistiftaufschrift) Benzin entnommen hätte, wäre es nicht wahrscheinlich, dass man den gesamten Inhalt innerhalb von weniger als drei Stunden Flugzeit aufgebraucht hätte. Die Idee, die Flugmannschaft hätte es geschafft, mindestens einige hundert Liter Benzin auszukippen, weil sie eventuell versucht hatten, den Tank als Schwimmer unter dem linken unteren Flügel zu befestigen, war äußerst unwahrscheinlich – besonders weil Augenzeugen über den hohen Seegang bei Bjørnøya an diesem Nachmittag berichtet hatten.

Sowohl in Norwegen als auch in Frankreich hatte es schon früher Aussagen dahingehend gegeben, dass die Latham für diesen Auftrag ungeeignet sei. Es entstand ein erbitterter Streit zwischen norwegischen und französischen Zeitungen und französischen Behörden. Am 30. Juli brachte die Paris Soir einen sehr kritischen Artikel, in dem Gerüchte wiedergegeben wurden, nach denen die Latham für eine Operation in der Arktis unbrauchbar sei. Die Zeitung forderte den sofortigen Rücktritt des Marineministers und schrieb, dass sowohl Guilbaud als auch de Cuverville der Meinung gewesen waren, dass das Flugboot nicht für diesen Auftrag zu gebrauchen sei. Diese Behauptungen wurden von Zeitungen in ganz Europa wiederholt, später aber offiziell vom französischen Marineministerium zurückgewiesen. Auch Gunnar Hovdenak stellte eindeutig in seinem Buch fest, dass die Behauptungen hinsichtlich der verschiedenen Schwachstellen der Latham im Großen und Ganzen nicht zutrafen.

Im Sommer und Herbst 1928 waren um die zwanzig Flugzeuge auf Spitzbergen aktiv. Die Konstruktion dieser Flugzeuge war sehr unterschiedlich, aber grob gesehen konnten sie nach ihrer Größe in drei Haupttypen eingeteilt werden. Die kleinen Flugzeuge waren entweder mit Skiern oder Schwimmern ausgerüstet (Hansa Brandenburg, Junkers CMV, Klemm-Daimler, Sopwith Baby, de Havilland Moth). Viele dieser Flugzeuge konnten auf dem Meer wie auch auf kleinen Bereichen mit flachem Eis landen, aber sie hatten nur eine geringe Reichweite und eine kurze Flugzeit. Ein Vorteil der kleinen Flugzeuge war, dass sie an Deck von Polarschiffen und Frachtern transportiert werden konnten. Die Flugzeuge mittlerer Größe (Dornier Wal und Junkers F13) hatten eine deutlich größere Reichweite, konnten auf dem Meer wie auch auf dem Eis landen, waren aus Metall gebaut und hatten große Schwimmer direkt am Flugzeugkörper, die mit kräftigen Streben und Stoßdämpfern befestigt waren. Zweifellos war die Dornier Wal das favorisierte Flugzeug sowohl von Roald Amundsen und Leif Dietrichson als auch Hjalmar Riiser-Larsen.

Die Langstreckenflugzeuge Junkers G24 (»Uppland«), Savoia-Marchetti und Latham hatten alle eine große Flügelspanne von 29,4 Metern, 24 Metern und 25,2 Metern\* und

---

\* Die *untere* Flügelspanne der Latham betrug 21,6 Meter.

eine gewaltige Reichweite – jeweils 660 Kilometer (ohne Zusatztanks), 3500 Kilometer und 2400 Kilometer (aber 3200 Kilometer mit Zusatztanks). Es handelte sich bei allen um Flugboote mit einem Bootskörper, und keines von ihnen war dafür gedacht, auf einer Eisdecke zu landen. Da die Flugzeuge so unterschiedlich waren, war es nicht leicht zu beurteilen, welches von ihnen am besten für die Aufgabe geeignet war, nördlich von Spitzbergen nach Nobile zu suchen. Die Savoia-Marchetti war ein Monstrum von einem Flugzeug mit zwei Motoren von jeweils 880 Pferdestärken. Das Flugzeug konnte eine Höchstgeschwindigkeit von 279 km/h erreichen, aber offenbar schluckten die beiden Isotta-Motoren bei dieser Geschwindigkeit eine alarmierende Menge an Treibstoff. Aufgrund des Doppelkörpers war das Flugzeug verletzbar im Treibeis, und der Chefpilot Maddalena hatte mehrere Male entschieden abgelehnt, bei Nobiles Zeltlager zu landen.

Da die schwedische Suchmannschaft so viele kleinere Flugzeuge hatte, die besser geeignet waren, auf Eis zu landen, war es auch gar keine Frage, ob die »Uppland« beim Zeltlager landen sollte, weder auf dem Eis noch auf dem Wasser – obwohl das Flugzeug mit kräftigen Schwimmern ausgerüstet war. Dahingegen landete das Flugzeug mehrere Male sowohl in Virgohamna als auch im Murchisonfjord. Der Flugzeugkörper wurde von kräftigen Streben an den Schwimmern über Wasser gehalten, und deshalb bestand auch keine Gefahr mit treibenden Brocken von Blaueis.

Die Latham war das einzige der Langstreckenflugzeuge, das in erster Linie aus Holz gebaut worden war (kräftige Schichtholzbretter und Furnierholz sowohl horizontal als auch vertikal verarbeitet). Die Benzintanks waren aus verzinktem Stahlblech und mit kräftigen Metallbändern an den inwändigen Balken befestigt. Im Unterschied zur Junkers G24 schwamm die Latham auf einem bootsförmigen Rumpf. Die Schwimmer waren in erster Linie dazu gedacht, die Stabilität zu sichern, damit die Flügelspitzen nicht unter Wasser gerieten, wenn das Flugzeug krängte. Das französische Flugzeug war deutlich langsamer als eine Savoia-Marchetti mit einer Spitzengeschwindigkeit von 170 km/h. Aber die Ladekapazität war größer, obwohl das italienische Flugzeug kräftigere Motoren hatte.

Das größte Problem bei der Latham war wahrscheinlich, dass sie nicht auf Meereseis landen konnte und dass sie – aufgrund der Schwimmer – sehr empfindlich für Treibeis in großen Wasserspalten war. Roald Amundsen wurde auf dieses Problem angesprochen, als er am Abend des 17. Juni 1928 einem Journalisten der Aftenposten ein Interview gab:

»Was ist Ihr Eindruck von der Maschine?«, fragen wir Amundsen.
»Ein sehr guter.«
»Aber sie kann nicht auf Eis landen«, bemerken wir.
»Das ist nach den letzten Meldungen auch nicht nötig, die ja davon ausgehen, dass sich um Nobiles Aufenthaltsort große Wasserspalten gebildet haben. Ich war die ganze Zeit der Meinung, dass ein Flugboot das Richtige ist.«
»Wann wollen Sie in Tromsø sein?«
»Wahrscheinlich gegen 6 Uhr morgen früh, wenn das Wetter sich hält.«
»Und der Start von Tromsø?«
»Findet statt, sobald wir mit frischem Benzin versorgt sind und eine kleine Pause gemacht haben. Der Flug nach Spitzbergen sollte in acht Stunden zu schaffen sein. Die Entfernung beträgt ungefähr 1100 Kilometer, und wir rechnen mit einer Geschwindigkeit von 150 Kilometer die Stunde. Im besten Fall sind wir morgen Nacht in Kings Bay.«

»Aber dort werden Sie sich erst einmal ausruhen?«
»Nein, dazu haben wir keine Zeit. Wir werden eine Tasse Kaffee trinken, und wenn das Wetter und die Verhältnisse es zulassen, werden wir gleich zu unserer ersten Erkundungstour starten. Es geht darum, diese Wasserspalten zu nutzen, von denen Nobile berichtet hat. Wir müssen die Chance nutzen, bevor sie sich wieder schließen.«[164]

Das Interview mit Amundsen beschreibt seine Erwartungen vor dem Flug nach Spitzbergen. Es zeigt auch, wie viel Information über die tagesaktuelle Situation von Nobile und den anderen Überlebenden er sich im Voraus verschafft hatte.

Die Havarie der Latham war und blieb ein Mysterium. Die Verwirrung wuchs, als der zweite Benzintank von 500 Liter Inhalt bei Borge in der Gemeinde Vestvågøy, gut 60 Kilometer von Svolvær entfernt, Anfang Januar 1929 gefunden wurde.* Zapfhahn, Luftrohr und Einfüllstutzen waren an diesem Tank geschlossen und mit Metalldrähten versiegelt. Außerdem war der Tank vollkommen trocken. Was nichts anderes bedeuten konnte, als dass beide Benzintanks durch ihre Verbindung mit den Farman-Motoren entleert worden waren. Mit anderen Worten: Die Latham war viel weiter als Bjørnøya geflogen, bevor das Flugzeug gelandet oder möglicherweise abgestürzt war. Basierend auf der Annahme, dass der Mechaniker den Treibstoff zuerst vom rechten, vorderen Benzintank zu den Motoren geleitet hatte, dann vom linken und anschließend vom rechten 500-Liter-Tank, muss das Flugzeug auf jeden Fall 1700 Liter Treibstoff verbraucht haben.

---

 * Der Tank wurde am Silvesterabend gefunden, dieser Fund aber erst einige Tage später veröffentlicht.

Geht man dabei von einem durchschnittlichen Verbrauch von 150 Litern die Stunde aus*, führt das zu dem verblüffenden Schluss, dass das Flugzeug höchstwahrscheinlich 11 Stunden lang in der Luft gewesen ist. Die Latham war somit wahrscheinlich um drei Uhr in der Nacht vom 18. auf den 19. Juni 1928 in der Luft. Das war der Zeitpunkt, als die Funker in Green Harbour einen Anruf auffingen, von dem sie sicher waren, dass er von der Latham stammte, und über den sie später mittels Telegrammen eine Reihe von Zeitungen informierten – vielleicht weil die Leitung der Suchaktion ihren Bericht nicht ernst zu nehmen schien.

Die dritte Theorie, das Ziel der Latham betreffend, basierte auf einer Reihe von Ereignissen in Oslo, Bergen und Tromsø vor dem Abflug und zog außerdem eine große Kenntnis von Roald Amundsens Persönlichkeit mit in Betracht. Vor seiner Abreise aus Oslo hatte er einem Journalisten von Aftenposten gegenüber erklärt, dass »es die Ballongruppe ist, die am dringendsten Hilfe braucht«.[165] Vier aus der Mannschaft (der Takler Renato Alessandrini, der Chefmechaniker Ettore Arduino und die Maschinisten Calisto Ciocca und Attilio Caratti) waren auf der Reise mit der »Norge« dabeigewesen. Roald Amundsen kannte sie persönlich. Am 18. Juni, dem Tag, an dem die Latham von Tromsø aus startete, kannte man die Position von Nobiles Zeltlager – auch wenn es sich später als ungenau angegeben herausstellen sollte. Informationen über die Ballonhülle waren auch von dem Zeltlager der Italiener aus weitergegeben worden. Amundsen wusste aufgrund der Rauchsäule, die von

---

* Auf dem Flug nach Bizerte in Tunesien hatte die Latham mehr als 2000 Kilometer in ungefähr 15 Stunden zurückgelegt, bei einer Durchschnittsgeschwindigkeit von circa 136 Kilometern die Stunde und einem Treibstoffverbrauch von circa 148 Litern die Stunde.

Nobiles Zeltlager kurz nach der Havarie beobachtet worden war, dass das Wrack nicht weit davon entfernt sein konnte.

Außerdem wussten Leif Dietrichson und Roald Amundsen, dass die norwegische Suchmannschaft ihre Basis im Beverlysund mit zwei Hansa Brandenburg-Flugzeugen hatte und es für sie östliche Landeplätze bei den Positionen der »Hobby« und der »Braganza« gab. Aber erst als die Latham in Tromsø gelandet war, wurde Roald Amundsen ernsthaft klar, wie viel Konkurrenz er von den italienischen, schwedischen und finnischen Flugzeugen haben würde. Die Pläne, die Roald Amundsen in Bergen aufgestellt hatte, nach denen er erst im Kongsfjord landen wollte, um von dort aus zum ersten Erkundungsflug in den Norden zu starten, wurden wahrscheinlich während der Wartezeit in Tromsø intensiv diskutiert. Es ist gut möglich, dass Amundsen voller Skepsis zusah, wie Kapitän Romagna Manoia die Suche von der »Città di Milano« aus organisierte. Außerdem war Ny-Ålesund von Journalisten und Filmleuten überfüllt. Im Hafen würde bald eine große Anzahl an Flugbooten an ihren Bojen liegen – keine ideale Situation für den weltberühmten, aber scheuen Polarfahrer.

Es ist nicht unwahrscheinlich, dass die erste Erkundungstour mit der Latham in den Norden als eine Untersuchung der Verhältnisse im Beverlysund geplant war. Wahrscheinlich hatte Roald Amundsen vorgezogen, für die weitere Suche hier Station zu beziehen. Aber der Gedanke muss ihm gekommen sein: Warum nicht direkt ins Suchgebiet fliegen? Die Latham hatte genügend Reichweite, um dorthin zu fliegen und anschließend zurück nach Ny Ålesund, eine Strecke von insgesamt knapp unter 2000 Kilometern. Auf jeden Fall dachte Riiser-Larsen dies, als er am 19. Juni erfuhr, dass die Latham nicht im Laufe der Nacht in Kings Bay gelandet war. Er war lange Zeit Anhänger der dritten Theorie, die besagte, dass das französische

Flugzeug Kurs Richtung Nordosten genommen hatte, vorbei an der Edgeøya und hinauf in das vermutete Gebiet, wo sich die Ballongruppe befinden sollte. Später glaubte er immer stärker an eine Havarie bei der Bjørnøya oder eventuell eine Umkehr zurück zur norwegischen Küste. Diese Äußerungen wurden nach den Funden der drei Wrackreste gemacht, die unzweifelhaft von der Latham stammten.

Eine einzige Stimme brachte eine andere Theorie ins Spiel über die Route, die die Latham hin zu den Suchgebieten nordöstlich von Spitzbergen genommen haben könnte. In einem Bericht, bereits in den letzten Junitagen geschrieben, legte der Geologe und Teilnehmer an der schwedischen Rettungsexpedition, Gerard de Geer, großes Gewicht darauf, dass die Latham ein Flugboot war.[166] Demnach wollten die Piloten wahrscheinlich so lange wie möglich über offenem Wasser fliegen. Außerdem würde Roald Amundsen es sicher vorziehen, über Gebiete zu fliegen, in denen es die Chance gab, auf Menschen zu treffen, sollte etwas schiefgehen. De Geer meinte, dass so eine Route entlang der Westküste von Spitzbergen führen würde. Er skizzierte eine Strecke in den Isfjord hinein, anschließend den Dicksonfjord hinauf, über ein kleines Landgebiet und danach in den langen, breiten Wijdefjord, dem ganz bis zur Verlegenhuken gefolgt werden konnte. Von hier konnte die Latham Kurs Nordost nehmen.

Die Entfernung von Tromsø über die Route, wie sie Gerard de Geer beschrieb, hoch bis zu der angenommenen Position der Ballongruppe in der Nähe von Nobiles Zeltlager, beträgt ungefähr 1550 Kilometer. Teilt man diese Entfernung durch die Durchschnittsgeschwindigkeit, wie sie von französischen Behörden angegeben wurde, also 140 km/h, kommt man zu dem Ergebnis, dass die Latham ungefähr 11 Stunden dafür gebraucht hätte. Bereits vorher hatten Berechnungen gezeigt, dass man für die Entleerung von zwei 600-Liter-Tanks und einem 500-Liter-Tank bei einem geschätzten Verbrauch von durchschnittlich 150 Liter in der Stunde circa 11 Stunden bräuchte. Der Anruf, von dem Green Harbour beharrlich behauptete, ihn in der Nacht zwischen dem 18. und 19. Juni gehört zu haben, kam ungefähr 11 Stunden nach dem Start in Tromsø, um 3 Uhr nachts.

Eine andere übersehene Beobachtung war die Behauptung des italienischen Offiziers Zappi, dass er und Mariano in der gleichen Nacht ein Flugzeug gehört hätten. Die spätere Rekonstruktion von Lützow-Holms Flug mit der Hansa Brandenburg F.38 zeigt, dass das Flugzeug zu diesem Zeitpunkt nicht in der Luft war, dafür später am Morgen des 19. Juni. Konnte es die Latham gewesen sein, die Zappi gehört hatte?

Die beiden ersten Theorien über die Havarie der Latham – dass sie entweder bei der Bjørnøya oder bei Torsvåg stattgefunden haben muss – waren eher unwahrscheinlich, weil sie nicht das Volumen des Treibstoffs erklären konnten, dass das Flugzeug verbraucht haben muss. Eine andere, unbestreitbare Tatsache, nämlich dass der 600-Liter-Tank deutliche Spuren manueller Bearbeitung aufwies, macht es schwierig, an eine Havarie mit schneller Zerstörung des Flugzeugs zu glauben. Ungefähr 25 Jahre später, am 23. Juni 1953, ist Hjalmar Riiser-Larsen auch zu diesem Schluss gekommen. In einem Interview mit der dänischen Zeitung Politiken bemerkte er bezogen auf den Fund der beiden Benzintanks: »Jetzt, an dem Gedenktag, finde ich es richtig, das zu sagen, worüber ich seit 25 Jahren geschwiegen habe. Ein schneller Tod war Amundsen und seinen Leuten nicht vergönnt. Die Benzintanks wurden losgeschraubt, um etwas zu haben, was schwimmt. Sie haben im Eismeer um ihr Leben gekämpft.«[167]

# KAPITEL 27

## Die vielen Gesichter der Trauer

Eine der größten arktischen Rettungsaktionen war beendet. Damit war die Suche nach den sechs vermissten Italienern, die mit der Ballonhülle der »Italia« verschwunden waren, vorbei, ohne dass eine derartige Suche überhaupt richtig in Gang gekommen war. Es war schockierend, dass das so offen gesagt wurde, und unverständlich für diejenigen, die die Suche aus nächster Nähe verfolgt hatten. Die sechs Männer wurden sozusagen für tot erklärt, bevor überhaupt ein zielgerichteter Einsatz stattgefunden hatte, um sie zu lokalisieren. Das Schicksal der Ballongruppe hing an dem dünnen Faden der Kenntnisse über ihre vermutete Position in Bezug auf Nobiles ursprüngliches Zeltlager. Ihr Leben war abhängig davon, was die Führung des russischen Eisbrechers entschied.

An Bord der »Krassin« waren die drei Expeditionsleiter beleidigt, sogar gekränkt über die blitzschnelle Aufnahme des Gebirgsjägers Sora und des Hundeführers van Dongen auf Foynøya. Drei Flugzeuge, die Hansa-Maschinen 255 und 257 und die finnische Junkers »Turku« stiegen am Abend des 13. Juli in die Luft. Die Flugzeuge landeten in einem großen offenen Kanal auf der Ostseite von Foynøya und nahmen die beiden Männer an Bord. Die Rückkehr war nicht so einfach. Zuerst bekamen die Piloten Probleme mit dem Motor in dem finnischen Flugzeug. Als es ihnen endlich gelang, ihn zu reparieren, hatte sich das Tidewassereis um sie geschlossen. Nach ein paar Stunden besserten sich die Verhältnisse, und die Flugzeuge konnten abheben. Zurück am Strand blieben die beiden noch lebenden Hunde von Soras und van Dongens heldenmutiger, aber auch dummdreister Expedition. Die beiden schwedischen Piloten flogen in dichtem Nebel zurück zum Murchisonfjord und landeten dort um zwei Uhr nachts.

Die Freude der Schweden über die Rettungsaktion war groß. Sie trauerten über den Verlust ihres Landsmanns Finn Malmgren, aber zumindest war der große Einsatz mit zwei Schiffen, sieben Flugzeugen und fünfzehn Mann nicht ganz vergebens gewesen. Die Schweden hatten zwei geglückte Rettungsaktionen ausgeführt, drei, wenn man Schubergs Bergung von Lundborg mit einrechnete.

An Bord des russischen Eisbrechers teilte man diese Freude nicht. Man sprach davon, dass es schließlich ihr Pilot Tschuknowski gewesen war, der die beiden Männer auf einer Bergspitze auf Foynøya zuerst gesehen hatte. Die Ehre ihrer Rettung gebührte eigentlich den Russen. Für die ausländischen Journalisten, die das Glück gehabt hatten, einen Platz auf einem der Expeditionsschiffe Richtung Norden zu bekommen, unter ihnen der amerikanische Kameramann John Dored von der Filmgesellschaft Paramount News, war das ein neues Beispiel dafür, wie wenig koordiniert der Einsatz der verschiedenen Länder während der gesamten Rettungsarbeit gewesen war.

Nachdem er Tschuknowski, die Flugzeugmannschaft und die havarierte Junkers bei Kap Platen aufgenommen hatte, schlug Samoilowitsch vor, dass der Eisbrecher nach Osten fahren könnte, um nach der Ballongruppe zu suchen. Kapitän Romagna Manoia an Bord der »Città di Milano« wurde gefragt, ob die Italiener eines ihrer Flugboote gen Norden schicken könnten, um an der Suche teilzunehmen. Die Ballongruppe konnte nicht weit von der Position entfernt sein, auf der die Zeltgruppe gerettet worden war. Und die Junkers der Russen war so beschädigt, dass man sie nicht an Bord reparieren konnte.

Der italienische Kapitän schlug die Bitte ab. Er erklärte mit vielen Entschuldigungen, dass keines seiner Flugzeuge teilnehmen könne. Samoilowitsch gab nicht auf, schickte stattdessen eine Anfrage an den schwedischen Expeditionsleiter, Kapitän Tornberg, ob dieser nicht ein Flugzeug beisteuern könne. Kurze Zeit später kam die ablehnende Antwort aus Stockholm. Die gesamte schwedische Rettungsmannschaft sollte Spitzbergen so schnell wie möglich verlassen. Die Flugzeuge sollten demontiert und an Bord der »Tanja« und des Frachters »Ingerto« gebracht werden, die in nur wenigen Tagen aus dem Adventfjord ablegen wollten.

Ohne Flugzeug konnte die »Krassin« die Suche nach der Ballongruppe nicht fortsetzen. Adolf Hoel beschrieb die Stimmung an Bord wie eine Mischung aus Ungläubigkeit und Empörung. Die letzte kleine Hoffnung für die Ballongruppe verschwand mit diesen Entscheidungen. Selbst wenn die sechs Männer den Aufprall aufs Eis überlebt haben sollten, waren sie nun dem sicheren Tod ausgeliefert. Mit großen Schäden an der Schiffsschraube und der Antriebswelle und nur noch minimalem Kohlevorrat konnte der Eisbrecher sich nicht allein durch die Eismassen nördlich von Spitzbergen in einem letzten, verzweifelten Versuch, die Männer zu finden, durchkämpfen. Die Russen hatten keine andere Wahl, sie mussten Kurs nach Süden nehmen.

Am 19. Juli fuhr die »Krassin« in den Kongsfjord ein. Dort lag bereits die »Città di Milano«. Die beiden Flugboote »Marina II« und die Savoia-Marchetti S.55 waren auch nach Ny-Ålesund gekommen, um die Motoren auszutauschen. Die Überlebenden der »Italia«-Havarie waren bereits an Bord der

»Città«. Am folgenden Tag wurde Marianos mit Gangrän infiziertes Bein amputiert, dann fuhr das italienische Expeditionsschiff von Spitzbergen ab.

Die beiden schwedischen Hansa-Maschinen 255 und 257 wurden am 24. Juli in Tromsø entladen. Sie sollten nach Schweden zurückfliegen und kamen am nächsten Tag in Stockholm an. Der Rest der Expeditionsmannschaft und die Ausrüstung wurden mit dem Zug von Narvik transportiert. Am 28. Juli wurde die gesamte schwedische Rettungsmannschaft offiziell in Stockholm empfangen. Eine große Menschenmenge hatte sich mit Familienmitgliedern, Politikern, Admiralen und Generälen an der Spitze versammelt. Die Piloten wurden wie Helden gefeiert, und ihr Einsatz in einer Rede nach der anderen bejubelt. Während der Expedition hatten die schwedischen Piloten in 142 Flugstunden insgesamt 22 500 Kilometer rund um Spitzbergen zurückgelegt.

In der Zwischenzeit war die »Città di Milano« in der Nacht zum 26. Juli in Narvik eingetroffen. Der Kontrast zum Empfang der Schweden war gewaltig. Trotz der späten Uhrzeit hatte sich eine große Menschenmenge am Kai versammelt. Ein massives, feindliches Schweigen begegnete den überlebenden Italienern. Für den schon vorher erschöpften und nervösen Nobile, der laufend über alle negativen Schlagzeilen in der Presse informiert worden war, muss dieses Erlebnis erschreckend gewesen sein. Es schien, als sähen ihn die Menschen im Hafen als Verantwortlichen für Amundsens Verschwinden an. Im Laufe des nächsten Tages bekam die Menschenmenge in Narvik die »Italia«-Mannschaft nur kurz zu sehen. Die Männer sollten mit dem Zug über Schweden, Dänemark und Deutschland nach Mailand gebracht werden. Der Duce selbst hatte angeordnet, dass die Wagen verplombt werden sollten, so dass weder Nobile noch ein anderer Interviews geben oder mit jemandem in den Ländern, die sie durchfuhren, Kontakt aufnehmen könnte. Die Luftschiffexpedition war zu einem Schandfleck auf Italiens Ehre geworden.

Eine spezielle Gangway wurde in aller Eile gebaut, so dass die Italiener direkt vom Schiff zu den Waggons gehen konnten, ohne einen Fuß auf norwegische Erde setzen zu müssen. Die Überlebenden wurden wie zu überführende Gefangene behandelt, was sie aber nicht vor peinlichen Szenen vor den Abteilfenstern schützte. Besonders in Dänemark und Deutschland war der Empfang erschütternd. Der Grund dafür waren die vielen publizierten Gerüchte über Kannibalismus unter den Männern der italienischen Expedition. Die Leute liefen am Zug entlang, schnitten Grimassen und knirschten mit den Zähnen. Auf den Bahnhöfen wurden Plakate mit grotesken Zeichnungen und Beschimpfungen hochgehalten.

Nur in Schweden wurde der Zug mit den Überlebenden mit Fassung aufgenommen, ja sogar mit Freundlichkeit. Mit das Freundlichste, was der arme, beschimpfte Nobile in dieser schweren Zeit erlebte, geschah auf einem schwedischen Bahnhof. Ein kleines Mädchen lief zu dem Fenster, aus dem er sich hinauslehnte, und überreichte ihm einen Blumenstrauß. Die Schweden trugen ihre nationale Trauer über Finn Malmgrens Tod im Eis mit Würde.

Mussolinis Befehl zur Isolierung wurde in Schweden so weit gelockert, dass Zappi zusammen mit dem italienischen Botschafter in Schweden zu Malmgrens Mutter außerhalb von Uppsala fahren konnte. Der Schwager des Dozenten, Dr. A. Fägersten, war auch zur Stelle. Er war es, der später Details dieses Treffens an die Presse weitergab. Zappi leitete den Besuch damit ein, dass er von der engen Freundschaft zwischen sich und Malmgren erzählte. Der italienische Offizier hatte den Schweden wie einen Bruder angesehen. Danach berichtete er über die letzten Stunden des schwedischen Polarforschers auf dem Eis. Zappi weinte, als er Malmgrens heroisches Opfer lobte, das er brachte, damit die anderen beiden der Gruppe die Chance haben sollten, Land zu erreichen – nicht nur um selbst zu überleben, sondern auch, um Hilfe für die Kameraden im Zeltlager zu holen. Anschließend überreichte er der Mutter den Taschenkompass des Sohnes.[168] Fägersten wie auch Malmgrens Mutter erklärten nach dem Treffen, dass sie einen starken, nachhaltigen Eindruck von Zappis Ehrlichkeit bekommen hatten.

Nach der »Italia«-Havarie, dem Verschwinden der Latham und den vielen Expeditionen in diesem Sommer und Herbst auf Spitzbergen diskutierten die norwegischen Behörden, ob eine Untersuchungskommission eingerichtet werden sollte. Norwegen hatte als übergeordnete Verwaltungsmacht auf Spitzbergen höchstwahrscheinlich das volle Recht, dies zu tun, aber in den ersten Jahren nach Unterzeichnung des Spitzbergen-Abkommens war man unsicher, wie diese Oberhoheit in der Praxis ausgeübt werden sollte. Schließlich wurde beschlossen, keine norwegische Untersuchung zu veranlassen. Hätte sie stattgefunden, wären die italienischen Behörden möglicherweise vorsichtiger mit ihren Schlüssen aus ihrer eigenen Ermittlungskommission umgegangen.[169] Später wurde ein internationales Komitee einberufen, unter anderem mit Adolf Hoel als sachkundigem Mitglied. Aber da war es zu spät, die Eindrücke hinsichtlich Umberto Nobiles Schuld an der »Italia«-Havarie zurechtzurücken.

Bei einer so komplizierten Expedition, wie sie Nobile für den Sommer 1928 geplant hatte – mit wissenschaftlichen wie auch politischen Zielen –, war es so gut wie unmöglich, keine Fehleinschätzungen zu machen. Die Beurteilung des Unternehmens als Ganzes musste in gewissem Grad subjektiv sein. Sie war abhängig von den früheren Erfahrungen des Ermittlers, aber auch von der politischen Situation, in der er sich befand. Die Mitglieder der italienischen Untersuchungskommission waren allesamt Anhänger von Mussolini und Marineminister Italo Balbo.[170] Viele von ihnen waren aktive Faschisten. Deshalb war es in ihren Augen eine Fehleinschätzung von Nobiles Seite, den italienischen Rettungseinsatz so scharf zu kritisieren, besonders die Führung des Kapitäns Romagna Manoia. Die Rettungsaktion unterstand direkt dem Marineministerium. Da half es nichts, dass viele der Suchmannschaften auf Spitzbergen auch der Meinung waren, Kapitän Romagna Manoia hätte den Einsatz nur schlecht koordiniert. Vor allem war es der Mangel an Führung, unvorhersehbare Funkkommunikation und die fehlende Suche nach der Ballongruppe, die Riiser-Larsen, Kapitän Tornberg, Professor Samoilowitsch, Konteradmiral Herr und Gunnar Hovdenak ärgerten.

Adolf Hoel wurde als Zeuge vor die italienische Untersuchungskommission berufen, die nach Nobiles Heimkehr in Rom stattfand. Hoels Teilnahme war für den Zeitraum vom 7. bis 16. Januar 1929 erwünscht. Nach einiger Bedenkzeit erklärte sich der norwegische Polarforscher bereit zur Zeugenaussage, besprach jedoch vorher einige Fragen, von denen man annahm, dass das Komitee sie stellen werde. Es war also nicht seine persönliche Sicht auf die »Italia«-Havarie, die Hoel den italienischen Ermittlern darlegen wollte, sondern eine zusammengefasste, offizielle Version, bearbeitet von Norwegens großem Staatsmann in polaren Fragen. Nichts konnte all die Toten zurück ins Leben bringen. Das Ziel der norwegischen Behörden musste es sein, Norwegens Rolle auf Spitzbergen und darüber hinaus überhaupt in der Arktis zu stabilisieren und zu entwickeln.

Fridtjof Nansen war die ganze Zeit seit dem Absturz der

»Italia« und den Pressemeldungen über die vielen Suchaktionen bemerkenswert zurückhaltend gewesen. Er hatte sich ziemlich früh bereit erklärt, sich an die Spitze einer Suchexpedition mit einem deutschen Zeppelin zu stellen, gelenkt von Hugo Eckener, Umberto Nobiles größtem Konkurrenten.[171] Diese Idee wurde bald als so gut wie unmöglich verworfen. Die Suche mit einem Luftschiff hatte viele Vorteile, aber sie war von einem großen Unterstützerapparat abhängig. Das aktuelle Luftschiff war die »Graf Zeppelin«, doppelt so groß und ganz anders konstruiert als die »Italia«. Hangar wie auch der Andockpfahl in Ny-Ålesund wären dafür zu klein. Es wäre auch nicht möglich, genügend Flaschen mit Wasserstoffgas nach Kings Bay zu bringen. Die Route von Deutschland nach Spitzbergen müsste abgesprochen und weit im Voraus vorbereitet werden. Das deutsche Luftschiff hatte keine Möglichkeit, im Sommer 1928 nach Spitzbergen zu gelangen.

Fridtjof Nansen war fast elf Jahre älter als Roald Amundsen. In der Beziehung zwischen den beiden hatte er immer die Rolle des Beschützers und Ratgebers gespielt. Aber 1928 war es Nansen, der für die Ideen stand, die zu der internationalen Zusammenarbeit der modernen Polarforschung führen sollten. Die heroische Epoche der Heldenverehrung und epischen Expeditionen war vorüber. Es waren nicht nur Roald Amundsens Methoden, die nicht mehr zeitgemäß waren, der Gebrauch von Flugzeugen und Luftschiffen war für die Kartierung des Polarmeeres in Zukunft angesagt. Auch für Roald Amundsens deutlich personenfokussierte Vorgehensweise gab es keinen Platz mehr. In der vielleicht bekanntesten und sehr bewunderten Rede der norwegischen Polargeschichte, »Zu Roald Amundsens Gedächtnis«, fand Nansen Platz für eine vorsichtig formulierte Kritik an Roald Amundsens Expeditionen nach der »Maud«-Reise:

Amundsen war kein Mann der Wissenschaft, und er wollte es auch nie sein. Sicher, er begann eine methodische Ausbildung für seine magnetischen Untersuchungen, und er leistete hervorragende Arbeit; aber es war nicht möglich, ihn dazu zu bewegen, an der Bearbeitung der Resultate mitzuwirken oder diesen eingeschlagenen Weg weiter zu verfolgen. Das schien ihn zu ermüden, es war die Aktion selbst, die Handlung, die ihn mehr und mehr vereinnahmte. Dennoch haben seine Reisen wissenschaftliche Ausbeute von hohem Rang erbracht und das Wissen über unsere Erde erweitert.

Der Rest der Rede war eine Orgie feierlicher Poesie. Nansen zitierte gern Gedichte des englischen-kanadischen Lyrikers Robert Service, doch in dieser Rede erhöhte Nansen seine Beschreibungen zu einer Grabrede. Ein endgültiger Abschluss, eine Tür zur alten Zeit, die geschlossen wurde.

Doch ebenso wichtig wie die gesamte wissenschaftliche Ausbeute war die Tat an sich, und auch er selbst hat es wohl so gesehen. Welch leuchtendes Beispiel ist das für die Jugend unserer Zeit geworden! Durch sein gesamtes Schaffen zog sich sein hartnäckiger, mutiger Wille. »Sei dir selbst treu, und du wirst die Krone des Lebens gewinnen«, so heißt es. Er blieb dem Besten in seiner Person treu. Seine gesamte Manneskraft opferte er, mit allem, was er besaß, für die Arbeit, um die Ideale seiner Jugend zu verwirklichen. Der immer wieder auftretende Widerstand schärfte seinen Willen nur, und er gelangte ans Ziel. – Seht, das ist die Leistung dieses Mannes: Er gewann die Krone des Lebens.
Und nun, da das Werk vollbracht war, kehrte er zurück in die Weiten des Polarmeeres, wo er sein Lebenswerk geleis-

tet hat. Er fand ein unbekanntes Grab unter dem klaren Himmel der Eiswelt mit dem Schwingenschlag der Ewigkeit.

Doch aus der großen weißen Stille wird sein Name im Glanz des Polarlichts für Norwegens Jugend noch durch Hunderte von Jahren leuchten. Es sind Männer mit Mut, mit Willen, mit einer Kraft, wie er sie besaß, die uns Glauben an das Geschlecht schenken, Vertrauen in die Zukunft – Die Welt, die solche Söhne gebiert, ist immer noch jung.[172]

Alle waren von dieser feierlichen Rede ergriffen. Niemand zweifelte an Nansens Aufrichtigkeit. Aber hinter den Worten steckte ein Gedanke. Ganz gleich, was früher über Roald Amundsen gesagt worden war, ob öffentlich oder hinter seinem Rücken, so war es jetzt wichtig, die Trauer und die Wut, die das norwegische Volk spürte, zu heilen, unterschiedliche Fraktionen und Auffassungen miteinander zu versöhnen, eine Brücke zur Polarforschung der neuen Zeit zu bauen.

In Italien entschied man sich für eine andere Herangehensweise. Mussolini und Marineminister Balbo waren beide stolze Männer, sehr um die eigene Ehre und die Italiens bemüht. Die »Italia«-Expedition war in den Augen vieler vollkommen missglückt, auch wenn das später von vielen Polarforschern zurückgewiesen wurde. Die internationalen Presseäußerungen waren eine Katastrophe für die italienische Diktatur. Die Schuldfrage für die »Italia«-Havarie und alle darauf folgenden Skandale musste möglichst schnell geklärt werden. Nobile wurde fast automatisch das Opfer. Vollkommen unverständlich für die meisten, die die Rettungsaktionen auf Spitzbergen verfolgt hatten, wurden auch der junge Offizier Viglieri, der mit so großer Tapferkeit die Moral im Zeltlager nach Nobiles Rettung aufrechterhalten hatte, der Funker Biagi und der tschechische Forscher Běhounek in dem italienischen Ermittlungsbericht scharf kritisiert. Dagegen wurden Mariano und Zappi, die bei den Ermittlungen gegen Nobile aussagten, beide äußerst positiv bewertet und für ihr heroisches Auftreten gelobt.

Adolf Hoel hätte sicher viel zur Verteidigung derjenigen beitragen können, die als Sündenböcke für die missglückte Luftschiffexpedition hingestellt wurden. Aber wahrscheinlich hätte das gar nichts genützt. Er entschied sich für eine eher pragmatische Haltung: Sicher, er sagte seine Meinung, aber wahrscheinlich sagte er nicht *alles*, was er meinte. Der neue Direktor für Norges Svaldbard- og Ishavsundersøkelser war ein Mann der Zusammenarbeit. Er fuhr nach Rom als Diplomat im Namen einer jungen Nation mit großen Ambitionen in der Arktis.

Selbst dem besonders sensationsheischenden Teil der norwegischen Presse wurde es schließlich zu viel mit den Beschuldigungen gegenüber dem italienischen, inzwischen degradierten General. Man dämpfte den Ton und nahm gegenteilige Standpunkte in den Zeitungen ein. Aber es war erst das Buch *Tragedien Umberto Nobile* von 2002 von Steinar Aas, das die Norweger endgültig einen Schlussstrich ziehen ließ unter den abscheulichen, unsachlichen Teil der Kritik an Umberto Nobile als Expeditionsleiter.[173]

Bereits 1905 war Roald Amundsen ein vereinendes Symbol für das norwegische Volk gewesen, in einer Zeit, als die Selbstständigkeit der Nation langsam aufgebaut wurde. Die Vorstellung der Norweger von ihren Leistungen in den Polargebieten hatte tiefe Wurzeln. Und diese kulturelle Verankerung wurde um die Jahrhundertwende durch Fridtjof Nansens Expeditionen und Bücher weiter verstärkt. Es war nicht nur die Rede von geografischer Nähe, sondern auch von persönlichen Eigenschaften, durch Jahrtausende hindurch entwickelt im Einklang mit der Landschaft selbst. Die edlen Taten, von denen Nansen sprach und schrieb, wurden durch Roald Amundsens Triumphe verkörpert. Er besaß nicht Nansens Talent als Autor. Er war auch kein Rhetoriker. Aber wenn Amundsen sprach, dann kam das von Herzen. Er wurde von den Menschen des Landes bewundert, trotz seines reservierten Auftretens.

Als Amundsen im Sommer 1928 die letzte Reise mit der Latham antrat, mochte das erscheinen, als wollte er etwas von der Heldenrolle zurückerobern, die er nach der geglückten Expedition zum Südpol innegehabt hatte. Vielleicht wünschte er sich auch, ein letztes Mal die euphorische Feier durch das Volk zu erleben, wie sie nach der N24/N25-Expedition stattgefunden hatte. Es schien, als stellte er sich blind gegenüber der Kritik, die der Veröffentlichung seiner Autobiografie im Jahr zuvor gefolgt war. Er hatte nicht begriffen, dass er in den Augen der Norweger nichts mehr beweisen musste. Amundsen hatte sich sein Leben lang nach der aufrichtigen Liebe und dem Respekt des norwegischen Volkes gesehnt. 1928 war ihm nicht bewusst, dass er beides bereits erreicht hatte.

Die Wut über Amundsens Tod erstreckte sich in alle Richtungen. Es wurde behauptet, dass man den Polarfahrer bei seinem heroischen Versuch, Umberto Nobile zu Hilfe zu kommen, nicht unterstützt hätte. Warum musste ausgerechnet er – von allen, die nach Spitzbergen gefahren waren – um Unterstützung betteln? Was war mit dem deutschen Flugzeughersteller Dornier – hätten die ihm nicht ein Flugzeug leihen können? Es war allgemein bekannt, dass Amundsen kein Geld hatte und er oft zu seinen Expeditionen aufbrach, ohne dass die Finanzierung gesichert war. Alles wäre gut gegangen, hätte er nur ein Flugzeug gehabt, auf das er sich hätte verlassen können. Dieses französische Flugzeug, das ihm in aller Eile angeboten wurde, war nur ein Prototyp gewesen, also keine durchgetestete Maschine. War die Latham ungeeignet für einen Flug in arktischen Gebieten gewesen?

In Norwegen wurde gesagt und geschrieben, die größte Tragödie nach der Havarie der »Italia« bestehe darin, dass Roald Amundsen sein Leben geopfert hatte für einen italienischen Expeditionsleiter, der sich bereits bei der »Norge«-Reise als Amundsens Rivale herausgestellt hatte.

Am Ende der großen internationalen Suche nach Überlebenden der »Italia« hatten 17 Männer den Tod gefunden – die sechs Italiener, die mit der Ballonhülle verschwanden, der Maschinist Pomella und Finn Malmgren draußen auf dem Eis, zwei Norweger und vier Franzosen an Bord der Latham. Und zum Schluss eine letzte Tragödie: Auf dem Heimweg von der Suche bei Spitzbergen flog das Dornier Wal-Flugzeug »Marina« im Rhonetal in Frankreich in eine elektrische Leitung. Der Pilot Pierluigi Penzo, sein Stellvertreter Tullio Crosio und der Funker Giuseppe Della Gatta starben. Die private Trauer um so viele Männer in so vielen Familien muss groß gewesen sein, wurde aber nur selten in norwegischen Zeitungsartikeln erwähnt. Auch für Roald Amundsens Familie und seine Freunde war die Trauer schwer zu tragen. Er hatte in ihrem Leben eine zentrale Rolle eingenommen. Für sie war er nicht aus der Zeit getreten und »in die große weiße Stille« gegangen. Er war in ihren Gedanken immer noch am Leben.

Für normale Menschen in Norwegen – die Bergleute von Spitzbergen, die Fischer aus Nordnorwegen und von Vestland, die Polarfahrer und Forscher – blieb das Verschwinden der Latham ein Mysterium. Es musste doch eine Erklärung geben. Wie sollte Roald Amundsen, der größte Experte der Welt für die Polargebiete, ausgerechnet in dieser Region verschwunden sein? Es war zu früh, um die Hoffnung aufzugeben. Er war mit der restlichen Flugzeugmannschaft irgendwo da draußen.

# KAPITEL 28

## Die vierte Dimension der Suche

Die letzten Schiffe, die die Nordküste von Spitzbergen in diesem Herbst verließen, waren die »Heimland«, die »Veslekari« und die »Krassin«. Der Oktober 1928 brachte die dunkle Jahreszeit und bittere Kälte. Selbst der eigensinnige russische Expeditionsleiter Samoilowitsch sah ein, dass der Eisbrecher Richtung Süden steuern musste, um nicht im Eis gefangen zu werden. Bei einem letzten Versuch, die Ballongruppe zu lokalisieren, fuhr die »Krassin« an der Inselgruppe Franz-Josef-Land entlang und hielt in den Fjorden und entlang des Ufers Ausschau. Aber es war keine Spur von Überlebenden zu entdecken, weder von der »Italia« noch von der Latham.

Dennoch gab es viele, die die Hoffnung nicht aufgeben wollten, sowohl in Norwegen als auch in Italien. Im Frühling 1929 wandte sich Amundsens Neffe Gustav direkt an die sowjetische Botschafterin in Norwegen, Alexandra Michailowna Kollontai, und bat darum, den russischen wissenschaftlichen Expeditionen wie auch den Fangschiffen die Zusatzaufgabe zu erteilen, entlang ihrer jeweiligen Routen nach der Latham zu suchen. Sowjetische Behörden zeigten sich dieser Anfrage gegenüber wohlwollend und versprachen, dieses Anliegen umzusetzen. Die Suche nach der Latham verlief viele Jahre lang entlang den Ufern der russischen Inseln.

In Mailand hatte der studentische Alpenverein mit Gianni Albertini an der Spitze Mittel für eine neue Suche nach den Überlebenden der »Italia« entlang der Küste von Nordaustland gesammelt. Der norwegische Fischkutter »Heimen« wurde für die Sommersaison gechartert. Zu diesem Zweck wurde das Schiff umgetauft in »Heimen – SUCAI« – ein Wort, das aus den Anfangsbuchstaben der Namen der Expeditionsteilnehmer gebildet wurde. Acht Mann gingen am 15. Mai in Ålesund an Bord. Nur wenig wurde in norwegischen Zeitungen über dieses Unternehmen geschrieben, und die Männer müssen sich auch auf Spitzbergen übersehen gefühlt haben. In seinem Buch von 1932 schreibt Albertini über das traurige Wiedersehen mit Ny-Ålesund und dem leeren Luftschiffhangar, der dem Verfall preisgegeben war.[174]

Die Expedition mit acht Teilnehmern und Schlittenhunden aus Grönland ging in Ekstremhuken in Nordaustland an Land und von dort weiter zur Scoresbyøya, wo sie eines der Hauptdepots der letztjährigen norwegischen Suchaktionen entdeckten. Sie gingen weiter Richtung Osten quer über den Rijpfjord und weiter zum Kap Platen, wo sie ein weiteres viel benutztes Depot fanden. Hier hatte Ludvig Varming im Sommer 1928 mehrere Tage lang allein ausgeharrt. Es muss Albertini mit Wehmut erfüllt haben, in diese Gebiete zurückzukommen. Im Jahr zuvor hatte er mit einem anderen Studenten des Alpenvereins aus Mailand, Sergio Matteoda, einen Teil dieser Strecke auf Skiern zurückgelegt.

Die Ostküste der Rijphalvøya war kaum zugänglich durch die steilen Berge und ein äußerst schmales Uferstück zum Duvefjord hin. Aber die Alpiniøya in der Mündung des Finn Malmgrenfjords war das nächste Ziel der Gruppe. Dort hielt sie sich für mehrere Tage auf. Anschließend setzten die Hundegespanne ihren Weg über das Meereseis östlich vom Kap Bruun und der Raschøya fort.

In der Zwischenzeit hatte das Expeditionsschiff »Heimen – SUCAI« sein eigenes Suchprogramm durchgeführt. Es fuhr die Hinlopenstraße hinunter mit einem Abstecher in die im Vorjahr viel besuchten Lomme Bay – oder Lomfjord, wie er heute auf den Karten heißt. Tief im Inneren des Wahlenbergfjords nahmen sie die Hundegespanne wieder auf, die von Kap Mohn über den Bråsvellgletscher bis zur Oxford-Halbinsel gefahren waren.

Die »Heimen – SUCAI« kehrte nach Westen zur Amsterdamøya zurück und bis in die Mündung des Kongsfjord. Von dort fuhr das Schiff bis zur Südspitze von Spitzbergen, dann hoch zur Edgeøya und weiter nach Nordost über die Barentssee, wo sie entlang der Küstenlinie des Franz-Josef-Lands nach Wrackteilen suchten. Anschließend fuhren sie weiter entlang der gesamten Westküste von Novaja Semlja gen Süden, um die Suche Ende September in Tromsø abzuschließen. Die Albertini-Expediton hatte im Sommer 1929 möglicherweise bis zu 65 Depots angelegt. Das kleine Polarschiff hatte in gut vier Monaten mehr als 10 000 Kilometer rund um Spitzbergen und durch die Barentssee zurückgelegt, eine schier unglaubliche Leistung.

Die vielen Expeditionen 1928 und 1929 hatten festgestellt, dass die Kartengrundlage entlang der nördlichen Küste von Spitzbergen an vielen Stellen äußerst mangelhaft war. Das Innere von Nordaustland war auch kaum bekannt, abgesehen von einigen wenigen Berichten von Jägern. Die einsamen Gebiete zogen viele internationale Expeditionen an. 1924 leitete Doktor George Binney von der Universität Oxford eine Expedition, die Teile des Inlandeises erforschen wollte. Binney und drei weitere Teilnehmer waren die Ersten, die den Gletscher Austfonna überquerten, von Isispynten bis zum Wahlenbergfjord.

Der schwedische Glaziologe Hans W. Ahlmann organisierte zwei Jahre später, 1931, eine schwedisch-norwegische wissenschaftliche Expedition, die Teile von Nordostland mit dem Hundegespann kartierte – vom Wahlenbergfjord im Westen bis zum Kap Leigh Smith im Osten. In der Zwischenzeit wurden Teile des Meeres vor der Ostküste von Nordostland vom Expeditionsschiff »Quest« kartiert, unter anderem mit Tiefenmessungen. Zwei der ozeanografischen Stationen lagen vor Kap Platen, aber keiner der Mannschaft ging dort an Land.[175] Die schwedisch-norwegische Expedition führte eine wissenschaftliche Pionierarbeit durch und trug zur Erforschung großer Teile des nördlichen Spitzbergen bei. Aber sie fanden keinerlei Spuren von Überlebenden der »Italia« oder der Latham. Dies war allerdings auch nicht das Ziel der Expedition gewesen.

Alle beteiligten Schiffe, Flugzeuge und Hundegespanne trugen während der Suchaktionen nach der »Italia« zu neuem Wissen über die Uferlinie von Nordostland bei. Viele Fehler wurden auf den Karten, die damals zugänglich waren, korrigiert. Aber keine der Expeditionen hat sich die Zeit genommen, geodätische Messungen mit wissenschaftlicher Genauigkeit durchzuführen.

Im Jahr 1935 wurde in Zusammenarbeit mit George Binney und Professor Ahlmann eine Studentenexpedition von Oxford aus organisiert. Die Expedition wurde von Alexander Glen geleitet, und die Teilnehmer hatten den gleichen Hintergrund wie er selbst – Abschlüsse bekannter Internate und Studienjahre an den Universitäten in Cambridge oder Oxford. Die Expedition charterte das Schiff »Polar« in Tromsø, ging dort am 27. Juli an Bord und fuhr entlang der Westküste von Spitzbergen nach Nordostland. Der größte Teil der Expeditionsausrüstung war bereits von dem Schiff »Lyngen« nach Sydgattet befördert und dort gelöscht worden. Nicht alle der geplanten, ambitionierten Studien konnten im Laufe einer Saison durchgeführt werden. Die Studenten überwinterten deshalb in zwei Gruppen. Sechs Studenten (darunter Alexander Glen) richteten mehrere Überwinterungsbasen auf dem Inlandeis von Orvin Land ein. Vier Studenten überwinterten an der Küste, im Innersten des Brennevinsfjord.

Der nordwestliche Teil der Uferlinie wurde im ersten Herbst mit Hilfe der Geodäsie kartiert, und sobald es die Wetter- und Schneeverhältnisse zuließen, wurden andere Untersuchungen durchgeführt. Die Studenten fuhren mit einem kleinen Holzboot und dem Hundegespann von Ort zu Ort und schlugen ihr Lager dort auf, wo es möglich war. Die Verhältnisse entlang der Küste waren oft schwierig, mit kahlen Ufern, von Kieseln bedeckt, unterbrochen von kräftigen Schmelzwasserflüssen und unüberwindbaren Punkten, wo die Gletscher oder die Berge direkt ins Meereswasser fielen.

Im Frühling 1936 wurde die Kartierung der Küste im Osten fortgesetzt. Die Studenten teilten sich in zwei Gruppen. Mackenzie und Wright starteten am 10. April zu einer Schlittenfahrt vom Rijpfjord in den Zorgdragerfjord hinein und rund um die Platenhalvøya. Das Wetter war oft so schlecht, dass sie nicht arbeiten konnten. Zwischen dem 28. April und dem 7. Juni konnten die beiden Studenten nur an sieben Tagen ihre Messungen durchführen. Doch dann hob sich der eiskalte Nebel, der über ihnen gelegen hatte. Genau an dem Tag sollten die beiden Studenten eine merkwürdige Entdeckung machen.

Ganz im Inneren einer kleinen Bucht an der Ostseite der Platenhalvøya wurde Mackenzie auf ein Landzeichen ein Stück vom Ufer entfernt aufmerksam. Als er näher kam, fand er dort einen Lagerplatz mit mehreren Schachteln und alten Dosen auf dem Boden verstreut. In einer der Dosen befanden sich italienische Dokumente, etwas Schokoladenpapier und ein großes Stück gummierter Baumwollstoff von dem Typ, den man für Luftschiffe und Ballons benutzte. Die beiden Studenten zeichneten eine Skizze von dem Lager und markierten, wo sie die verschiedenen Gegenstände gefunden hatten. Diese wurden mit ins Hauptlager genommen und dem Expeditionsleiter und den anderen Teilnehmern präsentiert. Anschließend fuhren Mackenzie und Wright mit ihrer Kartierungsarbeit um den Duvefjord und Richtung Osten fort.

Anfangs glaubte man, dass das gefundene Lager von einem der norwegischen oder italienischen Suchtrupps errichtet worden war, die im Sommer 1928 auf Skiern und mit Hundegespannen nach Überlebenden der »Italia«-Havarie gesucht hatten. Aber Alexander Glen muss trotz allem den Verdacht gehegt haben, dass dieser Fund mehr war als nur die Spuren einer routinemäßigen Übernachtung auf dem Weg in den Osten. Als die Forschungsgruppe später im gleichen Jahr von dem Polarschiff »Polar« abgeholt wurde und am Kai von Longyearbyen anlegte, suchte er den Jäger Holmar Nøis und mehrere andere Männer auf, die an den Expeditionen mit den Hundegespannen von der »Braganza« und der »Hobby« aus im Sommer 1928 teilgenommen hatten. Aber Nøis wies entschieden von sich, dass irgendetwas von dem eingesammelten Material aus dem unbekannten Lager von ihm stammte oder auf einer dieser Suchexpeditionen benutzt worden war. Danach war Glen sehr sparsam mit Details und zeigte große Zurückhaltung, wenn er den Ort beschreiben sollte, wo die Dinge gefunden worden waren.

Kurz gefasste Beschreibungen des Lagers sind in drei Publikationen zu finden. Aber in keiner einzigen gibt Glen die genaue Position an, nur generelle Hinweise. Die erste Beschreibung stand in dem unveröffentlichten Jahrbuch von 1936 für Oxford University Arctic Expeditions.[176] Hier wird der Fund »alter Knochen« erwähnt, die über den Lagerplatz verstreut lagen, und von »trockenem Brot« in der Dose mit den italienischen Dokumenten und dem italienischen Schokoladenpapier. Das Lager wird außerdem in einem Artikel im Geographical Journal von 1937 beschrieben.[177] Aber auch hier wird die genaue Position nicht angegeben, Glen erwähnt jedoch die Möglichkeit, dass das Lager ein Hinweis auf Überlebende der Ballongruppe der »Italia« sein könnte.

Die dritte Beschreibung des Lagers ist Teil von Alexander Glens Buch über die Expedition, *Under the Pole Star*.[178] Dieses Mal bringt er weitere Details, unter anderem, dass man bei der Landmarke einen abgebrochenen Skistock gefunden hat und dass man ein gelbes Rechteck toter Vegetation erkennen konnte, wahrscheinlich durch ein Zelt verursacht, das lange Zeit an dieser Stelle gestanden hatte. In der Dose mit verschiedenen Dingen waren außerdem zwei Papiertüten mit der Aufschrift Naval Store of Milano sowie ein Stück einer norwegischen Zeitung. Glen stellte später fest, dass einer der Knochen, die er mit nach England genommen hatte, von einem Seehund stammte. In dieser letzten Beschreibung der Lagerstätte ist auch der Fund von zwei unbenutzten Streichhölzern erwähnt, von ein paar flachen Steinen, die in der Nähe des gelben »Zelt«-Platzes aufeinandergestapelt worden waren, und einer Felsmauer, die aus kleineren Steinen gebaut worden war.

Nachdem die Forschungsgruppe im Herbst 1936 nach England zurückgekehrt war, mussten Analysen und Dokumentationen dieser umfassenden wissenschaftlichen Arbeit gemacht werden. Und Alexander Glens schnell aufblühende Karriere führte ihn zu anderen Arbeitsbereichen und in andere Richtungen. Sicher hatte er geplant, die Hintergründe dieses mysteriösen Lagers auf der Platenhalvøya näher zu untersuchen. Das muss auch der Grund gewesen sein, warum er die Gegenstände aus Norwegen mitgenommen hatte.

In norwegischen Archiven gibt es keine Dokumentation über die Funde der Expedition. Kein einziger Artikel über das Lager stand in norwegischen oder ausländischen Zeitungen, nachdem die Oxford-Expedition beendet war. Aber zum ersten Mal nach der Havarie war etwas in dem alten Suchgebiet entdeckt worden, das auf mögliche Überlebende aus der Ballonhülle der »Italia« schließen lassen könnte.

Eine gründliche Durchsicht aller Forschungsgruppen, die Nordostland im Laufe der Jahre 1928 und 1929 besucht hatten, zeigte, dass keine von ihnen das Lager errichtet haben konnte, das Glens Expedition im Frühling 1936 fand. Auch wenn viele Schiffe, Flugzeuge und Menschengruppen auf Skiern und mit Hundegespannen in nächster Nähe gewesen waren, zeigten die vielen exakten Berichte und Karten, dass niemand genau diese Position aufgesucht hatte. Es muss also eine andere Gruppe gewesen sein, die an die öden Ufer der Rijphalvøya kam, die Proviant und Ausrüstung von Nobiles Luftschiffexpedition bei sich hatte und die lange genug in einem Lager lebte, dass die Vegetation unter dem Zelt abstarb und sieben Jahre später noch als ein gelbes Viereck zu erkennen war.

Wenn man davon ausgeht, dass so eine Theorie zutreffen könnte, besteht der nächste Schritt darin, zu versuchen einzuschätzen, *wann* diese Gruppe das Lager hier errichtet haben könnte. Eingedenk der vielen Aktivitäten rund um Kap Platen muss der wahrscheinlichste Zeitpunkt wohl gewesen sein, nachdem alle Suchexpeditionen sich aus dem Gebiet zurückgezogen hatten, das heißt also früher Herbst oder später im Jahr 1928. Aber es ist auch nicht ausgeschlossen, dass die unbekannten Männer, die das Lager errichteten, sich während der Suchaktionen auf der Rijphalvøya aufhielten. Die Erfahrungen von der Suche nach all den kleineren Gruppen, die im Zeitraum Juni, Juli 1928 vermisst wurden, zeigten mit aller Deutlichkeit, wie schwierig es war, jemanden auf dem Meereseis zu lokalisieren, besonders wenn die Gruppe der Vermissten sich von Ort zu Ort bewegte. Riiser-Larsen erwähnte dieses Problem, als die »Hobby« sich nordwestlich der Framstraße auf die Suche nach der Latham machte. Das Suchgebiet war so groß, dass sie einen Teil bereits wieder verlassen hatten, den die Vermissten vielleicht erst später betraten. Es gab bei der Suche eine vierte Dimension – die Zeit.

Aufgrund des Funds des Lagers besteht auch kein Zweifel mehr daran, dass diejenigen, die dort gewesen waren, Ausrüstung von Nobiles Luftschiffexpedition bei sich hatten. Wenn alle anderen Erklärungsmöglichkeiten ausdiskutiert sind, wenn alle anderen Expeditionsgruppen, die in diesem mysteriösen Lager gewohnt haben könnten, ausgeschlossen werden, dann bleiben nur noch ein oder zwei fantastische, unglaubliche Erklärungen übrig. Nur zwei Gruppen können das Lager errichtet haben: die sechs italienischen Männer, die mit der Ballonhülle verschwanden, oder jemand von der Mannschaft an Bord der Latham.

Als die Gondel vom Luftschiff »Italia« abgerissen wurde, hob sich die Ballonhülle in die Luft und verschwand übers Eis. Nach ungefähr zwanzig Minuten beobachteten mehrere der Überlebenden der Gondel eine Rauchsäule ungefähr zwanzig Kilometer entfernt. Wahrscheinlich in Windrichtung, nach Nordost hin. Jede Möglichkeit einer Kontrolle der Fortbewegung und Lenkung der Ballonhülle war mit der Gondel weggerissen worden. Basierend auf der Beobachtung der Rauchsäule nahm Nobile an, dass die Ballonhülle explodiert sei und alle an Bord umgekommen waren. Hjalmar Riiser-Larsen gehörte zu denjenigen, die behaupteten, dass die Ballonhülle nicht hätte explodieren können, da die Motoren ausgeschaltet waren. Aber ein Feuer hatte es gegeben.

Keiner der Überlebenden der Gondelgruppe hatte sich den Zeitpunkt gemerkt, zu dem die Rauchsäule verschwand. Mehrere von ihnen hatten gesehen, dass Teile des Kiels um die Gondelbefestigung in Stücke gerissen waren und dass die Ausrüstung, die darüber gelagert gewesen war, auf das Eis um sie herum fiel. Der größte Teil ging verloren, aber der Proviant und die Ausrüstung, die die Überlebenden aus der Gondel von den Eisschollen rund um sie herum retten konnten, genügte, sie am Leben zu halten, bis sie von der »Krassin« gerettet wurden.

Deshalb ist es erlaubt anzunehmen, dass auch eventuelle Überlebende aus der Ballonhülle Proviant und Ausrüstung hatten bergen können, mit deren Hilfe sie auf dem Meereseis überleben konnten. Umberto Nobile gab in seinem ersten Buch über die »Italia«-Tragödie eine detaillierte Beschreibung davon, welche Art von Proviant mitgenommen worden war – große Mengen an Pemmikan, jede Portion in Papier gewickelt und in Schachteln verpackt, Schokoladentafeln in Dosen, Butter, Zucker, Milchtabletten und Milchpulver.[179] Es ist wahrscheinlich, dass außerdem eine kleinere Menge an Fleischkonserven gebunkert worden war, aber vermutlich aufgrund des Gewichts nicht besonders viel.

An Ausrüstung zählte Nobile Schlitten, Skier, Skistöcke, zusätzliche Polarkleidung und Schlafsäcke auf, ein Zelt, zusammenlegbare Boote, Gewehre und Munition. Es ist unmöglich, im Nachhinein zu klären, wo diese Ausrüstung im Kiel verstaut worden war und wie viel davon die Kollision mit dem Eis überlebte. Aber eine tragische Tatsache kann mit Sicherheit festgehalten werden – die Ballongruppe hatte kein Funkgerät. Hauptsender, Antennen, Akkumulatorbatterien und der kleine Notsender, all das befand sich in der Führergondel. Ein Hauptgrund dafür, dass die Gondelgruppe gefunden und gerettet wurde, bestand darin, dass der kleine Notsender und ein Teil der Ausrüstung für den Hauptsender in so gutem Zustand auf dem Eis gefunden wurde, dass es möglich war, Funkkontakt mit der Außenwelt aufzunehmen.

Die Zeit, die es dauerte, bis das Feuer erlosch, war wahrscheinlich äußerst wichtig dafür, wie viel von der Ballonhülle und der Ladung im Kiel noch übrig war. Zumindest gibt es eine theoretische Möglichkeit, dass eventuelle Überlebende genügend Proviant und Ausrüstung hatten, um lange Zeit auf dem Meereseis zurechtzukommen. Aber hatten einige dieser sechs Männer – der Forscher Aldo Pontremoli, der Journalist Ugo Lago, der Takler Renato Alessandrini, der Chefmechaniker Ettore Arduino und die Maschinisten Calisto Ciocca und Attilio Caratti – Kenntnisse dahingehend, wie man auf dem Meereseis eine lange Zeit überleben konnte? Das Schicksal der Malmgren-Gruppe ist eine tragische Erinnerung daran, wie schlimm es enden kann, wenn unerfahrene Männer ihre Kräfte überschätzen. Ludvig Varmings Überleben auf dem Kap Platen dagegen ist eine Lektion darin, wie wichtig viel Erfahrung ist, um in polaren Gebieten zu überleben.

Nicht alle Gegenstände, die in dem mysteriösen Lager gefunden wurden, lassen sich so einfach erklären. Warum hatte jemand an diesem gottverlassenen Ort ein Stück einer norwegischen Zeitung dabei? Einwickelpapier? Ein besonderer Artikel, der jemandem besonders viel bedeutete? Und vielleicht der am wenigsten zu erklärende Fund: trockenes Brot. Das Luftschiff hatte keines in seinem Proviant, das kann man aus den Beschreibungen in den Büchern von Běhounek und von Nobile schließen. Unter dem Proviant, den schwedische Flugzeuge über dem Zeltlager draußen auf dem Mereseis abwarfen, befand sich auch Zwieback. Weder der Tscheche noch Nobile wusste, was das war. Běhounek nannte es getrocknetes Brot, Nobile beschrieb es als trockenen Kuchen – wie auch Glen den Fund in dem unbekannten Lager bezeichnete. Dieser kleine, unscheinbare Fund kann also höchstwahrscheinlich nicht von der »Italia« stammen. Dagegen ist es eher anzunehmen, dass die Mannschaft der Latham eine Tüte Zwieback dabei hatte. Wir wissen auf jeden Fall, dass Amundsen und Dietrichson jeder ein Päckchen mit Brotscheiben und Frau Zapffes selbst geräuchertem Lachs als Aufschnitt dabei hatten.

Man darf also durchaus überrascht sein – die Organisation des unbekannten Lagers wies etwas typisch *Norwegisches* auf. Die Platzierung des Zelts, die Rückwand aus kleinen Steinen, die entlang dem gelben Viereck verlief, das markierte, wo das Zelt gestanden hatte, immer noch nach sieben Jahren. Genau so haben norwegische Gebirgswanderer und Polarfahrer seit Jahrhunderten den Zeltstoff gegen den Wind geschützt. Die vier flachen, übereinanderliegenden Steine können ein sicheres Fundament für einen Kochapparat geboten haben. Der zerbrochene Skistock, der gegen die meterhohe Landmarke lehnte.

Derjenige oder diejenigen, die in dem Lager gelebt hatten, müssen sich dort mindestens für ein paar Wochen aufgehalten haben, vielleicht sogar noch länger. Dafür spricht die tote Vegetation auf dem Zeltplatz. Sie hatten Streichhölzer und Zugang zu Treibholz* und konnten sich möglicherweise über einem Kochapparat oder einem Lagerfeuer Essen zubereiten.

---

* Ludvig Varming erwähnte nach seinem Aufenthalt auf Kap Platen, dass es entlang des Ufers der Halbinsel viel Treibholz gab.

Sie hatten Gewehr und Munition. Das wissen wir durch die Seehundknochen, die Alexander Glen von dem Lager mitnahm und nach seiner Rückkehr in England bestimmte. Es ist so gut wie unmöglich, einen Seehund nur mit dem Messer oder anderen manuellen Methoden zu fangen und zu töten. Deshalb ist es nicht auszuschließen, dass jemand mindestens einen Seehund geschossen hat, der wahrscheinlich als Proviant diente. Sein Fell wurde mitgenommen, als die Männer den Ort verließen. Diesen Schluss kann man wohl ziehen, weil weder Seehundfell noch Seehundfleisch auf Nordostland schnell verrottet, zumindest nicht in sieben Jahren.

Aber warum hatte jemand gummiertes Ballontuch mitgenommen? Dieses Material war kein üblicher Teil der Ausrüstung für Polarexpeditionen. Das Material war anders als Öltuch, das in England sehr bekannt war. Öltuch wird hergestellt, indem dicht gewebter und verhältnismäßig dicker Baumwollstoff in Ölfirnis oder Harz getränkt oder in Leinöl gekocht wird. Anschließend wird der Stoff getrocknet und mit einem isolierenden Material behandelt, zum Beispiel Wachs. Das Öltuch wird für wasserfeste Kleidung verwendet, für Planen, Zeltunterlagen und zum Einpacken von Ausrüstung, die nicht mit Wasser in Berührung kommen soll. Aber es ist vollkommen unwahrscheinlich, dass Alexander Glen Öltuch nicht erkannt haben sollte. Und dann hätte er das englische Wort dafür benutzt, um das Stoffstück zu benennen, und nicht mit Ballontuch verwechselt.

Das Luftschiff »Italia« war eine halbsteife Konstruktion mit mehreren inneren Ballons oder Gaszellen. Zwischen diesen liefen Streben und Seile, Drähte und Gangways aus Metall. Das ganze Schiff war mit Ballontuch überzogen – dicht gewebtem Baumwollstoff, der besonders dünn war, um das Gewicht des Stoffes, der das gesamte Luftschiff von außen bedeckte, zu minimieren. Während der »Norge«-Expedition stellte sich heraus, dass der Ballonstoff schnell durch Eisstücke, die von den Propellern hochgeschleudert wurden, verletzt wurde. Was zu Rissen und Schäden im Stoff führte.

Um dieses Problem zu umgehen, hatte Nobile die Stärke verschiedener Materialien ausprobiert. Er fand, dass dünner Baumwollstoff mit einer Gummierung aus Kautschuk am widerstandsfähigsten war und am wenigsten von allen getesteten Materialien wog. Dennoch war das neue Material viel schwerer als der normale Ballonstoff. Gummiertes Ballontuch wurde deshalb nur an den Stellen verwendet, an denen das größte Risiko für Schäden aufgrund scharfer Eisstücke bestand, die sich von den Propellern losrissen.[180]

Ein Stück solchen Materials tauchte sieben Jahre nach der »Italia«-Havarie in einem Lager auf der Platenhalvøya auf. Das Material wurde hier von unbekannten Menschen zurückgelassen, als sie ihre Ausrüstung zusammenpackten und das Lager verließen. Offenbar hinterlegten sie keine Nachrichten darüber, wer sie waren oder wohin sie zogen. Sie hinterließen Gegenstände, von denen sie meinten, dass sie sie nicht mehr brauchten – ein Puzzle von Spuren, ein arktisches Rätsel.

# EPILOG

## Das Lager am Kap Platen

Mitte der 1960er-Jahre taten sich italienische und russische Filmschaffende zusammen, um einen Film über die dramatischen Ereignisse 1928 zu drehen. Das Ergebnis war »Das rote Zelt«.[181] Die Teilnahme international bekannter Schauspieler unterstrich, dass der Film alles andere als ein Dokumentarfilm sein sollte, auch wenn ein Teil dokumentarischen Filmmaterials verwendet wurde. Das Drehbuch wurde von Ennio de Concini und Richard Adams geschrieben, und man muss sagen, es war ein origineller Dreh der ursprünglichen Geschichte. Besonders eine Szene ist hypnotisierend gefilmt und mutig gedacht. Die Filmemacher scheinen die Theorie zu bevorzugen, nach der das französische Flugboot Latham tatsächlich nach Nordosten geflogen ist und es ihm gelang, die Ballongruppe zu finden. Im Film zerschellt das Flugzeug bei der Landung, und alle bis auf Roald Amundsen kommen dabei ums Leben.

Die Drehbuchautoren schrieben dem norwegischen Polarfahrer einen langen Monolog, während er in dem verdrehten und verbrannten Skelett der »Italia« steht und über sein eigenes Schicksal grübelt. Eines der vielen faszinierenden Details dieser Szene ist Roald Amundsens Erklärung, warum die Latham bei dem Wrack gelandet ist, statt nach Ny-Ålesund zurückzufliegen und den Fund zu melden: Amundsen und Guilbaud hatten mehrere Gestalten neben dem Wrack auf dem Eis liegen sehen. Sie konnten nicht einfach wieder fortfliegen, ohne vorher zu untersuchen, ob noch jemand am Leben war.

Und wenn man bedenkt, wie schwierig es für die Piloten gewesen war, Nobiles Lager zu finden, von dem sie ja sogar die Position wussten, war das keine schlechte Erklärung.

Die Annahme, dass Roald Amundsen zur Position des Luftschiffwracks flog, kann mit mehreren Indizien untermauert werden: die Menge an Treibstoff, die aus den Benzintanks verbraucht wurde; die Route, die das Flugzeug genommen haben könnte, die mit dem Verbrauch an Treibstoff und dem Funkspruch, den Green Harbour angeblich um drei Uhr in der Nacht vom 18. auf den 19. Juni gehört hatte, übereinstimmte. Amundsen *kann* beschlossen haben, bis hoch in die Suchgebiete zu fliegen. Die Latham *kann* in einer der großen Wasserspalten mit offenem Wasser, die Nobile rund um das Zeltlager gesehen hatte, gelandet sein. Amundsen wusste von den Wasserspalten, er erwähnte sie in einem Zeitungsinterview, bevor die Latham Bergen am 17. Juni verließ.

Sowohl Amundsen als auch Dietrichson waren in dieser Gegend ungefähr zur gleichen Jahreszeit gewesen, aber vor drei Jahren – als die N25 1925 von 88 Grad Nord nach Birdvågen gleich südlich vom Beverlysund umkehrte. Mehrere Observationen vom Adventfjord, aus Kings Bay und den Suchgebieten deuten darauf hin, dass die Wetterverhältnisse in der Nacht zwischen dem 18. und 19. Juni gut waren. Es muss verlockend gewesen sein, noch eine Runde um die angenommene Position von Nobiles Zeltlager zu fliegen, das zu diesem Zeitpunkt noch nicht lokalisiert worden war. Weder die Savoia-Marchetti noch die »Uppland« waren bisher in dieser Gegend gewesen. Sie kamen erst am nächsten Tag in den Norden. Da die Latham etwas weiter nördlich flog, als es die norwegischen Hansa-Maschinen getan hatten, ist es nicht auszuschließen, dass sie das Wrack der Ballonhülle auf dem Meereseis entdeckt haben. Dieser große Ballonkörper muss deutlich einfacher zu entdecken gewesen sein als ein kleines grau-rosa Zelt, wenn man nur über die richtige Stelle flog.

In einer Meereseisdecke gibt es nur wenige Wellen. Die Brandung, die so weit hineindringt, ist langsam und wiegend. Wenn die Wasserspalten lang und breit genug sind, bieten sie einen sicheren Landeplatz für ein Flugboot. Die einzige Gefahr besteht in zusammengepressten, harten Stücken mehrjährigen Eises aus schmelzenden Eisbarrieren. Diese liegen blank poliert und durchsichtig auf der Wasseroberfläche und sind fast unsichtbar. Der Backbord-Schwimmer ganz außen am unteren Flügelpaar der Latham *könnte* bei einer Landung von so einem Eisteil getroffen worden sein, so dass vorn am Schwimmer ein Loch entstand. Mehrere Experten mit polarer Erfahrung waren der Meinung, genau das musste passiert sein. Helmer Hanssen vertrat in einem Interview entschieden die Meinung, dass Wellen nicht so ein Loch in dem linken Flügelschwimmer der Latham verursacht haben könnten, der am 31. August gefunden wurde.[182]

Eine andere merkwürdige Entdeckung an dem Schwimmer wurde von Gunnar Hovdenak beschrieben: Er war offenbar von hinten vom Flugzeug abgerissen und nach vorn gedrückt worden. Dafür kann es verschiedene Erklärungen geben – aber eine *Möglichkeit* ist, dass das Flugzeug herumgewirbelt wurde, nachdem der Schwimmer im Wasser auf mehrjähriges Eis traf und der Schwimmer deshalb entgegen der ursprünglichen Fahrtrichtung abgerissen wurde.

Von seiner Landung 1925 bei 88 Grad Nord mit den Dornier Wal-Maschinen N24 und N25 erzählte Roald Amundsen Folgendes: »Unser Plan war es, hinunterzugehen, die notwendigen Beobachtungen zu machen, um die Stelle einschätzen zu können, und dann so zu handeln, wie die Verhältnisse es zuließen... Bei diesem Manöver begann der hinterste Motor zu stottern. Statt [den Landeplatz] auszusuchen, mussten wir jetzt nehmen, was sich uns bot. Die Maschine war zu schwer, um nur von einem Motor in der Luft gehalten zu werden. Eine Notlandung war notwendig.«

Folgendermaßen beschrieb er dann diese Landung:

Der Arm [der Wasserspalte] war gerade breit genug für die Maschine, da bestand also keine Gefahr. Jeder Tollpatsch hätte zur Not hier landen können. Nein, die Gefahr bestand in den hohen Eisbarrieren, die auf beiden Seiten lagen. Hier wäre ein Meister nötig, um den Apparat hindurchzulenken und die Tragflächen zu retten… Wir landeten, dass der Eismatsch aufspritzte, und dann war angesagt, wohl die schwierigste Aufgabe zu lösen, die ein Pilot je gehabt hat. Es war ein Glück für uns, dass wir in dem Eismatsch landeten, denn er dämpfte augenblicklich die Geschwindigkeit, andererseits erschwerte er jedoch die Manövrierfähigkeit des [Flug]Bootes. Auf der rechten Seite kamen wir an einer Eisbarriere vorbei. Die Maschine kippte nach links, was zur Folge hatte, dass die Tragfläche [der Flügel] so nahe an der Eisbarriere entlangstreifte, dass sich lösender Schnee hoch in die Luft gewirbelt wurde… Ich habe jeden Moment erwartet, mit ansehen zu müssen, wie die linke Tragfläche zerschmettert wird. Die Geschwindigkeit wurde jetzt in der dicken Suppe schnell gebremst und wir hielten am Ende des Arms [der Wasserspalte], den Rumpf direkt gegen eine Eisbarriere geschoben. Es ging um Millimeter. Ein wenig mehr Fahrt und der Rumpf wäre hineingedrückt worden.

Der Pilot der N25, der diese Meisterleistung einer Landung auf 88 Grad Nord durchführte, war Hjalmar Riiser-Larsen. Der zweite Pilot, der die N24 lenkte, war Leif Dietrichson.

Der ernsthafteste Einwand gegen die Annahme, die Latham könnte nordöstlich von Spitzbergen gelandet sein, basierte auf dem Fund des einen Flügelschwimmers vor Torsvåg am 31. August 1928 und darauf, dass der rechte 600 Liter fassende Benzintank des Flugboots am 13. Oktober des gleichen Jahrs im Gebiet Haltenbanken aufgefischt worden war. Konnten diese beiden Wrackteile in so kurzer Zeit von einer vermuteten Position des Ballonwracks nordöstlich von Foynøya hinunter bis zur norwegischen Küste getrieben sein – in ungefähr 70 Tagen?

Verfolgt man den Gedankengang von einer harten Landung auf dem Eis nordöstlich von Spitzbergen weiter, geht aber gleichzeitig davon aus, dass das Flugzeug bei der Landung nicht zerschellt ist, ist es nicht unwahrscheinlich, dass die Flugzeugbesatzung viel Zeit für Reparaturen und viel Treibstoff brauchte, um die Flugtüchtigkeit der Latham nach den Reparaturen zu testen. Es ist durchaus möglich, dass der Benzintank, der als Schwimmer fungieren sollte, sich aus der provisorischen Befestigung unter dem rechten Flügel gelöst hat und von dieser Position aus in den Süden getrieben ist.

Eine Karte über die Meeresströmungen entlang der Küste von Spitzbergen zeigt, dass es zumindest möglich ist, sich eine Route vorzustellen, die den Schwimmer und den Tank bis zu den Fundorten getrieben haben könnte. Diese Route verläuft zwischen Kap Laura und Storøya, über die Barentssee hinunter nach Edgeøya, weiter um das Südkap von Spitzbergen herum. Anschließend müssen die Gegenstände den Meeresströmungen hinauf in die Framstraße und nach Westen auf Grönland zu gefolgt sein. Und von hier ist es nicht unwahrscheinlich, dass die Gegenstände bis zur norwegischen Küste getrieben wurden und anschließend der Küstenströmung gen Norden nach Torsvåg und Haltenbanken gefolgt sind.

Die Länge dieser Route variiert je nach geschätzter Strömung, kann aber zwischen 2000 und 3000 Kilometer betragen haben. Wird dazu die Windstärke mit in Betracht gezogen, sind die Berechnungen deutlich schwerer auszuführen. Einer der meteorologischen Assistenten am Geofysisk Institutt in Tromsø hat einen Bericht über die mögliche Strecke des Schwimmers ausgearbeitet, basierend auf der Annahme, das Flugzeug wäre bei Bjørnøya havariert, wobei er die aktuellen Wetterverhältnisse in der Gegend im Zeitraum vom 18. Juni bis zum 31. August mit in Betracht gezogen hat.[183] Er kommt zu dem Schluss, dass es nicht schwer ist, die Theorie zu rechtfertigen, dass nach diesen Vermutungen der Schwimmer bei Torsvåg gelandet oder der Benzintank bis Haltenbanken getrieben worden war. Doch die Entfernung zwischen Foynøya und Bjørnøya beträgt nur circa 750 Kilometer Luftlinie, und die Meeresströmungen mitten in der Barentssee führen ziemlich konsequent von Norden nach Süden. Eine durchschnittliche Treibgeschwindigkeit für den Schwimmer entlang einer gedachten Linie von 3000 Kilometern im Laufe von 70 Tagen betrüge nach diesen Berechnungen realistische 42 Kilometer am Tag, also weniger als 1 Knoten.

Angenommen, Roald Amundsen, Leif Dietrichson oder ein anderer der Besatzung der Latham hätte die Landung der Latham beim Luftschiffswrack überlebt. In der darauffolgenden Zeit müssen sie verzweifelt daran gearbeitet haben, das Flugboot wieder in die Luft zu bekommen, genau wie sie es während der Amundsen-Ellsworth-Expedition drei Jahre zuvor getan hatten. Vielleicht ist es ihnen zum Schluss gelungen. Und sie können auf die gleiche Idee gekommen sein, die Riiser-Larsen Umberto Maddalena in einem Telegramm vorschlug, das Anfang Juli 1928 über die »Città di Milano« geschickt wurde.[184]

Das war, bevor Nobile und die Überlebenden aus dem Zeltlager gerettet wurden. Das Meereseis war stark in Auflösung begriffen, die Situation kritisch. Riiser-Larsen versuchte den italienischen Piloten zu überreden, mit der Savoia-Marchetti bei der Eisscholle mit den Überlebenden zu landen. Selbst wenn das Flugboot bei diesem Versuch beschädigt werden sollte, konnte es immer noch als Rettungsboot benutzt werden, bis die »Krassin« zum Zeltlager vorgedrungen war, meinte Riiser-Larsen. Er bekam nie eine Antwort. Dem stolzen Maddalena, der sein fantastisches Flugzeug liebte, muss der Vorschlag wie eine Beleidigung erschienen sein.

Aber konnte die Latham als Rettungsboot benutzt worden sein, um von einer vermuteten Position bei Foynøya in Richtung der Depots auf Kap Platen oder in den Beverlysund zu gelangen? Sollte ein derartiger Versuch unternommen worden sein, ist es nicht schwer, sich vorzustellen, dass das Ende Juli passiert sein musste, als es viel offenes Fahrwasser gab und die Gegend gut passierbar für Flugzeuge, Schiffe und Hundegespanne war. Konnte es sein, dass dem Flugzeug ungefähr bei der Rijphalvøya der Treibstoff ausging, und konnten sich Roald Amundsen, Leif Dietrichson oder andere aus der Flugzeugmannschaft stattdessen an Land begeben haben, dort, wo die englische Studentenexpedition das verlassene Lager fand?

Diese Spekulationen könnten zumindest einige der merkwürdigen Funde im Lager erklären. Warum hatte jemand gummierte Ballonhaut dorthin mitgenommen, und wieso wurden dort italienische Dokumente gefunden? Wenn die vermissten italienischen Männer am Wrack des ausgebrannten Luftschiffs gefunden worden waren, wäre auch denkbar, dass diejenigen, die diese Stelle verließen, einen oder zwei Gegenstände von dort mitnahmen, um zu beweisen, dass sie wirklich die Ballonhülle lokalisiert hatten.

Das verlassene Lager auf der Rijphalvøya ist ein Rätsel. Es wurde lange Zeit von Männern bewohnt, die Zelt, Gewehr und Munition besaßen. Sie hatten italienischen Proviant und eine Kochmöglichkeit – Streichhölzer, Metalldosen, Treibholz, vielleicht einen Kochapparat mit Methanbrennstoff, womit ja die Latham ausgerüstet war. Zu irgendeinem Zeitpunkt verließen sie das Lager, vielleicht, weil sich der Winter näherte? Sie zogen weiter, und ihre Spuren verschwanden.

# Danksagung

Dieses Buch ist ein Sachbuch. Wesentliche Fakten stammen aus mindestens zwei schriftlichen Quellen, in den meisten Fällen aus mehreren. Gespräche und persönliche Beschreibungen basieren auf Quellen, die als Augenzeugen an Ort und Stelle waren. Die Anzahl an Quellen ist sehr umfassend, sie sind in diversen Sprachen verfasst: Norwegisch, Schwedisch, Dänisch, Englisch, Italienisch, Deutsch, Französisch, Tschechisch, Niederländisch und Russisch. In einigen Fällen sind diese Quellen in andere – und für mich – leichter zugängliche Sprachen übersetzt (skandinavische Sprachen oder Englisch). In anderen Fällen war ich abhängig von Hilfe, um die Texte zu verstehen.

Viele der Ortsnamen in dem Buch stammen von 1928 oder sind selbst Veteranen auf Spitzbergen nicht bekannt. Statt zu versuchen, sie auf einer heutigen Karte zu lokalisieren, habe ich mich dazu entschieden, auf eine Website zu verweisen, auf der die Leser alle Namen, die im Buch verwendet wurden, finden: http://toposvalbard.npolar.no/. Schreibt man dort den Ortsnamen hin, wird die Karte auf das entsprechende Gebiet zoomen. Ein herzlicher Dank an das Norsk Polarinstitutt, das dieses fantastische Hilfsmittel zugänglich gemacht hat!

Während der Arbeit an dem Buch bekam ich Hilfe von einer großen Zahl an Privatpersonen und Institutionen. Als Erstes möchte ich Hans Aas, Besitzer und Direktor des Vågemot Miniforlags, erwähnen. Sein Einsatz für norwegische Polargeschichte ist so groß und wertvoll, dass er eine Medaille verdient! Der Bibliothekar vom Norsk Polarinstitutt, Ivar Stokkeland, war auch eine fantastische Stütze; kenntnisreich und hilfsbereit hat er einzigartige Archive und praktische Lösungen gefunden, um sie zu vermitteln. Die Bibliothek und das Bildarchiv des Norsk Polarinstitutt (Ann Kristin Balto) erinnert mich sehr an das Wohlwollen und die Unterstützung, die mir entgegengebracht wurde, als ich vor vielen Jahren in die Büros in Rolfstangen in Bærum kam. Ein größeres Lob kann ich nicht austeilen! Mein Dank geht auch an Virve Ravolainen für die Informationen über die Vegetation im Küstenbereich auf Nordaustland, und an Rolf Kristiansen, der Telegramme aus Riiser-Larsens Privatarchiv abfotografierte und zugänglich machte.

Immer wieder hat die Bibliothek von Kongsvinger mir geholfen, die entlegensten Quellen und die seltensten Bücher zu finden. Ein großes Dankeschön für alles, was ihr für dieses Buch getan habt. Dank auch an das Stortingsarkivet, die Nasjonalbiblioteket, das Riksarkivet, das Statsarkivet in Tromsø, die ausländischen Archive mit dem Scott Polar Research Institute und der Royal Geographical Society an der Spitze. Dank an eine Reihe norwegischer und ausländischer Museen: Polarmuseet in Tromsø, Sjøfartsmuseet, Frammuseet, Musée l'Hydraviation in Biscarrosse (Fabrice Bregier) und Musée de l'Air et de l'Espace, Paris (Christian Tilatti).

Ein besonderer Dank geht an meine Tochter, Emma Solås, die mir auf den vielen Reisen zu den Archiven und Museen in ganz Europa eine effektive und geduldige Assistentin war. Dank an den niederländischen Autor Adwin de Kluyver, der mir Teile des Manuskripts zu seinem Buch über Sjef van Dongen lieh, an meine geduldigen Expertenleser Morten Ruud und Arne Roy Solås, an Stefano Poli, der mit mir eine Reihe von Beobachtungen auf der Reise teilte, die er und Heinrich Eggenfellner entlang dem nordwestlichen Teil von Spitzbergen gemacht hatten. Dank an Roar Glenne, Ulf Bjørtomt, den technischen Leiter im Gardermoen Flyklubb, an Finn Terje Skyrud, an Kjeller Flyhistoriske Kulturpark und an mehrere Kontaktpersonen im Marinemuseet in Horten. Dank an Per Allan Kristensen und Petter Kristiansen für ihre große Geduld bei der Überprüfung der technischen Details der Latham.

Inzwischen stellen viele Zeitungen (und die Nasjonalbiblioteket) ihr Archiv elektronisch zur Verfügung. Eine große Hilfe für alle Sachbuchautoren. Ein großer Dank geht an Aftenpostens arkiv, Dagbladets arkiv – und ganz besonders an Rolf Fiske, der mit zum Archiv ging und mich in alten, verstaubten Papierzeitungen blättern ließ. Dank an mehrere englische Archivare (keiner genannt, keiner vergessen) und an Robert Headland, der mir den Tipp zu einigen entscheidenden Szenen in dem Film »The Red Tent« gab.

Und wie immer: ein ganz herzlicher Dank an alle in meinem fantastischen Verlag Forlaget Press.

# Zentrale Namen bei den Expeditionen

**DIE »ITALIA«-EXPEDITION**
*Teilnehmer an dem Flug zum Nordpol*

Expeditionsleiter: Umberto Nobile
Leutnant der italienischen Marine: Alfredo Viglieri
Leitender Techniker: Natale Cecioni
Ingenieur der italienischen Marine: Felice Trojani
Funker: Giuseppe Biagi
Forscher: Professor František Běhounek (Tschechoslowakei)
Maschinist: Vincenzo Pomella (starb bei der Havarie)
Foxterrier: Titina (Umberto Nobiles Hund)
} Zeltgruppe

Leitender Maschinist, Erster Offizier der italienischen Marine: Adalberto Mariano
Steuermann, Korvettenkapitän der italienischen Marine: Filippo Zappi
Forscher: Dozent Finn Malmgren (Schweden)
} Malmgren-Gruppe

Leitender Maschinist, Unterleutnant der italienischen Marine: Ettore Arduino
Maschinist: Attilio Caratti
Maschinist: Calisto Ciocca
Takler: Renato Alessandrini
Journalist der Il Popolo D'Italia: Ugo Lago
Forscher: Professor Aldo Pontremoli
} Ballongruppe

*Zentrale Personen in Ny Ålesund*
Meteorologe Professor Amadeo Nobile (Umbertos Bruder)
Kapitän, italienische Gebirgsjägertruppe: Gennaro Sora

*Schiffe, Flugzeuge und Unterstützer*
Expeditionsschiff: »Città di Milano« mit dem Kapitän der italienischen Marine Giuseppe Romagna Manoia
unterstützendes Schiff: »Braganza«, norwegisches Polarschiff, gechartert
Flugboot: Savoia-Marchetti S.55 (Kennzeichen I-SAAT in der italienischen Luftwaffe)
Chefpilot: Major Umberto Maddalena
Flugboot: Marina I (Kennzeichen I-XAAF in der italienischen Luftwaffe)
Chefpilot: Ivo Ravazzoni. Operierte nur von Tromsø aus
Flugboot: Marina II (Kennzeichen I-PLIF in der italienischen Luftwaffe)
Chefpilot: Pierluigi Penzo
Zwei kleinere Flugboote vom Typ Macchi M-18, später während der Suchaktion stationiert an Bord der »Città di Milano« und der »Braganza«

**DIE NORWEGISCHE SUCHEXPEDITION
NACH DER »ITALIA«-HAVARIE**
*Teilnehmer*
Expeditionsleiter und Pilot: Hjalmar Riiser-Larsen
Mechaniker und Copilot: Jarl Bastø
Pilot und stellvertretender Leiter: Finn Lützow-Holm
Mechaniker und Copilot: Svein Myhre

*Schiffe, Flugzeuge und Unterstützer*
Expeditionsschiff: »Hobby«, norwegisches Polarschiff, in mehreren Zusammenhängen verwendet
Unterstützungsschiff: »Braganza«, ausgeliehen von der italienischen Suchgruppe
Das Schiff des Regierungsbevollmächtigten: »Svalbard«
Schwimmerflugzeug: Hansa Brandenburg W33 (Kennzeichen F.36 in der norwegischen Marine)

Schwimmerflugzeug: Hansa Brandenburg W33 (Kennzeichen F.38 in der norwegischen Marine)
Ortskundiger: Jäger Waldemar Kræmer mit Ruderboot
Hundegespann I: Jäger Hilmar Nøis und Buchhalter bei Store Norske, Rolf S. Tandberg
Hundegespann II: Büroleiter Ludvig Varming und Bergmann Sjef (Josef) van Dongen

## DIE SCHWEDISCHE SUCHEXPEDITION NACH DER »ITALIA«-HAVARIE
*Zentrale Personen*
Expeditionsleiter: Egmont Tornberg, Kapitän der schwedischen Marine
Piloten:
Bengt Jacobsson, Leutnant der schwedischen Marine
Einar Lundborg, Leutnant der schwedischen Luftwaffe
Birger Schyberg, Leutnant der schwedischen Marine
Erik Ekman, Leutnant der schwedischen Marine
Viktor Nilsson, früherer Feldwebel und ziviler Chefpilot auf der »Uppland«
Einar Christell, Leutnant in der schwedischen Marine, Beobachter

*Schiffe, Flugzeuge und Unterstützer*
Frachter: »Tanja« (zivil, gechartert von Schweden)
Robbenfangschiff: »Quest« (zivil, gechartert von Norwegen)
Schwimmerflugzeug: Hansa Brandenburg (Heinkel He5) (Kennzeichen 255 in der schwedischen Marine)
Schwimmerflugzeug: Hansa Brandenburg (Heinkel He5) (Kennzeichen 257 in der schwedischen Marine)
Skiflugzeug: Fokker C.V.M (Kennzeichen 31 in der schwedischen Marine)
Skiflugzeug: Fokker C.V.M (Kennzeichen 32 in der schwedischen Marine)
Schwimmer-/Skiflugzeug: de Havilland 60 Moth (Kennzeichen S-AABN)
Skiflugzeug: Klemm-Daimler L.20 (Kennzeichen D-1357)
Schwimmerflugzeug: Junkers G24 (zivil, Kennzeichen S-AABG)

**DIE FINNISCHE SUCHEXPEDITION
NACH DER »ITALIA«-HAVARIE**
Schwimmer-/Skiflugzeug: Junkers F.13 »Turku« (ziviles Flugzeug, Kennzeichen K-SALG)
Expeditionsleiter: Olavi Sarko
Chefpilot: Gunnar Lihr

**DIE RUSSISCHE SUCHEXPEDITION
NACH DER »ITALIA«-HAVARIE**
*Schiffe, Personen, Flugzeuge und Unterstützer*
Eisbrecher: »Krassin« (der größte Eisbrecher der Welt)
Kapitän: Karl Eggi
Expeditionsleiter: Professor Rudolf Samoilowitsch
Admiral der russischen Marine und Kulturattaché: Paul Oras
Expeditionsarzt: Anton Wladimirowitsch Srednewski
Kameramann: V. Bluvstein (LenFilm)
Schwimmerflugzeug: Junkers G23 »Roter Bär«, Chefpilot Boris Grigoriewitsch Tschuknowski
Eisbrecher: »Malygin«
Kapitän: D.T. Tschertkow
Expeditionsleiter: Wladimir Wiese
Kameramann: Wallentei
Schwimmerflugzeug: Junkers F.13 (RR-DAS) mit Chefpilot Mikhail Babuschkin
Forschungsschiff: »Sedow« (suchte nur entlang der Küste des Franz-Josef-Lands)
Segelschiff: »Persei« (suchte nur in russischen Fahrwassern)

**ROALD AMUNDSENS EXPEDITION MIT DER LATHAM**
*Personen*
Expeditionsleiter: Roald Amundsen
Polarpilot: Leif Dietrichson, Kapitän der norwegischen Marine
Chefpilot: René Guilbaud, Major der französischen Marine
Zweiter Pilot: Albert de Cuverville, Leutnant der französischen Marine
Funker: Emile Valette, französische Marine
Mechaniker: Gilbert Brazy, französische Marine

*Schiff und Unterstützer*
Oscar Wisting an Bord des Kohlefrachters »Ingeren«

## DIE FRANZÖSISCH-NORWEGISCHE SUCHEXPEDITION NACH DEM VERSCHWINDEN DER LATHAM
*Zentrale Personen*
Kommandierender Admiral: Arild Berglund, Oberste Leitung mit Basis in Oslo
Gunnar Hovdenak, Adjutant und Koordinator
Konteradmiral Herr, der französische militärische Leiter der gesamten Operation
Kommandant Mørch (»Tordenskjold«)
Amerikanische Expeditionsleiterin, »Hobby«: Louise Boyd
Leiter der Suchaktion des Volks: Tryggve Gran (an Bord der »Veslekari«)
Zentral in der Suchaktion: Oscar Wisting (an Bord der »Veslekari«)
Journalist bei Aftenposten: Odd Arnesen (während der gesamten Suchaktion in Ny-Ålesund vor Ort)

*Schiffe, Flugzeuge und Unterstützer*
Polarschiffe: »Hobby«, »Braganza«, »Veslekari«, »Heimland«

*Marinefahrzeuge:*
Panzerschiff: »Tordenskjold« (norwegisch)
Meeresforschung und Fischereiaufsicht: »Michael Sars« (norwegisch)
Marinekreuzer: »Strasbourg« (französisch)
Ölversorgungsschiff: »Durance« (französisch)
Beobachtungsschiff: »Quentin Roosevelt« (französisch)
Expeditionsschiff: »Pourquoi Pas?« (Segelschiff, französisch)

*Schwimmerflugzeuge:*
Sopwith Baby (Kennzeichen F.100), Pilot Finn Lambrechts (an Bord der »Tordenskjold«)
Sopwith Baby (Kennzeichen F.102), Pilot Lars Ingebrigtsen (an Bord der »Tordenskjold«)

Fischereifahrzeuge und Sportboote: ca. zweihundert Schiffe und Yachten, darunter »Liv«, »Brodd«, »Leif«, »Maud« und »Maage«

**DIE DÄNISCHE SUCHEXPEDITION
NACH DEM VERSCHWINDEN DER LATHAM**
Expeditionsschiff: »Gustav Holm« (Segelschiff des Kongelige Grønlandske Handel, suchte entlang der Ostküste Grönlands)

# Anmerkungen

1. Gro Agnethe Stokke, »Om Zapffe og Amundsen« [Internet], 30.10. 2012, zugänglich unter: https://digitaltmuseum.no/011085441678/om-zapffe-og-amundsen
2. Peter Wessel Zapffe, *Essays* (Oslo: Aventura Forlag, 1992), S.203.
3. Fritz Zapffe, interviewt von Harry Westrheim, NRK Radio, 18. Juni 1953.
4. Ole Andreas Krogness, Rapport til kommanderende admiral, bilag 39.
5. Fritz Gottlieb Zapffe, *Roald Amundsen. Mitt samarbeide med ham gjennom 25 år* (Roald Amundsen. Meine Zusammenarbeit mit ihm in 25 Jahren). Oslo: Aschehoug, 1935, S.188.
6. 1983 bis 1990. Persönliche Gespräche zwischen Peter Wessel Zapffe (1899-1990, Sohn von Fritz Zapffe) und der Autorin, Fritz Zapffe interviewt von Harry Westrheim, NRK Radio, 18. Juni 1953, Zapffe, *Roald Amundsen. Mitt samarbeide med ham gjennom 25 år*, S. 188-189.
7. Odd Arnesen, »*Italia*«-*tragedien på nært hold* (Die »Italia«-Tragödie aus nächster Nähe) Oslo: Gyldendal Norsk Forlag, 1928, S.56.
8. František Běhounek, *Männen på isflaket. Med Italia til Nordpolen* (Die Männer auf der Eisscholle. Mit der »Italia« zum Nordpol) Uppsala: J.A. Lindblads Förlag, 1928, S. 120.
9. Alexander McKee, *Drama i ishavet* (Das Drama im Eismeer). Oslo: Dreyer Forlag, 1979, S.141.
10. Běhounek, *Männen på isflaket*, S. 128.
11. Aftenposten, 10. März 1928.
12. Aftenposten, 17. Februar 1928.
13. Aftenposten, 15. Februar 1928.
14. Tor Bomann-Larsen, *Roald Amundsen. En biografi*. Oslo: J.W.

Cappelens Forlag, 1995, S. 325. Auf Deutsch: Tor Bomann-Larsen, *Amundsen, Bezwinger beider Pole. Die Biografie.* Übersetzt von Karl-Ludwig Wetzig, Hamburg, Marebuchverlag, 2007
15. ebenda, S. 502, 526.
16. Geir Ulfstein, *The Svalbard Treaty: from terra nullius to Norwegian sovereignty.* Oslo: Scandinavian University Press, 1995.
17. Aftenposten, Morgenausgabe 19. Januar 1928.
18. Roald Amundsen, *Roald Amundsens oppdagelsereiser* Band IV. Oslo: Gyldendal Norsk Forlag, 1930, S. 118.
19. Běhounek, *Männen på isflaket,* S. 130.
20. Bob Mulder, »In the air with Roald Amundsen« [Internet], 16. Juni 2010. Zugänglich unter: http://www.europeanairlines.no/in-the-air-with-roald-amundsen/
21. Frammuseum, »Norge-Expedition (1926)« Zugänglich unter: http://frammuseum.no/polarhistorie/ekspedisjoner/norge-ekspedisjonen_1926_/
22. Umberto Nobile, *With the »Italia« to the North Pole.* New York, NY, Dodd, Mead and Company, 1931, S. 23-25.
23. John Toland, *The Great Dirigibles.* New York: Dover Publications, 1972, S. 166-167.
24. Bill Bryson, *One summer. Amerika 1927* London: Transworld Publishing, 2013, S. 380.
25. Arnesen, *»Italia«-tragedien på nær hold,* S. 25.
26. Hjalmar Riiser-Larsen, »Rapport om eftersøkninger af ›Italia‹ og ›Latham‹ sommeren 1928.« (Bericht über die Suche nach der »Italia« und der »Latham« im Sommer 1928) Vorgelegt dem kommandierenden Admiral der Marine, 10. September 1928.
27. Finn Lützow-Holm, »Rapport om eftersøkninger af ›Italia‹ og ›Latham‹ sommeren 1928.« Vorgelegt dem kommandierenden Admiral der Marine, 10. September 1928.
28. Riiser-Larsen, »Rapport om eftersøkninger af ›Italia‹ og ›Latham‹ sommeren 1928.«
29. Rolf S. Tandberg, *The »Italia« Desaster, Facts and Fantasy.* Oslo: Selbstverlag, 1977, S. 15–16.
30. Boman-Larsen, *Roald Amundsen. En biografi,* S. 507.
31. Aftenposten, 29. Mai 1928.
32. Aftenposten, 30. Mai 1928.
33. Boman-Larsen, *Roald Amundsen. En biografi.*
34. Aftenposten, 29. Mai 1928.
35. Aftenposten, 29. Mai 1928.

36. Aftenposten, 2. Juni 1928.
37. Gunnar Hovdenak, *Roald Amundsens siste ferd*. Oslo: Gyldendal Norsk Forlag, 1934, S. 64.
38. ebenda, S. 64.
39. ebenda, S. 67.
40. Roald Amundsen, *Mitt liv som polarforsker*. Oslo: Gyldendal Norsk Forlag, 1927, S. 9, 25. Auf Deutsch: R.A., *Mein Leben als Entdecker*. Leipzig, E.P.Tal, 1929 o.Ü.
41. Bomann-Larsen, *Roald Amundsen. En biografi*, S. 340.
42. Aftenposten, 4. Januar 1928.
43. *Norsk Flyging 1912–2012* (Horten: Norsk Marinemuseum, 2012).
44. *Marinens rolle i norsk polarhistorie*. (Horten: Norsk Marinemuseum, 2011).
45. Bomann-Larsen, *Roald Amundsen. En biografi*, S. 511.
46. Finn Lützow-Holm, »Rapport om eftersøkninger af ‚Italia' og ›Latham‹ sommeren 1928.«
47. Běhounek, *Männen på isflaket*, S. 133.
48. Nobile, *With the »Italia« to the North Pole*, S. 171, 178.
49. Běhounek, *Männen på isflaket*, S. 149.
50. Běhounek, *Männen på isflaket*, S. 150.
51. Běhounek, *Männen på isflaket*, S. 151.
52. Běhounek, *Männen på isflaket*, S. 173.
53. Nobile, *With the »Italia« to the North Pole*, S. 211.
54. Běhounek, *Männen på isflaket*, S. 176.
55. Aftenposten, 7. Juni 1928.
56. Hovdenak, *Roald Amundsens siste ferd*, S. 66.
57. Bomann-Larsen, *Roald Amundsen. En biografi*, S. 258.
58. Bomann-Larsen, *Roald Amundsen. En biografi*, S. 487.
59. Aftenposten, 29. Mai 1928.
60. Aftenposten, 13. Juni 1928.
61. Aftenposten, 14. Juni 1928.
62. Odd Arnesen, »Hva en venn av René Guilbaud og Cuverville forteller«, Aftenposten, 14. Mai 1935.
63. Hovdenak, *Roald Amundsens siste ferd*, S. 73.
64. Hovdenak, *Roald Amundsens siste ferd*, S. 188-189.
65. Hydravion Latham, Type L47. Notice descriptive. S.E.C.M. Caudebec.
66. «Notice technique du moteur Farman, type 12 We 500 C.V.» Ministre de la Guerre, Aéronautique Militaire, Apptouvée par Décision Ministérielle No 6255, 2A/12.

67. Hovdenak, *Roald Amundsens siste ferd*, S. 72.
68. Knut Stubbendorf, »Med den svenske hjelpeekspedisjonen in: *Leteeskpedisjoner etter »Italia's mannskap*. Skien: Vågemot Miniforlag, 2007, Nr. 35 (Suchexpeditionen nach der Mannschaft der »Italia«).
69. Karen May und George Lewis, »The Deaths of Roald Amundsen and the Crew of Latham 47« in: *Polar Record 51 (256) 2015*.
70. Aftenposten, 18. Juni 1928.
71. Aftenposten, 18. Juni 1928.
72. Fritz Gottlieb Zapffe, *Roald Amundsen. Mitt samarbeide med ham gjennom 25 år*, S. 195.
73. Nobile, *With the »Italia« to the North Pole* (das Zitat ist frei aus dem Englischen von der Autorin übersetzt), S. 263.
74. Juan A. Del Regato, »Albert Soiland«, Kapitel 9 in: *Radiological Oncologists: The Unfolding of a Medical Specialty*. Reston, Virginia: Radiology Centennial, 1993.
75. Privates Gespräch mit Alexander Wisting über Details in: *Roald Amundsen. Det største eventyret*. Oslo: Kagge Forlag, 2011.
76. Zapffe, *Roald Amundsen. Mitt samarbeide med ham gjennom 25 år*, S. 186.
77. Aftenposten, 20.6. 1928, Abendausgabe.
78. Ole Andreas Krogness, Rapport fra Geofysisk institutt i Tromsø til Sysselmannen på Svalbard sendt i telegram til Ny-Ålesund 22. Juni 1928. (Bericht des Geophysischen Instituts in Tromsø an den Regierungsbevollmächtigten in Spitzbergen, per Telegramm geschickt nach Ny-Ålesund am 22. Juni 1928.) Rapport an den kommandierenden Admiral, Beilage 39.
79. Zapffe, *Roald Amundsen. Mitt samarbeide med ham gjennom 25 år*, S. 188.
80. Hovdenak, *Roald Amundsens siste ferd*, S. 72.
81. Kopien der Originaltelegramme (übersetzt aus dem Norwegischen ins Französische), aufgezeichnet vom Geofysisk Institutt und anderen Stationen 1928. Beilage zum Bericht für den kommandierenden Admiral.
82. Adresseavisen, 20. Juni 1928. Interview mit Ole Andreas Krogness, Geofysisk Institutt in Tromsø. Wiedergegeben in *Svalbardminner* Nr. 47. Skien: Vågemot Miniforlag, 2014, S. 18.
83. Hjalmar Riiser-Larsen. Personenarchiv, originale Telegramme, Norsk Polarinstitutts arkivsamling.
84. ebenda.

85. Fred Goldberg, *Drama in the Arctic, SOS »Italia«*. Selbstverlag, 2003.
86. Hjalmar Riiser-Larsen. Personenarchiv, originale Telegramme, Norsk Polarinstitutts arkivsamling. 19. Juni 1928.
87. Arnesen, *»Italia«-tragedien på nær hold*, S. 105.
88. Nobile, *With the »Italia« to the North Pole*, S. 255. Aus dem Englischen von der Autorin übersetzt. Die Worte in Klammern wurden hinzugefügt, um den Text verständlicher zu machen.
89. Oscar Wistin, *16 år med Roald Amundsen: fra pol til pol*. Oslo: Gyldendal Norsk Forlag, 1930, S. 197.
90. Adolf Hoel, »Rapport fra oppholdet på Krassin« in: Gunnar Hovdenak, *Roald Amundsens siste ferd*. Oslo: Gyldendal Norsk Forlag, 1936, S. 248
91. Hoel, »Rapport fra oppholdet på Krassin« (Bericht von dem Aufenthalt auf der Krassin) in: Hovdenak, s.o., S. 248.
92. Hjalmar Riiser-Larsen, Rapport til kommanderende admiral, S. 46.
93. ebenda, S. 47.
94. Hjalmar Riiser-Larsen, Personenarchiv, originale Telegramme, Norsk Polarinstitutts arkivsamling.
95. Jan Anders Diesen, »nordover med filmkamera – Fra Wellman til Nobile«, *Nordlit* Nr. 29 (2012), S. 243–278.
96. Hjalmar Riiser-Larsen. Rapport til kommanderende admiral, S. 48.
97. Hjalmar Riiser-Larsen. Personenarchiv, originale Telegramme, Norsk Polarinstitutts arkivsamling.
98. Hjalmar Riiser-Larsen. Rapport til kommanderende admiral. S. 54.
99. Aftenposten, 22. Juni 1928.
100. Aftenposten, 27. Juni 1928.
101. Ole Krogness. Geofysisk Institutt. 1928. Rapport til kommanderende admiral, Beilage 39.
102. Aftenposten, 20. Juni 1928, Morgenausgabe.
103. Aftenposten, 18. Juni 1928, Morgenausgabe.
104. Nobile, *With the »Italia« to the North Pole*, S. 273.
105. Hjalmar Riiser-Larsen. Personenarchiv, originale Telegramme, Norsk Polarinsitutts arkivsamling.
106. Běhounek, *Männen på isflaket*, S. 237.
107. Nobile, *With the »Italia« to the North Pole*, S. 282-283.
108. Goldberg, *Drama in the Arctic SOS »Italia«*, S. 80.

109. Norsk Polarinstitutt, Digital kartbase, 2016.
110. Nobile, *With the »Italia« to the North Pole*, S. 291.
111. Běhounek, *Männen på isflaket*, S. 282.
112. Hoel, ›Krassin‹-ferden (Die Fahrt der »Krassin«) in: Hovdenak, *Roald Amundsens siste ferd*, S. 217.
113. Hoel, ›Krassin‹-ferden in: Hovdenak, *Roald Amundsens siste ferd*, S. 228.
114. Geofysisk Institutt, 1928. Telegramm als Beilage im Archiv des kommandierenden Admirals.
115. Hoel, ›Krassin‹-ferden in: Hovdenak, *Roald Amundsens siste ferd*, S. 230.
116. Hoel, ›Krassin‹-ferden in: Hovdenak, *Roald Amundsens siste ferd*, S. 239.
117. ebenda.
118. Hoel, ›Krassin‹-ferden in: Hovdenak, *Roald Amundsens siste ferd*, S. 234.
119. Hoel, ›Krassin‹-ferden in: Hovdenak, *Roald Amundsens siste ferd*, S. 239-240.
120. Text der Telegramme von Samoilowitsch, *SOS in der Arktis*, von S. 179. Wiedergegeben auf Norwegisch in: Hoel, ›Krassin‹-ferden in: Hovdenak, *Roald Amundsens siste ferd*, S. 242 und 243.
121. Text der Telegramme von Samoilowitsch, *SOS in der Arktis*, von S. 179. Wiedergegeben auf Norwegisch in: Hoel, ›Krassin‹-ferden in: Hovdenak, *Roald Amundsens siste ferd*, S. 242-243.
122. Hoel, ›Krassin‹-ferden in: Hovdenak, *Roald Amundsens siste ferd*, S. 244-245.
123. Hoel, ›Krassin‹-ferden in: Hovdenak, *Roald Amundsens siste ferd*, S. 245.
124. ebenda.
125. ebenda.
126. ebenda.
127. Hjalmar Riiser-Larsen. Rapport til kommanderende admiral, S. 66.
128. Kopie des Originaltelegramms vom Ingøy Radio an das Geofysisk Institutt, datiert 3. Juli 1928.
129. Yorkshire Evening Post, 4. Juli 1928.
130. Hovdenak, *Roald Amundsens siste ferd*, S. 104.
131. Brutto Hubleistung 19,3 Tonnen, angenommene Netto-Hubleistung (Nutzleistung) 10,5 Tonnen. Angegeben in: Daniel George

Ridley-Kitts, *Militäry, naval and civil airships since 1783*. Stroud: The History Press, 2012.
132. Hoel, ›Krassin‹-ferden in: Hovdenak, *Roald Amundsens siste ferd*, S. 255.
133. Hoel, ›Krassin‹-ferden in: Hovdenak, *Roald Amundsens siste ferd*, S. 268.
134. Aftenposten, 15. August 1928.
135. Aftenposten, 31. August 1928, Morgenausgabe.
136. Aftenposten, 30. August 1928, Abendausgabe.
137. Tidens Tegn, 3. September 1928. Wiedergegeben in: »Latham-ferden. Roald Amundsens endelikt«, *Svalbardminner* Nr. 47. Skien: Vågemot Miniforlag, 2014, S. 32.
138. Aftenposten, 4. September 1928, Abendausgabe.
139. ebenda.
140. Wie wiedergegeben in: Aftenposten, 4. September 1928, Morgenausgabe.
141. Wie wiedergegeben: ebenda.
142. Adressavisen, 3. September 1928. Wiedergegeben in: »Latham-ferden. Roald Amundsens endelikt«, *Svalbardminner* Nr. 47. Skien: Vågemot Miniforlag, 2014, S. 32.
143. Hovdenak, *Roald Amundsens siste ferd*, S. 32.
144. Adresseavisen, 3. September 1928. Wiedergegeben in: »Latham-ferden. Roald Amundsens endelikt«, *Svalbardminner* Nr. 47. Skien: Vågemot Miniforlag, 2014, S. 32.
145. Aftenposten, 13. September 1928, Wiedergegeben in: »Latham-ferden. Roald Amundsens endelikt«, *Svalbardminner* Nr. 47. Skien: Vågemot Miniforlag, 2014, S. 37.
146. Adresseavisen, 18. Oktober 1928, Wiedergegeben in: »Latham-ferden. Roald Amundsens endelikt«, *Svalbardminner* Nr. 47. Skien: Vågemot Miniforlag, 2014, S. 38.
147. Aftenposten, 18. Oktober 1928, Abendausgabe.
148. Aftenposten, 19. Oktober 1928, Morgenausgabe.
149. Hydravion Latham, Type L47. Notice descriptive. S.E.C.M. Caudebec.
150. Insgesamt wiedergegeben in Gunnar Hovdenaks Buch *Roald Amundsens siste ferd* von 1934.
151. Politiken, 23. Oktober 1928.
152. Odd Arnesen, »Hva en venn av René Guilbaud og Cuverville forteller«, (Was ein Freund von René Guilbaud und Cuverville erzählt), Aftenposten, 14. Mai 1935.

153. Aftenposten, 25. Oktober 1928, Morgenausgabe.
154. Aftenposten, 24. Oktober 1928, Abendausgabe.
155. Lofotposten, 12. Januar 1929.
156. Fritz G. Zapffe, *Roald Amundsen. Mitt samarbeide med ham gjennom 25 år*, S. 188.
157. Persönliches Gespräch mit Alexander Wisting (Oscar Wisting war sein Großvater), April 2016.
158. Kommanderende admirals arkiv, bilag 64 und 65.
159. Aftenposten, 19. Juni 1928. Bergens Tidende, 19. Juni 1928. Adresseavisen, 20. Juni 1928.
160. Brief an Monsieur Charles Dollfus von capitaine de vaisseau Jean-Pierre Esteva, 30. April 1929. Musée de l'Hydraviation in Biscarrosse, Frankreich.
161. Brief an Monsieur Charles Dollfus von capitaine de vaisseau Jean-Pierre Esteva, 30. April 1929. Musée de l'Hydraviation in Biscarrosse, Frankreich.
162. Hovdenak, *Roald Amundsens siste ferd*, S. 192.
163. Hovdenak, *Roald Amundsens siste ferd*, S. 174-175, 185-188.
164. Aftenposten, 17. Juni 1928.
165. Aftenposten, 6. Juni 1928.
166. Gerard De Geer, *To the rescue of the Nobile expedition*. Stockholm: Kartografiska Sällskapet, hefte Nr. 5, 1928.
167. Politiken, 23. Juni 1953.
168. Aftenposten, 30. Juli 1928.
169. Aftenposten, 6. Juni 1928.
170. Steinar Aas, *Tragedien Umberto Nobile. Polarhelt eller svikar?* (Die Tragödie Umberto Nobile. Polarheld oder Versager? Oslo: Det Norske Samlaget, 2002, S. 156.
171. Aftenposten, 19. Juni 1928.
172. NRK Radio, »Til Roald Amundsens Minde«, 24. Oktober 1928.
173. Aas, Steinar, *Tragedien Umberto Nobile. Polarhelt eller svikar?*, ‹Ort, Jahr› S. 185.
174. Gianni Albertini, *La »Heimen – SUCAI« nei Mari Artici*. Florenz: R. Bemporad, 1932.
175. Hans Wilhelmsson Ahlmann, *Scientific Results of the Swedish-Norwegian Arctic Expedition in the Summer of 1931*. Vol. II, Part XI-XIV in: *Gegrafiska annaler*, S. 71 und 261.
176. Oxford University Arctic Expeditions, Annals. Cambridge: Scott Polar Research Institute, 1936. Nicht öffentlich zugänglich.
177. Alexander Glen, »The Oxford University Arctic Expedtion

North East Land 1935–1936« in *The Geographical Journal*, Vol. 90, Nr. 3 und 4, 1937.
178. Alexander Glen, *Under the Pole Star*. London: Methuen Publishers, 1937, S. 255.
179. Nobile, *With the »Italia« to the North Pole*, S. 72, 112.
180. Nobile, *With the »Italia« to the North Pole*, S. 35-36.
181. »The Red Tent« 1969/71. Copyright 1969 Vides cinematografica. Produzent Franco Cristaldi. Regisseur Michail K. Kalatozov. Paramount Ltd.
182. Aftenposten, 4. September 1928.
183. Hovdenak, *Roald Amundsens siste ferd*. S. 196.
184. Hjalmar Riiser-Larsen. Personenarchiv, originale Telegramme. Norsk Polarinstitutts arkivsammling.

# Bibliografie

*Bücher:*

Aas, Hans. 2014. *Latham-ferden. Roald Amundsen endelikt*. Svalbardminner Nr. 47. Skien: Vågemont Miniforlag

Aas, Steinar. 2002. *Tragedien Umberto Nobile*. Oslo: Det norske Samlaget.

Ahlmann, Hans Wilson. 1934. *Scientific Results of the Swedish-Norwegian Arctic Expedition in the Summer of 1931*. Vol.II, Part XI-XIV, in *Geografiska Annaler*, Stockholm, Centraltrykkeriet

Ahlmann, Hans Wilson. 1933 *Scientific Results of the Swedish-Norwegian Arctic Expedition in the Summer of 1931*. Vol.II, Part XV, in *Geografiska Annaler*, Stockholm, Centraltrykkeriet

Albertini, Gianni. 1928. *Alla Ricerca dei naufraghie dell'Italia*. Mailand: Libreria D'Italia

Albertini, Gianni. 1932 *La Heimen-SUCAI nei Mari Artici*. Florenz: R. Bemporad & Figlio

Amundsen, Roald. 1925. *Gjenom luften til 88o nord*. Oslo: Gyldendal Norsk Forlag

Amundsen, Roald und Lincoln Ellsworth. 1926. *Den første flukt oevr Polarhavet*. Oslo: Gyldendal Norsk Forlaget

Amundsen, Roald. 1927. *Mitt liv som polarfordker*. Oslo: Gyldendal Norsk Forlag.

Amundsen, Roald. 1930. *Roald Amundsens oppdagelsereiser*. Band IV. *Nordpolen*. Oslo: Gyldendal Norsk Forlag

Arild, Ferdinand R. 1999 *Tømmermann på Svalbard*. Bodø: Norsk Luftfartsmuseum

Arnesen, Odd. 1928. *»Italia« – tragedien på nært hold*. Oslo: Gyldendal Norsk Forlag

Běhounek, František. 1928. *Männen på isfkalet. Med Italia till Nordpolen*. Uppsala: J.A. Lindblads Förlag

Bomann-Larsen, Tor. 1995. *Roald Amundsen. En biografi*. Oslo: J.W. Cappelens Forlag

Bryson, Bill. 2013 *One Summer. America 1927*. London: Transworld Publishing.

Cross, Wilbur. 2000. *Disaster at the Pole*. New York: Lyons Press

Drivenes, Einar-Arne, Harald Dag Jølle und Ketil Zachariassen. 2004. *Norsk Polarhistorie*. Band I. Gyldendal Norsk Forlag

Ellefsen, Einar S. und Odd Berset. 1957. *Veslekari. En fortelling om i sog menn*. Bergen: J.W. Eides Forlag

Glen, Alexander R. und N.A.C. Croft. 1937. *Under the Pole Star*. London: Methuen Publishers

Goldberg, Fred. 2001. *Drama in the Arctic S.O.S. Italia*. Selbstverlag

Gynnild, Olav. 2003. *Den hvite ørnen. Roald Amundsen, himmelseileren*. Bodø: Norsk Luftfartsmuseum

Hamilton, Richard A. 2012. *Arctic journal Northeastland 1935-36*. London: Salt Publishing

Hanoa, Rolf. 1993. *Kings Bay Kull Comp. A/S 1917–1992. Fra gruvedrift til forskningsservice* på *Svalbard*. Oslo: Schibsted Forlag

Handen, Jan Ingar. 2001. *Oscar Wisting. Amundsens betrodde mann*. Oslo: Schibsted Forlag

Hoel, Adolf. 1967. *Svalbard*. Band I, II und III. Oslo: Sverre Kildahls Boktrykkeri

Hodenak, Gunnar und Adolf Hoel. 1934. *Roald Amundsens siste ferd*. Oslo: Gyldendal Norsk Forlag

Jølle, Harald Dag. 2011. *Nansen. Oppdageren*. Oslo: Gyldendal Norsk Forlag

Kulyver, Adwin de. 2015. *Terug ui de Witte Hel*. Amsterdam: Uitgeverij Balans

McKee, Alexander. 1979. *Drama i ishavet*. Oslo: Dreyer Forlag

Nobile, Umberto. 1930. *With the »Italia«to the North Pole*. Übersetzt von Frances Fleetwood. Woking: George Allen & Unwin Brothers Ltd.

Remgård, Arne. 1984. *Expedition Italia – katastrofen – kampen – räddningen*. Stockholm: Norstedts Förlag

Ridley-Kitts, Daniel George. 2012. *Military, Naval and Civil Airships Since 1783*. Stroud: The History Press

Riiser-Larsen, Hjalmar. 1957. *Femti år for Kongen*. Oslo: Gyldendal Norsk Forlag

Tandberg, Rolf S. *The Italia-Desaster, Facts and Fantasy*. Olso: Selbstverlag

Toland, John 1972. *The Great Dirigibles*. New York: Dover Publications

Ulfstein, Geir. 1995. *The Svalbard Treaty. From Terra Nullius to Norwegian sovereignity*. Oslo: Scandinavian University Press

Westbye, Sigurd. (Unter Mitarbeit von Birger Amundsen). 2003. *Store Norske Spitsbergen Kulkompani. 1916-1945*. Store Norske. Longyearbyen: Selbstverlag

Winsnes. A.H- (red.) 1942. *Nansens Røst*. Band II 1908-1930. Kristiania (Oslo): Jacob Dybwads Forlag

Wisting, Alexander, 2011. *Roald Amundsen. Det største eventyret*. Oslo: Kagge Forlag

Wisting, Alexander. 2012. *Hjalmar Johansen. Seierens pris*. Oslo: Kagge Forlag

Wisting, Oscar. 1930. *16 år med Roald Amundsen. Fra pol til pol*. Oslo: Gyldendal Norsk Forlag

Zapffe, Fritz Gottlieb. 1935. *Roald Amundsen. Mitt samarbeide med ham gjennem 25 år*. Oslo: Aschehoug Forlag

Zapffe. Peter Wessel. 1992. *Essays*. Oslo: Aventura Forlag

*Weitere Quellen*

Aftenpostens arkiv

Dagbladets arkiv

Hermansen-arkivet, Norsk Polarinstitutt

Kommanderende admirals arkiv, Riksarkivet (RAFA-1895 Kommanderende admiral/Admiralsstaben: serie D, eske 449

Nasjonalbibliotekets arkiv

NRK Radios arkiv

Svalbardminner. Nr. 9, 18, 35, 37 und 47. Skien: Vågemont Miniforlag

The Archives. The Royal Geographical Society, London

The Thomas Manning Archives. Scott Polar Research Institute, Cambridge